Les Fioretti
de saint François

Les Fioretti de saint François

suivis d'autres textes de la tradition franciscaine

TRADUCTION DE L'ITALIEN,
INRODUCTION ET NOTES
D'ALEXANDRE MASSERON

Éditions Franciscaines

ISBN 978-2-7578-5024-4
(ISBN 978-2-02-000504-3, 1re publication en poche)

INTRODUCTION

A remonter à ce plus lointain passé, d'environ cinq millénaires, où l'histoire nous permet péniblement d'atteindre, de combien d'hommes la renommée est-elle aujourd'hui comparable à celle de saint François d'Assise ? L'enquête serait curieuse à mener, et pleine d'enseignements, étendue aux papes et aux rois, aux généraux et aux savants, aux poètes et aux artistes.

Au terme d'une investigation rigoureuse, combien de concurrents resterait-il en lice ? Combien dont la gloire et la popularité pourraient lutter avec celle de ce petit moine, que Renan a traité de « mendiant », dans une phrase célèbre où il constatait en même temps que François était « le père de l'art italien » ?

Aventure prodigieuse et qui, d'ailleurs, ne paraît pas s'être renouvelée.

Quelle explication ?

La sainteté et l'héroïsme des vertus ? Certes. Mais cela suffit-il ? D'autres Saints ont gravi de pareilles cimes, et nous ne saurions prétendre à fixer des places au paradis : il n'est guère que Dante à avoir eu cette audace.

Le génie ? Oui encore. Mais l'objection reste la même.

Une rencontre inouïe, unique sous cette forme, de la sainteté et du génie : d'une sainteté qui touche tous les cœurs, et même ceux des incrédules, parce qu'elle n'est qu'amour, amour qui monte vers Dieu pour redescendre plus ardent sur les créatures ; d'un génie poétique dont l'invention, d'une puissance singulière, se manifeste par des créations lyriques ou dramatiques, toujours originales, et dont la beauté, éternellement neuve, jette un défi vainqueur au temps qui ronge les œuvres humaines.

Sans doute la sainteté et le génie gardent-ils toujours une part de mystère où il faut nous résigner à ne jamais pénétrer à fond : rançon humiliante de notre égoïsme et de notre indigence. Cette résignation nous est amère ; et nous cherchons d'instinct à répondre à la fameuse question que frère Massée de Marignan posait, un peu railleur, à saint François : « Pourquoi à toi ? pourquoi à toi ?... pourquoi tout le monde court-il après toi ? » Personne, après plus de sept siècles, ne songe désormais à y entendre moquerie, tant il est vrai que tous courent aujourd'hui après le Pauvre d'Assise : les uns, dans un véritable esprit d'humilité, pour s'efforcer de mettre leurs pas dans ses pas, les autres, plus orgueilleux, hélas, mais fascinés encore d'admiration, pour essayer de percer le secret de l'influence qu'il a exercée sur le monde, où les passions mauvaises paraissent avoir établi leur règne.

« Pourquoi à toi ? pourquoi à toi ?... »

Dans l'immense « littérature » franciscaine, — où il s'est comme dans toutes les « littératures » glissé quelques fatras, — il n'y a point de livre qui nous aide, mieux que les Fioretti, *non pas à résoudre, mais à tenter de résoudre, à notre mesure mesquine, le problème posé par ce brave frère Massée, qui avait d'abord quelque tendance à « s'élever en vaine gloire ».*

Parmi les formes les plus diverses, et parfois les plus inattendues, — le chœur des petits oiseaux dans le Chantecler *de Rostand ! — des hommages qui chaque jour montent avec ferveur vers le Pauvre d'Assise, il en est une qui l'aurait étonné plus que toute autre, et fort singulièrement, s'il l'avait prévue aux jours de sa vie mortelle : pour la plus grande gloire du « jongleur de Dieu », du chantre de « frère Soleil », qui tenait à mépris la science livresque, les hommes ont bâti, à renfort de dissertations contradictoires, un monument aux dimensions colossales, dont les pierres sont des volumes de... critique de textes !*

La « question franciscaine », l'étude des sources de la vie de saint François, nous a, en cinquante ans, rempli une bibliothèque ! Et les « franciscanisants », — les membres du « quatrième Ordre », suivant l'amusante expression aujourd'hui consacrée, — refusent, avec ce doux entêtement qui caractérise les érudits, de se mettre d'accord sur la valeur historique des diverses rédactions du Speculum perfectionis *et sur les problèmes, hérissés d'inconnues, que pose la* Légende *dite* des Trois Compagnons.

La savante bataille n'a pas épargné les Fioretti : *pendant que des milliers et des milliers de lecteurs de toutes langues, — car les traductions sont innombrables, — respiraient avec ravissement le parfum, d'une inexprimable suavité, qui se dégage de ce bouquet de « petites fleurs », chef-d'œuvre de la littérature italienne à son berceau, les critiques austères et pleins de zèle, scrutaient des manuscrits, avec un soin jaloux, et multipliaient de minutieuses enquêtes sur l'auteur et l'origine de ce mince recueil, et sur sa valeur de document historique. Dans l'imposante bibliothèque que les « franciscanisants » ont meublée, à la sueur de leur front, le rayon des* Fioretti *n'est pas le plus court. Et les dissertations, même indigestes, qu'il renferme ne sauraient nous laisser indifférents puisque aussi bien il n'est pas de portrait de saint François plus populaire, au meilleur sens du mot, que celui qui se dégage du dialogue de la joie parfaite, du sermon aux oiseaux et de la conversion du loup de Gubbio.*

Pour analyser fidèlement ces travaux ardus, il faudrait un gros livre, dont chaque page aurait cinq lignes de texte et vingt-cinq lignes de notes justificatives : mais les « honnêtes gens » y prendraient le vertige, à moins qu'ils ne se sentent périr d'ennui.

J'ai voulu résumer à leur intention, aussi simplement qu'il m'a paru possible, ce que nous savons, et surtout ce que nous ne savons pas, sur les divers problèmes que posent les Fioretti. *Je n'ai qu'une certitude, mais celle-là est absolue : c'est que je ne mettrai pas tout le monde d'accord...*

★

Il est acquis que l'original des Fioretti *a été écrit en latin.*

Le traducteur, alors ? Un Toscan, un Franciscain, un inconnu. On a allégué un frère Jean de Florence, qui est mal identifié.

La date ? Les trois derniers quarts, mais beaucoup plus probablement la seconde moitié du XIVe *siècle, ce qui manque de précision : après 1322, où mourut Jean de l'Alverne ; avant 1396, où un copiste terminait son travail, le 13 juillet.*

Tout l'intérêt historique se concentre sur cet original latin. Ici commencent les difficultés inextricables, dont nous avons le droit d'espérer que les érudits de demain nous apporteront la solution définitive. Ceux d'aujourd'hui nous ont tristement abandonnés au stade des hypothèses.

Le Floretum, *l'équivalent latin des* Fioretti, *par le texte, le nombre et l'ordre des chapitres, existe-t-il ? Il n'est pas impossible ; mais la preuve manque. Pour l'apporter, on a brandi l'autorité du plus célèbre des annalistes franciscains, Lucas Wadding ; il ne s'agit que d'une méprise. L'affaire vaut d'être contée en bref ; elle montre qu'on ne doit s'aventurer parmi ces textes vénérables qu'après s'être armé d'une rare prudence.*

Wadding rapporte, dans ses Scriptores Ordinis Minorum, *qu'il possède un manuscrit de belle écriture, où le frère* « Hugolinus de Sancta Maria in Monte... *a écrit une histoire qu'il a intitulée* Floretum, *dans laquelle il raconte la vie et les gestes de saint François et de ses compagnons jusqu'au pontificat d'Alexandre IV.* » *Voilà, dit-on, qui est clair : il n'est que de se reporter aux passages des* Fioretti, *et notamment au chapitre 45, où Hugolin de Monte Giorgio, appelé encore Hugolin de Monte Santa Maria, se met en scène, et à les rapprocher de l'assertion de Wadding, et l'on connaît l'auteur du* Floretum, *original latin des* Fioretti. *C'est une théorie d'une belle et audacieuse simplicité, que quelques coups solides ont jetée à terre avec fracas.*

Ce que Wadding avait sous les yeux n'était pas un manuscrit latin, mais les Fioretti *suivis des* Considérations sur les Stigmates *: il a traduit le titre. Les événements rapportés par les* Fioretti *s'étendent bien au delà de la mort d'Alexandre IV, qui est de 1261 ; mais la dernière des* Considérations sur les

Stigmates se termine par une allusion à ce pape, d'où l'erreur de l'annaliste, qui semble n'avoir jeté sur son manuscrit qu'un coup d'œil assez distrait. Il y a plus : le P. Van Ortroy, de la Société des Bollandistes, a opposé Wadding à lui-même : dans ses Annales Minorum, à l'année 1219, à propos de la rencontre de saint François et de saint Dominique, il cite séparément, parmi ses sources, l'histoire de saint François par Hugolin dont il possède le manuscrit, et l'auteur anonyme d'un Floretum, qui avait beaucoup plus de chapitres que les Fioretti. Le même mot, ici et là, ne désigne pas le même ouvrage !

Dans l'état actuel de nos connaissances, l'original latin des Fioretti est représenté par le cycle, plus vaste que le recueil italien, des Actus Beati Francisci et sociorum eius.

L'hypothèse paraît abandonnée, que les Actus et les Fioretti dériveraient parallèlement d'une source commune ; il s'agissait surtout d'expliquer que certains chapitres des Fioretti n'avaient pas leurs correspondants dans les Actus : ce qui a paru vrai, ce qui ne l'est pas.

Lorsque Paul Sabatier publia en 1902, avec d'excellentes notes, son édition des Actus, il souligna modestement que ce n'était là qu'une édition provisoire, « qui pourra tout au moins servir de base, disait-il, à des recherches ultérieures ». Rendons à l'infatigable travailleur que fut Paul Sabatier, que la mort seule arracha à ses études de prédilection sur les sources de la vie de saint François, cette justice que son édition, toute provisoire qu'elle était, demeure aujourd'hui encore une base essentielle des recherches sur l'origine des Fioretti.

Les Actus comprenaient soixante-dix chapitres, dont vingt-deux ne se retrouvaient pas dans les Fioretti ; mais en revanche il manquait l'original de six chapitres du recueil italien : 37, 38, 41, 44, 46, 48. « Après bien des hésitations », Paul Sabatier publia en appendice « divers textes latins correspondant plus ou moins fidèlement aux chapitres 38, 41, 44, 46 et 48 ». Ils sont empruntés aux Conformités de Barthélemy de Pise, à la Chronique des XXIV Généraux et au Speculum Vitæ qui reproduisait la Chronique des Tribulations d'Ange Clareno.

Seul le texte latin du chapitre 37 demeurait introuvable : « Comment Jésus-Christ béni, à la prière de saint François, fit se convertir et entrer dans l'Ordre un riche et gentil chevalier, lequel avait fait grand honneur et offrandes à saint François. » Sabatier découvrit cependant la célèbre définition de la courtoisie dans les Conformités *; elle y était donnée comme empruntée à la* Legenda antiqua.

La lacune a été comblée par un nouveau manuscrit des Actus, *qui renfermait les six chapitres rebelles et qui, pour les autres, donnait parfois des variantes plus voisines de l'italien. Ce fut la découverte de M. A.-G. Little, président de la Société britannique d'études franciscaines, qu'il publia, en 1914, dans la revue anglaise* Collectanea franciscana, *et, en 1919, dans les* Opuscules de critique historique.

Trouvera-t-on mieux ?

Il reste que les Actus *débordent toujours les* Fioretti, *qui se révèlent comme un choix, puisqu'ils ont beaucoup moins de chapitres.*

Qui fut l'auteur de ce choix ?

Un compilateur latin ? Du coup, le Floretum, *l'hypothétique* Floretum, *renaîtrait de ses cendres.*

Un compilateur italien ? Cette solution paraît plus probable. Quelles sont les raisons de ce choix ?

Elles sont évidentes, affirment les uns. Nous n'y comprenons rien, répliquent les autres.

A la lecture la plus superficielle, les Fioretti *se cassent net en deux parties bien distinctes : les quarante premiers chapitres, qui relatent des gestes de saint François, de ses compagnons et de sainte Claire ; les treize derniers, où la scène n'est occupée que par des frères, à la vérité très saints, mais dont les noms étaient restés ignorés de tous ceux qui ne sont pas des spécialistes de l'histoire franciscaine.*

Avouons que l'intérêt faiblit un peu, et pour deux causes :

Fioretti di San Francesco, *le titre nous promettait François et ses « paladins de la Table Ronde » ; le titre ne nous avait pas menti ; ceux que nous cherchions nous étaient venus, acteurs incomparables d'une suite de petits drames séraphiques, dont l'originalité ne tarissait jamais ; et voici qu'ils disparaissent brusquement ! Les protagonistes qui les remplacent se défendent mal de quelque monotonie dans les visions et dans les extases, ce à quoi ne nous avaient préparés ni frère Massée tournant comme une toupie, ni frère Léon aux prises avec le problème insoluble de la joie parfaite.*

Mais la série finale des Fioretti, *aux personnages de second plan et de moindre relief, prend une tout autre valeur quand il s'agit de fixer la patrie des* Actus *et d'en chercher l'auteur ou, plus probablement, les auteurs.*

Les frères et les lieux, témoins de leur vie sainte, appartiennent tous à la Province de la Marche d'Ancône, dont le chapitre 42 des Fioretti *nous rappelle dès les premiers mots les fastes glorieux :* « A modo che il cielo di stelle, adornata di santi ed esemplari frati, *ornée, comme le ciel d'étoiles, de frères saints et de vie exemplaire.* » *C'est à leur gloire qu'a été composée la seconde partie des Fioretti, pour perpétuer le souvenir de ceux qui ont été, aux portes de l'Ombrie, les disciples fidèles de François et ses parfaits imitateurs. Il n'y a pas de rupture pour le narrateur : là-bas le modèle et ici la copie.*

Tous les faits sont situés avec la plus grande précision ; de simples villages, de petits couvents, les plus humbles « logis » sont évoqués à chaque page, au fil du récit ; les bois qui entourent ces pauvres demeures et où les fervents de la solitude se retirent pour prier, sont fréquemment rappelés ; un jeune frère s'est caché sous l'autel majeur pour épier un ancien qu'il devine comblé de faveurs célestes ; deux frères ont longtemps vécu ensemble dans une sainte intimité ; frère Jacques de Fallerone est mort la veille de saint-Jacques, apôtre ; c'est frère Philippe, l'un des compagnons de saint François, qui a prêché dans la Marche... Les Actus *nous offrent, dans toute sa pureté, dans sa simplicité, dans sa sublime ingénuité, l'aspect fidèle de la tradition franciscaine telle qu'elle se maintenait vers la fin du* XIIIe *siècle dans cette région privilégiée. Qui donc, pour nous la transmettre, a écrit ce recueil?*

L'auteur s'est mis en scène, et même plusieurs fois, mais le problème n'en est pas simplifié; nous ne pouvons lui donner une solution certaine.

Au chapitre 69 des Actus, *nous lisons: « Toutes ces choses, frère Jean me les raconta, à moi Hugolin. » Au chapitre 73, dans le manuscrit étudié par M. A.-G. Little, nous rencontrons un renseignement encore plus précis: il s'agit de ces corneilles fort importunes, qui dérangeaient frère Simon en oraison, et à qui, au nom de Jésus, il ordonna de disparaître: elles obéirent; le fait se passa à Brunforte, dans la custodie de Fermo: « Et moi, frère Hugolin de Monte Santa Maria, je demeurai là pendant trois ans et je constatai ce miracle qui était bien connu tant des séculiers que des frères de toute la custodie. » Ce texte n'a point passé dans les* Fioretti, *non plus que Brunforte.*

Mais au chapitre 9 des Actus, *qui n'a pas de parallèle dans les* Fioretti, *et dont on retrouve cependant certaines parties dans la* Troisième Considération sur les Stigmates, *le rôle de frère Hugolin est tout différent: « Frère Jacques de Massa a connu ces faits de la bouche de frère Léon, et frère Hugolin de Monte Santa Maria de la bouche dudit frère Jacques, et moi qui écris, de la bouche de frère Hugolin, homme entièrement digne de foi. » Ainsi frère Hugolin a eu un continuateur auquel il s'est borné à transmettre les informations qu'il avait lui-même recueillies.*

Il est enfin d'autres passages assez nombreux des Actus. *— chapitres 51, 52, 54, 58, 73, 76, — où l'auteur parle encore à la première personne, mais il n'y est plus question de frère Hugolin: déterminer son rôle exact devient impossible. Rien ne s'oppose à ce qu'il ait eu plusieurs collaborateurs, comme rien ne s'oppose à ce qu'il ait puisé certains chapitres dans d'autres documents; la première partie des* Actus *surtout, celle qui est étrangère à l'histoire des frères de la Marche, pourrait bien n'être souvent qu'un remaniement de compilations antérieures. Les* Actus, *écrivait le P. Van Ortroy, ne sont qu'un « recueil factice ».*

Tout de même, il ne nous serait pas indifférent de savoir

un peu qui était cet Hugolin de Monte Santa Maria, puisqu'aussi bien son nom est le seul que nous puissions joindre au titre des Actus, *donc au titre des* Fioretti. *Notre légitime désir ne sera guère satisfait. Cependant Sabatier a admis, non sans quelque hésitation, qu'Hugolin, nommé évêque de Teramo, dans les Abruzzes, par Célestin V, — le Saint damné par Dante, — aurait vu son élection cassée par Boniface VIII, le 12 décembre 1295. Sabatier redoutait un homonyme; Sabatier n'avait peut-être pas tort : il y avait vers la même époque deux frères Hugolin dans la Province de la Marche d'Ancône. L'évêque de Teramo aurait été non pas Hugolin de Monte Giorgio. — ou Monte Santa Maria, — mais Hugolin de Sarnano, que certains érudits veulent identifier avec le continuateur anonyme des* Actus.

La conclusion que Sabatier tirait de la bulle de Boniface VIII annulant l'élection à l'évêché de Teramo était que « frère Hugolin se rattachait au parti des zélateurs ». Il semble bien que nous pouvons nous passer de cette preuve : les Actus *ont certainement été rédigés ou compilés dans un milieu fidèle à la stricte observance.*

Et ceci pose une question, entre toutes redoutable : faut-il voir dans les Fioretti *un livre de polémique? On l'a soutenu et on l'a nié avec une pareille énergie. Une réponse nuancée serait peut-être plus conforme à la vérité, telle qu'il nous semble la deviner : les* Actus *ont été écrits pour exalter et pour défendre un idéal menacé, et il est arrivé, quoique rarement, à leurs auteurs de passer à l'offensive sous une forme trop transparente, et de perdre, par exception, leur ordinaire sérénité.*

Le lecteur, complètement ignorant de l'histoire de l'Ordre, et qui aborde pour la première fois le chapitre 48 des Fioretti, *où est rapportée la vision du frère Jacques de Massa, risque fort de n'y rien comprendre; et quand il apprend que le frère qui a pris sur la cime de l'arbre la place de Jean de Parme, et dont « les ongles sont devenus des ongles de fer aiguisés et tranchants comme des rasoirs », est certainement, — qu'il soit ou ne soit pas nommé sur le manuscrit, — saint Bonaventure, une certaine inquiétude le saisit de voir saint François d'Assise tailler les ongles à saint Bonaventure avec une pierre destinée par le Christ lui-même à ce bizarre usage! Les chapitres où frère Elie occupe la scène suscitent des remarques analogues, et le P. Van Ortroy a dit, non sans une sévérité un peu excessive, que l'un d'eux, le chapitre 4, n'était en partie que « le travestissement ridicule de faits historiques notoirement connus d'ailleurs ». Remarquons enfin que la vision étrange de frère Jacques de Massa se retrouve textuellement dans un livre de combat, la* Chronique des Tribulations *d'Ange Clareno, qui serait ici l'original des* Actus, *à moins que ce ne soit le contraire !*

Une crise avait éclaté dans l'Ordre, avant même la mort de saint François, qui était devenue de plus en plus âpre au cours du XIIIe *siècle, entre les frères qui voulaient que la Règle soit appliquée à la lettre, « sans gloses », dans toute sa rigueur primitive, et ceux qui demandaient à Rome des interprétations et des adoucissements, nécessaires à la vérité pour que l'œuvre fût durable. Deux partis s'étaient formés, les Spirituels et la Communauté ; et les efforts de saint Bonaventure étaient demeurés impuissants à rétablir l'union.*

Or la Marche d'Ancône était devenue, pour les Spirituels, comme un asile inexpugnable, comme une place jalousement défendue contre toute invasion des idées nouvelles, des idées étrangères à la prédication et surtout à l'exemple de François.

Là, dans des « logis » que décorait la seule pauvreté, ermitages plutôt que couvents, vivaient, d'une vie presque angélique, sans aucune attache aux vulgarités de la terre, embrasés et brûlants de l'amour divin, des frères qui avaient connu les premiers compagnons du Saint et qui avaient recueilli leurs enseignements. Pour ces frères, les destinées de l'Ordre avaient été irrévocablement fixées au soir du 3 octobre 1226, à l'heure où l'âme du Père séraphique avait quitté la terre au chant des alouettes de la Portioncule : avec la Règle, il leur avait laissé son Testament, plus rigoureux encore, ses paroles et ses gestes, pieusement recueillis. C'était le miroir de la perfection. Tout changement apporté à ce legs très précieux devenait une trahison des intentions du fondateur. Une rude intransigeance enflammait les esprits et rendait l'atmosphère fiévreuse. Frère Elie, le personnage le plus complexe de l'Ordre naissant, — et sur qui les critiques s'affrontent dans des attitudes irréductibles, — passait pour avoir porté à l'édifice primitif, dont les assises étaient la pauvreté, l'humilité, la simplicité, des coups d'autant plus redoutables qu'ils venaient du premier successeur de saint François ; n'avait-il pas mis un tronc à la disposition des fidèles pour recevoir les aumônes indispensables à la construction de la basilique d'Assise ? Il avait demandé de l'argent pour glorifier celui qui avait maudit l'argent et qui en avait rigoureusement interdit l'usage à ses disciples : frère Léon avait brisé le tronc, frère Léon avait été chassé... Saint Bonaventure, Ministre général, avait fait poursuivre devant un tribunal ecclésiastique son prédécesseur Jean de Parme, dont l'élection à la plus haute charge de l'Ordre avait été accueillie avec joie par les zélateurs de la Règle, parfois persécutés eux-mêmes. Cela suffit, non pas peut-être à justifier, mais à expliquer les critiques trop acerbes de quelques rares chapitres, isolés, çà et là dans les Fioretti. *Ce ne serait cependant que par une généralisation injuste qu'on prendrait le droit d'en conclure que le recueil tout entier est un livre de polémique : à moins que ce ne soit polémiquer que défendre, en l'exaltant, un idéal de vie d'une telle perfection qu'il n'est accessible qu'à une élite. Les débats, parfois passionnés, engagés sur cette question n'ont peut-être pour origine qu'un malentendu sur la définition de certains mots.*

Ces remarques, si sommaires soient-elles, sur l'origine des Actus *permettent enfin d'aborder un dernier problème, où le conflit entre les critiques éclate encore plus aigu : quelle est la valeur historique des* Fioretti *?*

Il serait curieux d'aligner ici la longue série des réponses apportées à cette question ; mais il y faudrait plusieurs pages.

Signalons une opinion extrême, qui ne laissera sans doute pas que d'étonner un peu les lecteurs mal familiarisés avec les joutes des érudits.

Mgr Faloci Pulignani : « Du point de vue historique, les Fioretti *sont un tel amas d'inventions, de songes, de légendes, de faux, que l'on se demande parfois s'ils ne sont pas le fruit d'une âme méchante. » On ne reprochera pas à ce jugement de manquer de netteté ; mais il ne semble pas que la sérénité et le souci exact des nuances en soient les qualités essentielles.*

Il faut rendre au P. Benvenuto Bughetti, O.F.M., un peu

trop optimiste peut-être, cette justice qu'il exprime son opinion, diamétralement opposée à celle de Mgr Faloci Pulignani, avec une tout autre modération et un sens délicat de la mesure : « La source première des Fioretti *est la même que celle des biographies officielles, dont on ne peut prétendre qu'elles nous aient raconté, dans tous leurs détails, tous les actes de saint François. Dans les vides qu'elles ont laissés viennent s'insérer les* Fioretti *; et ils attendent encore une explication ou une confirmation ; les chapitres du second genre sont un peu plus nombreux, mais il faut les juger avec sérénité et bienveillance, chercher à en expliquer la genèse, sans se raidir dans la négation, non plus d'ailleurs que dans la défense à outrance. C'est seulement ainsi que l'on pourra mesurer les défaillances de mémoire ou les altérations dues à une fantaisie pleine d'amour, et encore aussi la partie neuve ou complémentaire qui se rencontre dans cette tradition plus lointaine. »*

Quand on aborde le problème de la valeur historique d'un livre, il ne faut jamais oublier de se poser une question préliminaire qui évite bien des malentendus: l'auteur a-t-il voulu faire œuvre d'historien?

Thomas de Celano en cause, la réponse est certainement affirmative; mais elle est non moins certainement négative, s'il s'agit des auteurs des Actus.

Quel était donc leur but?

Recueillir de la tradition orale, sur les gestes de saint François et de ses compagnons, ce qui était digne d'être noté et avait été omis dans les documents officiels, ce qui était cependant de grande utilité et dévotion : « quæ in legendis ejus prætermissa sunt, quæ etiam sunt valde utilia et devota », *lit-on dans le prologue de plusieurs manuscrits ; rassembler ces souvenirs, comme des fleurs dans une gerbe, sans doute pour les empêcher de disparaître par l'oubli, mais aussi pour en faire un document d'enseignement spirituel qui serait, pour l'avenir, une œuvre d'édification et, pour le présent, un témoignage de continuité entre le saint fondateur et les frères de la Marche d'Ancône, une preuve de fidélité de ces disciples à la doctrine de leur maître, conservée parmi eux dans toute sa pureté et dans toute son intégrité.*

Les auteurs des Actus *ont multiplié à dessein les indices qui nous permettent de suivre et de relier les chaînons de cette tradition : c'est frère Massée qui a raconté à frère Jacques de Massa la prédication aux oiseaux, et c'est lui encore qui s'est entretenu avec frère Jacques de Fallerone de la manière monotone dont il manifestait son ravissement ; frère Gilles et frère Junipère savaient quelle parfaite intelligence des choses divines possédait frère Jacques de Massa, qui avait souvent conversé avec frère Léon ; c'est par frère Philippe que Jean de Penna avait été reçu dans l'Ordre, où frère Conrad d'Offida était entré pendant que Jean de Parme était Ministre général... La filiation est donc bien établie.*

Chaque fois cependant que ces récits se transmettaient de bouche en bouche, et faisaient, dans les ermitages et les couvents, parmi les bois de l'Ombrie et de la Marche d'Ancône, l'objet de longues conversations et de méditations brûlantes d'amour, ils subissaient quelques transformations, ils recevaient quelques enrichissements où l'ardeur des imaginations jouait inconsciemment son rôle. Il y aura bientôt un siècle que l'un des premiers Français qui aient attiré sur les Fioretti *l'attention de ses compatriotes, en mettant en lumière leur valeur littéraire et poétique, Frédéric Ozanam, écrivait : « La vie et les principaux miracles de saint François, attestés par ses contemporains, appartiennent à l'histoire : j'y crois, non que l'Eglise en ait jamais fait un article de foi, mais parce que la critique ne permet point de mépriser des témoins désintéressés et compétents. Mais, à mesure que le souvenir s'éloigne, les imaginations qui ne veulent pas s'en détacher se plaisent à le raviver par de nouveaux traits ; le prodige s'ajoute au prodige, sans mensonge, et seulement pour ce besoin que nous avons de croire et d'admirer... »*

Sur le fond historique des Fioretti, *la légende a jeté ses plus délicates broderies, sans qu'il soit toujours possible, même aux savants les plus avertis et dont la clairvoyance est la plus sereine, de faire le départ entre l'une et l'autre.*

Mais le lecteur que ne troublent point les exigences, même légitimes, de la critique, et qui ouvre, pour la première fois ou pour la centième, le ravissant petit livre, a une certitude qui doit le rassurer complètement : les portraits de saint François, de ses compagnons et de sainte Claire qui vont, pleins de vie, se dresser sous ses yeux, sont des portraits fidèles.

Si le Pauvre d'Assise n'a pas dit toutes les paroles, s'il n'a pas fait tous les gestes que lui prêtent les Fioretti, *il n'est pas un mot, il n'est pas un acte qui soit étranger à ses véritables intentions.*

Le travail légendaire a pu altérer des détails; à l'essentiel il n'a rien changé : le saint François des Fioretti *est peint à la ressemblance parfaite du saint François de l'histoire. Il en est de même de la sainte Claire et des « paladins de la Table Ronde »...*

★

Il est de tradition, et de tradition très ancienne, de joindre aux Fioretti *un nombre assez variable de textes qui se rapportent à la Stigmatisation de saint François d'une part, et, de l'autre, à divers épisodes de sa vie et de celle de ses premiers compagnons. La tradition remonte, au moins pour beaucoup d'entre eux, aux manuscrits mêmes des* Fioretti, *qui ont fait en particulier l'objet de remarquables études du R. P. Benvenuto Bughetti, O.F.M. Elle a été suivie dans la plupart des éditions imprimées et aussi par la plupart des traducteurs.*

On trouvera ici ces textes groupés sous cinq rubriques, qui sont devenues à peu près classiques et que le P. Bughetti a adoptées dans l'édition sur laquelle est faite cette traduction, Florence, Salani, 1926.

★

Les Considérations sur les Stigmates, *qui forment la première partie de notre recueil, présentent avec les* Fioretti *de telles analogies que beaucoup d'excellents critiques admettent que l'auteur est le même. C'est possible ; mais c'est loin d'être démontré. Et il me paraît beaucoup moins démontré encore que son rôle ne se soit pas borné à être celui d'un simple traducteur.*

La thèse d'après laquelle les Considérations sur les Stigmates *auraient été primitivement écrites en italien, n'a d'autre appui que le seul fait que l'original latin n'a pas été découvert. C'est une maigre raison : l'intrépide chercheur qu'était Paul Saba-*

tier n'avait pas réussi, comme on le sait[1], *à trouver les originaux de six chapitres des* Fioretti ; *ils n'en existaient pas moins, ainsi qu'il l'a été prouvé par A.-G. Little. Tous les documents importants qui nous sont parvenus sur saint François ont été rédigés en latin, y compris les* Fioretti. *Il est difficile de comprendre pourquoi les* Considérations sur les Stigmates *échapperaient à cette règle. L'hypothèse d'un original latin, qui aurait jusqu'ici échappé à toutes les recherches, me paraît au moins aussi vraisemblable que l'hypothèse contraire. Le lecteur choisira ; et, après tout, la question n'a pas grande importance.*

Il nous semble deviner assez facilement quelles sont les préoccupations auxquelles l'auteur des Considérations *a obéi. L'authenticité des Stigmates avait été révoquée en doute, et même avec une certaine âpreté, pour des motifs divers et auxquels des rivalités d'Ordres n'étaient pas toujours étrangères ; il n'est pour s'en assurer que d'étudier les documents publiés par le P. Saturnino Mencherini, O.F.M., dans son* Codice diplomatico della Verna e delle SS. Stimate di S. Francesco d'Assisi[2] ; *il s'agissait d'abord de réfuter les détracteurs et de leur opposer, en les réunissant dans un seul ouvrage, toutes les preuves connues de la réalité du grand miracle de l'Alverne. D'autre part, certains détails, comme, par exemple, la date exacte de la Stigmatisation, étaient demeurés dans l'ombre ; la pieuse curiosité des frères n'était pas entièrement satisfaite. L'auteur s'est efforcé d'y répondre, sans exagérer la discrétion ; et ce qu'il nous apporte de vraiment neuf ne peut pas toujours être accueilli avec une sécurité absolue ; sa chronologie surtout laisse beaucoup à désirer. Enfin, il est évident qu'il a voulu fournir un aliment à la dévotion des fidèles et des frères ; et ici il a parfaitement réussi.*

Ses sources principales sont connues : les deux Légendes *et le* Traité des Miracles *de Thomas de Celano ; la* Légende majeure *de saint Bonaventure ; les* Actus beati Francisci et sociorum ejus ; *les écrits de frère Léon ; la* Vie de frère Léon, *insérée dans*

---

1. Voir plus haut, p. 17.
2. Florence, 1924. J'ai beaucoup utilisé cet excellent recueil dans les notes de ma traduction, ainsi qu'un autre ouvrage du même auteur: *Guida illustrata della Verna*, 3e éd., Quaracchi, 1921.

la Chronique des XXIV Généraux, *et quelques autres textes secondaires. Il a aussi largement puisé dans la tradition orale ; et c'est sans doute à ce point de vue que son œuvre nous intéresse aujourd'hui le plus : que disait-on et que pensait-on dans l'Ordre, vers le milieu du* XIVe *siècle, sur le miracle inouï qui, selon l'immortelle expression de Dante, avait mis « le sceau suprême[3] » à la « conformité » de saint François d'Assise avec son divin Modèle ?*

En dépit des embellissements de la légende, le fond même des récits qui constituent les Considérations sur les Stigmates, *remonte jusqu'au témoin le plus autorisé, frère Léon, ainsi qu'il résulte indirectement d'un passage de la chronique de Thomas de Eccleston,* De Adventu fratrum Minorum in Angliam, *où l'on voit le cher compagnon de saint François se plaindre à Pierre de Tewkesbury, Ministre d'Angleterre, que la* Première Légende *de Thomas de Celano manque un peu trop de précision sur les circonstances qui ont entouré l'apparition du Séraphin[4].*

En résumé, et si l'on s'en tient à l'essentiel, les Considérations sur les Stigmates, *en dépit de quelques erreurs, méritent notre confiance. Mais il faut surtout, en lisant ces récits, se rappeler qu'ils ont été écrits avec beaucoup d'amour.*

★

« Saint François, écrivait Paul Sabatier, ressemblait plus à Junipère qu'à frère Elie ou à saint Bonaventure[5]. » Boutade, peut-être, mais où il semble bien y avoir une grande part de vérité. Et je me suis plu à indiquer, dans les notes, quelques traits de ressemblance qui m'ont particulièrement frappé. On pourra y voir aussi que je ne suis pas convaincu du tout de la « simplicité » proverbiale de frère Junipère. Ses excentricités me paraissent cacher presque toujours d'assez rudes leçons ; et il n'y a pas lieu de trop se laisser prendre au pittoresque de la forme sous laquelle il les donnait. Sans obliger qui que ce soit à adopter mon opinion,

---

3. *Paradis*, XI. 107.
4. Ed. A.-G. Little, Paris, 1909, p. 93 ; traduction française par M.-Th. Laureilhe, *Sur les routes d'Europe*, Paris. 1959, p. 125.
5. *Vie de S. François d'Assise*, Paris, 1894, p. CXII.

qu'on trouvera sans doute un peu excessive, je pense que Junipère est le « pince-sans-rire » de la première génération franciscaine ; il tient une place de choix parmi les saints humoristes. Et je n'ai pas, je l'avoue à ma honte, l'esprit assez délicat pour ne voir que de « grosses farces, parfois un peu trop grosses », dans les épisodes que l'on va lire. Je ne cache pas que ce « farceur » a toutes mes sympathies. Au surplus, chacun en jugera comme il lui plaira.

L'original latin, sur lequel a été faite la traduction italienne des Fioretti, *est connu : c'est la* Vita fratris Juniperi *insérée dans la* Chronique des XXIV Généraux, *compilation rédigée vers 1370. Les divergences et les omissions sont peu importantes.*

De frère Junipère, mort à Rome en 1258, après quarante-huit ans de vie religieuse, nous savons peu de chose, en dehors de ce qui nous est raconté dans les récits que l'on va lire.

Thomas de Celano, dans la Légende de sainte Claire, *nous apprend seulement qu'il assista, ainsi que frère Léon et que frère Ange, aux derniers moments de la sainte Fondatrice des Pauvres Dames, morte à Saint-Damien le 11 août 1253.*

Sa brève mention est à retenir, car elle nous permet de compléter heureusement la physionomie si originale de frère Junipère :

« Lorsque Claire sentit que le Seigneur frappait à sa porte et allait lui témoigner sa bonté, elle voulut que les prêtres et les frères spirituels fussent auprès d'elle pour lui dire de saintes paroles et lui rappeler la Passion du Seigneur. Parmi eux, vint frère Junipère, l'excellent jongleur de Dieu, qui chantait souvent avec enthousiasme les paroles divines : en le voyant, elle fut saisie d'une nouvelle allégresse, et elle lui demanda s'il n'avait pas quelque chose de nouveau à lui dire sur Dieu. Junipère se mit alors à parler, et, de la fournaise de son cœur embrasé, les mots jaillissaient comme de brillantes étincelles : la vierge de Dieu en éprouva une grande consolation[6]. »

Le visage de Claire mourante s'éclairant d'un gai sourire à la vue de Junipère, et la question qu'elle lui pose : n'a-t-il pas à parler de Dieu à sa manière toute personnelle et que les autres

---

6. *Legenda Santæ Claræ Virginis*, éd. F. Pennacchi, Assise, 1910, p. 62 et s.

ne connaissent point[7] *? voilà, me semble-t-il, deux traits sur lesquels on ne saurait trop méditer et qui nous ouvrent de singulières perspectives sur la vie spirituelle de cet humoriste.*

*

Consacrée au bienheureux Gilles ou Egide[8], *la troisième partie du recueil se subdivise :* IV. La Vie du bienheureux Egide ; — V. Les Dits du bienheureux Egide.

Ce frère, dont le culte a été approuvé par Pie VI[9], *est un des personnages les mieux connus de la première génération franciscaine. Il en a déjà été question à plusieurs reprises dans les* Fioretti[10]. *Deux traits le caractérisent : son attachement au travail manuel et son amour pour la solitude.*

Sa Vie *fut d'abord écrite par frère Léon, qui lui survécut quelques années, de 1261 à 1271. Ce premier texte, remanié et considérablement augmenté, passa dans la* Chronique des XXIV Généraux, *d'où ont été traduits en italien les chapitres que l'on va lire. Le traducteur n'a fait qu'un choix relativement bref ; car la* Vie *insérée dans la* Chronique *contient de très nombreux chapitres qu'il n'a pas conservés.*

Quant aux Dits du bienheureux Egide, *il en existe de nombreux recueils dont le plus ancien remonte aussi à frère Léon*[11]*; il est d'ailleurs fort court. D'autres propos du Bienheureux furent*

7. C'est en ce sens que j'entends : *...quærit si aliquid novi de Domino haberet ad manum.*
8. La véritable traduction du nom latin *Ægidius*, en italien *Egidio*, est Gilles. C'est celle que j'ai employée dans les *Fioretti ;* voir notamment p. 36, n. 5. Mais je n'ai pu me résoudre à écrire : *les Dits du Bienheureux Gilles.* L'expression *les Dits du frère Egide*, ou les *Propos du frère Egide*, est devenue si traditionnelle en notre langue qu'il m'a paru préférable de me conformer à un usage solidement établi. Il suffit que le lecteur soit prévenu : il s'agit, sous les deux noms, du même personnage.
9. Cf. *Acta Sanctorum*, avril, t. III, p. 222 et s.
10. Chap. 26, 34, 48.
11. Cf. P. L. Lemmens, O.F.M., *Scripta fratris Leonis*, dans *Documenta antiqua franciscana*, I, Quaracchi, 1901, p. 63 et s., et, pour la *Vita*, p. 37 et s.

conservés et réunis par ses compagnons, dont deux nous sont connus : frère Jean et frère Gratien[12].

Il existe une excellente édition des Dicta Beati Ægidii Assisiensis, *par les Pères Franciscains de Quaracchi, où l'on trouvera, dans les préfaces, une documentation très précise sur les différentes collections de* Dicta, *leurs manuscrits et leurs éditions, dont la plus ancienne, celle de Mayence, remonte à 1463 :* Verba aurea seu sententiæ ad christianam perfectionem aspirantibus utiles. *Les* Dicta, *écrivent les Pères de Quaracchi, sont « les témoignages de la science divine », que frère Egide avait acquise*[13].

Traduisant les Fioretti *et leurs appendices, j'ai fait ma traduction sur le texte italien, publié par le P. B. Bughetti ; et cela par conscience... professionnelle. Mais je n'ai pas pu m'empêcher de laisser passer ma mauvaise humeur dans les notes. D'ailleurs le P. Bughetti lui-même manque d'indulgence pour ce traducteur ; disons cependant à sa décharge qu'il a été assez malmené par les copistes.*

★

Quant à la quatrième partie du recueil, VI : Chapitres additionnels, *c'est encore un hommage de fidélité à l'édition du P. B. Bugghetti. Mais rien de plus.*

Le savant et regretté religieux indique, dans une note brève, qu'il a réuni sous ce titre tous les chapitres « de caractère historique » qu'il a trouvés joints aux Fioretti, *dans les éditions anciennes ou récentes, soit que les auteurs aient suivi des manuscrits, soit qu'ils aient adopté un certain plan.*

Je reste complètement sceptique : un éditeur ne me paraît pas avoir le droit de fabriquer ainsi des Fioretti *à sa fantaisie ! Et je connais dans les vieux textes franciscains, notamment dans la* Legenda antiqua *de Pérouse ou même dans la* Chronique des

---

12. Voir *Fioretti*, chap. 48, et plus loin, p. 375.
13. Tome III de la *Bibliotheca franciscana ascetica Medii ævi*, Quaracchi, 1905.

XXIV Généraux, *de nombreux récits qui mériteraient tout autant le nom de Fioretti que ceux que l'on va lire ici*[14].

Néanmoins, comme les vingt Chapitres additionnels *du P. B. Bughetti sont très intéressants et qu'ils ne sont guère connus que des franciscanisants, il m'a paru inopportun de les écarter. Dans les notes qui accompagnent chacun d'eux, j'ai indiqué sa provenance, d'après le P. Bughetti ; autant qu'il me l'a été possible, je suis remonté à l'original latin et j'ai indiqué les variantes qui m'ont paru être les plus importantes.*

On ne mettra jamais trop de textes franciscains à la disposition des admirateurs et des dévots du saint et génial Poverello.

---

14. J'en ai traduit beaucoup dans un petit ivre que e puis signaler en toute tranquillité d'esprit puisqu'il est complètement épuisé : *Légendes franciscaines*, Paris, 1927.

LES FIORETTI
DE SAINT FRANÇOIS

Au nom de Notre-Seigneur Jésus-Christ crucifié et de sa Mère la Vierge Marie. Il y a dans ce livre certaines petites fleurs, miracles et pieux exemples du glorieux petit Pauvre du Christ Messire saint François et de quelques-uns de ses saints compagnons.

A la louange de Jésus-Christ. Amen[1].

---

1. Ce titre général est, sous une forme assez différente, celui du chapitre premier des *Actus Beati Francisci et sociorum eius*, qui correspond aux deux premiers chapitres des *Fioretti*; titre des *Actus* : *A la louange et gloire de Notre-Seigneur Jésus-Christ et du très saint père François. Ici sont écrits certains faits notables concernant le bienheureux François et ses compagnons, et aussi certains de leurs actes merveilleux, qui ont été passés sous silence dans les Légendes du Saint et qui sont cependant très utiles et très pieux*. Il est bien probable qu'il faut entendre : « ...qui ont été passés sous silence intentionnellement », et que le trait vise surtout saint Bonaventure.

CHAPITRE PREMIER

DES DOUZE PREMIERS COMPAGNONS DE SAINT FRANÇOIS[2].

D'abord, il faut considérer que le glorieux Messire saint François, dans tous les actes de sa vie, fut conforme au Christ béni[3] : car, comme le Christ, au début de sa prédication, appela douze apôtres à mépriser tout ce qui est du monde et à le suivre en pauvreté et dans les autres vertus, ainsi saint François, au début de la fondation de son Ordre, choisit douze compagnons qui embrassèrent la très haute pauvreté.

Et comme un des douze apôtres du Christ, réprouvé de Dieu, finalement se pendit par la gorge[4], ainsi un des douze compagnons de saint François, du nom de frère Jean de la Chapelle, apostasia et finalement se pendit lui-même par la gorge. Et ceci est pour les élus un grand exemple et un motif d'humilité et de crainte, lorsqu'ils considèrent que nul n'est assuré de devoir persévérer jusqu'à la fin dans la grâce de Dieu.

Et comme ces saints apôtres furent pour le monde entier admirables de sainteté et remplis de l'Esprit-Saint, ainsi ces très saints compagnons de saint François furent des hommes de telle sainteté que, depuis le temps des apôtres, le monde n'eut pas d'hommes aussi admirables et aussi saints : car l'un d'eux fut ravi jusqu'au troisième ciel comme saint Paul, et celui-là fut frère Gilles[5] ; un autre, frère Philippe le Long, fut touché aux lèvres par l'ange d'un charbon ardent, comme le

---

2. *Actus*, 1 1-9.
3. L'idée de la conformité de saint François avec le Christ apparaît dès 1228 dans la *Première Légende* de Thomas de Celano, 84, 112 et 115. Elle a eu une très grande fortune dans la littérature franciscaine. Juste en ce qu'elle a d'essentiel, elle a abouti au traité volumineux, et assez indigeste, de Barthélemy de Pise, *De Conformitate vitæ Beati Francisci ad vitam Domini Iesu*, de la fin du XIVe *siècle* (éd. des Pères Franciscains de Quaracchi, t. IV et V des *Analecta franciscana*).
4. Judas. Mt 27 3-5.
5. 2 Co 12 2-4. - Gilles, en latin : *Ægidius*, en italien : *Egidio*. Gilles est la traduction exacte.

prophète Isaïe[6] ; un autre, frère Sylvestre, parlait à Dieu, comme un ami à son ami, à la manière de Moïse[7] ; un autre volait par la subtilité de son intelligence jusqu'à la lumière de la divine Sagesse, comme l'aigle, c'est-à-dire comme Jean l'Evangéliste[8], et celui-là fut le très humble frère Bernard qui expliquait avec une très grande profondeur la sainte Ecriture ; un autre fut sanctifié par Dieu et canonisé dans le ciel alors qu'il vivait encore sur la terre, et celui-là fut frère Rufin, gentilhomme d'Assise[9].

Et ainsi ils reçurent tous le privilège de signes singuliers de sainteté, comme il se verra par la suite[10].

CHAPITRE 2

DE FRÈRE BERNARD DE QUINTAVALLE, PREMIER COMPAGNON DE SAINT FRANÇOIS[1].

Le premier compagnon de saint François fut frère Bernard d'Assise, qui se convertit en cette manière.

Saint François portait encore l'habit séculier, bien qu'il

6. Is **6** 6-7.
7. *Exode, passim.*
8. L'aigle est le symbole de saint Jean ; cf. Ez **1** 5-11 ; Ap **4** 6-8.
9. Rufin ne fait pas partie du groupe des tout premiers compagnons de saint François ; il n'est entré dans l'Ordre qu'après le voyage de Rome dont il va être parlé ; cf. chap. 29, n. 2.
10. Il ne sera question dans les *Fioretti* que de Bernard de Quintavalle, de Gilles, de Philippe le Long, d'Ange Tancrède et de Sylvestre. Lorsque saint François alla à Rome demander à Innocent III l'approbation de la Règle, il n'avait que onze compagnons : Bernard de Quintavalle, Pierre de Catane, Gilles, Sabbatino, Morico, Jean de la Chapelle, Philippe le Long, Jean de San Costanzo, Barbaro, Bernard de Vigilanzio et Ange Tancrède ; c'est du moins la liste la plus probable. Pour arriver au nombre de douze, non compris saint François, il faut ajouter Sylvestre, dont la conversion sera racontée au chapitre suivant, et qui ne se joignit très probablement aux autres frères qu'après le voyage de Rome ; il fut le premier prêtre de l'Ordre.

1. *Actus*, **1** 10-46. D'après la *Chronique des XXIV Généraux de l'Ordre des Mineurs* (éd. des Pères de Quaracchi, t. III des *Analecta Franciscana*, p. 3) ; ces faits se passeraient au mois d'avril 1209 ; mais cette chronologie n'est pas absolument sûre.

se fût déjà détourné du monde, et il allait tout méprisable et mortifié par la pénitence, au point que beaucoup le tenaient pour insensé et qu'il était berné et pourchassé comme un fou, sous les pierres et la boue, par ses parents et les étrangers, et il passait parmi toutes ces injures et moqueries aussi patient que s'il eût été sourd et muet ; Messire Bernard d'Assise, qui était des plus nobles, riches et sages de la ville, commença à considérer avec sagesse en saint François ce mépris si excessif du monde, sa grande patience sous les injures, et que depuis déjà deux ans, ainsi abominé et méprisé de tous, il paraissait toujours plus constant et plus patient ; il commença à penser et à se dire en lui-même : « En aucune façon il ne se peut que ce François n'ait une grande grâce de Dieu. » Et ainsi il l'invita le soir à souper et à loger ; saint François accepta, et soupa le soir et logea chez lui[2].

Alors Messire Bernard se mit dans l'esprit d'examiner sa sainteté ; pour cela il lui fit préparer un lit dans sa propre chambre, dans laquelle une lampe brûlait toujours pendant la nuit. Et saint François, pour cacher sa sainteté, aussitôt qu'il fut entré dans la chambre, se jeta sur le lit et fit semblant de dormir ; et Messire Bernard, après quelque temps, se coucha de même et commença à ronfler vigoureusement comme s'il dormait très profondément. Alors saint François, croyant vraiment que Messire Bernard dormait, se leva du lit sur le premier sommeil et se mit en prière, les yeux et les mains levés au ciel, et il disait avec très grande dévotion et ferveur : « Mon Dieu ! Mon Dieu ! » Et il demeura jusqu'à Matines[3] parlant ainsi et pleurant abondamment, répétant toujours : « Mon Dieu ! Mon Dieu ! » et rien d'autre. Et saint François disait cela en contemplant et admirant l'excellence de la divine Majesté, qui daignait s'abaisser sur le monde en perdition, et se préparait à remédier, par son petit Pauvre François, au salut de son âme à lui et de celle des autres[4] ; et pour cela,

2. On voit encore la maison de Bernard de Quintavalle à Assise, via Bernardo da Quintavalle, près de l'évêché.
3. La première des heures canoniales, qui se récitait dans la nuit, avant l'aube.
4. Le texte des *Actus* est ici très différent et porte : « ...se préparait à remédier, par son propre Fils, au salut des pauvres hommes. »

illuminé d'esprit de prophétie, prévoyant les merveilles que Dieu devait accomplir par lui et son Ordre, et considérant son insuffisance et son peu de vertu, il invoquait et priait Dieu pour que, par sa pitié et sa toute-puissance, sans laquelle ne peut rien la faiblesse humaine, il suppléât, aidât et accomplît ce qu'il ne pouvait par lui-même. Messire Bernard voyant, à la lumière de la lampe, les actes très pieux de saint François, et considérant attentivement les paroles qu'il prononçait, fut touché et inspiré par le Saint-Esprit à changer sa vie.

Aussi, dès le matin, il appela saint François et lui parla ainsi : « J'ai complètement décidé dans mon cœur d'abandonner le monde et de te suivre en ce que tu m'ordonneras. » A ces mots, saint François se réjouit en esprit et parla ainsi : « Messire Bernard, ce que vous dites est chose si grave et difficile qu'il nous faut demander là-dessus le conseil de Notre-Seigneur Jésus-Christ et le prier qu'il lui plaise de nous montrer sur ce point sa volonté et de nous enseigner comment nous pouvons l'exécuter. Allons pour cela ensemble à l'évêché où il y a un bon prêtre, et nous y ferons dire la messe ; puis nous resterons en oraison jusqu'à Tierce[5], priant Dieu qu'au moyen de trois ouvertures du missel il nous montre la voie qu'il lui plaît que nous choisissions. » Messire Bernard répondit que cela lui plaisait beaucoup ; ce pourquoi ils se mirent alors en route et se rendirent à l'évêché[6].

Après qu'ils eurent entendu la messe et qu'ils furent restés en oraison jusqu'à Tierce, le prêtre, à la prière de saint François, prit le missel et, ayant fait le signe de la croix, l'ouvrit trois fois au nom de Notre-Seigneur Jésus-Christ. A la première ouverture, se présenta cette parole que dit le Christ dans l'Evangile au jeune homme qui l'interrogea sur la voie de la perfection : « Si tu veux être parfait, va, vends ce que tu as

5. La quatrième des heures canoniales, qui se récitait au milieu de la matinée, vers 9 heures.
6. Il semblerait qu'il s'agisse de l'église Sainte-Marie Majeure, ou Sainte-Marie de l'Evêché, qui existe toujours ; mais d'après la *Légende* dite *des Trois Compagnons* (3 S 8), c'est à l'église Saint-Nicolas, aujourd'hui détruite, et qui se trouvait sur la grande place d'Assise, que se seraient rendus Pierre et Bernard.

et donne-le aux pauvres, puis viens et suis-moi[7]. » A la seconde ouverture, se présenta cette parole que le Christ dit aux apôtres quand il les envoya prêcher : « Ne prenez rien pour la route, ni bâton, ni besace, ni chaussures, ni argent »[8], voulant leur enseigner par là qu'ils doivent s'en remettre à Dieu de tout leur espoir d'avoir de quoi subsister, et n'avoir d'autre volonté que de prêcher le saint Evangile. A la troisième ouverture du missel, se présenta cette parole que dit le Christ : « Qui veut venir après moi, qu'il renonce à soi-même, qu'il prenne sa croix et qu'il me suive[9]. » Alors saint François dit à Messire Bernard : « Voilà le conseil que le Christ nous donne ; va donc et fais jusqu'au bout ce que tu as entendu ; et que béni soit Notre-Seigneur Jésus-Christ qui a daigné nous montrer sa voie évangélique. » A ces mots, Messire Bernard s'en alla et vendit ce qu'il avait, car il était fort riche, et en grande allégresse il distribua le tout aux pauvres, aux veuves, aux orphelins, aux pèlerins, aux monastères et aux hôpitaux ; et saint François l'aidait en tout cela avec fidélité et sollicitude [10].

Or un homme qui s'appelait Messire Sylvestre, voyant que saint François donnait et faisait donner tant d'argent aux pauvres, mordu par l'avarice, dit à saint François : « Tu ne m'as pas entièrement payé de ces pierres que tu m'as achetées pour réparer les églises[11] ; aussi, maintenant que tu as de l'argent, paie-moi. » Alors saint François, surpris de son avarice et ne voulant pas contester avec lui, en véritable observateur de l'Evangile[12], mit les mains dans le giron de Messire Bernard, et pleines d'argent les mit dans le giron de Messire Sylvestre,

---

7. Mt **11** 21.
8. Lc **9** 3 ; le texte de saint Luc ne parle pas de chaussures, mais voir Matthieu, **10** 10.
9. Mt **16** 24.
10. La scène s'est passée sur la place Saint Georges, — aujourd'hui place Sainte-Claire. — d'après la *Chronique des XXIV Généraux*, éd. c., p. 3.
11. Saint François interprétant d'abord à la lettre les paroles du Crucifix de Saint-Damien : « Va, François, et répare ma maison qui, comme tu le vois, est toute ruinée », avait restauré les églises de Saint-Damien, de Saint-Pierre, — aujourd'hui dans Assise, près de la porte du même nom, mais au temps de saint François un peu en dehors des murs, — et de Sainte-Marie des Anges, la Portioncule.
12. Allusion à Lc **6** 30 : « Donne à quiconque te demande, et si l'on te ravit ton bien, ne le réclame point. »

disant que s'il voulait davantage il lui en donnerait davantage. Messire Sylvestre, satisfait de ce qu'il avait eu, les quitta et retourna chez lui[13].

Le soir, repensant à ce qu'il avait fait le jour, il se reprocha son avarice et considéra la ferveur de Messire Bernard et la sainteté de saint François ; la nuit suivante et les deux autres, il eut de Dieu cette vision[14] : de la bouche de saint François sortait une croix d'or dont le sommet touchait le ciel et dont les bras s'étendaient de l'orient jusqu'à l'occident. A l'appel de cette vision, il donna pour Dieu ce qu'il avait et se fit frère Mineur ; et il eut dans l'Ordre tant de sainteté et de grâce qu'il parlait à Dieu comme un ami à son ami, ainsi que saint François le constata plusieurs fois et qu'il se verra plus loin[15].

Messire Bernard, pareillement, eut de Dieu tant de grâce que souvent il était ravi dans la contemplation de Dieu ; et saint François disait de lui qu'il était digne de tout respect et qu'il avait fondé l'Ordre, car il était le premier à avoir abandonné le monde sans rien se réserver, mais en donnant tout aux pauvres du Christ, et il avait inauguré la pauvreté évangélique, en s'offrant tout nu aux bras du Crucifié, lequel soit béni de nous dans les siècles des siècles. Amen.

13. D'après Thomas de Celano (2C 109), Sylvestre à cette époque, était déjà au seuil de la vieillesse, *senescens jam*.
14. D'après la *Chronique des XXIV Généraux*, éd. c., p. 7, cette vision n'aurait eu lieu que quelque temps plus tard, ce qui concorderait mieux avec la date la plus probable de l'entrée de Sylvestre dans l'Ordre.
15. Cf. chap. 14.

CHAPITRE 3

COMMENT, POUR UNE MAUVAISE PENSÉE QUE SAINT FRANÇOIS EUT CONTRE FRÈRE BERNARD, IL ORDONNA AUDIT FRÈRE BERNARD DE LUI MARCHER TROIS FOIS SUR LA GORGE ET SUR LA BOUCHE[1]

Le très pieux serviteur du Christ Messire saint François, par la rigueur de sa pénitence et ses larmes continuelles, était devenu presque aveugle et voyait à peine la lumière.

Une fois entre autres, il quitta le couvent[2] où il était et se rendit à un couvent où était frère Bernard, pour s'entretenir avec lui des choses divines; et il découvrit, en arrivant dans ce couvent, qu'il était en prière dans le bois, tout élevé vers Dieu et uni à Lui. Alors saint François alla dans le bois et l'appela : « Viens, dit-il, et parle à cet aveugle. » Et frère Bernard ne lui répondit rien, car, étant homme de grande contemplation, il avait l'esprit ravi en Dieu et élevé vers Lui. Et parce qu'il avait une grâce singulière en parlant de Dieu, comme l'avait plusieurs fois éprouvé saint François, qui pour cela désirait s'entretenir avec lui, il l'appela, après quelque intervalle, en la même manière, une seconde, puis une troisième fois ; et aucune fois frère Bernard ne l'entendit ; ce pourquoi il ne lui répondit pas et n'alla point vers lui. De quoi saint François s'en alla un peu affligé, et il s'étonnait et se désolait en lui-même que frère Bernard, trois fois appelé, ne fût pas venu vers lui.

Parti avec cette pensée, saint François, quand il fut un peu éloigné, dit à son compagnon : « Attends-moi ici » ; et il se rendit près de là dans un lieu solitaire, où il se jeta en oraison,

---

1. *Actus*, 2 titre : *De l'humilité et de l'obéissance de saint François et de frère Bernard.* C'est au retour de son voyage en Orient, qui se place à la fin de 1220 ou au début de 1221, que saint François fut atteint d'une maladie d'yeux qui s'aggrava jusqu'à sa mort. L'épisode appartient donc aux dernières années de sa vie. Les Pères Franciscains de Quaracchi, dans leur édition de la *Chronique des XXIV Généraux*, p. 40, n. 4, le situent au célèbre ermitage des Carceri, sur le Subasio, près d'Assise. Paul Sabatier remarque, *Actus*, p. 8, n. 2 : « Il est dommage que les savants éditeurs aient oublié de nous dire la source de cette intéressante indication. »
2. Sur ce mot, voir chap. 4, n. 2.

priant Dieu de lui révéler pourquoi frère Bernard ne lui avait pas répondu. Comme il se tenait ainsi, une voix lui vint de Dieu qui lui dit ces paroles : « O pauvre misérable petit homme, de quoi te troubles-tu ? L'homme doit-il quitter Dieu pour la créature ? Frère Bernard, quand tu l'appelais, était uni à moi : il ne pouvait pour cela ni venir vers toi, ni te répondre ; ne t'étonne donc pas s'il n'a pu te parler, car il était à ce point hors de soi qu'il n'entendait rien de tes paroles. » Saint François, ayant reçu cette réponse de Dieu, retourna aussitôt en grande hâte vers frère Bernard, pour s'accuser humblement à lui de la pensée qu'il avait eue à son égard.

Le voyant venir vers lui, frère Bernard alla à sa rencontre et se jeta à ses pieds ; alors saint François le fit se relever et lui raconta avec grande humilité la pensée et le trouble qu'il avait eus à son égard, et comment Dieu l'en avait repris ; puis il conclut ainsi : « Je te commande, au nom de la sainte obéissance, de faire ce que je t'ordonnerai. » Frère Bernard, craignant que saint François ne lui commandât quelque chose d'excessif, comme il en avait coutume, voulut esquiver loyalement cette obéissance ; ce pourquoi il lui répondit ainsi : « Je suis prêt à vous obéir, si vous me promettez de faire ce que je vous ordonnerai. » Sur la promesse de saint François, frère Bernard dit : « Dites, père, ce que vous voulez que je fasse. » Alors saint François dit : « Je te commande, au nom de la sainte obéissance, que, pour punir ma présomption et l'audace de mon cœur, dès que je me jetterai à terre sur le dos, tu me poses un pied sur la gorge et l'autre sur la bouche, et que tu passes ainsi trois fois sur moi d'un côté à l'autre, en me faisant honte et en m'injuriant ; et dis-moi en particulier : « Reste étendu, rustre, fils de Pierre Bernardone[3] ; d'où te vient tant de superbe, à toi qui es la plus vile des créatures ? » Ce qu'entendant, frère Bernard, bien qu'il lui fût très dur de faire cela, en raison cependant de la sainte obéissance, exécuta, le plus cour-

---

3. Thomas de Celano (1 C 53), rapportant des faits analogues, dit que saint François répondait au frère qui, sur son ordre, l'injuriait bien à contre-cœur : « Il est bon que le fils de Pierre de Bernardone entende de telles paroles. » Celano ajoute : « Il parlait ainsi pour rappeler son humble origine », c'est-à-dire son origine de fils de marchand. Saint Bonaventure a reproduit à peu près textuellement ce passage de la *Première*

toisement qu'il le put, ce que saint François lui avait commandé. Cela fait, saint François lui dit : « Maintenant, commande-moi ce que tu veux que je fasse, puisque je t'ai promis obéissance. » Frère Bernard dit : « Je te commande, au nom de la sainte obéissance, que chaque fois que nous serons ensemble tu me reprennes et me corriges durement de mes défauts. » De quoi saint François s'étonna beaucoup, parce que frère Bernard était d'une telle sainteté qu'il le tenait en grand respect et ne le trouvait répréhensible en rien. Aussi depuis ce jour, saint François évitait de rester longtemps avec lui, à cause de cette promesse d'obéissance, pour ne point en venir à dire aucune parole de correction contre lui, qu'il savait être d'une telle sainteté ; mais quand il avait désir de le voir ou de l'entendre parler de Dieu, il se séparait de lui le plus tôt possible et s'en allait. Et c'était un sujet de très grande édification de voir avec quelle charité, quel respect et quelle humilité le saint père François en usait et parlait avec frère Bernard son fils premier-né.

A la louange et à la gloire du Christ. Amen.

Légende, dans sa *Légende majeure*, 6 1, où Dante a puisé l'inspiration de ces vers de la *Divine Comédie :*

Nè gli gravo viltà di cor le ciglia
Per esser fi' di Pietro Bernardone
Nè per parer dispetto a maraviglia ;
Ma regalmente sua dura intenzione
Ad Innocenzio aperse, e da lui ebbe
Primo sigillo a sua religione.

Jamais lâcheté du cœur ne lui fit baisser les yeux, ni parce qu'il était fils de Pierre Bernardone, ni parce qu'il paraissait méprisable à merveille; mais royalement il exposa sa dure intention à Innocent, et il obtint de lui le premier sceau (la première approbation) pour son Ordre. *Paradis*, XI, 88-93.

CHAPITRE 4

COMMENT L'ANGE DE DIEU PROPOSA UNE QUESTION A FRÈRE ÉLIE, GARDIEN D'UN COUVENT DU VAL DE SPOLÈTE ; ET, PARCE QUE FRÈRE ÉLIE LUI RÉPONDIT AVEC SUPERBE, COMMENT IL PARTIT ET S'EN ALLA SUR LE CHEMIN DE SAINT-JACQUES, OU IL TROUVA FRÈRE BERNARD ET LUI RACONTA CETTE HISTOIRE[1].

Au commencement et à l'origine de l'Ordre, quand il y avait peu de frères et qu'il n'y avait pas encore de couvents établis[2], saint François, pour sa dévotion, alla à Saint-Jacques de Galice, et emmena avec lui quelques frères dont l'un était

1. *Actus*, **3** ; titre : *De frère Bernard, comment un ange passa un fleuve avec lui.* Il est difficile d'établir avec précision sur quelles bases historiques repose ce récit, car la chronologie y est assez malmenée. Saint François alla certainement en Espagne, d'où il avait l'intention de se rendre au Maroc pour y évangéliser le « Miramolin », — le sultan — et ses sujets musulmans ; Thomas de Celano (1 C 56, et 3 C 34) et saint Bonaventure (LM 9 6), sont formels sur ce point. Mais ce voyage, où il était accompagné par quelques frères dont Bernard de Quintavalle, ne peut se placer qu'entre 1213 et 1215. Or, frère Elie ne devint Vicaire de l'Ordre qu'après la mort de Pierre de Catane, c'est-à-dire après le 10 mars 1221. Il est vrai que frère Bernard retourna probablement en Espagne vers 1217 ; l'épisode semble toutefois se situer pendant l'année qui suivit le voyage de saint François. D'autre part, il n'est nullement certain que le Saint soit allé en pèlerinage à Saint-Jacques de Compostelle. Ce qui est beaucoup plus clair, c'est que ce chapitre des *Fioretti* témoigne, comme plusieurs autres, 6, 31, 38, des premiers dissentiments de l'Ordre, qui se manifestèrent du vivant même de saint François, et de l'opposition que faisaient à frère Elie les frères du groupe de frère Bernard et de frère Léon. Ces dissentiments se sont encore aggravés après la mort du Saint et ont abouti à une sorte de schisme entre les Spirituels et la Communauté, comme il l'a été rappelé en quelques mots dans l'*Introduction*, où a été rapporté, p. 22, le jugement du P. Van Ortroy sur ce chapitre. Les Pères Franciscains de Quaracchi ne sont pas plus indulgents et, dans leur édition de la *Chronique des XXIV Généraux*, ils écrivent, p. 38, n. 4 : « Nous ne doutons pas que ces faits et d'autres que l'on attribue à frère Elie alors que saint François vivait encore, sont non seulement suspects, mais encore complètement faux et inventés par certains frères connus sous le nom de Spirituels. »
2. Ceci n'est pas tout à fait exact ; car avant le voyage de saint François en Espagne, il y avait déjà certains couvents établis : au moins celui de Bologne, dont les *Fioretti* vont nous raconter, au chapitre suivant, la fondation, en 1211 ou 121', par frère Bernard de Quintavalle. Ici se

frère Bernard. Comme ils allaient ainsi ensemble par le chemin, ils trouvèrent dans un certain pays un pauvre malade ; saint François, ayant pitié de lui, dit à frère Bernard : « Mon fils, je veux que tu restes ici pour servir ce malade. » Et frère Bernard, s'agenouillant humblement et inclinant la tête, reçut l'ordre du père saint et resta en ce lieu ; et saint François avec ses autres compagnons alla à Saint-Jacques.

Arrivés là, et comme saint François était une nuit en prière dans l'église de Saint-Jacques, il lui fut révélé par Dieu qu'il devait établir beaucoup de couvents par le monde, parce que son Ordre devait s'étendre et croître en comptant une grande multitude de frères. Et à cause de cette révélation saint François commença à établir des couvents en ces contrées. Et saint François, revenant par le même chemin[3], retrouva frère Bernard et le malade avec qui il l'avait laissé et qui était parfaitement guéri ; ce pourquoi saint François permit l'année suivante à frère Bernard d'aller à Saint-Jacques.

Et saint François s'en retourna ainsi dans le val de Spolète, et il demeurait dans un lieu désert[4], lui, frère Massée, frère Elie et quelques autres ; tous ils se gardaient beaucoup d'importuner saint François ou de le distraire de l'oraison ; ils agis-

présente pour la première fois, dans les *Fioretti*, une expression qui a beaucoup embarrassé les traducteurs : *prendere luoghi*, en italien ; *capere loca*, dans le latin correspondant des *Actus*. Le mot *luogo, locus*, a d'ailleurs été déjà rencontré dans le même sens au chapitre précédent. On traduisait généralement autrefois : établir — ou fonder — des couvents : on traduit plutôt aujourd'hui : établir — ou prendre — des logis, en faisant remarquer que le mot « couvent » convient assez mal à ces premières fondations fort embryonnaires, à ces petits ermitages, à ces demeures souvent précaires, où les frères, qui d'abord n'avaient eu d'autres résidences fixes que Rivo-Torto et la Portioncule, se réunissaient pour prier et prendre quelque repos : c'était des locaux très simples, des huttes de branchages, des cabanes, des grottes. Je suis cependant revenu à la vieille traduction : couvent, parce que le mot « logis » ne me paraît guère éveiller l'idée essentielle de logement en commun. Au surplus, il suffit que le lecteur soit prévenu...

3. D'après la *Chronique des XXIV Généraux*, éd. c., p. 9, saint François aurait, à son retour d'Espagne, prêché à Montpellier, et il y aurait prédit qu'un couvent des frères Mineurs y serait fondé.
4. Une note marginale d'un manuscrit de la *Chronique des XXIV Généraux*, du couvent de l'Observance de Sienne, indique, que ce lieu serait Forneto, entre Pérouse et Gubbio.

saient ainsi par le grand respect qu'ils lui portaient et parce qu'ils savaient que Dieu lui révélait de grandes choses pendant ses prières.

Il advint un jour que, saint François étant en oraison dans le bois, un beau jeune homme, en habit de voyage, vint à la porte du couvent et frappa avec une telle précipitation, et si fort, et si longtemps, que les frères s'étonnèrent beaucoup d'une aussi étrange manière de frapper. Frère Massée alla à la porte, l'ouvrit et dit à ce jeune homme : « D'où viens-tu, mon fils, car il ne semble pas que tu sois jamais venu ici, tellement tu as frappé d'étrange façon ? » Le jeune homme répondit : « Et comment faut-il frapper ? » Frère Massée dit : « Frappe trois fois l'une après l'autre, lentement, puis attends assez pour que le frère ait le temps de dire le *Pater noster* et de venir à toi ; et si dans cet intervalle il ne vient pas, frappe une autre fois. » Le jeune homme répondit : « J'ai grande hâte, c'est pourquoi je frappe aussi fort ; car j'ai à faire un long voyage et je suis venu ici pour parler à frère François ; mais il est maintenant dans le bois en contemplation, et pour cela je ne veux pas le distraire ; mais va et envoie-moi frère Elie, car je veux lui poser une question parce que je sais qu'il est très sage. » Frère Massée va et dit à frère Elie d'aller trouver ce jeune homme. Mais frère Elie se fâche et ne veut y aller, en sorte que frère Massée ne sait que faire ni que répondre au visiteur ; car s'il disait : « Frère Elie ne peut venir », il mentait, et s'il disait qu'il était en colère et ne voulait venir, il avait à craindre de lui donner un mauvais exemple. Et pendant que frère Massée hésitait pour cela à retourner, le jeune homme frappa de nouveau comme la première fois ; peu après frère Massée retourna à la porte et dit au jeune homme : « Tu n'as pas tenu compte de ma leçon sur la manière de frapper. » Le jeune homme répondit : « Frère Elie ne veut pas venir à moi ; mais va et dis à frère François que je suis venu pour m'entretenir avec lui ; mais parce que je ne veux pas interrompre son oraison, dis-lui de m'envoyer frère Elie. »

Alors frère Massée s'en alla vers saint François qui priait dans le bois, la face levée vers le ciel, et lui rapporta tout le message du jeune homme et la réponse de frère Elie. Et ce jeune homme était l'ange de Dieu sous forme humaine. Alors saint François, sans changer de place ni baisser le visage, dit à frère Massée : « Va et dis à frère Elie d'aller immédiatement, au nom de la sainte obéissance, trouver ce jeune homme. »

Frère Elie, ayant reçu l'ordre de saint François, alla, fort en colère, à la porte, l'ouvrit avec grande impétuosité et fracas, et dit au jeune homme : « Que veux-tu ? » Le jeune homme répondit : « Prends garde, frère Elie, de n'être point en colère, comme tu le parais, car la colère trouble l'esprit et ne laisse pas discerner la vérité. » Frère Elie dit : « Dis-moi ce que tu veux de moi. » Le jeune homme répondit : « Je te demande s'il est permis aux observateurs du saint Evangile de manger de ce qui leur est servi, comme le Christ l'a dit à ses disciples[5]. Et je te demande encore s'il est permis à qui que ce soit d'établir rien de contraire à la liberté évangélique. » Frère Elie répondit avec superbe : « Je le sais bien, mais je ne veux pas te répondre ; va à tes affaires. » Le jeune homme dit : « Je saurais mieux répondre à cette question que toi. » Alors frère Elie, en colère, ferma la porte avec violence et s'en alla. Puis il commença à réfléchir à cette question et à hésiter en lui-même ; et il ne savait pas la résoudre. Car il était Vicaire de l'Ordre, et il avait ordonné et prescrit par une constitution, au delà de l'Evangile et de la Règle de saint François[6], qu'aucun frère de l'Ordre ne mangeât de la viande, de sorte que la dite question était expressément dirigée contre lui[7]. Ne sachant s'en éclaircir lui-même, et considérant la modestie du jeune homme et qu'il avait dit qu'il saurait répondre à cette question mieux que lui, il retourna à la porte et l'ouvrit pour demander au jeune homme la réponse à ladite question ; mais il était déjà parti, car la superbe de frère Elie n'était pas digne d'un entretien avec un ange.

---

5. « Demeurez dans la même maison, mangeant et buvant ce qu'il y aura chez eux... Dans quelque ville que vous entriez, si l'on vous reçoit, mangez ce que l'on vous présente », Lc **10** 7-8.
6. Règle de 1210-1221, (1 Reg **3**) : « Et qu'il leur soit permis de manger de tous les aliments qu'on leur présente, conformément à l'Evangile. » La même disposition est reprise dans les mêmes termes par la Règle de 1223, (2 Reg **3**).
7. N'a-t-on pas attribué ici à frère Elie une constitution établie par les Vicaires choisis par saint François, avant son départ pour l'Orient en 1219 ?

Cela fait, saint François, à qui tout avait été révélé par Dieu, revint du bois, et reprit âprement frère Elie à haute voix en disant : « Vous agissez mal, orgueilleux frère Elie, vous qui chassez loin de nous les saints anges qui viennent nous instruire. Je te déclare que je crains fort que ta superbe ne te fasse finir hors de cet Ordre. » Et ainsi lui advint dans la suite, comme saint François le lui prédit, car il mourut hors de l'Ordre[8].

Le même jour et à la même heure où cet ange s'en était allé, il apparut sous cette même forme à frère Bernard qui revenait de Saint-Jacques et qui se trouvait sur la rive d'un grand fleuve[9] ; et il le salua dans sa langue en disant : « Que Dieu te donne la paix, ô bon frère ! »[10]. Frère Bernard fut fort étonné, et considérant la beauté du jeune homme, et le salut de paix qu'il lui donnait dans la langue de sa patrie et avec un visage joyeux, il lui demanda : « D'où viens-tu, bon jeune homme ? » L'ange répondit : « Je viens de tel couvent où demeure saint François, et j'allais pour lui parler, et je ne l'ai pu, car il était dans le bois à contempler les choses divines, et je n'ai pas voulu le distraire. Dans ce couvent demeurent frère Massée, frère Gilles et frère Elie ; et frère Massée m'a appris à frapper à la porte à la manière des frères. Quant à frère Elie, il n'a pas voulu répondre à la question que je lui ai posée, et il s'en est

---

8. Cf. chap. 38.
9. Un manuscrit des *Actus*, cité par P. B. Bughetti, O.F.M., dans son édition des *Fioretti*, p. 39, n. 2, indique qu'il s'agit de l'Èbre. Cette identification, géographiquement très juste, émane certainement d'un frère Mineur qui avait fait lui-même le pèlerinage de Saint-Jacques ou qui avait interrogé un pèlerin. On sait que les routes de Saint-Jacques ont exercé une grande influence sur le développement des Chansons de geste et de l'art religieux ; elles ont été très étudiées, notamment par M. J. Bédier et M. E. Mâle. Comme saint François a sans aucun doute suivi longtemps une de ces routes, celle qui venait de Provence, pour se rendre en Espagne, qu'il soit ou ne soit pas allé à Saint-Jacques, il est intéressant d'en rappeler les principales étapes : Arles, avec son fameux cimetière des Alyscamps, où un couvent de frères Mineurs fut fondé vers 1220 ; Saint-Gilles ; Montpellier, — voir plus haut, n. 3 ; — Saint Guilhem du Désert ; Toulouse ; Auch ; Lescar ; le col du Somport ; Jaca ; Puente la Reina, où se rejoignaient les routes de France ; Estella ; Burgos ; Sahagun ; Léon ; Astorga. C'est entre Estella et Burgos que les pèlerins rencontraient l'Èbre.
10. Voir chap. 25, n. 5.

ensuite repenti ; il a voulu m'entendre et me voir et il ne l'a pu. » Après ces paroles, l'ange dit à frère Bernard : « Pourquoi ne passes-tu pas sur l'autre rive ? » Frère Bernard répondit : « Parce que je crains le danger, à cause de la profondeur de l'eau que je vois. » Et il lui prit la main et en un clin d'œil il le déposa de l'autre côté du fleuve. Alors frère Bernard connut que c'était l'ange de Dieu, et avec grand respect et grande joie il dit à haute voix : « O ange béni de Dieu, dis-moi quel est ton nom ? » L'ange répondit : Pourquoi demandes-tu mon nom, qui est merveilleux ? »

Cela dit, l'ange disparut et laissa frère Bernard si rempli de consolation qu'il fit tout le reste du chemin dans l'allégresse. Et il nota le jour et l'heure où l'ange lui était apparu ; et arrivé au couvent où était saint François avec ses susdits compagnons, il leur raconta tout cela en détail. Et ils connurent avec certitude que ce même ange, le même jour et à la même heure, était apparu à eux et à lui. Et ils rendirent grâce à Dieu. Amen.

CHAPITRE 5

COMMENT LE SAINT FRÈRE BERNARD D'ASSISE FUT ENVOYÉ A BOLOGNE PAR SAINT FRANÇOIS ET Y ÉTABLIT UN COUVENT[1].

Parce que saint François et ses compagnons étaient appelés et élus par Dieu pour porter la croix du Christ dans leurs cœurs et leurs œuvres et pour la prêcher dans leurs discours, ils paraissaient et ils étaient des hommes crucifiés, par leur habit et par leur vie austère, par leur actes et leurs œuvres ; aussi désiraient-ils plus supporter les hontes et les opprobres pour l'amour du Christ qu'obtenir les honneurs du monde ou le respect ou de vaines louanges ; ils se réjouissaient même des injures et s'attristaient des honneurs. Et ainsi ils s'en allaient par le monde comme des pèlerins et des étrangers, n'emportant avec eux rien d'autre que le Christ crucifié ; et parce qu'ils étaient de vrais rameaux de la vraie vigne, c'est-à-dire du

1. *Actus*, 4; titre : *De frère Bernard, comment il se rendit à Bologne.* Le fait se place en 1211 ou en 1212.

Christ, ils produisaient de grands et bons fruits dans les âmes qu'ils gagnaient à Dieu.

Il advint, au commencement de l'Ordre, que saint François envoya frère Bernard à Bologne, afin que là, selon la grâce que Dieu lui avait donnée, il produisît des fruits pour Dieu ; et frère Bernard, ayant fait le signe de la croix au nom de la sainte obéissance, s'en alla et arriva à Bologne. Et les enfants, le voyant en habit étrange et misérable, l'abreuvaient de moqueries et d'injures comme l'on fait à un fou ; et frère Bernard supportait tout cela avec patience et allégresse pour l'amour du Christ. Bien plus, afin d'être mieux bafoué, il vint se mettre tout exprès sur la place de la ville ; et donc, comme il était assis là, beaucoup d'enfants et d'hommes se rassemblèrent autour de lui, et qui lui tirait le capuchon par derrière et qui par devant, qui lui jetait de la poussière et qui des pierres, qui le poussait deçà et qui delà ; et frère Bernard, toujours de la même manière et avec la même patience, le visage joyeux, ne se plaignait pas et ne se troublait pas. Et plusieurs jours durant il retourna en ce même lieu, pour supporter semblable traitement.

Et parce que la patience est œuvre parfaite et preuve de vertu, un savant docteur ès lois[2], voyant et considérant que la constance et la vertu de frère Bernard étaient telles que, depuis tant de jours, elles n'avaient pu être troublées ni par aucun outrage, ni par aucune injure, se dit en lui-même : « Il est impossible que celui-ci ne soit pas un saint homme. » Et, s'approchant de lui, il lui demanda : « Qui es-tu, et pourquoi es-tu venu ici? » Et frère Bernard, pour toute réponse, mit la main dans son sein, en tira la Règle de saint François[3] et la lui donna pour qu'il la lût. Et l'autre, après l'avoir lue, considérant son très haut degré de perfection, se tourna, avec un très grand étonnement et une très grande admiration, vers ses

2. Il s'agirait de Nicolas dei Pepoli, qui entra dans l'Ordre en 1220.
3. Cette Règle était la Règle de 1210, approuvée, mais oralement, par Innocent III. Le texte authentique ne nous en est pas parvenu ; comme il est inclus, avec beaucoup d'autres éléments, dans la Règle de 1221, les érudits se sont efforcés de la restituer en procédant par voie d'élimination ; il est inutile d'ajouter que l'accord est loin d'être complet.

compagnons et dit : « Vraiment, voici l'état religieux le plus sublime dont j'aie jamais entendu parler ; et par suite celui-ci et ses compagnons sont des plus saintes gens de ce monde, et qui lui fait injure commet un très grand péché, lui qu'il faudrait honorer à l'extrême, parce qu'il est un grand ami de Dieu. » Puis il dit à frère Bernard : « Si vous voulez établir un couvent dans lequel vous puissiez convenablement servir Dieu, je vous le donnerai volontiers pour le salut de mon âme. » Frère Bernard répondit : « Seigneur, je crois que ceci c'est Notre-Seigneur Jésus-Christ qui vous l'a inspiré ; aussi votre offre je l'accepte volontiers pour l'amour du Christ. » Alors ledit juge, avec grande allégresse et charité, mena frère Bernard chez lui ; puis il lui donna le local promis, et l'arrangea complètement et le mit en état à ses frais[4] ; et depuis lors il devint le père et le défenseur spécial de frère Bernard et de ses compagnons.

Frère Bernard, par la sainteté de sa vie, commença à être très honoré du peuple, au point que se tenait pour heureux quiconque pouvait le toucher ou le voir. Mais lui, en vrai et humble disciple du Christ et de l'humble François, craignant que l'honneur du monde ne nuisît à la paix et au salut de son âme, s'en alla de ce lieu, retourna près de saint François et lui dit : « Père, le couvent est établi dans la ville de Bologne ; envoyez-y des frères qui le gardent et y restent, car moi je n'y faisais plus de profit ; et même, par le trop grand honneur qui m'était fait, je crains d'y avoir perdu plus que je n'y ai gagné. »

Alors saint François, entendant dans leur ordre toutes les choses que Dieu avait accomplies par frère Bernard, remercia Dieu qui commençait à répandre les pauvres petits disciples de la croix ; et alors il envoya de ses compagnons à Bologne et en Lombardie, qui établirent beaucoup de couvents en divers lieux.

A la louange et à la révérence du bon Jésus. Amen.

---

4. D'après des *Mémoires* bolonais, cités par Paul Sabatier, *Actus*, p. 18, n. 1, le lieu où a été établi ce couvent se serait appelé *le Pugliole*.

CHAPITRE 6

COMMENT SAINT FRANÇOIS, QUAND IL VINT A PASSER DE CETTE VIE, BÉNIT LE SAINT FRÈRE BERNARD ET LE LAISSA SON VICAIRE[1].

Frère Bernard était d'une si grande sainteté que saint François lui portait grand respect et le louait souvent. Un jour que saint François était dévotement en prière, il lui fut révélé par Dieu, que frère Bernard devait, avec la permission divine, soutenir contre les démons de nombreuses et poignantes batailles ; aussi saint François, ayant grande compassion dudit frère Bernard, qu'il aimait comme un fils, pria plusieurs jours dans les larmes, suppliant Dieu pour lui et le recommandant à Jésus-Christ pour qu'il lui donnât la victoire sur le démon. Comme saint François priait ainsi dévotement, Dieu lui répondit un jour : « François, n'aie crainte, car toutes les tentations dont frère Bernard doit être assailli sont permises par Dieu, en exercice de vertu et en couronne de mérite ; et finalement il remportera la victoire sur tous ses ennemis, car il est un des commensaux du royaume de Dieu. » De cette réponse saint François éprouva une très grande allégresse et il en

---

1. *Actus*, **5** ; titre : *De la mort pleine de grâce de frère Bernard*. Ce chapitre témoigne de la même attitude agressive à l'égard de frère Elie, que le chapitre précédent. Ce personnage, qui ne laisse pas de nous demeurer encore un peu énigmatique en dépit de toutes les études qui lui ont été consacrées, était manifestement devenu la « bête noire » des Spirituels et comme leur bouc émissaire : ils le rendaient responsable, comme un instigateur plus ou moins lointain, de toutes les déviations qu'avait subies à leurs yeux l'idéal primitif de saint François, de tous les adoucissements apportés à la Règle. Aussi ne faut-il accueillir qu'avec une extrême prudence les récits des *Actus* et des *Fioretti* qui mettent frère Elie en scène, ainsi qu'on l'a déjà vu plus haut, chap. 4, n. 1. Thomas de Celano (1 C 108), donne une version absolument différente, de la scène. Il dit expressément que frère Elie était à la gauche du Saint, qui croisa les bras de manière à poser la main droite sur sa tête et qui s'assura, par une question précise, que c'était bien frère Elie qui était là. Mais on peut se demander si, dans 2 C 216, où il n'est plus question que d'une bénédiction générale donnée par saint François à tous les frères, « en commençant par son Vicaire », Thomas de Celano n'a pas expressément corrigé son premier récit ; la *Seconde Légende*, écrite vers 1246, est postérieure à la chute d'Elie, Ministre général de 1233 à 1239.

rendit grâce à Dieu. Et depuis lors il porta toujours à frère Bernard plus grand amour et plus grand respect.

Et il le lui montra bien, non seulement pendant sa vie, mais encore à sa mort. Car saint François, à l'approche de la mort, tel le saint patriarche Jacob[2], comme ses dévots fils l'entouraient, affligés et éplorés du départ d'un père si aimable, demanda : « Où est mon premier-né? Viens à moi, mon fils, pour que mon âme te bénisse avant que je meure. » Alors frère Bernard dit en secret à frère Elie, qui était Vicaire de l'Ordre : « Père, va à la main droite du Saint[3] pour qu'il te bénisse. » Et frère Elie s'étant placé à sa droite, saint François, qui avait perdu la vue pour avoir trop pleuré, posa la main droite sur la tête de frère Elie : « Ce n'est pas la tête de mon premier-né frère Bernard. »[4] Alors frère Bernard alla près de lui à main gauche, et saint François alors fit comme un treillis de ses bras en croix[5], et posa la main droite sur la tête de frère Bernard et la gauche sur la tête dudit frère Elie, et il dit à frère Bernard : « Que le Père de Notre-Seigneur Jésus-Christ te bénisse de toute bénédiction spirituelle et céleste dans le Christ, comme tu es le premier élu en cet Ordre saint pour donner l'exemple évangélique, pour suivre le Christ dans la pauvreté évangélique : car non seulement tu as donné tes biens et tu les as distribués entièrement et généreusement aux pauvres pour l'amour du Christ, mais encore tu t'es offert toi-même à Dieu dans cet Ordre en un doux sacrifice. Béni sois-tu donc par Notre-Seigneur Jésus-Christ, et par moi son pauvre petit serviteur, de bénédictions éternelles, en marche et en repos,

---

2. Gn **48-49**.
3. Texte des *Actus* : « Père, va à la droite du vieillard », *senis*.
4. D'après le *Speculum perfectionis*, 107, c'est sur la tête de frère Gilles que saint François aurait posé la main droite en disant : « Ce n'est pas la tête de mon frère Bernard » ; le *Speculum Perfectionis* ne fait ici que reproduire la *Legenda antiqua* de Pérouse, qui est très probablement l'œuvre de frère Léon ; éd. du P. F.-M. Delorme, O.F.M., Paris 1926, 107.
5. *Cancello le braccia; brachiis cancellatis* dans les *Actus; cancellare* a d'abord signifié : entourer d'un treillis, puis : barrer, bâtonner un écrit en forme de treillis, ×, d'où : croiser. On remarquera que Jacob a fait le même geste, dans le récit de la *Genèse*, pour mettre sa main droite sur la tête d'Ephraïm qui était à sa gauche, alors que Manassé, le premier-né de Joseph, était à sa droite.

dans les veilles et dans le sommeil, dans la vie et dans la mort. Qui te bénira sera comblé de bénédictions, et qui te maudirait ne resterait pas sans punition. Sois le maître de tous tes frères, et que tous les frères[6] obéissent à ton commandement ; aie licence de recevoir dans cet Ordre et d'en chasser qui tu voudras ; qu'aucun frère n'ait autorité sur toi, et qu'il te soit permis d'aller et de demeurer où il te plaira. »

Après la mort de saint François[7], les frères aimaient et révéraient frère Bernard comme un père vénérable. Et comme il approchait de la mort[8], beaucoup de frères vinrent à lui de diverses parties du monde ; parmi eux vint ce séraphique[9] et divin frère Gilles, qui, voyant frère Bernard, dit en grande allégresse : « Haut les cœurs, frère Bernard, haut les cœurs ! »[10] Et le saint frère Bernard dit en secret à un frère de préparer à frère Gilles un lieu propre à la contemplation, et ainsi fut fait.

Et quand frère Bernard fut à l'heure suprême de la mort, il se fit redresser et parla aux frères qui l'entouraient, disant : « Mes frères[11] bien-aimés, je ne veux point vous dire beaucoup de paroles ; mais vous devez considérer que l'état religieux où j'ai vécu, vous y vivez, et que l'état où je suis maintenant, vous y serez aussi. Et je découvre ceci dans mon âme que, pour mille mondes égaux à celui-ci, je ne voudrais pas ne pas avoir servi Notre-Seigneur Jésus-Christ. Et de tous les péchés que j'ai commis je m'accuse et je fais ma coulpe à mon Sauveur Jésus-Christ et à vous. Je vous supplie, mes frères bien-aimés, de vous aimer les uns les autres. » Et après ces paroles et d'autres bons enseignements, il se recoucha sur son lit ; son visage devint extraordinairement resplendissant et joyeux, ce dont

---

6. Ici, une nuance intraduisible : « ...le maître de tous tes frères », *fratelli*, frères au sens propre ; « et que tous les frères... », *frati*, moines, religieux.
7. Crépuscule du 3 octobre 1226.
8. La date de la mort de frère Bernard est inconnue, mais elle se place entre 1242 et 1246. Il passa l'hiver de 1241-1242 au couvent de Sienne, où il se trouvait avec le fameux et amusant chroniqueur de l'Ordre, fra Salimbene de Adamo.
9. *Gerarchico ; hierarchicus*, dans le texte des *Actus*.
10. En latin dans le texte : *Sursum corda* !
11. *Fratelli*, après *frati ;* voir n. 6.

tous les frères s'émerveillèrent fort ; et au milieu de cette joie son âme très sainte, couronnée de gloire, passa de la vie présente à la vie bienheureuse des anges.

A la louange et à la gloire du Christ. Amen.

CHAPITRE 7

COMMENT SAINT FRANÇOIS FIT UN CAREME DANS UNE ILE DU LAC DE PÉROUSE, OU IL JEUNA QUARANTE JOURS ET QUARANTE NUITS ET NE MANGEA RIEN DE PLUS QUE LA MOITIÉ D'UN PAIN[1].

Le véritable serviteur de Dieu saint François, parce qu'en certaines choses il fut quasi un autre Christ, donné au monde pour le salut des hommes, Dieu le Père voulut le rendre sur beaucoup de points conforme et semblable à son fils Jésus-Christ, ainsi qu'il l'apparaît dans le vénérable collège des douze compagnons[2], et dans l'admirable mystère des Stigmates sacrés, et dans le jeûne continuel du saint carême, qu'il fit de la manière suivante.

Saint François se trouvant une fois, le jour du carnaval, près du lac de Pérouse, dans la maison d'un de ses dévots avec qui il avait passé la nuit, fut inspiré de Dieu d'aller faire ce carême dans une île de ce lac. Ce pourquoi saint François pria ce sien dévot de le porter sur sa nacelle, pour l'amour du Christ, dans une île du lac où n'habitât personne, et de le faire la nuit du jour des Cendres pour que nul ne s'en aperçût. Celui-ci, à cause de la grande dévotion qu'il avait pour saint François, satisfit diligemment à sa prière et le passa dans cette île ; et saint François n'emporta avec lui rien d'autre que deux petits pains. Arrivés dans l'île, comme son ami le quittait pour

1. *Actus* 6 ; titre des *Actus : Du jeûne de quarante jours de saint François.* C'est dans l'*Isola Maggiore* du lac Trasimène, près duquel Annibal remporta sur le consul C. Flaminius, la sanglante victoire de 217, que saint François fit ce carême. La date n'est pas connue avec certitude ; Wadding, dans ses *Annales Minorum*, la place en 1211.

2. Cf. chap. 1.

retourner chez lui, saint François le pria affectueusement de ne révéler à personne qu'il était là, et de ne revenir vers lui que le Jeudi-Saint. Et là-dessus l'autre s'en alla, et saint François resta seul.

Comme il n'y avait là aucune habitation où il pût se retirer, il entra dans un taillis très touffu, où beaucoup de ronces et d'arbustes avaient formé une sorte de petite cabane ou de tanière ; et en ce lieu il se mit en oraison et à contempler les choses célestes. Et il resta là tout le carême[3] sans boire et sans manger rien d'autre que la moitié d'un de ces petits pains, comme le découvrit ce sien dévot le Jeudi-Saint, quand il retourna vers lui : des deux pains, il trouva l'un entier et la moitié de l'autre. On croit que l'autre moitié, saint François la mangea par respect pour le jeûne du Christ béni, qui jeûna quarante jours et quarante nuits sans prendre aucune nourriture matérielle[4]. Et ainsi avec ce demi-pain il chassa loin de lui le venin de la vaine gloire, et à l'exemple du Christ il jeûna quarante jours et quarante nuits.

Puis en ce lieu, où saint François avait fait une si merveilleuse abstinence, Dieu opéra beaucoup de miracles par ses mérites ; pour cette raison, les gens commencèrent à y édifier des maisons et à y habiter ; et en peu de temps, il se bâtit un bon et grand village, et là se trouve le couvent des frères qu'on appelle le couvent de l'Ile ; et les hommes et les femmes de ce village ont encore grand respect et dévotion pour ce lieu où saint François fit ledit carême[5].

A la louange du Christ. Amen.

---

3. Le texte des *Actus* ajoute qu'il se tint « immobile » tout le carême.
4. Cf. Mt 4 1-11.
5. Le P. Nicolas Cavanna, O.F.M., dans son guide si remarquablement documenté. *L'Umbria francescana* — dont il existe une traduction française par Teodor de Wyzewa, Paris, 1926, voir p. 145 et suiv. — a relevé avec beaucoup de précision tous les souvenirs franciscains de l'*Isola Maggiore :* deux petites chapelles, dont l'une marquerait l'endroit où saint François débarqua, et l'autre l'abri naturel où il demeura ; le « château Isabelle » construit en 1885 sur l'emplacement du couvent franciscain, dont il ne reste que la chapelle ; et « un petit village, aux maisons basses, obscures et mélancoliques », qui serait le « bon et grand village » dont parlent les *Fioretti*.

CHAPITRE 8

COMMENT SAINT FRANÇOIS, CHEMINANT AVEC FRÈRE LÉON, LUI EXPOSA CE QU'EST LA JOIE PARFAITE[1].

Comme saint François allait une fois de Pérouse à Sainte-Marie des Anges avec frère Léon, au temps d'hiver, et que le froid très vif le faisait beaucoup souffrir, il appela frère Léon qui marchait un peu en avant[2], et parla ainsi : « O frère Léon, alors même que les frères Mineurs donneraient en tout pays un grand exemple de sainteté et de bonne édification, néanmoins écris et note avec soin que là n'est point la joie parfaite. » Et saint François allant plus loin l'appela une seconde fois : « O frère Léon, quand même le frère Mineur ferait les aveugles voir, redresserait les contrefaits, chasserait les démons, rendrait l'ouïe aux sourds, le marcher aux boiteux, la parole aux muets et, ce qui est plus grand miracle, ressusciterait des morts de quatre jours, écris qu'en cela n'est point la joie

---

1. *Actus*, **7** ; titre : *De l'enseignement de saint François à frère Léon que la joie parfaite se trouve seulement dans la croix.* Le titre des *Actus* met en vive lumière l'idée essentielle de ce chapitre célèbre des *Fioretti*, dont Paul Sabatier a dit, — *Speculum perfectionis*, éd. de 1898, p. 62, — qu'il « est resté à bon droit comme le résumé et la fleur de l'évangile ombrien », et sur lequel le P. Gratien, O.M. Cap., a fait — *Saint Fançois d'Assise, sa personnalité, sa spiritualité*, Paris 1928, p. 81 et 82. — cette très juste remarque : « Ce chapitre si goûté et si peu compris, car on n'y voit d'ordinaire qu'une délicieuse page de littérature, est en réalité une forte leçon d'amour de la croix ». L'épisode n'est que le développement d'une merveilleuse fantaisie, sous une forme à la fois dramatique et lyrique, d'un texte très authentique de saint François, la cinquième Admonition intitulée : « Que personne ne s'enorgueillisse, mais au contraire qu'on se glorifie dans la croix du Seigneur », et dont voici quelques passages : « En quoi peux-tu donc te glorifier? Car même si tu étais si intelligent et si savant que tu possèdes toute science, que tu saches comprendre toutes les langues et scruter avec sagacité les choses célestes, de tout cela tu ne pourrais te glorifier... Pareillement, si tu étais plus beau et plus riche que tous, même si tu opérais des merveilles, si tu mettais les démons en fuite, tout cela te serait nuisible et ne te servirait de rien, et tu ne pourrais t'en glorifier. Mais c'est dans nos infirmités que nous pouvons nous glorifier (cf. 2 Co **12** 5) et dans le portement quotidien de la sainte croix de Notre-Seigneur Jésus-Christ. » On a la preuve que le récit des *Actus* a connu de bonne heure un très vif et légitime succès, dans ce fait qu'on le rencontre dans de nombreux manuscrits et dans plusieurs recueils imprimés. Le P. Bughetti a publié, dans son édition citée des *Fioretti*, p. 48, n. 2,

parfaite. » Marchant encore un peu, saint François s'écria d'une voix forte : « O frère Léon, si le frère Mineur savait toutes les langues et toutes les sciences et toutes les Ecritures, en sorte qu'il saurait prophétiser et révéler non seulement les choses futures, mais même les secrets des consciences et des âmes, écris qu'en cela n'est point la joie parfaite. » Allant un peu plus loin, saint François appela encore d'une voix forte : « O frère Léon, petite brebis de Dieu, quand même le frère Mineur parlerait la langue des Anges et saurait le cours des astres et les vertus des herbes, et que lui seraient révélés tous les trésors de la terre, et qu'il connaîtrait les vertus des oiseaux et des poissons, de tous les animaux et des hommes, des arbres et des pierres, des racines et des eaux, écris qu'en cela n'est point la joie parfaite. » Et faisant encore un peu de chemin, saint François appela d'une voix forte : « O frère Léon, quand même le frère Mineur saurait si bien prêcher qu'il convertirait tous les fidèles à la foi du Christ, écris que là n'est point la joie parfaite. »

Et comme de tels propos avaient bien duré pendant deux

---

la traduction italienne d'une autre version beaucoup plus brève et qu'il considère, à juste titre, comme plus ancienne. Voici la différence capitale : frère Léon, près de Sainte-Marie des Anges, écrit, sur l'ordre et sous la dictée de saint François, ce qui n'est pas la joie parfaite ; puis, pour lui enseigner ce qu'est la joie parfaite, saint François suppose qu'il revient de Pérouse, par une nuit d'hiver, couvert de boue, glacé, ensanglanté même, et qu'il est chassé brutalement par le frère portier de Sainte-Marie des Anges, à qui cependant il s'est fait connaître : « Qui es-tu ? — Frère François. — Va-t'en... », etc. Le rédacteur des *Actus* a mis en scène, en le développant, ce qui n'était qu'un récit dans la version traduite par le P. Bughetti.

2. Ici, un petit trait, fort curieux, pris sur le vif : frère Léon marche un peu en avant de saint François, comme le fait frère Massée, au début du chapitre 11. Il semble bien que c'était l'usage des premiers frères de marcher ainsi l'un derrière l'autre, et non pas de front, lorsqu'ils allaient prêcher deux par deux, et que cet usage se soit conservé au moins jusqu'au commencement du XIVe siècle. Dante marche de même derrière Virgile, après avoir assisté à une querelle entre deux diables, et il écrit dans la *Divine Comédie :*

Taciti, soli e senza compagnia
N'andavam, l'un dinanzi e l'altro dopo,
Come i frati Minor vanno per via.

Silencieux, seuls et sans compagnie, nous allions, l'un devant et l'autre après, comme les frères Mineurs vont en chemin. *Enfer*. XXIII, 1-3.

milles, frère Léon, fort étonné, l'interrogea et dit : « Père, je te prie, de la part de Dieu, de me dire où est la joie parfaite. » Et saint François lui répondit : « Quand nous arriverons à Sainte-Marie-des-Anges, ainsi trempés par la pluie et glacés par le froid, souillés de boue et tourmentés par la faim, et que nous frapperons à la porte du couvent, et que le portier viendra en colère et dira : « Qui êtes-vous ? » et que nous lui répondrons : « Nous sommes deux de vos frères », et qu'il dira : « Vous ne dites pas vrai, vous êtes même deux ribauds qui allez trompant le monde et volant les aumônes des pauvres ; allez-vous-en » ; et quand il ne nous ouvrira pas et qu'il nous fera rester dehors dans la neige et la pluie, avec le froid et la faim, jusqu'à la nuit, alors si nous supportons avec patience, sans trouble et sans murmurer contre lui, tant d'injures et tant de cruauté et tant de rebuffades, et si nous pensons avec humilité et charité que ce portier nous connaît véritablement, et que Dieu le fait parler contre nous, ô frère Léon, écris que là est la joie parfaite. Et si nous persistons à frapper, et qu'il sorte en colère, et qu'il nous chasse comme des vauriens importuns, avec force vilenies et soufflets, en disant : « Allez-vous-en d'ici, misérables petits voleurs, allez à l'hôpital[3], car ici vous ne mangerez ni ne logerez », si nous supportons tout cela avec patience, avec allégresse, dans un bon esprit de charité, ô frère Léon, écris que là est la joie parfaite. Et si nous, contraints pourtant par la faim, et par le froid, et par la nuit, nous frappons encore et appelons et le supplions pour l'amour de Dieu, avec de grands gémissements, de nous ouvrir et de nous faire cependant entrer, et qu'il dise, plus irrité encore : « Ceux-ci sont des vauriens importuns, et je vais les payer comme ils le méritent », et s'il sort avec un bâton noueux, et qu'il nous saisisse par le capuchon, et nous jette à terre, et nous roule dans la neige, et nous frappe de tous les nœuds de ce bâton, si tout cela nous le supportons patiemment et avec allégresse, en pensant aux souffrances du Christ béni, que nous devons supporter pour son amour, ô frère Léon, écris qu'en cela est la

3. La version traduite par le P. Bughetti précise : « au couvent des Crucigères », c'est-à-dire à l'hôpital des lépreux, situé à mi-route entre Assise et la Portioncule, où se dresse aujourd'hui la *casa Gualdi*. C'est de là que saint François mourant bénit Assise. Voir plus loin, p. 226.

joie parfaite. Et enfin, écoute la conclusion, frère Léon : au-dessus de toutes les grâces et dons de l'Esprit-Saint que le Christ accorde à ses amis, il y a celui de se vaincre soi-même, et de supporter volontiers pour l'amour du Christ les peines, les injures, les opprobres et les incommodités ; car de tous les autres dons de Dieu nous ne pouvons nous glorifier, puisqu'ils ne viennent pas de nous, mais de Dieu, selon que dit l'Apôtre : « Qu'as-tu que tu ne l'aies reçu de Dieu ? Et si tu l'as reçu de lui, pourquoi t'en glorifies-tu comme si tu l'avais de toi-même[4] ? ». Mais dans la croix de la tribulation et de l'affliction, nous pouvons nous glorifier parce que cela est à nous, c'est pourquoi l'Apôtre dit : « Je ne veux point me glorifier si ce n'est dans la croix de Notre-Seigneur Jésus-Christ. »

A qui soit toujours honneur et gloire dans les siècles des siècles. Amen.

CHAPITRE 9

COMMENT SAINT FRANÇOIS ENSEIGNAIT A RÉPONDRE A FRÈRE LÉON, QUI NE PUT JAMAIS DIRE QUE LE CONTRAIRE DE CE QUE VOULAIT SAINT FRANÇOIS[1].

Au commencement de l'Ordre, saint François était une fois avec frère Léon dans un couvent où ils n'avaient pas de livres pour dire l'office divin ; quand vint l'heure des Matines, saint François dit à frère Léon : « Mon bien-aimé, nous n'avons pas de bréviaire avec lequel nous puissions dire Matines,

---

4. I Co **4** 7.
5. Ga **6** 14.

1. *Actus*, **8** ; titre des *Actus : D'un discours divin adressé par frère Léon à saint François*. Les seuls chapitres des *Fioretti* où il soit question de frère Léon, le plus célèbre des compagnons de saint François, sont, avec celui-ci et le précédent, le chapitre 36, où saint François lui explique une vision, et les chapitres 27 et 30, où il reste au second plan. Son rôle est plus considérable dans les *Actus*, dont les chapitres 9 et 39 se retrouvent presque entièrement dans les *Considérations sur les Stigmates*, et où on lit, au chapitre 38, que saint François, « à cause de la grande pureté et de la simplicité de colombe qu'il voyait en frère Léon, le choisissait fréquemment pour compagnon et le faisait pénétrer

mais pour employer le temps à louer Dieu, je parlerai et tu me répondras comme je te l'enseignerai ; et prends bien garde de ne pas changer les paroles que je t'enseignerai. Je dirai ceci : « O frère François, tu as fait tant de mal et tant de péchés dans le siècle, que tu es digne de l'enfer » ; et toi, frère Léon, tu répondras : « Il est bien vrai que tu mérites le plus profond de l'enfer.[2] » Et frère Léon avec une simplicité de colombe répondit : « Volontiers, père ; commence au nom de Dieu. » Alors saint François commença à dire : « O frère François, tu as fait tant de mal et tant de péchés dans le siècle que tu es digne de l'enfer. » Et frère Léon répondit : « Dieu fera par toi tant de bien que tu t'en iras en paradis. » Saint François dit : « Ne parle pas ainsi, frère Léon, mais quand je dirai : « O frère François, tu as commis contre Dieu tant d'iniquités que tu es digne d'être maudit de Dieu », toi réponds ainsi : « Vraiment, tu es digne d'être mis au nombre des maudits. » Et frère Léon répondit : « Volontiers, père. » Alors saint François, avec beaucoup de larmes et de soupirs et de coups sur sa poitrine, dit à haute voix : « O mon Seigneur, Dieu du ciel et de la terre, j'ai commis contre toi tant d'iniquités et tant de péchés que je suis tout à fait digne d'être maudit de toi. » Et frère Léon répondit : « O frère François, Dieu te rendra tel que parmi les bénis tu seras béni singulièrement. »

---

souvent dans ses secrets tant de jour que de nuit ». C'est aussi à cause de cette pureté et de cette simplicité que saint François l'appelait « petite brebis, petite brebis de Dieu », voir ci-dessous et chapitre 8 ; peut-être aussi jouait-il sur son nom : *Leo*, Léon, lion. On a souvent dit de frère Léon qu'il fut le « saint Jean » de François, son disciple bien-aimé. Il entra dans l'Ordre à une date qui n'est pas connue avec précision, mais certainement après le voyage de saint François à Rome, probablement vers la fin de 1210. Il devint le confesseur du Saint dans ses dernières années, et, après l'avoir accompagné sur l'Alverne au mois de septembre 1224, il eut le privilège de soigner les plaies produites par la stigmatisation. Il a beaucoup écrit sur saint François, mais, quand il s'agit de fixer avec précision quelles sont ses œuvres authentiques, le désaccord entre les « franciscanisants » est à peu près complet. Il a personnifié, pour les Spirituels, un idéal qu'ils croyaient menacé, et il serait imprudent d'accepter sans critique et les yeux fermés tous les récits qu'ils ont fait circuler en les couvrant de son autorité. Il mourut, très âgé, le 14 ou le 15 novembre 1271, et il fut enterré dans la basilique d'Assise, comme Bernard de Quintavalle.

2. Cf. chap. 3, n. 3.

Saint François, très étonné que frère Léon répondît le contraire de ce qu'il lui avait ordonné, le reprit en disant : « Pourquoi ne réponds-tu pas comme je te l'enseigne ? Je te commande, au nom de la sainte obéissance, de répondre comme je te l'enseignerai. Je parlerai ainsi : « O mauvais petit frère François, penses-tu que Dieu te fera miséricorde, alors que tu as commis tant de péchés contre le Père des miséricordes et le Dieu de toute consolation que tu n'es pas digne de trouver miséricorde ? » et toi, frère Léon, petite brebis, tu répondras : « En aucune manière tu n'es digne de trouver miséricorde. » Mais quand ensuite, saint François dit : « O mauvais petit frère François... » etc., frère Léon répondit : « Dieu le Père, dont la miséricorde est infinie plus que ton péché, te fera grande miséricorde et t'y ajoutera beaucoup de grâces. »

A cette réponse, saint François doucement irrité et troublé sans impatience, dit à frère Léon : « Pourquoi as-tu la présomption de parler contre l'obéissance, et as-tu déjà tant de fois répondu le contraire de ce que je t'ai ordonné ? » Frère Léon répondit très humblement et respectueusement : « Dieu le sait, mon père, que chaque fois j'ai résolu dans mon cœur de répondre comme tu me l'as commandé ; mais Dieu me fait parler comme il lui plaît et non comme il me plaît. » Saint François s'en étonna et dit à frère Léon : « Je te prie très affectueusement de me répondre cette fois comme je t'ai dit. » Frère Léon répondit : « Parle au nom de Dieu, car certainement je te répondrai cette fois comme tu le veux. » Et saint François dit en pleurant : « O mauvais petit frère François, penses-tu que Dieu te fasse miséricorde ? » Frère Léon répondit : « Bien plus, tu recevras de grandes grâces de Dieu, et il t'exaltera, et il te glorifiera dans l'éternité, parce que qui s'humilie sera exalté[3]. Et je ne puis dire autre chose, car Dieu parle par ma bouche. »

Et ainsi en cet humble débat, avec beaucoup de larmes et de consolations spirituelles, ils veillèrent jusqu'au jour.

A la louange du Christ. Amen.

---

3. Lc 14 11.

CHAPITRE 10

COMMENT FRÈRE MASSÉE DIT A SAINT FRANÇOIS, COMME EN PLAISANTANT, QUE TOUT LE MONDE COURAIT APRÈS LUI, ET COMMENT SAINT FRANÇOIS LUI RÉPONDIT QUE C'ÉTAIT POUR LA CONFUSION DU MONDE ET PAR LA GRACE DE DIEU[1].

Saint François demeurait une fois au couvent de la Portioncule avec frère Massée de Marignan, homme de grande sainteté et sagesse, et doué de grâce pour parler de Dieu, ce pourquoi saint François l'aimait beaucoup ; un jour que saint François revenait du bois où il avait prié et qu'il était à l'orée du bois, ledit frère Massée voulut éprouver son humilité, alla à sa rencontre et lui dit comme en plaisantant : « Pourquoi à toi ? Pourquoi à toi ? Pourquoi à toi ? » Saint François répondit : « Qu'est-ce que tu veux dire ? » Frère Massée dit : « Je dis : pourquoi tout le monde court-il après toi et pourquoi chacun semble-t-il désirer te voir, et t'entendre, et t'obéir ? De corps, tu n'es pas bel homme[2], tu n'as pas grande science, tu n'es pas noble ; d'où te vient-il donc que tout le monde court après toi ? » Entendant cela, saint François, tout réjoui en esprit, leva son visage vers le ciel et resta longtemps l'âme élevée vers Dieu ; puis, rentrant en lui-même, il s'agenouilla et rendit louange et grâce à Dieu ; et dans une grande ferveur d'esprit il se tourna ensuite vers frère Massée et dit : « Tu veux savoir pourquoi à moi ? Tu veux savoir pourquoi à moi ? Tu veux savoir pourquoi à moi, tout le monde me court après ? Cela je le tiens de ces yeux de Dieu très haut, qui en tous lieux contemplent les bons et les méchants : car ces yeux très saints n'ont vu parmi les pécheurs personne qui fût plus vil, plus insuffisant, plus grand pécheur que moi ; et comme, pour faire l'œuvre merveilleuse qu'il entendait faire, il n'a pas trouvé sur

1. *Actus*, **10** ; titre : *Comment frère Massée éprouva l'humilité de saint François*. Sur frère Massée, voir chap. 11, n. 1.
2. C'est aussi l'opinion de l'archidiacre Thomas de Spalato, qui entendit saint François prêcher à Bologne, en 1222 : « Son habit était malpropre, sa personne méprisable et son visage sans beauté », *facies indecora*. Nous savons par Thomas de Celano que saint François était de petite taille. (1 C 83, et 2 C 18).

la terre de plus vile créature, il m'a, pour cette raison, choisi pour confondre la noblesse et la grandeur et la force et la beauté et la science du monde, afin que l'on connaisse que toute vertu et tout bien viennent de lui et non de la créature, et que nul ne puisse se glorifier en sa présence, mais que quiconque se glorifie se glorifie dans le Seigneur[3], à qui appartient tout honneur et gloire dans l'éternité. »

Alors frère Massée, à une si humble réponse, dite avec tant de ferveur, se troubla et reconnut avec certitude que saint François prenait appui sur la vraie humilité.

A la louange du Christ. Amen.

CHAPITRE 11

COMMENT SAINT FRANÇOIS FIT TOURNER PLUSIEURS FOIS FRÈRE MASSÉE SUR LUI-MEME, PUIS S'EN ALLA A SIENNE[1].

Saint François cheminait un jour avec le frère Massée, et ledit frère Massée marchait un peu en avant[2] ; arrivé à un carrefour d'où l'on pouvait aller à Florence, à Sienne et à

3. Cf. 1 Co 1 27-31.

1. *Actus*, **11** ; titre : *Comment saint François comprit ce que frère Massée avait dans le secret de son cœur*. Le chapitre des *Actus* commence par une phrase dont la plus grande partie n'a pas passé dans les *Fioretti ;* elle nous paraît cependant fort intéressante : « Saint François cheminait une fois en Toscane avec frère Massée, qu'il choisissait le plus volontiers pour compagnon, à cause du charme de sa parole et de son éminente sagesse, et à cause de l'assistance qu'il lui prêtait dans ses ravissements, en donnant satisfaction à ceux qui survenaient et en leur dissimulant le Saint pour qu'il ne soit pas importuné par eux ». Ce texte est à rapprocher du début du chapitre précédent. Frère Massée est, après saint François lui-même, le personnage le plus vivant, la figure la plus originale des *Fioretti*. Cinq chapitres lui sont entièrement consacrés : 10, 11, 12, 13, 32 ; et nous le voyons encore en scène au chapitre 4, où il donne, assez sèchement, à un ange qu'il n'avait pas identifié, une amusante leçon, puis au chapitre 16, où il sert de messager à saint François, — comme au chapitre 39, — et où nous le voyons accompagner le Saint au cours de ce voyage de prédication qui fut l'occasion du sermon aux oiseaux : c'est de son autorité que se couvre expressément l'auteur des *Actus* pour rapporter cet épisode célèbre. Son portrait nous est tracé dans les *Fioretti* à petites touches

Arezzo[3], frère Massée dit : « Père, quel chemin devons-nous prendre ? » Saint François répondit : « Celui que Dieu voudra. » Frère Massée dit : « Et comment pourrons-nous connaître la volonté de Dieu ? » Saint-François répondit : « Par le signe que je te montrerai ; aussi, par le mérite de la sainte obéissance, je t'ordonne de tourner sur toi-même, comme font les enfants, dans ce carrefour, à l'endroit où tu as les pieds ; et ne cesse de tourner que je ne te le dise. » Alors frère Massée commença à tourner en rond ; et tant il tourna que le vertige de tête qu'engendre ordinairement ce genre de mouvement, le fit plusieurs fois tomber à terre ; mais saint François ne lui disant pas de cesser, et lui voulant fidèlement obéir, il se relevait et recommençait. A la fin, quand il tournait bien fort, saint François dit : « Arrête-toi et ne bouge plus. » Il s'arrêta et saint François lui demanda : « De quel côté tournes-tu la tête ? » Frère Massée répondit : « Vers Sienne. » Saint François dit : « C'est la route que Dieu veut que nous prenions[4]. »

Tout en marchant par cette route, frère Massée s'étonnait grandement de ce que saint François l'eût fait tourner comme les enfants devant les séculiers qui passaient ; néanmoins, il n'osait par respect en rien dire au père saint.

Comme ils approchaient de Sienne, les habitants de la ville apprirent l'arrivée de saint François, allèrent à sa rencontre

---

qui se complètent, avec beaucoup de verve et avec une savoureuse bonhomie. Frère Massée, né à Marignan, village des environs d'Assise, entra dans l'Ordre après le voyage de Rome, probablement en 1210 ou 1211. C'était un bel homme, de grande taille, qui avait beaucoup de bon sens, un esprit vif et un peu caustique, le don de répartie et surtout une forme d'éloquence, simple, familière, qui touchait les cœurs et avait un vif succès. Il semble bien qu'à son entrée dans l'Ordre, il eut encore de sérieux progrès à faire pour devenir très humble, ce à quoi il réussit parfaitement, comme on le verra au chapitre 32. Il y fut d'ailleurs puissamment aidé par saint François qui lui infligea quelques leçons méritées, comme celles qui font l'objet de ce chapitre et du chapitre suivant. Il mourut en 1280, peut-être le 17 novembre, et fut enterré lui aussi dans la basilique d'Assise.

2. Cf. chap. 8, n. 2.
3. Il y a à Poggibonsi un carrefour qui répond à cette indication et qui fut peut-être le théâtre de cette scène pittoresque.
4. Saint François vint au moins trois fois à Sienne, en 1212, en 1217 et en 1226, l'année de sa mort, où il fut soigné à l'ermitage de l'Albe-

et, par dévotion, le portèrent, lui et son compagnon, jusqu'à l'évêché, en sorte que leurs pieds ne touchèrent pas terre. Or à ce moment plusieurs Siennois se battaient entre eux, et il y en avait déjà deux de morts ; arrivant parmi eux, saint François leur prêcha si pieusement et si saintement qu'il les ramena tous à la paix et à une grande union et concorde entre eux. C'est pourquoi l'évêque de Sienne, apprenant cette œuvre sainte que saint François avait accomplie, l'invita chez lui, et le reçut avec de très grands honneurs ce jour-là et aussi la nuit. Au matin suivant, saint François, vraiment humble, qui dans ses œuvres ne cherchait que la gloire de Dieu, se leva de bonne heure avec son compagnon et partit à l'insu de l'évêque.

Ce pourquoi frère Massée allait par ce chemin, murmurant en lui-même et disant : « Qu'est-ce qu'a fait ce brave homme ? Il m'a fait tourner comme un enfant, et à l'évêque, qui l'a comblé d'honneurs, il n'a même pas dit une bonne parole et il ne l'a pas remercié. Et il semblait à frère Massée que saint François s'était comporté sans discrétion. Mais ensuite, rentrant en lui-même par une inspiration divine et s'accusant, il dit dans son cœur : « Frère Massée, tu es trop orgueilleux, toi, qui juges les œuvres divines, et tu es digne de l'enfer pour ton orgueil indiscret ; car dans la journée d'hier frère François a fait des œuvres si saintes qu'elles n'auraient pas été plus merveilleuses, si l'ange de Dieu les avait accomplies. Aussi, s'il te commandait de jeter des pierres, tu devrais lui obéir, et ce qu'il a fait sur cette route est venu de l'ordre divin, comme il l'apparaît de la bonne issue qui s'en est suivie ; car s'il n'avait pas réconcilié ceux qui se battaient entre eux, non seulement beaucoup de corps, comme il l'était déjà commencé, seraient

---

rino, près de la ville, hors la *porta Ovile.* Il est possible que l'épisode raconté ici se place en 1212, mais il est peut-être antérieur à cette date ; l'accueil enthousiaste des Siennois, l'hospitalité donnée par l'évêque, se rapportent très vraisemblablement à des voyages plus tardifs, alors que la réputation de sainteté de François avait franchi les limites de l'Ombrie ; comme le remarque le P. Bughetti, éd. cit., p. 58, n. 1, l'auteur des *Fioretti* confond aisément les dates. Les Siennois étaient particulièrement querelleurs, et leurs luttes intestines étaient continuelles. Sur les séjours de saint François à Sienne, voir le volume collectif *San Francesco e Siena*, Sienne, 1927, p. 38 et suiv., 47 et suiv.

morts à coups de couteaux, mais encore le diable aurait entraîné beaucoup d'âmes dans l'enfer. Et tu es donc très sot et très orgueilleux, toi qui murmures de ce qui vient manifestement de la volonté de Dieu. »

Et toutes ces choses que frère Massée disait dans son cœur, en marchant en avant, furent révélées par Dieu à saint François. Aussi, s'approchant de lui, saint François parla ainsi : « Tiens-toi à ces pensées que tu as maintenant, parce qu'elles sont bonnes, utiles et inspirées de Dieu ; mais le murmure que tu faisais d'abord était aveugle et vain et orgueilleux, et c'est le démon qui te l'avait mis dans l'âme. » Alors frère Massée s'aperçut clairement que saint François connaissait les secrets de son cœur[5], et que l'esprit de la sagesse divine dirigeait le père saint dans tous ses actes.

A la louange du Christ. Amen.

CHAPITRE 12

COMMENT SAINT FRANÇOIS PRÉPOSA FRÈRE MASSÉE A L'OFFICE DE LA PORTE, DE L'AUMONE ET DE LA CUISINE, PUIS L'EN DÉCHARGEA A LA PRIÈRE DES AUTRES FRÈRES[1].

Saint François voulut humilier frère Massée, pour que les nombreux dons et grâces que Dieu lui accordait ne le fassent pas s'exalter en vaine gloire, mais le fassent croître de vertu en vertu par la vertu d'humilité ; et une fois qu'il demeurait dans un couvent solitaire avec ses premiers compagnons véritablement saints, parmi lesquels était ledit frère Massée, il dit un jour à frère Massée devant tous ses compagnons : « O frère Massée, tous tes compagnons que voici ont la grâce de

5. Saint François avait une merveilleuse connaissance des âmes ; des traits analogues abondent chez tous ses biographes ; voir, par exemple LP 28, 30 ; 1 C 48-50 ; 2 C 28, 29, 31, 40 ; LM **9** 8-13 ; voir aussi plus loin, chap. 31.

1. *Actus*, **12** ; titre : *Comment frère Massée fut éprouvé par saint François.* La date et le lieu de cet épisode sont inconnus, mais il se place certainement dans les premières années de l'Ordre.

la contemplation et de l'oraison, mais toi tu as la grâce de la manière de prêcher la parole de Dieu qui satisfait le peuple. Aussi je veux, pour que ceux-ci puissent s'adonner à la contemplation, que tu te charges de l'office de la porte, de l'aumône et de la cuisine ; et quand les autres frères mangeront, tu mangeras hors de la porte du couvent, de façon qu'avant qu'ils ne frappent, tu satisfasses de quelques bonnes paroles de Dieu ceux qui viendront au couvent, et qu'il ne soit nécessaire à personne autre que toi de sortir pour eux. Et cela fais-le par le mérite de la sainte obéissance. » Alors frère Massée retira son capuchon[2], inclina la tête, reçut humblement cet ordre et l'exécuta pendant plusieurs jours, faisant l'office de la porte, de l'aumône et de la cuisine.

Ses compagnons, en hommes illuminés de Dieu, commencèrent à en éprouver dans leurs cœurs de grands regrets, considérant que frère Massée était, autant et plus qu'eux, homme de grande perfection, et que c'était à lui et non à eux qu'était imposée toute la charge du couvent. C'est pourquoi ils allèrent tous, mûs par une même volonté, prier le père saint qu'il lui plût de distribuer entre eux ces offices, parce que leur conscience ne pouvait souffrir en aucune façon que frère Massée supportât tant de fatigues[3]. Entendant cela, saint François s'en rapporta à leurs conseils et acquiesça à leurs désirs ; et appelant frère Massée il lui parla ainsi : « Frère Massée, tes compagnons veulent prendre part aux offices que je t'ai imposés, aussi je veux que lesdits offices soient divisés. » Frère Massée dit avec grande humilité et patience : « Père, ce que tu m'imposes, ou en tout, ou en partie, je le tiens comme venant entièrement de Dieu. » Alors saint François, voyant la charité de ces frères et l'humilité de frère Massée, leur fit un merveilleux sermon sur la très sainte humilité, leur enseignant que

---

2. Au chapitre 16, nous verrons saint François faire le même geste — *nudato capite*, dit le texte des *Actus* — pour recevoir dans une humble attitude les réponses de sainte Claire et de frère Sylvestre, qui devaient lui faire connaître l'ordre de Notre-Seigneur concernant sa vocation.
3. Les *Actus* ajoutent à cet endroit : « Et en outre, ils sentaient même qu'ils seraient froids dans leurs prières et dissipés dans leur conscience si frère Massée n'était pas relevé de ces charges. » Faut-il voir dans la suppression de ce passage un léger blâme du traducteur italien à l'auteur du texte latin ?

nous devons être d'autant plus humbles que sont plus grands les dons et grâces que Dieu nous accorde, car sans l'humilité aucune vertu n'est acceptable à Dieu. Et après ce sermon, il répartit les offices avec une très grande charité.

A la louange du Christ. Amen.

CHAPITRE 13

COMMENT SAINT FRANÇOIS ET FRÈRE MASSÉE POSÈRENT SUR UNE PIERRE, PRÈS D'UNE FONTAINE, LE PAIN QU'ILS AVAIENT MENDIÉ, ET SAINT FRANÇOIS LOUA FORT LA PAUVRETÉ ; COMMENT IL PRIA ENSUITE DIEU, SAINT PIERRE ET SAINT PAUL DE LUI FAIRE AIMER LA SAINTE PAUVRETÉ, ET LUI APPARURENT SAINT PIERRE ET SAINT PAUL[1].

L'admirable serviteur et imitateur du Christ Messire saint François, pour se conformer parfaitement en toute chose au Christ, qui, selon ce que dit l'Evangile[2], envoya ses disciples deux à deux dans toutes les villes et tous les lieux où il devait aller, après qu'il eut, à l'exemple du Christ, réuni douze compagnons, les envoya de même par le monde prêcher deux à deux[3]. Et pour leur donner l'exemple de la vraie obéissance, il commença d'abord par aller lui-même, à l'exemple du Christ qui commença par agir avant d'enseigner. Ayant donc assigné à ses compagnons les autres parties du monde, il prit frère Massée pour compagnon et s'achemina vers la province de France.

---

1. *Actus*, **13** ; titre : *Comment saint François éleva, par son souffle, frère Massée en l'air.*
2. Mc **6** 7 ; Lc **11** 3.
3. D'après Thomas de Celano (1 C 29), saint François n'avait même que sept disciples lorsqu'il divisa pour la première fois la fraternité naissante en groupes de deux : « Allez, mes bien-aimés, deux à deux dans les diverses parties de l'univers et prêchez aux hommes la paix et la pénitence pour la rémission des péchés... » Et il prit lui-même un compagnon, alors que frère Bernard et frère Gilles se dirigeaient vers Saint-Jacques de Compostelle. Frère Massée, comme on l'a vu, chap. 1, n. 10, ne faisait pas partie des douze premiers compagnons de saint François. D'autre part, c'est en 1217 que saint François décida

Un jour qu'ils étaient parvenus très affamés dans un village, ils allèrent, selon la Règle[4], mendier du pain pour l'amour de Dieu ; et saint François alla dans un quartier et frère Massée dans un autre. Mais parce que saint François était homme d'aspect trop méprisable et petit de taille et que par ce motif il passait pour un vil petit pauvre près de qui ne le connaissait pas, il ne recueillit que quelques bouchées et restes de pain sec ; mais à frère Massée, parce qu'il était un homme grand et de belle prestance, on lui donna beaucoup de grands et bons morceaux, et des pains entiers.

Après qu'ils eurent mendié, ils se rejoignirent hors du village pour manger, dans un endroit où il y avait une belle fontaine, et à côté une belle pierre large, sur laquelle chacun d'eux posa toutes les aumônes qu'ils avait mendiées. Et saint François, voyant que les morceaux de pain de frère Massée étaient plus nombreux, plus beaux et plus grands que les siens, témoigna d'une très grande allégresse et parla ainsi : « O frère Massée, nous ne sommes pas dignes d'un aussi grand trésor que celui-là. » Et, comme il répétait plusieurs fois ces paroles, frère Massée répondit : « Père bien-aimé, comment peut-on parler de trésor, là où il y a tant de pauvreté et où il manque tout ce qui est nécessaire ? Ici il n'y a ni nappe, ni couteau, ni tranchoir, ni écuelle, ni maison, ni table, ni serviteur, ni servante. » Saint François dit alors : « C'est précisément cela que je tiens pour un grand trésor, qu'il n'y ait rien de préparé par l'industrie humaine ; mais ce qui est ici est préparé par la divine providence, comme on le voit manifestement dans le pain mendié, dans la table de pierre si belle et dans la fontaine si limpide.

---

d'aller en France, et c'est Hugolin qui le fit renoncer à ce projet ; cette date de 1217 est au moins la plus probable et la plus généralement adoptée ; cf. *Speculum perfectionis*, éd. Sabatier, chap. 65, et p. 122, n. 2 ; *Legenda antiqua* de Pérouse, 79 ; saint François choisit « la province de France », parce que, disait-il, son peuple est celui qui témoigne le plus de respect pour le Corps du Christ, et rien ne saurait m'être plus agréable. » L'épisode actuel doit se placer peu de temps après l'entrée de frère Massée dans l'Ordre, au moment où la mendicité et le travail manuel étaient encore pour les frères les moyens normaux de subsistance. Saint François a-t-il eu deux fois l'intention de se rendre en France, ou l'auteur des *Actus* a-t-il, ce qui est plus vraisemblable, superposé, dans un récit unique, des faits de dates différentes ?

4. Règle de 1210-1221 (1Reg 9) : « Qu'il faut demander l'aumône ».

Aussi je veux que nous priions Dieu de nous faire aimer de tout notre cœur le trésor si noble de la sainte pauvreté qui a Dieu pour serviteur. » Ces paroles dites, après avoir prié et fait leur réfection corporelle de ces morceaux de pain et de cette eau, ils se levèrent pour s'acheminer vers la France.

Et comme ils arrivaient à une église, saint François dit à son compagnon : « Entrons dans cette église pour prier. » Et saint François s'en alla derrière l'autel[5], et se mit en prière ; et dans cette prière il reçut de la visite de Dieu une ardeur si intense, qui embrasa tellement son âme de l'amour de la sainte pauvreté, qu'il paraissait, par l'éclat de son visage et par sa manière d'ouvrir la bouche, jeter des flammes d'amour. Et venant ainsi enflammé à son compagnon, il lui dit : « Ah! ah! ah! frère Massée, abandonne-toi à moi. » Et il parla ainsi trois fois, et à la troisième fois saint François, de son souffle, souleva frère Massée dans les airs et le projeta devant lui à la distance d'une grande lance, ce dont frère Massée éprouva une très grande stupeur. Et il raconta ensuite à ses compagnons qu'ainsi soulevé et projeté par le souffle de saint François, il éprouva une telle douceur d'âme et consolation de l'Esprit-Saint que jamais dans sa vie il n'en avait éprouvé de pareille.

Et cela fait, saint François dit : « Mon compagnon bien-aimé, allons à saint Pierre et à saint Paul, et prions-les de nous enseigner et de nous aider à posséder le trésor infini de la très sainte pauvreté ; car elle est un trésor si précieux et si divin que nous ne sommes pas dignes de le posséder dans nos vases très vils ; car c'est elle qui est cette vertu céleste, par laquelle toutes les choses terrestres et transitoires sont foulées aux pieds, et par laquelle tous les obstacles sont abattus devant l'âme pour qu'elle puisse s'unir librement au Dieu éternel. C'est elle qui est cette vertu qui permet à l'âme, encore attachée à la terre, de s'entretenir dans le ciel avec les anges. C'est elle qui accompagna le Christ sur la croix, qui fut ensevelie avec le Christ, qui ressuscita avec le Christ, qui monta au ciel avec le Christ ; elle aussi qui, dès cette vie, accorde aux âmes qui s'enamourent

5. Le texte des *Actus* est plus précis : « ... se cacha derrière l'autel ».

d'elle, le pouvoir de s'envoler au ciel, parce qu'elle garde les armes de la vraie humilité et de la charité. Prions donc les très saints Apôtres du Christ, qui furent des amoureux parfaits de cette perle évangélique, de nous obtenir de Notre-Seigneur Jésus-Christ la grâce qu'il nous concède, par sa très sainte miséricorde, de mériter d'être de vrais amoureux, observateurs et humbles disciples de la très précieuse, très aimée et évangélique pauvreté[6]. »

Et en parlant de la sorte ils arrivèrent à Rome et entrèrent dans l'église de saint Pierre ; et saint François se mit en prière dans un coin de l'église, et frère Massée dans un autre. Ils restèrent longtemps en prière avec beaucoup de larmes et de dévotion, et les très saints apôtres Pierre et Paul apparurent à saint François dans une grande splendeur et lui dirent : « Parce que tu demandes et désires d'observer ce que le Christ et les saints Apôtres ont observé, Notre-Seigneur Jésus-Christ nous envoie vers toi pour t'annoncer que ta prière est exaucée, et qu'il t'est concédé par Dieu, en toute perfection, à toi et à tes disciples, le trésor de la très sainte pauvreté. Et nous t'annonçons encore de sa part que quiconque, à ton exemple, embrassera parfaitement ce désir, est assuré de la béatitude de la vie éternelle ; et toi et tous tes disciples vous serez bénis de Dieu. » Et après ces paroles ils disparurent, laissant saint François rempli de consolation.

Il se releva de sa prière, revint vers son compagnon et lui demanda si Dieu ne lui avait rien révélé ; celui-ci lui répondit que non. Alors saint François lui dit comment les saints

6. Comparer cet éloge de la pauvreté, compagne fidèle du Christ, à celui qu'on lit dans le *Sacrum Commercium sancti Francisci cum Domina Paupertate*, éd. des Franciscains de Quaracchi, 1929, p. 46. L'idée que la Pauvreté accompagna le Christ sur la croix se retrouve dans la *Divine Comédie*, sous une forme assez singulière :

Nè valse esser costante nè feroce,
Si che, dove Maria rimase giuso,
Ella con Cristo salse in su la croce.

Et point ne lui valut (à la Pauvreté) d'être constante et courageuse au point que là où Marie resta en bas, elle avec le Christ monta sur la croix. *Paradis*, XI, 70-72. C'est à un des chefs des Spirituels, Ubertin de Casale, dans son *Arbor vitæ crucifixæ Iesu*, écrit sur l'Alverne en 1305, que Dante a emprunté cette curieuse et étrange comparaison.

Apôtres lui étaient apparus et ce qu'ils lui avaient révélé[7]. De quoi pleins de joie, ils décidèrent de retourner dans le val de Spolète, renonçant au voyage de France.

A la louange du Christ. Amen.

CHAPITRE 14

COMMENT, PENDANT QUE SAINT FRANÇOIS PARLAIT DE DIEU AVEC SES FRÈRES, LE CHRIST APPARUT AU MILIEU D'EUX[1].

Au commencement de l'Ordre, saint François était une fois réuni, dans un couvent, avec ses compagnons pour parler du Christ, et, dans la ferveur de son esprit, il commanda à l'un d'eux qu'au nom de Dieu il ouvrît la bouche et parlât de Dieu comme l'Esprit-Saint le lui inspirerait. Le frère obéissant à cet ordre et parlant de Dieu merveilleusement, saint François lui imposa silence et commanda la même chose à un autre. Celui-ci obéissant et parlant de Dieu avec pénétration, saint François lui imposa pareillement silence et commanda à un troisième de parler de Dieu. Celui-ci commença semblablement à parler avec tant de profondeur des choses secrètes de Dieu, que saint François connut avec certitude qu'il parlait ainsi que les deux autres sous l'inspiration de l'Esprit-Saint.

Et cela fut aussi démontré par un signe exprès, car pendant qu'ils s'entretenaient ainsi, le Christ béni apparut au milieu d'eux sous l'aspect et la figure d'un très beau jeune homme ; et en les bénissant tous il les remplit d'une telle douceur qu'ils furent tous ravis hors d'eux-mêmes et qu'ils gisaient à terre comme morts, ne sentant plus rien de ce monde. Comme ils revenaient à eux-mêmes, saint François leur dit : « Mes frères bien-aimés, remerciez Dieu qui a voulu révéler par la bouche

---

7. Bernard de Besse, dans son *De laudibus beati Francisci*, qui date de la fin du XIIIe siècle, rappelle, chap. 3, ce culte particulier de saint François pour saint Pierre et saint Paul.

1. *Actus*, **14** ; même titre.

des humbles les trésors de la science divine, car Dieu est celui qui ouvre la bouche des muets et qui fait parler très savamment la langue des simples[2]. »

A sa louange. Amen.

CHAPITRE 15

COMMENT SAINTE CLAIRE MANGEA A SAINTE-MARIE DES ANGES AVEC SAINT FRANÇOIS ET LES FRÈRES SES COMPAGNONS[1].

Quand saint François demeurait à Assise, il visitait souvent sainte Claire et lui donnait de saints enseignements. Et elle avait un désir extrême de manger une fois avec lui et elle l'en priait souvent, et jamais il ne voulait lui accorder cette consolation. Ce pourquoi ses compagnons, voyant le désir de sainte Claire, dirent à saint François : « Père, il nous semble que cette rigueur n'est pas selon la divine charité, de ne pas vouloir exaucer sœur Claire, vierge si sainte et aimée de Dieu, dans une chose aussi petite que de manger avec toi, et surtout si tu considères qu'à ta prédication elle a abandonné les richesses et les pompes du monde. En vérité, si elle te demandait une faveur encore plus grande que celle-là, tu devrais l'accorder à ta petite plante spirituelle[2]. » Alors saint François répondit : « Vous semble-t-il que je doive l'exaucer ? » Et ses compagnons : « Oui, père, c'est une chose juste que tu lui accordes cette consolation. » Saint François dit alors : « Puisqu'il vous

---

2. Sg **10** 21.

1. *Actus*, **15** ; titre : *Saint François et ses compagnons, ainsi que sainte Claire sont ravis en esprit.* Sainte Claire quitta la maison paternelle pour recevoir le voile des mains de saint François, à la Portioncule, dans la nuit qui suivit le dimanche des Rameaux, 1212. On a longtemps répété qu'elle appartenait à la famille des Scifi, seigneurs de Sassarosso, sur le Subasio. C'est une erreur, ainsi que l'a démontré M.A. Fortini, *Nova vita di san Francesco d'Assisi*, Milan, 1926, p. 211 et suiv., 229 et suiv. ; son père s'appelait Favarone di Offreducclo : « Il était noble et chevalier, et parmi les hommes les plus riches et les plus puissants d'Assise. »
2. *Pianta spirituale ; Actus : plantula.* L'expression est reprise dans le testament de sainte Claire.

le semble, il me le semble aussi. Mais pour qu'elle soit plus consolée, je veux que ce repas se fasse à Sainte-Marie des Anges : parce qu'il y a longtemps qu'elle est recluse à Saint-Damien[3], ce lui sera une joie pour cela de revoir un peu le couvent de Sainte-Marie, où elle eut les cheveux coupés et fut faite épouse de Jésus-Christ ; nous y mangerons ensemble au nom de Dieu. »

Le jour choisi étant donc arrivé, sainte Claire sortit du monastère avec une compagne, et, escortée des compagnons de saint François, elle vint à Sainte-Marie des Anges. Après qu'elle eut salué pieusement la Vierge Marie devant son autel, où elle avait eu les cheveux coupés et avait reçu le voile, ils la menèrent voir le couvent jusqu'à ce qu'il fût l'heure du repas. Pendant ce temps, saint François fit préparer la table à même la terre, comme il était accoutumé. Et l'heure du repas venue, ils s'assirent ensemble, saint François et sainte Claire, et l'un des compagnons de saint François avec la compagne de sainte Claire ; puis tous les autres compagnons prirent humblement place à table. Et au premier mets, saint François commença à parler de Dieu avec tant de suavité, avec tant d'élévation, si merveilleusement, que la grâce divine descendant sur eux en abondance, ils furent tous ravis en Dieu.

Et pendant qu'ils étaient ainsi ravis, les yeux et les mains levés au ciel, les gens d'Assise et de Bettona[4] et ceux de la contrée environnante voyaient que Sainte-Marie des Anges, et tout le couvent, et le bois qui était alors à côté du couvent,

3. Sainte Claire fut immédiatement conduite, dans la nuit même, par saint François, au monastère bénédictin de Saint-Paul, près de Bastia, sur la route de Sainte-Marie des Anges à Pérouse ; puis, quelques jours plus tard, au monastère, bénédictin aussi, de Saint-Ange de Panso, sur le Subasio, où sa sœur Agnès vint la rejoindre ; enfin, à Saint-Damien, que saint François obtint des Bénédictins du mont Subasio et où elle fonda, avec le Saint, le second Ordre, celui des Pauvres Dames ou Clarisses ; dans la bulle de canonisation de sainte-Claire, le second Ordre est appelé Ordre de Saint-Damien, *insignis et sacer Ordo S. Damiani*, d'où le nom, parfois donné aux Pauvres Dames, de Damianites ; sur tous ces sanctuaires franciscains, voir le livre cité du P. Cavanna, trad. franc., p. 33, 94, 74 et suiv.

4. Village en face d'Assise, sur une hauteur comme la ville elle-même, et d'où l'on domine par suite Sainte-Marie des Anges, qui est dans la plaine.

étaient en train de brûler complètement, et il leur semblait qu'un unique brasier occupait la place et de l'église et du couvent et du bois. Ce pourquoi les gens d'Assise coururent là en grande hâte pour éteindre le feu, croyant fermement que tout brûlait. Mais arrivés au couvent et voyant que rien ne brûlait, ils y pénétrèrent et trouvèrent saint François avec sainte Claire et tous leurs compagnons ravis en Dieu dans la contemplation, et assis autour de cette humble table. D'où ils comprirent avec certitude que c'était là un feu divin et non matériel, que Dieu avait fait apparaître miraculeusement, pour montrer et représenter le feu du divin amour, dont brûlaient les âmes de ces saints frères et saintes moniales ; aussi partirent-ils le cœur rempli d'une grande consolation et saintement édifiés.

Puis, après une longue durée, saint François et sainte Claire revinrent à eux en même temps que les autres, et se sentant bien réconfortés par la nourriture spirituelle, peu se soucièrent de la nourriture corporelle. Et ce repas béni ainsi terminé, sainte Claire revint bien accompagnée à Saint-Damien. De quoi les sœurs eurent, en la voyant, grande allégresse ; car elles craignaient que saint François ne l'eût envoyée gouverner quelque autre monastère, comme déjà il avait envoyé sœur Agnès, sa sainte sœur, gouverner comme abbesse le monastère de Monticelli de Florence[5] ; et saint François avait dit quelquefois à sainte Claire : « Tiens-toi prête, pour le cas où il serait nécessaire que je t'envoie dans quelque couvent » ; et elle, en fille de la sainte obéissance, avait répondu : « Père, je suis toujours prête à aller partout où vous m'enverrez. » C'est pourquoi les sœurs se réjouirent beaucoup quand elles l'eurent de nouveau parmi elles ; et sainte Claire depuis lors demeura très consolée[6].

A la louange du Christ. Amen.

5. C'est en 1219, et à la fin de l'année, que, d'après Wadding, *Annales Minorum*, 1221, xx, Agnès avait été envoyée réformer le monastère de Monticelli, près de Florence ; le repas de Sainte-Marie des Anges ne peut donc avoir lieu qu'après le retour de saint François de Syrie.
6. Sainte Claire ne quitta pas Saint-Damien, où elle mourut le 11 août 1253, après avoir fait revenir près d'elle, au début de cette année, sa sœur Agnès, qui la suivit dans la tombe peu de temps plus tard, le 16 novembre 1253.

CHAPITRE 16

COMMENT SAINT FRANÇOIS REÇUT DE SAINTE CLAIRE ET DU SAINT FRÈRE SYLVESTRE LE CONSEIL DE PRECHER POUR CONVERTIR BEAUCOUP DE MONDE ; COMMENT IL INSTITUA LE TIERS-ORDRE, PRECHA AUX OISEAUX ET FIT TENIR TRANQUILLES LES HIRONDELLES[1].

L'humble serviteur du Christ saint François, peu de temps après sa conversion, alors qu'il avait déjà rassemblé et reçu dans l'Ordre beaucoup de compagnons, entra en grande réflexion et grande perplexité sur ce qu'il devait faire : ou de s'adonner seulement à la prière, ou de se livrer quelquefois à la prédication ; et il désirait beaucoup connaître sur ce point la volonté de Dieu. Et parce que l'humilité qui était en lui ne lui permettait de se fier ni à lui-même ni à ses prières, il eut la pensée de rechercher la volonté divine au moyen des prières des autres.

Il appela donc frère Massée et lui parla ainsi : « Va trouver sœur Claire et dis-lui de ma part qu'il lui plaise de me faire savoir quel est le meilleur, ou de m'adonner à la prédication ou seulement à l'oraison. Puis va trouver frère Sylvestre[2]

---

1. *Actus*, **16** ; titre : *Comment Dieu révéla à sainte Claire et à frère Sylvestre que saint François devait aller prêcher*. Les « franciscanisants » sont en complet désaccord sur la date des faits racontés dans ce chapitre, dont il n'est d'ailleurs pas certain qu'ils se soient immédiatement suivis, dans l'ordre où les présente l'auteur des *Actus*. La consultation demandée à sainte Claire et à frère Sylvestre est placée en 1212, en 1213 ou même en 1214 ; d'après le récit de saint Bonaventure (L M **12** 1-2), saint François aurait envoyé deux frères — dont le second, d'après Wadding. *An. Min.*, 1212, XXVIII, serait frère Philippe — à sainte Claire et à frère Sylvestre ; mais, dans la *Légende majeure*, nous voyons saint François exposer d'abord, à ceux de ses compagnons qui lui étaient les plus familiers, les doutes qui l'assaillaient sur sa véritable vocation, et leur demander leur avis ; il leur tient un long discours où il laisse clairement entendre que toutes ses préférences étaient pour la vie contemplative, la vie érémitique, mais qu'une seule chose l'empêchait de l'adopter — *sed unum est in contrarium* — c'était l'exemple de Jésus.
2. Le texte des *Actus* ajoute : « qui demeure sur le mont Subasio », c'est-à-dire aux Carceri, où l'on voit encore sa grotte, ainsi que celles de frère Bernard de Quintavalle et de frère Rufin ; cf. P.N. Cavanna, l. c., p. 88 et suiv.

et dis-lui la même chose. » Ce dernier avait été, dans le siècle, ce Messire Sylvestre qui avait vu sortir de la bouche de saint François une croix d'or qui était haute jusqu'au ciel et large jusqu'aux extrémités du monde ; et ce frère Sylvestre était d'une telle piété et d'une telle sainteté qu'il obtenait ce qu'il demandait à Dieu et qu'il était exaucé, et souvent il s'entretenait avec Dieu ; c'est pourquoi saint François avait en lui une grande confiance[3].

Frère Massée s'en alla et, suivant l'ordre de saint-François, il porta le message d'abord à sainte Claire, puis à frère Sylvestre[4]. Celui-ci, aussitôt qu'il l'eut reçu, se jeta immédiatement en prière, et pendant qu'il priait, il eut la réponse divine ; il revint alors à frère Massée et lui parla ainsi : « Voici ce que Dieu dit que tu rapportes à frère François : Dieu ne l'a pas appelé en cet état seulement pour lui-même, mais pour qu'il fasse une grande moisson d'âmes et que beaucoup d'hommes soient sauvés par lui. » Ayant reçu cette réponse, frère Massée retourna vers sainte Claire pour savoir ce qu'elle avait obtenu de Dieu. Et elle répondit qu'elle et ses compagnes[5] avaient eu de Dieu cette même réponse qu'avait reçue frère Sylvestre.

Avec cela, frère Massée revint auprès de saint François, et saint François le reçut avec une très grande charité, lui lava les pieds et lui prépara un repas. Après qu'il eut mangé, saint François appela frère Massée dans le bois, et là, s'agenouilla devant lui, tira son capuchon, mit les bras en croix[6] et lui

---

3. Cf. chap. 2.
4. On suit très bien frère Massée dans son voyage : saint François est à Sainte-Marie des Anges, sainte Claire à Saint-Damien, frère Sylvestre aux Carceri. Frère Massée passe d'abord à Saint-Damien, qui est sur la route des Carceri ; il remet son message et part aussitôt ; mais aux Carceri il reste attendre la réponse de frère Sylvestre, et il va prendre celle de sainte Claire, en redescendant vers la Portioncule.
5. L'auteur des *Fioretti* emploie ici le pluriel, alors qu'un peu plus haut et un peu plus bas, il n'est question que d'une seule religieuse. Dans les *Actus*, il y a partout le singulier. Ne s'agirait-il pas d'une faute de copiste ?
6. *Facendo croce delle braccia*, il semble d'abord que saint François étende les bras pour former une croix, mais ce n'est pas le geste indiqué par

demanda : « Qu'est-ce que mon Seigneur Jésus-Christ ordonne que je fasse ? » Frère Massée répondit que, tant à frère Sylvestre qu'à sœur Claire et à sa sœur, le Christ avait répondu et révélé ceci : « Sa volonté est que tu ailles prêcher par le monde, car il ne t'a pas élu pour toi seul, mais aussi pour le salut des autres. » Alors saint François, ayant entendu cette réponse et connu par elle la volonté du Christ, se leva dans une très grande ferveur et dit : « Allons au nom de Dieu. » Et il prit pour compagnons frère Massée et frère Ange[7], deux hommes saints.

Et marchant sous l'impulsion impétueuse de l'esprit, sans se soucier ni de route, ni de sentier, ils arrivèrent à un village qui s'appelait Cannara[8]. Et saint François se mit à prêcher, et ordonna d'abord aux hirondelles qui chantaient de garder le silence jusqu'à ce qu'il eut prêché. Et les hirondelles lui obéirent[9]. Et là il prêcha avec tant de ferveur que tous les hommes et les femmes de ce village voulaient par dévotion le suivre et abandonner leur village ; mais saint François ne le permit pas et leur dit : « Ne vous pressez point, ne partez pas, je règlerai ce que vous devez faire pour le salut de vos âmes. » Et il eut alors l'idée d'instituer le Tiers-Ordre pour le salut universel de tous[10]. Et les laissant ainsi très consolés et bien

---

les *Actus : cancellatis manibus*, il croisa les mains, les bras sur sa poitrine ; l'expression est identique à celle employée plus haut : *brachiis cancellatis*, voir chap. 6, n. 5.

7. Ange Tancrède, de Rieti, est un des onze premiers compagnons de saint-François ; c'est ici la seule allusion que fassent les *Fioretti* à ce noble chevalier, qui fut un des familiers du Saint et qui l'accompagnait sur l'Alverne en septembre 1224. Nous le retrouvons, avec frère Léon, au chevet de sainte Claire mourante. Il a passé longtemps pour être un des auteurs de la *Légende* dite *des Trois Compagnons*.
8. Cannara est à douze kilomètres environ d'Assise, sur la route de Montefalco. Le nom, donné par les *Actus*, est altéré dans tous les manuscrits des *Fioretti*.
9. Thomas de Celano (1 C 59), et saint Bonaventure (LM **12** 4) placent le miracle des hirondelles babillardes à Alviano, entre Narni et Orvieto ; cf. P.N. Cavanna, l. c., p. 236 et suiv.
10. *Cogitavit facere tertium Ordinem qui dicitur Continentium*, lit-on dans les *Actus*. Il est fort possible que saint François eut à ce moment l'idée de fonder le Tiers-Ordre, mais il est probable qu'il ne la réalisa que beaucoup plus tard, après son retour de Syrie, vers 1221. Le Tiers-Ordre s'appela d'abord Ordre des Pénitents, *Ordo de Pœnitentia*. Ber-

disposés à la pénitence, il quitta ce lieu et parvint entre Cannara et Bevagna[11].

Et comme il continuait son chemin dans la même ferveur, il leva les yeux et vit quelques arbres près de la route, sur lesquels il y avait une multitude presque infinie d'oiseaux ; saint François en fut émerveillé et dit à ses compagnons : « Vous m'attendrez ici sur la route, et j'irai prêcher à mes frères les oiseaux[12]. » Et il entra dans le champ et il commença à prêcher aux oiseaux qui étaient à terre ; et aussitôt, ceux qui étaient sur les arbres vinrent auprès de lui[13], et tous ensemble restèrent immobiles jusqu'à ce que saint François eût fini de prêcher ; et ensuite ils ne partirent même que lorsqu'il leur eut donné sa bénédiction. Et selon ce que raconta plus tard frère Massée à frère Jacques de Massa[14], bien que saint François marchât parmi eux et les touchât de sa tunique, aucun cependant ne bougeait.

La substance du sermon de saint François fut celle-ci[15] : « Mes frères les oiseaux, vous êtes très redevables à Dieu votre créateur, et toujours et en tous lieux vous devez le louer parce qu'il vous a donné la liberté de voler partout, et qu'il vous a donné aussi un double et triple vêtement ; ensuite parce qu'il

---

nard de Besse paraît avoir été un des premiers, sinon le premier, à employer l'expression de *tertius Ordo, De laudibus beati Francisci*, fin du chap. 7.

11. Bevagna se trouve, comme Cannara, sur la route d'Assise à Montefalco, plus au sud. Le lieu de la prédication aux oiseaux est fixé par la tradition entre ces deux petites villes, à Pian d'Arca ; cf. P.N. Cavanna, l. c., p. 27 et suiv.
12. *Alle mie sirocchie uccelli*, à mes sœurs les oiseaux ; bien que le mot *uccello* soit du masculin, l'auteur des *Fioretti* a traduit littéralement le *sorores* des *Actus*, qui s'explique fort bien, *avis* étant du féminin. Thomas de Celano (1 C 58), et saint Bonaventure (LM **12** 3), qui copie presque textuellement Celano, disent : *Fratres mei volucres.*
13. Parmi les nombreux peintres qui ont représenté cette scène charmante, les uns, comme par exemple Giotto — ou l'un de ses élèves — à la basilique supérieure d'Assise, ont figuré saint François penché vers les oiseaux à terre ; les autres, comme un Siennois anonyme, dont le tableau est au Musée de Sienne, lui ont fait lever la tête vers les arbres. Les *Actus* et les *Fioretti* donnent raison aux premiers.
14. Sur frère Jacques de Massa, voir chap. 48.
15. Le texte des *Actus* est beaucoup plus formel : saint François dit à ces oiseaux : « Mes frères les oiseaux... », etc.

a conservé votre semence dans l'arche de Noé, pour que votre espèce ne vînt pas à disparaître du monde[16] ; et encore vous lui êtes redevables pour l'élément de l'air qu'il vous a destiné. Outre cela, vous ne semez ni ne moissonnez, et Dieu vous nourrit, et il vous donne les fleuves et les fontaines pour y boire, il vous donne les montagnes et les vallées pour vous y réfugier, et les grands arbres pour y faire vos nids. Et parce que vous ne savez ni filer ni coudre, Dieu vous fournit le vêtement à vous et à vos petits[17]. Il vous aime donc beaucoup, votre Créateur, puisqu'il vous accorde tant de bienfaits. Aussi gardez-vous, mes frères, du péché d'ingratitude, mais appliquez-vous toujours à louer Dieu. »

Pendant que saint François leur disait ces paroles, tous ces oiseaux commencèrent à ouvrir leurs becs, à tendre leurs cous, à déployer leurs ailes et à incliner respectueusement leurs têtes jusqu'à terre, et à montrer par leurs mouvements et leurs chants que les paroles du père saint leur causaient un très grand plaisir. Et saint François se réjouissait et se délectait avec eux, et il s'émerveillait beaucoup de voir une telle multitude d'oiseaux et leur très belle variété et leur attention et leur familiarité ; ce pourquoi il louait dévotement en eux le Créateur.

Finalement, la prédication terminée, saint François fit sur eux le signe de la croix et leur donna licence de s'en aller ; et alors tous ces oiseaux s'élevèrent en bande dans l'air avec des chants merveilleux, puis ils se divisèrent en quatre groupes, suivant la croix que saint François avait tracée sur eux : un groupe s'envola vers l'orient, un autre vers l'occident, le troisième vers le midi et le quatrième vers l'aquilon, et chaque bande s'en allait en chantant merveilleusement ; ils signifiaient par là que, de même que saint François, gonfalonier de la croix du Christ, leur avait prêché et avait fait sur eux le signe de la croix, suivant lequel ils s'étaient divisés en chantant vers les quatre parties du monde, de même la prédication de la croix du Christ, renouvelée par saint François, devait être

16. Gn 7 3.
17. Cf. Mt 6 26-28 ; Lc 12 24-27.

portée par lui et par ses frères à travers le monde entier ; et ces frères ne possédant, comme les oiseaux, rien de propre dans ce monde, s'en remettent du soin de leur vie à la seule providence de Dieu.

A la louange du Christ. Amen.

CHAPITRE 17

COMMENT UN PETIT FRÈRE TOUT ENFANT VIT, PENDANT QUE SAINT FRANÇOIS PRIAIT DE NUIT, LE CHRIST, LA VIERGE MARIE ET BEAUCOUP D'AUTRES SAINTS S'ENTRETENIR AVEC LUI[1].

Un enfant très pur et innocent fut reçu dans l'Ordre du vivant de saint François ; et il se trouvait dans un petit couvent où les frères, par nécessité, dormaient sur des lits de camp[2]. Saint François vint une fois audit couvent, et le soir, après Complies, il s'en alla dormir afin de pouvoir se lever la nuit pour prier, quand les autres frères dormiraient, comme il avait l'habitude de le faire. Ledit enfant résolut dans son cœur d'épier attentivement les pas de saint François, pour pouvoir connaître sa sainteté, et tout spécialement de savoir ce qu'il faisait la nuit quand il se levait. Et pour ne pas être le jouet du sommeil, cet enfant s'allongea pour dormir à côté de saint François et noua sa corde à celle du Saint, pour sentir quand il se lèverait ; et saint François ne s'aperçut de rien. Mais la nuit, sur le premier sommeil, quand tous ses frères dormaient, saint François se leva et, trouvant sa corde attachée, il la dénoua si doucement que l'enfant ne s'en rendit pas compte ; et saint François s'en alla seul dans le bois qui était

---

1. *Actus*, **19** ; titre : *Comment le Christ et la bienheureuse Vierge et les saints Jean-Baptiste et l'Evangéliste, ainsi qu'une multitude d'anges, s'entretenaient avec saint François.* On traduit le plus souvent ces mots du titre italien : *Come uno fanciullo fraticino...* par : *Comment un très jeune frère novice...*, mais le noviciat n'ayant été institué qu'en 1220 et la date de cet épisode étant inconnue, on ne saurait affirmer, semble-t-il, qu'il s'agit d'un novice.
2. *In campoletti ; in campo lectis*, dans le texte des *Actus*. Qu'est-ce c'était que ces lits de camp? Vraisemblablement, des planches ou un peu de paille.

près du couvent[3], et il entra dans une misérable cellule qui était là et se mit en prière.

Quelque temps après, l'enfant se réveille et, voyant la corde dénouée et que saint François s'était levé, il se lève lui aussi et part à sa recherche ; et trouvant ouverte la porte par où on arrivait au bois, il pensa que saint François y était allé et il entre dans le bois. Et arrivant près du lieu où saint François priait, il commença d'entendre un grand bruit de voix ; et s'approchant davantage pour voir et pour comprendre ce qu'il entendait, il vit une merveilleuse lumière qui enveloppait saint François et dans laquelle il vit le Christ et la Vierge Marie, et saint Jean-Baptiste et l'Evangéliste, et une très grande multitude d'anges, qui s'entretenaient avec saint François : ce que voyant et entendant, l'enfant tomba à terre évanoui.

Puis, quand fut achevé le mystère de cette sainte apparition, saint François, en retournant au couvent, heurta du pied ledit enfant qui gisait comme mort sur le chemin ; plein de compassion, il le souleva dans ses bras et le reporta sur sa couche, comme fait le bon pasteur pour sa petite brebis.

Et puis, ayant appris de lui comment il avait vu ladite vision, il lui ordonna de ne jamais la révéler à personne tant qu'il serait vivant. Et l'enfant, croissant ensuite dans la grande grâce de Dieu et dans la dévotion de saint François, devint dans l'Ordre un religieux éminent ; et ce ne fut qu'après la mort de saint François qu'il révéla aux frères ladite vision.

A la louange du Christ, Amen.

3. D'après les *Actus*, ce bois était sur une colline.

CHAPITRE 18

DU MERVEILLEUX CHAPITRE QUE TINT SAINT FRANÇOIS A SAINTE-MARIE DES ANGES, OU IL Y EUT PLUS DE CINQ MILLE FRÈRES[1].

Le très fidèle serviteur du Christ, saint François, tint une fois un chapitre à Sainte-Marie des Anges, et à ce chapitre se trouvèrent réunis plus de cinq mille frères ; et il y vint saint Dominique, chef et fondateur de l'Ordre des frères Prêcheurs ; il se rendait alors de Bourgogne à Rome, et apprenant la réunion du chapitre que faisait saint François dans la plaine de Sainte-Marie des Anges, il l'alla voir avec sept frères de son Ordre[2].

Il y eut encore audit chapitre un cardinal très dévoué à saint François, et à qui celui-ci avait prophétisé qu'il deviendrait pape, comme il le fut en effet[3] ; ce cardinal était venu

---

1. *Actus*, **20** ; titre : ***De la manière dont il fut pourvu aux besoins pendant un chapitre général à Sainte-Marie des Anges et de la présence à ce chapitre de saint Dominique.*** Le chapitre des nattes est demeuré célèbre dans l'histoire de l'Ordre, mais on n'est pas d'accord sur sa date : les uns le placent en 1219, d'autres en 1221 ; si Hugolin y assista, c'est la date de 1219 qu'il faut choisir, Hugolin n'ayant certainement pas pu être présent au chapitre de 1221, où il se fit remplacer par le cardinal Reynerio, évêque de Viterbe. Le *Speculum perfectionis*, chap. 68, confirme qu'Hugolin assistait au chapitre des nattes, et indique aussi le nombre de cinq mille frères, qui est encore celui donné par Thomas de Eccleston dans son *Tractatus de adventu fratrum Minorum in Angliam*, chap. 6. L'auteur des *Fioretti* a probablement réuni ici des faits se rapportant à plusieurs chapitres généraux tenus à Sainte-Marie des Anges.
2. Saint Dominique était en Espagne, ou en France, revenant d'Espagne, à la date du chapitre de 1219, qui s'ouvrit le 30 mai, fête de la Pentecôte ; mais il est possible qu'il ait assisté à un autre chapitre général tenu à Sainte-Marie des Anges. Sur la rencontre de saint François et de saint Dominique à Rome, en présence d'Hugolin, la seule qui soit hors de toute discussion, et qui eut probablement lieu pendant l'hiver 1217-1218, voir Celano (2 C 148-150).
3. Les *Actus* nomment expressément Hugolin, qui devint pape en 1227 sous le nom de Grégoire IX et qui canonisa saint François en 1228. Il fut l'ami intime du Saint, avec qui il collabora étroitement, en particulier pour la rédaction des règles des trois Ordres. Il reçut d'Honorius III, à une date qui n'est pas connue avec certitude, le titre de protecteur et défenseur des frères Mineurs.

avec empressement de Pérouse, où se trouvait la cour pontificale, à Assise ; et chaque jour, il venait voir saint François et ses frères ; parfois, il chantait la messe, et parfois il prêchait aux frères en chapitre.

Et ce cardinal éprouvait une très grande joie et dévotion, quand il venait visiter ce saint collège et qu'il voyait, dans cette plaine autour de Sainte-Marie des Anges, les frères assis par groupes, ici soixante, là cent, ailleurs deux ou trois cents réunis et tous occupés seulement à s'entretenir de Dieu, plongés dans la prière, dans les larmes, dans les exercices de charité, et se tenant dans un tel silence et avec une telle modestie qu'on n'entendait là ni rumeur ni murmure ; et s'émerveillant de voir une telle multitude si bien ordonnée, il disait parmi des larmes et avec grande dévotion : « Vraiment, c'est ici le camp et l'armée des Chevaliers de Dieu ! »

On n'entendait personne dans une telle multitude parler de fables ou de plaisanteries, mais partout où se réunissait un groupe de frères, ou ils priaient, ou ils disaient l'office, ou ils pleuraient leurs péchés et ceux de leurs bienfaiteurs, ou ils s'entretenaient du salut des âmes. Et il y avait dans ce champ des abris faits de claies et de nattes, répartis en groupes selon les frères des diverses provinces. Et ce chapitre s'appela pour cela le chapitre des claies ou des nattes. Leurs lits étaient la terre nue, et quelques-uns avaient un peu de paille ; les oreillers étaient une pierre ou du bois.

C'est pourquoi qui les voyait ou entendait avait pour eux tant de dévotion, et si grand était le renom de leur sainteté, que, de la cour du pape qui était alors à Pérouse, et des autres lieux du val de Spolète, venaient les visiter beaucoup de comtes et de barons et de chevaliers et autres gentilshommes, et beaucoup de gens du peuple, et des cardinaux, et des évêques, et des abbés, et encore d'autres clercs, pour voir cette assemblée si sainte, si grande, si humble, que le monde n'avait jamais vu tant de saints hommes réunis. Et ils venaient surtout pour voir le chef et le père très saint de toute cette sainte gent, lui qui avait ravi au monde une si belle proie et rassemblé un si beau et si pieux troupeau pour suivre les traces du véritable pasteur Jésus-Christ.

Tout le chapitre général étant donc réuni, le saint père de tous et ministre général[4] saint François, dans la ferveur de l'inspiration, leur annonça la parole de Dieu et leur prêcha à haute voix ce que l'Esprit-Saint lui faisait dire ; et pour sujet de son sermon, il prit ces paroles : « Mes fils, nous avons promis de grandes choses, mais bien plus grandes sont celles que Dieu nous a promises ; tenons celles que nous avons promises, et attendons avec certitude celles qui nous ont été promises. Bref est le plaisir du monde, mais la peine qui le suit est éternelle. Petite est la peine de cette vie, mais la gloire de l'autre vie est infinie[5]. » Et prêchant très dévotement sur ces paroles, il réconfortait les frères et il les exhortait à l'obéissance et au respect envers la sainte mère l'Eglise, à la charité fraternelle, à prier pour tout le peuple de Dieu, à avoir patience dans les adversités de ce monde et modération dans la prospérité, à conserver une pureté et une chasteté angéliques, à demeurer en paix avec Dieu, avec les hommes et avec leur propre conscience, à aimer et à observer la très sainte pauvreté. Et sur ce point, il leur dit : « Par le mérite de la sainte obéissance, je vous commande, à vous tous qui êtes réunis ici, que nul de vous n'ait ni soin ni souci du manger ou du boire ou des choses nécessaires au corps, mais que vous vous attachiez seulement à prier et à louer Dieu, et que tout le soin de votre corps, vous le lui laissiez, parce qu'il s'occupe spécialement de vous. » Et tous tant qu'ils étaient, ils reçurent cet ordre d'un cœur plein d'allégresse et le visage joyeux. Et le sermon de saint François terminé, ils se jetèrent tous en prière.

Or, saint Dominique, qui était présent à toutes ces choses, s'étonna fortement de l'ordre de saint François, et il le trouvait indiscret, ne pouvant imaginer comment une telle multitude se pourrait diriger sans avoir ni soin ni souci des choses nécessaires au corps.

---

4. Texte des *Actus : Sanctus pastor et venerabilis dux Franciscus.*
5. Les phrases correspondantes des *Actus* se retrouvent textuellement chez Thomas de Celano (2 C 191), mais comme texte d'un sermon idéal que prononcerait un savant religieux, sermon inséré dans une parabole proposée par saint François à ses frères.

Mais le pasteur suprême, le Christ béni, voulant montrer comment il a soin de ses brebis et quel amour singulier il a pour ses pauvres, inspira aussitôt aux gens de Pérouse, de Spolète, de Foligno, de Spello, d'Assise et des autres lieux environnants, de porter à manger et à boire à cette sainte assemblée. Et voici tout-à-coup venir de ces lieux des gens avec des bêtes de somme, des chevaux, des charrettes, chargés de pain et de vin, de fèves et de fromage, et d'autres bonnes choses à manger, selon qu'il était nécessaire aux pauvres du Christ. Outre cela, ils apportaient des nappes et des cruches et des verres et d'autres vases qui étaient nécessaires pour une telle multitude. Et bienheureux s'estimait qui pouvait apporter le plus de choses, ou servir avec le plus d'empressement, au point que même les chevaliers et les barons et autres gentilshommes qui étaient venus pour voir, se mettaient à servir les frères avec humilité et dévotion.

C'est pourquoi saint Dominique, voyant tout cela et constatant qu'en vérité la providence divine s'employait pour eux, reconnut humblement que c'est à tort qu'il avait jugé indiscret le commandement de saint François, et s'agenouillant devant lui, il avoua humblement sa faute et ajouta : « Dieu prend vraiment un soin spécial de ces saints petits pauvres et je ne le savais pas ; et je promets d'observer désormais la sainte pauvreté évangélique ; et je maudis de la part de Dieu tous les frères de mon Ordre qui auront dans cet Ordre la présomption de posséder quelque chose en propre[6]. » Ainsi, saint Dominique fut très édifié de la foi du très saint François[7], et de l'obéissance et de la pauvreté d'une assemblée si grande et si bien ordonnée, et de la providence divine et de la copieuse abondance de tous biens.

A ce même chapitre, on dit à saint François que des frères portaient le cilice sur leurs chairs et des cercles de fer, et que

6. La question de savoir dans quelle mesure saint Dominique s'est inspiré de saint François est trop délicate, trop épineuse et trop controversée pour pouvoir être abordée ici. Indiquons seulement que c'est au chapitre général tenu à Bologne en 1220 que la pratique de la pauvreté fut réglée dans l'Ordre des frères Prêcheurs.

7. *Santo Domenico... del santissimo Francesco ;* dans les *Actus*, ce superlatif n'existe pas. Le traducteur italien l'a-t-il introduit avec intention ?

beaucoup en tombaient malades, et que quelques-uns en mouraient, et que beaucoup en étaient empêchés de prier. C'est pourquoi saint François, en père très discret, commanda au nom de la sainte obéissance, que quiconque portait un cilice ou un cercle de fer le retirât et le posât devant lui. Et ainsi firent-ils. Et l'on compta bien cinq cents cilices de fer et encore plus de cercles, portés aux bras ou comme ceintures, si nombreux qu'ils en firent un grand tas ; et saint François les fit tous laisser là[8].

Puis, le chapitre terminé, saint François les encouragea tous dans le bien et leur enseigna comment ils devaient échapper sans péché à ce monde mauv[illegible] et, avec la bénédiction de Dieu et la sienne, il les renvoya dans leurs provinces, tout consolés de joie spirituelle.

A la louange du Christ. Amen.

CHAPITRE 19

COMMENT DE LA VIGNE DU PRETRE DE RIETI, CHEZ QUI PRIAIT SAINT FRANÇOIS, LE RAISIN FUT ARRACHÉ ET CUEILLI PAR LA FOULE NOMBREUSE QUI VENAIT LE VOIR ; ET PUIS COMMENT ELLE DONNA MIRACULEUSEMENT PLUS DE VIN QUE JAMAIS, COMME SAINT FRANÇOIS LE LUI AVAIT PROMIS, ET COMMENT DIEU RÉVÉLA A SAINT FRANÇOIS QU'IL AURAIT LE PARADIS EN QUITTANT CE MONDE[1].

Comme une fois saint François souffrait gravement des yeux[2], Messire Hugolin, cardinal protecteur de l'Ordre, dans la grande tendresse qu'il avait pour lui, lui écrivit de venir

8. Ce trait est confirmé par la *Legenda antiqua* de Pérouse, 2.

1. *Actus* **21** ; titre : *Comment Dieu parla à saint François et comment saint François fit venir du vin d'une vigne où il n'y avait plus de raisin.* Le *Speculum perfectionis*, chap. 100, date cet épisode de 1224 : « Deux ans avant sa mort, comme saint François était à Saint-Damien... » ; il en est de même de la *Legenda antiqua* de Pérouse, 42 ; mais presque tous les auteurs modernes le placent avec raison en 1225.
2. Sur la maladie d'yeux de saint François, voir chap. 3, n. 1 ; la *Legenda antiqua* de Pérouse y fait de nombreuses allusions, 24-26, 42-43, 46-48.

le trouver à Rieti, où il y avait d'excellents médecins des yeux. Alors saint François, ayant reçu la lettre du cardinal, se rendit d'abord à Saint-Damien, où était sainte Claire, très dévote épouse du Christ, pour lui donner quelques consolations et aller ensuite près du cardinal. Et saint François étant là, l'état de ses yeux s'aggrava tellement la nuit suivante qu'il ne voyait plus du tout la lumière ; comme pour cette raison il ne pouvait partir, sainte Claire lui fit une petite cellule de roseaux où il pourrait mieux se reposer. Mais saint François, tant à cause de la douleur de son mal que de la multitude des souris qui le tourmentaient extrêmement[3], ne pouvait reposer un instant, ni de jour ni de nuit.

Et souffrant plusieurs jours[4] de cette peine et tribulation, il commença à penser et à reconnaître que c'était là un fléau de Dieu pour ses péchés ; et il commença à remercier Dieu de tout son cœur et de ses lèvres ; puis il criait à haute voix ces paroles : « Mon Seigneur, je suis digne de cela et de bien pire encore. Mon Seigneur Jésus-Christ, bon pasteur, qui pour nous pécheurs indignes as mis ta miséricorde dans nos diverses peines et angoisses corporelles, accorde-moi, à moi ta petite brebis, la grâce et la vertu de ne jamais me séparer de toi, pour aucune maladie, angoisse ou douleur. » Et lorsqu'il eut fait cette prière, une voix lui vint du ciel qui disait : « François, réponds-moi, Si toute la terre était de l'or, et que toutes les mers, les fleuves et les fontaines fussent du baume, et que toutes les montagnes, les collines et les rochers fussent des pierres précieuses, et que tu trouvasses un autre trésor plus noble encore que ceux-là, autant que l'or est plus noble que la terre, et le baume que l'eau, et les pierres précieuses que les montagnes et les rochers, et que ce plus noble trésor te fût donné pour cette maladie, ne devrais-tu pas en être bien content et bien joyeux ? » Saint François répondit : « Seigneur, je ne suis pas digne d'un trésor aussi précieux. » Et la voix de Dieu lui dit : « Réjouis-toi, François, car ce tré-

3. D'après les *Actus*, ces souris étaient envoyées par le diable, ce qui est en contradiction formelle avec la suite du récit. Le traducteur italien s'en est évidemment aperçu.

4. Cinquante jours, disent les *Actus ;* plus de soixante, d'après le *Speculum perfectionis*.

sor est le trésor de la vie éternelle que je te réserve et dont je t'investis dès maintenant ; et cette maladie et affliction n'est que les arrhes de ce trésor bienheureux[5]. »

Alors saint François, dans une très grande joie d'une si glorieuse promesse, appela son compagnon et lui dit : « Allons chez le cardinal. » Et après avoir consolé sainte Claire avec de saintes paroles et pris humblement congé d'elle, il s'achemina vers Rieti.

Or, quand il en approchait, une telle multitude de gens vint au-devant de lui, qu'il ne voulut pas pour cette raison entrer dans la ville, mais qu'il se rendit à une église qui était environ à deux milles de cette ville[6]. Puis les habitants, sachant qu'il était dans ladite église, accoururent en telle foule pour le voir que la vigne de cette église en fut toute ravagée et tout le raisin cueilli. De quoi le prêtre s'affligea fortement dans son cœur, et il se repentit d'avoir reçu saint François dans son église.

---

5. Thomas de Celano (2 C 213), rapporte aussi cette scène, mais sans la placer à Saint-Damien. Puis il ajoute : « C'est alors qu'il composa le Cantique des créatures, où il les exhortait à louer à leur manière le Créateur. » Le *Speculum perfectionis* est beaucoup plus précis et nous montre saint François faisant, dès le matin suivant, part à ses frères de la joie qui inondait son âme et de son désir de composer immédiatement un cantique de louange des créatures au Seigneur. « Et s'étant assis, il médita quelque temps, puis il s'écria : « *Altissimo, omnipotente bon Segnore...* » Le Cantique des créatures est plus connu aujourd'hui sous le nom de Cantique de frère Soleil, qui, d'après la *Legenda antiqua* de Pérouse, 43, lui a été donné par saint François lui-même, « parce que c'est la plus belle de toutes les créatures et celle que l'on peut le mieux comparer à Dieu. »
6. Saint-Fabien, aujourd'hui Sainte-Marie de la Forêt ; cf. P.N. Cavanna, l. c., p. 226 et suiv. : « A droite, lorsqu'on arrive au couvent, on montre encore l'endroit où était plantée la vigne du prêtre qui donna l'hospitalité au saint patriarche. Dans l'église voisine, que l'on dit avoir été consacrée en 1231 par le pape Grégoire IX, on fait encore voir, sous le premier autel à droite de l'entrée, la « citerne de saint François », où l'on raconte que s'est accompli le prodigieux accroissement du vin. » Comme le fit remarquer gaiement un vieux Franciscain, le Père Ange, à Johannès Joergensen, pèlerin de *La Foresta*, « il n'est pas à supposer que le prêtre ait pris la liberté de faire son vin dans l'église ! de sorte que l'on doit admettre que c'est le presbytère qui, autrefois, s'élevait en ce lieu, et que plus tard seulement on l'aura transformé en église. » *Pèlerinages franciscains*, chap. 12, voir aussi le chap. 11. 1.

Mais la pensée du prêtre ayant été révélée par Dieu à saint François, il le fit appeler et lui dit : « Mon très cher père, combien de charges de vin te rapporte cette vigne par an, quand elle te rapporte le plus ? » Le prêtre répondit : « Douze charges. » Saint François dit : « Je te prie, père, de supporter avec patience que je demeure ici quelques jours, car j'y trouve beaucoup de repos, et de laisser tout le monde prendre du raisin de cette vigne qui est à toi, pour l'amour de Dieu et de moi, petit pauvre ; et je te promets, de la part de mon Seigneur Jésus-Christ, que cette année elle te rapportera vingt charges. » Et saint François faisait cela, demeurait en ce lieu, à cause du grand fruit qu'on voyait se produire dans les âmes des gens qui y venaient, dont beaucoup s'en retournaient enivrés de l'amour divin et abandonnaient le monde. Le prêtre eut confiance dans la promesse de saint François et laissa librement la vigne à ceux qui venaient le voir. O merveille ! La vigne fut toute ravagée et dépouillée, au point qu'il y restait à peine quelques grappes. Vint le temps des vendanges ; le prêtre cueille ces grappes telles quelles, les met dans la cuve et les presse ; et selon la promesse de saint François il recueille vingt charges d'un vin excellent.

Ce miracle nous fait clairement comprendre que, de même que par les mérites de saint François la vigne dépouillée de raisins avait abondé en vin, de même le peuple chrétien, stérile en vertus par le péché, abondait souvent en bons fruits de pénitence par les mérites et la doctrine de saint François.

A la louange du Christ. Amen.

CHAPITRE 20

D'UNE TRÈS BELLE VISION QUE VIT UN JEUNE FRÈRE QUI AVAIT LE FROC EN TELLE ABOMINATION QU'IL ÉTAIT DISPOSÉ A QUITTER L'HABIT ET A SORTIR DE L'ORDRE[1].

Un jeune homme très noble et raffiné entra dans l'Ordre

1. *Actus*, 22 ; titre : *Comment saint François apparut glorieux, avec un grand nombre de saints frères, à un certain frère qui était en extase.* L'épisode est évidemment postérieur à la mort de saint Antoine de Padoue, 13 juin 1231 ; on ne saurait préciser davantage.

de saint François, et après quelques jours, à l'instigation du démon, il commença à avoir l'habit qu'il portait en telle abomination qu'il lui paraissait porter un sac très vil ; il avait horreur des manches, abominait le capuchon, et la longueur et la rudesse de la tunique lui faisaient l'effet d'une charge insupportable. Son dégoût de l'Ordre venant encore à croître, il se décida finalement à laisser l'habit et à retourner dans le monde.

Il avait déjà pris l'habitude, comme le lui avait enseigné son maître, à quelque heure qu'il passât devant l'autel du couvent où l'on conservait le corps du Christ, de s'agenouiller avec grand respect, de tirer son capuchon et de s'incliner les bras en croix[2]. Il advint que cette nuit, où il devait partir et sortir de l'Ordre, il lui fallut passer devant l'autel du couvent ; et en y passant, il s'agenouilla et fit révérence selon l'usage. Et subitement il fut ravi en esprit, et Dieu lui montra une merveilleuse vision ; car il vit passer devant lui, comme en procession, deux à deux, une multitude presque infinie de Saints, tous vêtus de très beaux et précieux vêtements de drap ; leur visage et leurs mains resplendissaient comme au soleil, et ils avançaient avec des chants et une musique angéliques. Parmi ces Saints il y en avait deux plus noblement vêtus et parés que tous les autres, et ils étaient environnés d'une telle clarté qu'ils donnaient à qui les regardait un très vif étonnement ; et presque à la fin de la procession il en vit un revêtu de tant de gloire qu'il semblait un nouveau chevalier, plus honoré que les autres. Et ce jeune homme, voyant cette vision, s'émerveillait et ne savait ce que cette procession voulait dire ; il n'avait pas la hardiesse de s'en informer et il demeurait accablé de douceur.

Néanmoins, toute la procession passée, il prend enfin courage, court aux derniers et leur demande tout craintif : « O mes très chers, je vous prie qu'il vous plaise de me dire qui sont ces hommes si merveilleux qui forment cette procession vénérable. » Ceux-ci répondent : « Sache, mon fils, que nous sommes tous des frères Mineurs, qui venons à pré-

2. *Colle braccia cancellate* ; texte des *Actus* : *cancellatis manibus*, voir chap. 6, n. 5, et chap. 6, n. 6.

sent de la gloire du paradis. » Et il demande : « Qui sont ces deux qui resplendissent plus que les autres? » Ceux-ci répondent : « Ce sont saint François et saint Antoine, et ce dernier-là que tu vois si honoré, est un saint frère qui mourut récemment : parce qu'il a combattu vaillamment contre les tentations et qu'il a persévéré jusqu'à la fin, nous le conduisons maintenant en triomphe à la gloire du paradis. Et ces vêtements de drap si beaux, que nous portons, nous sont donnés par Dieu en échange des rudes tuniques que nous avons portées patiemment dans l'Ordre, et la glorieuse clarté que tu vois en nous, nous est donnée par Dieu pour l'humble pénitence, et pour la sainte pauvreté, l'obéissance et la chasteté, que nous avons observées jusqu'à la fin. C'est pourquoi, mon fils, qu'il ne te soit plus pénible de porter le sac si fructueux de l'Ordre, car si avec le sac de saint François, pour l'amour du Christ, tu méprises le monde et mortifies la chair et combats vaillamment contre le démon, tu auras avec nous et comme nous pareil vêtement et clarté de gloire. »

Et ces paroles dites, le jeune homme rentra en lui-même, et réconforté par cette vision, il chassa de lui toutes les tentations, et confessa sa faute devant les gardiens et les frères ; et depuis lors il désira l'âpre rudesse de la pénitence et des vêtements, et il finit sa vie dans l'Ordre en grande sainteté.

A la louange du Christ. Amen.

CHAPITRE 21

DU TRÈS SAINT MIRACLE QUE FIT SAINT FRANÇOIS QUAND IL CONVERTIT LE TRÈS FÉROCE LOUP DE GUBBIO[1].

Au temps où saint François demeurait dans la ville de Gubbio, apparut dans la campagne environnante, un très grand loup, terrible et féroce, qui dévorait non seulement

1. *Actus*, **28** ; titre : *D'un loup très féroce réduit par saint François à une très grande douceur.* Parmi les animaux innombrables qui tiennent une très large place dans les récits hagiographiques, « frère loup » est probablement le plus fameux et le plus sympathique. On peut dire qu'il possède à lui seul toute une « littérature » et beaucoup d'œuvres

les animaux mais aussi les hommes, en sorte que tous les habitants vivaient en grande peur, car il s'approchait souvent de la ville ; et tous partaient armés quand ils sortaient des murs, comme s'ils avaient marché au combat ; et malgré tout cela, qui le rencontrait seul ne pouvait se défendre de lui. Et par peur de ce loup on en vint au point que personne n'osait plus sortir des murs.

C'est pourquoi saint François ayant pitié des gens de cette ville, voulut sortir face à ce loup, bien que les habitants le lui déconseillassent complètement ; et ayant fait le signe de la sainte croix, il sortit des murs avec ses compagnons[2], mettant en Dieu toute sa confiance. Et les autres hésitant à aller plus loin, saint François s'achemina vers le lieu où était le loup. Et voici que sous les yeux de beaucoup d'habitants, qui étaient venus voir ce miracle[3], le loup arriva,

---

d'art lui ont été consacrées. Il n'est guère de « franciscanisant » qui n'ait tenu à émettre un avis sur l'authenticité, voire sur la date, de sa conversion. Les diverses opinions peuvent être ainsi résumées : pure allégorie ; — adaptation d'une légende ancienne, étrangère à saint François ; — miracle réel ; — transposition, sous une forme dramatique et pittoresque, soit de la délivrance de Gubbio ravagée par des loups, (cf., pour Greccio, LP 34 ; 2 C 35-36, LM 8 11), soit du voyage de saint François au monastère de San Verecondo, près de Gubbio, au cours duquel il répondit à des paysans qui l'engageaient à s'arrêter par crainte de loups féroces : « Je n'ai fait faire à frère loup aucun mal, qui lui permette d'avoir l'audace de dévorer notre frère âne », (cf. *Miscellanea francescana*, 1906, p. 7 et suiv. ; *Archivum franciscanum historicum*, 1908, p. 70) ; — transformation de l'histoire d'un brigand avec qui les habitants de Gubbio auraient fait la paix par l'entremise de saint François. La tradition de Gubbio — où l'on aurait récemment trouvé le crâne d'un loup à l'endroit qui passait depuis longtemps pour être le tombeau de cette brave bête — fixe l'épisode à 1220, mais si on le rattache au voyage de saint François à San Verecondo, dont il vient d'être question, il serait postérieur à la stigmatisation. Sur les monuments de Gubbio, qui rappellent le souvenir de « frère loup », — qui était peut-être une louve ! — cf. P.N. Cavanna, l. c., p. 258 et suiv. ; *Miscellanea francescana*, 1906, p. 33 et suiv.

2. D'après les *Actus*, saint François ne sortit de la ville qu'avec un seul compagnon, qui l'accompagna jusqu'au bout, contrairement à ce qui va être indiqué dans les *Fioretti*. Au surplus, le texte des *Actus* est à cet endroit très abrégé.

3. *Ad spectandum*, dit seulement, et à plus juste titre, le texte des *Actus ;* les habitants de Gubbio ne pouvaient à ce moment savoir ce qui allait se passer.

la gueule ouverte, à la rencontre de saint François ; et s'approchant de lui saint François fit sur lui le signe de la croix, l'appela et lui parla ainsi : « Viens ici, frère loup ; je te commande de la part du Christ de ne faire de mal ni à moi ni à personne. » Chose admirable ! Aussitôt que saint François eut tracé la croix, le terrible loup ferma la gueule et cessa de courir ; et, au commandement, il vint, paisible comme un agneau, se jeter couché aux pieds de saint François.

Alors saint François lui parla ainsi : « Frère loup, tu fais par ici beaucoup de dommages, et tu as commis de très grands méfaits, blessant et tuant sans sa permission les créatures de Dieu ; et non seulement tu as tué et dévoré les bêtes, mais tu as eu l'audace de tuer et de blesser les hommes faits à l'image de Dieu, ce pourquoi tu mérites les fourches comme voleur et assassin très méchant ; et tout le monde crie et murmure contre toi, et toute cette ville t'a en inimitié. Mais je veux, frère loup, faire la paix entre toi et ceux-ci, de telle sorte que tu ne les offenses plus, et qu'ils te pardonnent toutes les offenses passées, et que ni les hommes ni les chiens ne te poursuivent plus. »

Ces paroles dites, le loup, par les mouvements de son corps, de sa queue et de ses oreilles, et en inclinant la tête, témoignait qu'il acceptait ce que saint François disait et qu'il voulait l'observer. Alors saint François dit : « Frère loup, puisqu'il te plaît de faire et de garder cette paix, je te promets de te faire donner toujours ce qu'il te faut, tant que tu vivras, par les hommes de cette ville, et ainsi tu ne pâtiras plus de la faim, car je sais bien que c'est la faim qui t'a fait commettre tout ce mal. Mais puisque je t'obtiendrai cette grâce, je veux, frère loup, que tu me promettes de ne plus nuire jamais ni à aucun homme ni à aucun animal : me promets-tu cela ? » Et le loup, en inclinant la tête, fit évidemment signe qu'il promettait. Et saint François dit : « Frère loup, je veux que tu me fasses foi de cette promesse, afin que je puisse bien m'y fier. » Et saint François étendant la main pour recevoir sa foi, le loup leva la patte droite de devant, et la mit familièrement dans la main de saint François, lui donnant ainsi le signe de foi qu'il pouvait.

Alors saint François dit : « Frère loup, je te commande, au nom de Jésus-Christ, de me suivre maintenant sans rien craindre, et nous allons conclure cette paix au nom de Dieu. » Et le loup obéissant s'en vint avec lui comme un doux agneau, ce que voyant les habitants s'émerveillèrent grandement. Et la nouvelle se répandit sur-le-champ par toute la ville ; aussi tous les gens, grands et petits, hommes et femmes, jeunes et vieux, se pressèrent vers la place pour voir le loup avec saint François.

Et tout le peuple y étant bien réuni, saint François se leva, et prêcha, leur disant entre autres choses comment pour leurs péchés Dieu permettait de tels fléaux, et combien le feu de l'enfer, qui doit durer éternellement pour les damnés, est plus redoutable que la rage du loup, qui ne peut tuer que le corps : « Combien est donc à craindre la gueule de l'enfer quand la gueule d'un petit animal tient en peur et tremblement une telle multitude. Tournez-vous donc vers Dieu, mes bien-aimés, faites pénitence de vos péchés, et Dieu vous délivrera du loup dans le présent, et dans l'avenir du feu de l'enfer. »

Et la prédication terminée, saint François dit : « Ecoutez, mes frères : frère loup, qui est ici devant vous, m'a promis, et il m'en a donné sa foi, de faire la paix avec vous et de ne jamais plus vous offenser en rien, si vous lui promettez de lui donner chaque jour ce qui lui est nécessaire ; et moi je me porte garant pour lui qu'il observera fidèlement le pacte de la paix. » Alors tout le peuple promit d'une seule voix de toujours le nourrir.

Et, en présence de tous, saint François dit au loup : « Et toi, frère loup, promets-tu d'observer avec eux le pacte de paix, en sorte que tu n'offenseras plus ni les hommes, ni les animaux, ni aucune créature ? » Et le loup s'agenouilla, inclina la tête et, par de doux mouvements du corps, de la queue et des oreilles, montra, autant qu'il lui était possible, de vouloir observer avec eux toutes les conditions du pacte. Saint François dit : « Frère loup, je veux que, comme tu m'as donné, hors des portes, foi de cette promesse, tu me donnes de même ici, devant tout le peuple, foi de ta promesse et que tu ne me duperas pas dans la garantie que j'ai donnée pour toi. » Alors le loup, levant la patte droite, la posa dans la main de saint François. Et pour cet acte et pour les autres qui viennent d'être rapportés, il y eut une telle admiration et allégresse dans tout le peuple, autant pour la dévotion du Saint que pour la nouveauté du miracle et pour la paix du loup, que tous commencèrent à crier vers le ciel, louant et bénissant Dieu de leur avoir envoyé saint François qui par ses mérites les avait délivrés de la gueule de cette bête cruelle.

Le loup vécut ensuite deux ans à Gubbio, et il entrait familièrement dans les maisons, de porte en porte, sans faire de mal à personne et sans qu'il lui en soit fait ; il fut courtoisement nourri par les habitants, et quand il allait ainsi par la ville et par les maisons, jamais aucun chien n'aboyait contre lui. Finalement, après deux ans, frère loup mourut de vieillesse, ce dont les habitants eurent grande douleur, car en le voyant aller si paisible par la ville, ils se rappelaient mieux la vertu et la sainteté de saint François[4].

A la louange du Christ. Amen.

CHAPITRE 22

COMMENT SAINT FRANÇOIS APPRIVOISA LES TOURTERELLES SAUVAGES[1].

Un jeune homme avait pris un jour beaucoup de tourterelles et les portait à vendre. Saint François, qui avait tou-

4. Le P. Bughetti remarque, éd. c., p. 91, n. 1 : « Ces deux années de souvenirs laissent seulement supposer que saint François était loin de Gubbio et non pas déjà mort. » Mais il en serait autrement si l'épisode devait se placer à l'époque du voyage, rappelé ci-dessus, n. 1, du Saint à San Verecondo. Il est intéressant de constater que le tableau probablement le plus ancien qui représente la conversion de « frère loup » nous montre saint François portant les Stigmates ; c'est une œuvre d'un peintre anonyme siennois, sans doute de la fin du XIVe siècle, qui se trouve dans l'église Saint-François de Pienza.

1. *Actus*, 24 ; titre : *Comment saint François délivra des tourterelles et leur fit des nids*. Le texte des *Actus* commence ainsi : « Un jeune homme de la cité de Sienne... » Sur les séjours de saint François à Sienne, voir chap. 11, n. 4. Les *Fioretti* ne mentionnent que trois autres épisodes

jours une singulière pitié pour les animaux paisibles, le rencontra, et regardant ces tourterelles avec compassion, il dit au jeune homme : « O bon jeune homme, donne-les-moi, je t'en prie, pour que des animaux si innocents auxquels sont comparées, dans l'Ecriture, les âmes chastes, humbles et fidèles, ne tombent pas aux mains de gens cruels qui les tueraient. » Aussitôt le jeune homme, inspiré de Dieu, les donna toutes à saint François, et lui les reçut dans son sein, et commença à leur parler doucement : « O mes sœurs les tourterelles, simples, innocentes et chastes, pourquoi vous laissez-vous prendre ? Je veux maintenant vous arracher à la mort et vous faire des nids, pour que vous fructifiiez et que vous vous multipliiez selon le commandement de votre Créateur. »

Et saint François s'en fut et à toutes fit des nids. Et elles s'en servirent et commencèrent à pondre et à couver devant les frères, et elles demeuraient et vivaient aussi familièrement avec saint François et les autres frères que si elles avaient été des poules toujours nourries par eux. Et jamais elles ne partirent jusqu'à ce que saint François en les bénissant leur en eût donné licence.

Au jeune homme qui les lui avait données saint François dit : « Mon fils, tu seras aussi frère dans cet Ordre et tu serviras gracieusement Jésus-Christ. » Il en fut ainsi, car ledit jeune homme se fit frère et vécut dans l'Ordre en grande sainteté.

A la louange du Christ. Amen.

---

se rapportant à l'amour de saint François pour les animaux, à l'affection qu'ils lui témoignaient, à l'obéissance qu'ils lui rendaient : le silence imposé aux hirondelles babillardes et le sermon aux oiseaux, chap. 16, la conversion du loup de Gubbio, chap. 21. On sait qu'il en est beaucoup d'autres, voir, notamment, LP 110 ; 1 C 60-61 ; 2 C 47, 167-171 ; 3 C 20-32 ; LM 8 6-11.

CHAPITRE 23

COMMENT SAINT FRANÇOIS DÉLIVRA UN FRÈRE EN ÉTAT DE PÉCHÉ ET AU POUVOIR DU DÉMON[1].

Un jour que saint François était en prière dans le couvent de la Portioncule, il vit, par une divine révélation, tout le couvent entouré et assiégé par des démons comme par une grande armée ; mais aucun d'eux cependant ne pouvait pénétrer dans le couvent, car les frères étaient d'une telle sainteté que les démons n'avaient entrée dans aucun d'eux. Mais ils persévéraient néanmoins et voici qu'un de ces frères vint à s'irriter contre un autre et à chercher dans son cœur comment il pourrait l'accuser et en tirer vengeance. Et parce qu'il se trouvait dans cette mauvaise pensée, le démon, ayant entrée ouverte, pénétra dans le couvent et se posa sur le cou de ce frère[2].

Le miséricordieux et attentif pasteur, qui veillait toujours sur son troupeau, voyant que le loup était entré pour dévorer sa petite brebis, fit aussitôt appeler ce frère et lui ordonna d'avoir à avouer sur-le-champ la haine venimeuse qu'il avait conçue contre son prochain et qui l'avait livré aux mains de l'ennemi. Epouvanté de se voir découvert par le père saint, ce frère avoua tout le venin de sa rancœur, et reconnut sa faute, et en demanda humblement pénitence et miséricorde. Et cela fait, dès qu'il fut absous de son péché et qu'il eut reçu sa pénitence, le démon s'enfuit aussitôt devant saint François ; et le frère, ainsi délivré des mains de la bête cruelle par la bonté du bon pasteur, remercia Dieu, retourna corrigé et bien instruit au troupeau du saint pasteur, et vécut ensuite en grande sainteté.

A la louange du Christ. Amen.

---

1. *Actus*, **26** ; titre : *D'une vision de saint François montrant comment les démons ne pouvaient pas pénétrer dans le couvent de Sainte-Marie des Anges.*
2. Cette position du démon n'est pas indiquée dans les *Actus*. Cf. 2 C 34 ; LM **11** 11.

CHAPITRE 24

COMMENT SAINT FRANÇOIS CONVERTIT A LA FOI LE SULTAN DE BABYLONE ET LA COURTISANE QUI L'INCITAIT LUI-MEME A PÉCHER[1].

Saint François, poussé par le zèle de la foi du Christ et le désir du martyre, passa une fois outre mer avec douze de ses très saints compagnons[2], pour se rendre tout droit près du Sultan de Babylone[3]. Et ils arrivèrent dans un pays des Sarrasins, où les passages étaient gardés par des hommes si cruels qu'aucun des chrétiens qui y passaient ne pouvait échapper à la mort ; comme il plut à Dieu, ils ne furent pas tués, mais pris, battus et chargés de liens, puis menés devant le Sultan. Et en sa présence, saint François, instruit par l'Esprit-Saint, prêcha si divinement la foi du Christ que pour la prouver

---

1. *Actus*, **27** ; titre : *Comment saint François convertit à la foi le Sultan de Babylone*. Sur la croisade de saint François en Egypte, pour y convertir les Musulmans, nombreux sont les témoignages, dont le plus important est celui de Jacques de Vitry dans son *Historia orientalis*, II. 32, et dans une lettre écrite de Damiette, au mois de mars 1220 ; Jacques de Vitry est un témoin oculaire : « Nous avons vu le premier fondateur de cet Ordre..., homme simple et illettré, aimé de Dieu et des hommes, nommé frère François... » Cf. 1 C 57 ; 2 C 30 ; LM **9** 8-9 ; Jourdain de Giano, *Chronique*, 10. Saint François s'embarqua à Ancône le 24 juin 1219 et parvint à Saint-Jean-d'Acre, d'où il se rendit à l'armée des Croisés qui assiégeait Damiette ; il prédit la défaite qu'ils subirent le 29 août. Il fut bien reçu par le Sultan d'Egypte Malek el Khamil devant qui il prêcha plusieurs fois et qui, d'après Jacques de Vitry, lui aurait dit, en le faisant reconduire au camp des chrétiens : « Prie pour moi afin que Dieu daigne me révéler quelle est la loi et la foi qui lui plaît le plus. » Saint François rentra en Italie, après avoir très probablement passé par les Lieux Saints, à une date qui n'est pas connue avec certitude, mais qui doit être fixée, selon les calculs les plus solidement basés, avant le 29 septembre 1220.
2. Saint François était accompagné par frère Pierre de Catane et sans doute par d'autres frères lorsqu'il s'embarqua à Ancône ; des frères de Syrie le suivirent probablement aussi en Egypte ; mais il semble bien qu'il n'avait qu'un compagnon lorsqu'il se présenta devant le Sultan : frère Illuminé, d'après saint Bonaventure, l. c.
3. Nom emprunté à la Bible (Jr **50** 8, **51** 6), et désignant ici la capitale des infidèles. Thomas de Celano (1 C 2), emploie le même ton pour désigner Assise, considérée comme un lieu de perdition, par une réminiscence des *Confessions* de saint Augustin **2**, 3, 8.

il voulait même entrer dans le feu[4]. Aussi le Sultan commença-t-il à avoir une grande dévotion pour lui, tant pour la constance de sa foi que pour le mépris du monde qu'il voyait en lui, — car bien que très pauvre il ne voulait accepter aucun présent, — et pour la ferveur encore qu'il lui voyait pour le martyre. Dès lors le Sultan l'écouta volontiers, le pria de revenir souvent le voir, et lui accorda libéralement à lui et à ses compagnons de pouvoir prêcher partout où il leur plairait. Et il leur donna un signe grâce auquel personne ne pouvait les offenser.

Ayant donc reçu cette généreuse permission, saint François envoya deux à deux les compagnons qu'il avait choisis, dans les diverses régions des Sarrasins pour y prêcher la foi du Christ ; et avec l'un d'eux il choisit un pays, et quand il y arriva il entra dans une auberge pour se reposer. Or il y avait là une femme très belle de corps mais d'une âme sordide, et cette femme maudite incita saint François à pécher. Saint François lui dit : « J'accepte, allons au lit » ; et elle le mena dans sa chambre. Saint François dit : « Viens avec moi, je te mènerai à un lit beaucoup plus beau. » Et il la mena à un très grand feu qui se faisait dans cette maison ; et en ferveur d'esprit il se dépouilla tout nu et se jeta à côté de ce feu sur le foyer embrasé ; et il invita cette femme à se dépouiller et à aller s'étendre avec lui sur ce beau lit de plumes. Et comme il demeura longtemps ainsi, le visage joyeux, ne brûlant pas, ne noircissant nullement, cette femme, épouvantée par ce miracle et touchée de componction dans son cœur, non seulement se repentit de son péché et de son intention perverse, mais se convertit même parfaitement à la foi du Christ, et

4. L'épreuve du feu fut, d'après saint Bonaventure, l. c., proposée par saint François au Sultan sous deux formes : il entrerait dans un brasier avec les prêtres de Mahomet, et le feu déciderait ; puis, sur le refus du Sultan, il y entrerait seul : sa mort ne serait imputable qu'à ses péchés, mais s'il était protégé, le Sultan reconnaîtrait le vrai Dieu. Le premier défi a été popularisé par Giotto — ou l'un de ses élèves — dans une des fresques de la basilique supérieure d'Assise, où frère Illuminé regarde fuir les Mahométans devant le brasier, avec une amusante expression de mépris et de pitié : Avoir peur pour si peu ! semble-t-il penser.

devint d'une telle sainteté que par elle beaucoup d'âmes se sauvèrent dans ce pays[5].

A la fin, saint François, voyant qu'il ne pourrait réaliser plus de fruits dans ces contrées[6], se décida, par révélation divine, à retourner parmi les fidèles avec tous ses compagnons ; et les ayant réunis tous ensemble, il retourna près du Sultan et prit congé de lui. Alors le Sultan lui dit : « Frère François, je me convertirai très volontiers à la foi du Christ, mais je crains de le faire maintenant ; car si les gens d'ici l'apprenaient ils me tueraient avec toi et tous tes compagnons ; et comme tu peux faire encore beaucoup de bien et que j'ai à achever certaines affaires de très grande importance, je ne veux pas causer maintenant ta mort et la mienne. Mais apprends-moi comment je pourrai me sauver, et je suis prêt à faire ce que tu m'imposeras. » Saint François dit alors : « Seigneur, je vais maintenant vous quitter, mais après que je serai retourné dans mon pays et, par la grâce de Dieu, monté au ciel après ma mort, je t'enverrai[7], selon qu'il plaira à Dieu, deux de mes frères, de qui tu recevras le baptême du Christ ; et tu seras sauvé, comme me l'a révélé mon Seigneur Jésus-Christ. Et toi, en attendant,

---

5. Cette anecdote, plus pittoresque que croyable, est rapportée à de nombreuses reprises par Barthélemy de Pise dans son traité des *Conformités* — voir plus haut chap. 1, n. 3 — où il la rapproche d'une anecdote analogue, dont le théâtre aurait été la cour de Frédéric II et où des courtisans auraient délibérément voulu mettre la vertu de saint François à l'épreuve ; cf. *Archivum franciscanum historicum*, 1919, p. 348-349 et 396-397.

6. Tous les anciens auteurs sont d'accord sur ce point : « Voyant qu'il ne réussissait pas à convertir ce peuple... », écrit saint Bonaventure, chez qui Dante a puisé son inspiration :

E poi che, par la sete del martiro,
Nella presenza del Soldan superba
Predico Cristo e gli altri che il seguiro,
E per trovare a conversione acerba
Troppo la gente, per non stare indarno,
Reddissi al frutto dell'italica erba...

Et après que, par la soif du martyre, en la présence du Sultan orgueilleux, il prêcha le Christ et ceux qui le suivirent, et que trouvant ce peuple trop dur à convertir, pour ne pas prolonger un séjour inutile, il revint cueillir les fruits de l'Italie... *Paradis*, XI, 100-105.

7. Le passage du *vous* au *tu* est sans doute dû à une distraction du traducteur italien, à moins que le *vous* ne se rapporte au Sultan et à son peuple, ce qui paraît moins probable ; cf. chap. 43 n. 2.

dégage-toi de tout empêchement, afin que quand viendra à toi la grâce de Dieu, elle te trouve disposé à la foi et à la dévotion. » Le Sultan promit de le faire, et il le fit.

Après cela, saint François s'en retourna avec le vénérable collège de ses saints compagnons ; et quelques années plus tard saint François, par la mort corporelle, rendit son âme à Dieu. Et le Sultan, étant tombé malade, attendit la réalisation de la promesse de saint François et fit mettre des gardes à certains passages, ordonnant que si deux frères, portant l'habit de saint François, venaient à s'y montrer, on les lui amenât immédiatement. En ce même temps, saint François apparut à deux frères et leur commanda de se rendre sans retard près du Sultan et de lui procurer son salut, comme lui-même le lui avait promis. Ces frères se mirent immédiatement en route, et après avoir passé la mer ils furent par ces gardes menés près du Sultan. Et en les voyant le Sultan eut une très grande joie et dit : « Maintenant je sais vraiment que Dieu m'a envoyé ses serviteurs pour mon salut, selon la promesse que, par révélation divine, m'a faite saint François. » Il reçut donc desdits frères l'enseignement de la foi du Christ et le saint baptême, et ainsi régénéré dans le Christ il mourut de cette maladie ; et son âme fut sauvée par les mérites et l'opération de saint François[8].

A la louange du Christ. Amen.

CHAPITRE 25

COMMENT SAINT FRANÇOIS GUÉRIT MIRACULEUSEMENT UN LÉPREUX D'AME ET DE CORPS, ET CE QUE LUI DIT L'AME EN ALLANT AU CIEL[1].

Le vrai disciple du Christ Messire saint François, pendant qu'il vivait dans cette misérable vie, s'appliquait de tous ses

8. Malek El Khamil mourut en 1238. On ne connaît pas l'origine de cette légende de sa conversion.

1. *Actus*, **28** ; titre : ***Comment saint François, pendant qu'il vivait encore, guérit un lépreux de la lèpre de l'âme et du corps.*** Le Testament de saint

efforts à suivre le Christ, maître parfait ; d'où il advenait souvent, par opération divine, que Dieu guérissait à la même heure l'âme de celui dont il guérissait le corps, ainsi qu'on le lit du Christ[2].

Et parce que non seulement il servait volontiers les lépreux, mais qu'il avait en outre ordonné aux frères de son Ordre, cheminant ou demeurant par le monde, de servir les lépreux pour l'amour du Christ[3], qui voulut pour nous passer pour un lépreux[4], il advint une fois que, dans un couvent près de celui où demeurait alors saint François, les frères servaient les lépreux et les malades d'un hôpital ; or, il y avait là un lépreux si impatient, si insupportable et si arrogant que chacun était persuadé, ce qui était d'ailleurs la vérité, qu'il était possédé du démon, car il outrageait si honteusement de paroles et de coups quiconque le servait, et, ce qui est pire, il blasphémait si ignominieusement le Christ béni et sa très sainte Mère la Vierge Marie qu'on ne trouvait en aucune façon quelqu'un qui pût ou voulût le servir. Et bien que les frères

---

François débute par ces mots : « Le Seigneur m'a donné à moi, frère François, de commencer ainsi à faire pénitence : lorsque j'étais dans le péché, il me semblait très amer de voir les lépreux ; et le Seigneur lui-même me conduisit au milieu d'eux et j'exerçais la miséricorde envers eux. En les quittant, ce qui m'avait semblé amer fut changé pour moi en douceur de l'âme et du corps. Et peu de temps après, je quittai le siècle. » Le baiser donné au lépreux est comme le prologue de la conversion de saint François ; c'est par là qu'il commença à obtenir « une parfaite victoire sur soi-même », Celano (1 C 17). « Au début de l'Ordre, lorsque les frères commencèrent à se multiplier, il voulut qu'ils demeurassent dans les hôpitaux des lépreux pour les soigner ». *Legenda antiqua* de Pérouse (LP 102) ; il appelait les lépreux « nos frères chrétiens », et un jour il s'imposa de manger dans la même écuelle que l'un d'eux, pour se punir d'avoir reproché à un frère d'avoir amené des lépreux dans l'église de Sainte-Marie des Anges, *ibid.* 22, cf. *Speculum perfectionis*, 44, 58. Les léproseries étaient aussi les lieux de refuge ordinaires des premiers frères dans leurs pérégrinations apostoliques ; cf. LP 23 ; Sp 59 ; 1 C 39 ; 2 C 9 ; et surtout 1 C 109, où il est dit qu'à la fin de sa vie, saint François voulait recommencer à soigner les lépreux ; il est possible que l'épisode rapporté dans ce chapitre se situe vers 1225 après la stigmatisation.

2. Cf. Mt **9** 1-8.
3. Règle de 1210-1221 (1 Reg **9**). Il n'est plus question du soin des lépreux dans la Règle de 1223.
4. Cf. Is **53** 3-4.

s'efforçassent de supporter patiemment, pour accroître le mérite de la patience, les injures et vilenies personnelles, néanmoins ils décidèrent d'abandonner complètement ledit lépreux, parce que leur conscience ne pouvait pas supporter les injures adressées au Christ et à sa Mère ; mais ils ne voulurent pas le faire avant d'en avoir avisé, avec toutes précisions, saint François, qui demeurait alors dans un couvent voisin.

Dès qu'ils l'eurent prévenu, saint François se rend auprès de ce lépreux pervers, et s'approchant de lui, il le salue en disant : « Dieu te donne la paix[5], mon frère bien-aimé. » Le lépreux répond en grondant : « Et quelle paix puis-je avoir de Dieu, qui m'a enlevé la paix et tout bien, et qui m'a rendu tout pourri et fétide ? » Et saint François dit : « Mon fils, prends patience, car les infirmités du corps nous sont données par Dieu en ce monde pour le salut de notre âme, car elles sont d'un grand mérite quand elles sont supportées patiemment. » Le malade répond : « Et comment puis-je supporter patiemment les souffrances continuelles qui m'affligent jour et nuit ? Et non seulement je suis affligé de mon mal, mais pire me font encore souffrir les frères que tu m'as donnés pour me servir et qui ne me servent pas comme ils le doivent. » Alors saint François, connaissant par révélation que ce lépreux était possédé de l'esprit malin, s'en alla, se mit en oraison et pria dévotement Dieu pour lui.

La prière finie, il retourne à lui et lui parle ainsi : « Mon fils, je veux te servir moi-même, puisque tu n'es pas content des autres. » — « Je veux bien », dit le malade, « mais que pourras-tu me faire de plus que les autres ? » Saint François répond : « Ce que tu voudras, je le ferai. » Le lépreux dit : « Je veux que tu me laves tout entier, car je pue si fortement que je ne peux pas me souffrir moi-même. » Alors saint François fit immédiatement chauffer de l'eau avec beaucoup d'herbes odorifé-

5. Lorsque saint François, n'ayant encore aucun disciple, commençait à Assise sa prédication, les premières paroles qu'il prononçait étaient : « Que le Seigneur vous donne la paix ! » (1 C 23) ; cette salutation, dit-il lui-même dans son Testament, lui avait été révélée par le Seigneur ; et sur son plus ancien portrait, celui du *Sacro Speco* de Subiaco, saint François tient à la main un rouleau où on lit : PAX HVIC DOMVI, paix à cette maison.

rantes, puis il le déshabille et commence à le laver de ses mains pendant qu'un autre frère versait l'eau. Et, par un divin miracle, là où saint François touchait de ses saintes mains la lèpre s'en allait et la chair redevenait parfaitement saine. Et comme la chair commençait à guérir, l'âme commençait de même à guérir ; aussi le lépreux, voyant qu'il commençait à guérir, commença à avoir grande componction et repentir de ses péchés et à pleurer très amèrement, en sorte que tandis que le corps se purifiait entièrement de la lèpre par les ablutions, l'âme se purifiait intérieurement du péché par la contrition et les larmes.

Et complètement guéri de corps et d'âme, il fit humblement sa coulpe et à haute voix dit en pleurant : « Malheur à moi, qui suis digne de l'enfer pour les vilenies et injures que j'ai faites et dites aux frères, et pour mon impatience et mes blasphèmes contre Dieu. » Et ainsi pendant quinze jours il persévéra à pleurer amèrement ses péchés et à demander miséricorde à Dieu, se confessant parfaitement au prêtre. Et saint François voyant un miracle si manifeste, que Dieu avait opéré par ses mains, rendit grâce à Dieu et quittant ce lieu se rendit dans un pays très éloigné ; car il voulait par humilité fuir toute gloire du monde, et dans toutes ses œuvres il cherchait seulement l'honneur et la gloire de Dieu et non pas la sienne.

Puis, comme il plut à Dieu, ledit lépreux guéri de corps et d'âme, après les quinze jours de sa pénitence, fut atteint d'une autre maladie ; et armé des sacrements de l'Eglise il mourut saintement. Et son âme, en montant au paradis, apparut dans les airs à saint François qui se trouvait en prière dans un bois et lui dit : « Me reconnais-tu ? » — « Qui es-tu ? » dit saint François. Il répondit : « Je suis le lépreux que le Christ a guéri par tes mérites, et je vais aujourd'hui à la vie éternelle ; de quoi je rends grâce à Dieu et à toi. Bénis soient ton âme et ton corps, bénies tes paroles et tes œuvres, car par toi beaucoup d'âmes se sauveront dans le monde[6]. Et sache qu'il n'est pas de jour

6. Cf. la bénédiction donnée par saint François mourant à la ville d'Assise, près de l'hôpital des lépreux — voir chap. 8, n. 3 — : « Bénie sois-tu de Dieu, cité sainte, car par toi beaucoup d'âmes se sauveront... » *IVe Considération sur les Stigmates*, p. 226.

au monde où les saints anges et les autres Saints ne rendent grâce à Dieu des saints fruits que toi et ton Ordre vous faites dans les diverses parties du monde. Prends donc courage, rends grâce à Dieu et demeure avec sa bénédiction. » Ces paroles dites, il s'en alla au ciel, et saint François resta très consolé.

A la louange du Christ. Amen.

CHAPITRE 26

COMMENT SAINT FRANÇOIS CONVERTIT TROIS LARRONS HOMICIDES QUI SE FIRENT FRÈRES, ET DE LA TRÈS NOBLE VISION QUE VIT L'UN D'EUX, QUI FUT UN TRÈS SAINT FRÈRE[1].

Saint François allait une fois par le territoire de Borgo San Sepolcro[2], et comme il passait par un village qui s'appelait Monte Casale[3], un jeune homme noble et très délicat vint à lui et lui dit : « Père, je voudrais bien volontiers être de vos frères. » Saint François répondit : « Mon fils, tu es jeune, délicat et noble ; peut-être ne pourras-tu pas supporter notre pauvreté

1. *Actus*, **29** ; titre : *De trois larrons convertis par saint François, et à l'un desquels ont été révélées les peines de l'enfer et la gloire du paradis.* Ce récit se divise en deux parties bien distinctes : la conversion des voleurs et la vision. La source de la première se trouve certainement dans un épisode rapporté par la *Legenda antiqua* de Pérouse, 90, et qui a passé à peu près textuellement dans le *Speculum perfectionis*, 66. Barthélemy de Pise, dans son traité des *Conformités*, XI, 2e partie, éd. c., IV, p. 509, a juxtaposé les deux récits en commençant par celui des *Actus* et en introduisant celui de la *Legenda antiqua* par ces mots : « ...d'autres larrons. »
2. Borgo San Sepolcro est sur la route de Città di Castello à l'Alverne. Saint François stigmatisé y passa à sa descente de l'Alverne et, ravi en Dieu, ne s'aperçut pas qu'il avait traversé le village, bien qu'une grande foule l'ait entouré en criant : « Voici le Saint, voici le Saint ! » et en le touchant, *IVe Considération sur les Stigmates*, p. 216 ; cf. 2 C 98 ; LM **10** 2. Saint François y aurait fondé un couvent en 1213, cf. P.N. Cavanna, l. c., p. 271 et suiv.
3. Petit couvent, à deux heures de marche environ au-dessus de Borgo San Sepolcro, fondé aussi, dit-on, en 1213 par saint François. Thomas de Celano (2 C 202) et après lui saint Bonaventure (LM **6** 7), relatent, à propos de la dévotion de saint François aux reliques, qu'il a passé à Monte Casale. Sur les souvenirs franciscains de ce couvent, cf. P.N. Cavanna, l. c., p. 275 et suiv.

et notre rigueur. » Il répondit : « Père, n'êtes-vous pas des hommes comme moi ? Donc, comme vous supportez cela, ainsi le pourrai-je avec la grâce du Christ. » Cette réponse plut beaucoup à saint François ; aussi, le bénissant, il le reçut immédiatement dans l'Ordre et lui donna le nom de frère Ange[4]. Et ce jeune homme se comporta si gracieusement que, peu de temps après, saint François le fit gardien du couvent dudit Monte Casale.

En ce temps-là trois larrons fameux fréquentaient dans la contrée, et dans la contrée faisaient beaucoup de mal ; ils vinrent un jour audit couvent des frères et prièrent ledit frère Ange, gardien, de leur donner à manger. Le gardien leur répondit de cette manière en les reprenant avec âpreté : « Vous, larrons et cruels assassins, vous n'avez pas honte de voler le fruit des fatigues d'autrui, mais encore, présomptueux et effrontés que vous êtes, vous voulez dévorer les aumônes qui sont envoyées aux serviteurs de Dieu, vous qui n'êtes même pas dignes que la terre vous porte, car vous n'avez aucun respect ni pour les hommes ni pour Dieu qui vous a créés ; allez donc à vos affaires et ne paraissez plus ici. » Fort troublés par ces paroles, ils s'en allèrent en grande indignation.

Et voici que saint François revint du dehors avec une besace de pain et un petit vase de vin qu'il avait mendiés avec son compagnon ; et comme le gardien lui rapportait comment il avait chassé ces gens-là, saint François le reprit vivement et lui dit : « Tu t'es conduit avec cruauté, car on ramène mieux les pécheurs à Dieu par la douceur que par de cruels reproches ; c'est pourquoi notre maître Jésus-Christ, dont nous avons promis d'observer l'Evangile[5], dit que le médecin est nécessaire non aux bien portants mais aux malades, et qu'il n'était pas venu appeler les justes mais les pécheurs à la pénitence ; et pour cela il mangeait souvent avec eux[6]. Puis donc que tu

4. Ce frère aurait appartenu à la famille des comtes Tarlati.
5. Cf. Règle de 1210-1221 (1 Reg **1**) ; Règle de 1223 (2 Reg **1**).
6. Mt **9** 12-13 ; Lc **5** 30-32 ; Règle de 1210-1221 (1 Reg **5**), où est cité le texte évangélique. L'épisode n'est d'ailleurs qu'un commentaire de ce passage de la même Règle, chap. 7 : « Et quiconque viendra vers les frères, ami ou ennemi, voleur ou brigand, qu'il soit reçu avec bonté. »

as agi contre la charité et contre le saint Evangile du Christ, je t'ordonne, au nom de la sainte obéissance, de prendre immédiatement cette besace de pain que j'ai mendié et ce petit vase de vin, et de courir diligemment après eux par monts et par vaux jusqu'à ce que tu les trouves, et de leur offrir de ma part tout ce pain et ce vin ; puis tu t'agenouilleras devant eux, et tu leur confesseras humblement ta cruauté, et tu les prieras ensuite de ma part de ne plus faire le mal, mais de craindre Dieu et de ne plus offenser leur prochain ; et s'ils font cela je leur promets de subvenir à leurs besoins et de leur donner toujours à manger et à boire. Et quand tu leur auras dit cela humblement, tu reviendras ici. » Pendant que ledit gardien allait exécuter les ordres de saint François, il se mit en prière et il supplia Dieu d'adoucir le cœur de ces larrons et de les ramener à la pénitence.

L'obéissant gardien les rejoint, leur offre le pain et le vin, fait et dit ce que saint François lui a ordonné. Et comme il plut à Dieu, ces larrons, tout en mangeant les aumônes de saint François, commencèrent à se dire entre eux : « Malheur à nous, misérables infortunés que nous sommes ! Comme sont dures les peines de l'enfer qui nous attendent, nous qui allons non seulement battant notre prochain, le frappant, le blessant, mais même le tuant ; et cependant de tant de maux et d'actions scélérates que nous commettons, nous n'avons aucun remords de conscience, nous n'avons nulle crainte de Dieu. Et voilà ce saint frère qui est venu à nous et qui, pour quelques paroles qu'il nous avait dites justement à cause de notre méchanceté, nous a humblement avoué sa faute, et nous a en outre apporté du pain et du vin et une si généreuse promesse du père saint. Vraiment ces frères sont des saints de Dieu qui méritent le paradis, et nous, nous sommes des fils de l'éternelle perdition, qui méritons les peines de l'enfer ; et chaque jour nous aggravons notre perdition, et nous ne savons pas si des péchés que nous avons commis jusqu'ici nous pourrons obtenir miséricorde de Dieu. » Et l'un d'eux disant ces paroles et d'autres semblables, les deux autres dirent : « Certes, tu dis la vérité ; mais alors que devons-nous faire ? » — « Allons à saint François », dit le premier, « et s'il nous donne l'espérance de pouvoir obtenir de Dieu miséricorde pour nos péchés, faisons ce qu'il nous commandera : puissions-nous délivrer nos âmes des peines de l'enfer. »

Ce conseil plut aux autres ; et ainsi tous trois étant d'accord, ils s'en viennent en hâte à saint François et lui disent : « Père, pour de nombreux et abominables péchés que nous avons commis, nous ne croyons pas pouvoir obtenir miséricorde de Dieu ; mais si tu as quelque espoir que Dieu nous reçoive dans sa miséricorde, voici que nous sommes prêts à faire ce que tu nous diras et à faire pénitence avec toi. » Alors saint François, les recevant charitablement et avec bonté, les encouragea par beaucoup d'exemples, les assura de la miséricorde de Dieu et leur promit de la leur obtenir certainement de Dieu, leur montrant comment cette miséricorde est infinie : eussions-nous commis des péchés infinis, la divine miséricorde serait encore plus grande, et selon l'Evangile et l'Apôtre saint Paul[7], le Christ béni est venu en ce monde pour racheter les pécheurs.

Par ces paroles et de semblables enseignements, lesdits larrons renoncèrent au démon et à ses œuvres, saint François les reçut dans l'Ordre et ils commencèrent à faire grande pénitence. Et deux d'entre eux vécurent peu après leur conversion et s'en allèrent au paradis ; mais le troisième survécut et, repensant à ses péchés, il se mit à faire une telle pénitence que, pendant quinze ans continus, sans parler des carêmes communs qu'il faisait avec les autres frères[8], le reste du temps il jeûnait toujours trois jours par semaine au pain et à l'eau, il allait toujours pieds nus, une seule tunique sur le dos, et il ne dormait jamais après Matines. Entre temps saint François passa de cette misérable vie.

L'autre ayant donc continué une telle pénitence pendant plusieurs années, voici qu'une nuit il lui vint après Matines une si grande envie de dormir qu'il ne pouvait en aucune façon résister au sommeil et veiller comme d'habitude. Fina-

7. 1 Tm **1** 15.
8. De la Toussaint à Noël et de l'Epiphanie à Pâques, d'après la Règle de 1210-1221 (1 Reg **3**). La Règle de 1223 rendit facultatif le carême qui « commence à l'Epiphanie pour se prolonger pendant quarante jours... ».

lement, ne pouvant ni résister au sommeil ni prier, il se jeta sur son lit pour dormir ; et aussitôt qu'il y eut posé la tête, il fut ravi et mené en esprit sur une très haute montagne où il y avait un abîme très profond, et çà et là des rochers brisés et escarpés d'où jaillissaient des aiguilles de diverses hauteurs, en sorte que l'aspect de cet abîme était effroyable à regarder. Et l'ange qui conduisait ce frère le poussa violemment et le jeta dans cet abîme ; et lui, bondissant et se heurtant d'aiguille en aiguille et de rocher en rocher, il arriva enfin au fond de cet abîme, tout rompu et brisé lui semblait-il. Et comme il gisait à terre en si misérable état, celui qui le conduisait dit : « Lève-toi, car il te faut faire encore un grand voyage. » Le frère répond : « Tu me parais un homme très déraisonnable et cruel, toi qui me vois mourant de cette chute qui m'a ainsi brisé, et qui me dis : « Lève-toi. » Et l'ange s'approche de lui et, en le touchant, lui remet parfaitement tous ses membres et le guérit. Puis il lui montre une grande plaine remplie de pierres aiguës et tranchantes, d'épines et de ronces, et lui dit qu'il lui faut passer pieds nus par toute cette plaine jusqu'à ce qu'il arrive au bout, où il voyait une fournaise ardente dans laquelle il lui fallait entrer.

Le frère ayant traversé toute cette plaine avec grandes angoisses et souffrances, l'ange lui dit : « Entre dans cette fournaise, car il faut que tu le fasses. » L'autre répond : « Hélas, combien tu m'es un guide cruel, toi qui me vois presque mort pour avoir traversé cette plaine terrifiante, et qui maintenant pour tout repos m'ordonnes d'entrer dans cette fournaise ardente. » Et comme il regardait, il vit autour de la fournaise beaucoup de démons ayant en mains des fourches de fer avec lesquelles, comme il hésitait à entrer, ils le poussèrent brusquement dedans.

Entré qu'il fut dans la fournaise, il regarde et y voit un homme qui avait été son compère, et qui brûlait tout entier. Et il lui demande : « O compère infortuné, comment es-tu venu ici? » Et il répond : « Va un peu plus avant et tu trouveras ma femme, ta commère, qui te dira la cause de notre damnation. » Le frère étant allé plus outre, voici que lui apparut ladite commère toute embrasée, enfermée dans une mesure à grains toute de feu ; et il lui demande : « O commère infortunée et misérable, pourquoi es-tu venue en un si cruel tourment ? » Elle lui répond : « Parce qu'au temps de la grande famine que saint François a prédite autrefois[9], mon mari et moi nous avons fraudé sur le grain et le blé que nous vendions dans une mesure, et pour cela je brûle resserrée dans cette mesure[10]. »

Ces paroles dites, l'ange qui conduisait ce frère le poussa hors de la fournaise et lui dit : « Prépare-toi à faire un horrible voyage que tu as à accomplir. » Et celui-ci disait en gémissant : « O très dur conducteur, qui n'as de moi aucune pitié, tu vois que je suis presque tout brûlé dans cette fournaise, et tu veux me mener encore dans un voyage périlleux et horrible. » Et alors l'ange le toucha et le rendit sain et fort.

Puis il le conduisit à un pont que l'on ne pouvait passer sans grand danger, parce qu'il était très mince et étroit et très glissant et sans parapets sur les côtés[11] ; et dessous passait un fleuve terrible, plein de serpents, de dragons et de scorpions, et qui répandait une très grande puanteur. Et l'ange lui dit : « Passe ce pont, car il te faut absolument le passer. » L'autre répond : « Dans ce fleuve dangereux ? » L'ange dit : « Viens après moi et pose ton pied où tu verras que je poserai le mien, et ainsi tu passeras sans encombre. » Ce frère passe derrière l'ange comme il le lui avait enseigné jusqu'à ce qu'il arrive au milieu du pont ; mais comme il était en ce

---

9. Famine de 1227 ; sur sa prédiction, cf. 2 C 52-53.
10. Pour les fraudes sur les mesures, cf. Dante, *Purgatoire*, XII, 105. *Paradis*, XVI, 105. Le supplice de la « commère » est en rapport direct avec son péché, comme ceux de l'enfer et du purgatoire de Dante ; elle a diminué la mesure, dans une mesure étroite elle est resserrée :
Cosi s'osserva in me lo contrapasso,
ainsi s'observe en moi la loi du talion, dit un damné dantesque, *Enfer*, XVIII, 142. Tout cet épisode du « compère » et de la « commère » ne se trouvait pas dans le texte des *Actus* publié par Paul Sabatier, où il était dit seulement que le frère « resta quelque temps dans le feu ». On pensait qu'il avait été ajouté par l'auteur des *Fioretti ;* mais l'original latin a été retrouvé dans le manuscrit de M. A.-G. Little, voir *Opuscules de critique historique*, fasc. XVIII, p. 19.
11. Ce dernier détail, qui n'existe pas dans le texte des *Actus*, semble avoir été ajouté par l'auteur des *Fioretti*.

milieu, l'ange s'envola et, le quittant, s'en alla sur une très haute montagne fort au delà du pont. L'autre examina bien le lieu où l'ange s'était envolé ; mais restant sans guide et regardant en bas, il voyait ces terribles bêtes se tenir la tête hors de l'eau, la gueule ouverte, prêtes à le dévorer s'il tombait ; et il était plongé dans une telle terreur qu'il ne savait en aucune façon ni que faire ni que dire, car il ne pouvait ni revenir en arrière ni aller en avant.

Voyant donc qu'il était en une telle tribulation et qu'il n'avait d'autre refuge que Dieu seul, il se baissa, embrassa le pont et de tout son cœur, en pleurant, il se recommanda à Dieu afin que par sa très sainte miséricorde il daignât le secourir. Sa prière faite, il lui parut qu'il commençait à lui pousser des ailes ; il en eut une très grande joie et attendit qu'elles fussent assez grandes pour lui permettre de voler au-delà du pont, là où l'ange s'était envolé. Mais après quelque temps, à cause du très grand désir qu'il avait de traverser ce pont, il se mit à voler ; et parce que ses ailes n'avaient pas assez poussé, il tomba sur le pont et ses plumes tombèrent : par suite, il embrassa de nouveau le pont et comme la première fois il se recommanda à Dieu. Sa prière faite, il lui parut encore qu'il lui poussait des ailes ; mais comme la première fois il n'attendit pas qu'elles eussent parfaitement grandi ; il se mit donc à voler trop tôt, et il retomba de nouveau sur le pont et ses plumes tombèrent. C'est pourquoi, voyant que par la hâte qu'il avait de voler trop tôt il tombait ainsi, il commença à se dire en lui-même : « Certainement, s'il me pousse des ailes une troisième fois, j'attendrai qu'elles soient assez grandes pour que je puisse voler sans retomber. » Comme il était dans ces pensées, il voit pour la troisième fois qu'il lui pousse des ailes ; et il attend longtemps jusqu'à ce qu'elles soient assez grandes ; et il lui semblait que durant la première, la seconde et la troisième venue de ses ailes, il avait bien attendu cent cinquante ans ou même plus. A la fin, il se lève pour la troisième fois et prend son vol de tout son effort ; et il s'envola en haut jusqu'au lieu où l'ange s'était lui-même envolé.

Et comme il frappait à la porte du palais dans lequel il

se trouvait, le portier lui demanda : « Qui es-tu, toi qui es venu ici ? » Il répondit : « Je suis un frère Mineur. » Le portier dit : « Attends-moi, car je veux amener ici saint François pour voir s'il te connaît. » Pendant qu'il allait chercher saint François, l'autre commença à regarder les merveilleuses murailles de ce palais ; et voici qu'une telle clarté rendait ces murailles transparentes qu'il voyait distinctement les chœurs des Saints et ce qui se passait à l'intérieur. Et comme à cette vue il demeurait stupéfait, voici venir saint François et frère Bernard et frère Gilles, et derrière saint François une telle multitude de Saints et de Saintes qui avaient suivi la même vie, qu'ils paraissaient presque innombrables. Saint François en arrivant dit au portier : « Laisse-le entrer, car il est de mes frères. »

Aussitôt qu'il fut entré, il sentit tant de consolation et tant de douceur qu'il oublia toutes les tribulations qu'il avait subies, comme si elles n'avaient jamais existé. Et alors saint François le conduisit à l'intérieur et lui montra beaucoup de choses merveilleuses puis il lui dit : « Fils, il te faut retourner dans le monde, et tu y passeras sept jours, pendant lesquels tu te prépareras avec grand soin et grande dévotion, car au bout de sept jours j'irai te chercher et alors tu viendras avec moi dans ce séjour des bienheureux. » Saint François était revêtu d'un merveilleux manteau, orné de très belles étoiles, et ses cinq Stigmates paraissaient comme cinq très belles étoiles et de tant de splendeur que de leurs rayons elles illuminaient tout le palais. Et frère Bernard avait sur la tête une couronne de très belles étoiles, et frère Gilles était orné d'une merveilleuse lumière[12] ; et il reconnut parmi eux beaucoup d'autres saints frères, qu'il n'avait jamais vus dans le monde. Saint François l'ayant donc congédié, il retourna dans le monde bien malgré lui.

---

12. Frère Gilles étant mort le dernier, en 1261 ou en 1262, le récit de cette vision n'a pu être écrit qu'après cette date, alors que la vision elle-même aurait eu lieu une quinzaine d'années après la conversion des larrons, soit vers 1230. L'épisode de la conversion, tel que nous le lisons dans la *Legenda antiqua* de Pérouse, qui est antérieure à la *Seconde Légende* de Thomas de Celano, soit à 1246, a donc été remanié et complété à une époque plus tardive.

Comme il se réveillait et revenait à soi et reprenait ses sens, les frères sonnaient Prime, en sorte qu'il n'était resté dans cet état que de Matines à Prime[13], quoiqu'il lui parût y avoir été beaucoup d'années. Il raconta à son gardien toute cette vision en détail, et dans les sept jours, il commença à être pris de fièvre ; et le huitième jour, saint François vint à lui, selon sa promesse, avec une très grande multitude de Saints glorieux, et il emmena son âme[4] au royaume des bienheureux, à la vie éternelle.

A la louange du Christ. Amen.

CHAPITRE 27

COMMENT SAINT FRANÇOIS CONVERTIT A BOLOGNE DEUX ÉCOLIERS QUI SE FIRENT FRÈRES, ET DÉLIVRA ENSUITE L'UN D'EUX D'UNE GRANDE TENTATION[1].

Saint François arrivant une fois dans la ville de Bologne, tout le peuple de la ville courait pour le voir ; si grande était la presse qu'il ne pouvait qu'à grand'peine arriver sur la place. Et cette place étant toute pleine d'hommes, de femmes

---

13. De la fin de la nuit, avant l'aube, jusqu'au lever du soleil.
14. Le texte des *Actus* présente ici une variante qui mérite d'être signalée : « ... l'âme de ce frère purifiée par cette vision sous la conduite de l'ange ». Le sens allégorique de la vision y est bien marqué, et c'est le même que celui de la *Divine Comédie.* On sait que les récits de voyages en outre-tombe abondent dans la littérature du moyen âge, et la question de savoir dans quelle mesure certains d'entre eux ont pu être utilisés par Dante et lui servir de sources, a été très minutieusement étudiée et demeure très discutée. Il ne semble pas qu'il existe aucun rapport direct, ni dans un sens, ni dans l'autre, entre la *Comédie* et la vision des *Actus :* les ressemblances ne sont que des lieux communs du genre.

1. L'auteur des *Fioretti* réunit ici en un seul, en les abrégeant d'ailleurs beaucoup, deux chapitres des *Actus,* **36** et **37** ; titres : *Comment saint François, alors qu'il prêchait à Bologne, convertit deux nobles de la Marche d'Ancône, à savoir frère Pellegrino et frère Richer ; comment saint François délivra frère Richer d'une très grande tentation.* Saint François a prêché plusieurs fois à Bologne, mais à des dates qui, sauf une seule, ne sont pas connues avec certitude ; le 15 août 1222, il y fut entendu

et d'écoliers, saint François se leva au milieu, sur un lieu élevé, et commença à prêcher ce que le Saint-Esprit lui inspirait. Et il prêchait des choses si merveilleuses qu'il semblait que ce fût un ange plutôt qu'un homme qui prêchât ; et ses paroles toutes célestes paraissaient des flèches aiguës qui transperçaient les cœurs des auditeurs si bien que pendant cette prédication une multitude d'hommes et de femmes se convertirent à la pénitence.

Il y eut parmi eux deux nobles étudiants de la Marche d'Ancône ; l'un s'appelait Pellegrino et l'autre Richer[2] ; tous deux, le cœur touché par cette prédication d'une inspiration divine, vinrent à saint François et lui dirent qu'ils voulaient absolument abandonner le monde et être de ses frères. Alors saint François, connaissant par une révélation qu'ils étaient envoyés de Dieu et qu'ils devaient mener une sainte vie dans l'Ordre, et considérant leur grande ferveur, les reçut avec allégresse et leur dit : « Toi, Pellegrino, tu suivras dans l'Ordre la voie de l'humilité ; et toi, frère Richer, tu serviras les frères. »

Ainsi fut-il ; car frère Pellegrino jamais ne voulut être clerc, mais seulement frère lai, encore qu'il fût très lettré et grand juriste[3] ; par cette humilité, il parvint à une grande perfection de vertu, si bien que frère Bernard, premier-né de saint François, dit de lui qu'il était un des frères les plus parfaits de ce monde. Finalement, ce frère Pellegrino, plein de vertu, passa de cette vie à la vie bienheureuse ; il fit beaucoup

---

par Thomas de Spalato, — voir chap. 10, n. 2, — qui nous a laissé de cette prédication un témoignage très important : « Tous étaient remplis pour lui de tant de respect et dévotion qu'hommes et femmes se précipitaient sur lui en foule pour toucher le bord de son vêtement ou en emporter quelque morceau ». C'est bien l'enthousiasme que nous décrivent les *Fioretti*, et d'autre part Thomas de Spalato nous rapporte des résultats analogues de la prédication de saint François : beaucoup de familles nobles se réconciliaient, entre lesquelles il y avait d'anciennes et sanglantes inimitiés.

2. D'après les *Actus*, Pellegrino était de Fallerone, entre Fermo et Camerino ; Richer, de Muccia, entre Macerata et Foligno.
3. *Decretalista ;* dans les *Actus, in Decretalibus eruditus*. Les Décrétales sont les constitutions des papes, fondement du droit canon ; par extension, le droit canon lui-même.

de miracles avant et après sa mort[4]. Et frère Richer servait les frères dévotement et fidèlement, vivant en grande sainteté et humilité ; il devint très familier à saint François, qui lui révélait beaucoup de secrets[5]. Il fut fait ministre de la province de la Marche d'Ancône[6], et il la gouverna longtemps avec une très grande paix et une très grande sagesse.

Au bout de quelque temps, Dieu permit que son âme fût exposée à une très grande tentation ; il en était tourmenté et angoissé, et il se mortifiait fortement de jeûnes et de disciplines, dans les larmes et les prières, le jour et la nuit ; et cependant il ne pouvait chasser cette tentation, mais souvent il tombait dans un grand désespoir, car il se croyait à cause d'elle abandonné de Dieu. En proie à ce désespoir, il résolut, comme dernier remède, d'aller trouver saint François, avec cette pensée : « Si saint François me fait bon visage et me témoigne de son ordinaire familiarité, je croirai que Dieu aura encore pitié de moi ; mais au cas contraire ce sera la preuve que je suis abandonné de Dieu. » Il part donc et va à saint François.

Ce dernier se trouvait à cette époque gravement malade dans le palais de l'évêque d'Assise[7] ; et Dieu lui révéla tout le détail de la tentation et du désespoir de ce frère, sa résolution et sa venue. Aussitôt saint François appelle frère Léon et frère Massée, et leur dit : « Allez vite à la rencontre de

4. Les *Actus* rapportent notamment ici un pèlerinage de ce frère aux Lieux Saints et expliquent comment il fut un vrai pèlerin — *pellegrino ;* dans le texte latin, *peregrinus* — « en ne se reposant dans aucune créature, en n'attachant son affection à aucune chose temporelle, mais en soupirant vers la patrie céleste, en y fixant ses regards, en s'élevant de vertu en vertu... »
5. Le nom de frère Richer diffère beaucoup d'un manuscrit à l'autre, soit des *Actus*, soit des *Fioretti*. La *Legenda antiqua* de Pérouse, 66, et le *Speculum perfectionis*, 2, nous le montrent interrogeant saint François, « dans le palais de l'évêque d'Assise », sur ses véritables intentions concernant l'observance de la Règle.
6. Vers 1225, il exerça longtemps cette fonction et fut parfois appelé pour cela *Richerius de Marchia*. Cf. *Spec. perf.*, éd. Sabatier, p. 4, n. 2.
7. Thomas de Celano (1 C 49-50), rapporte une scène analogue, mais qui s'est passée dans la cellule de saint François, et non dans le palais de l'évêque d'Assise, où saint François, gravement malade, séjourna en 1226, peu de temps avant sa mort.

mon très cher fils frère Richer, embrassez-le de ma part, saluez-le, et dites-lui qu'entre tous les frères qui sont par le monde, je l'aime particulièrement. » Ils s'en vont, trouvent en chemin frère Richer, l'embrassent et lui disent ce que saint François leur avait prescrit. Son âme en éprouva tant de consolation et de douceur qu'il en fut comme hors de lui ; et remerciant Dieu de tout son cœur, il alla et arriva au lieu où saint François malade était couché. Et bien qu'il fût gravement malade, néanmoins, entendant venir frère Richer, saint François se leva, alla à sa rencontre et lui dit en l'embrassant très tendrement : « Mon très cher fils, frère Richer, entre tous les frères qui sont par le monde, je t'aime particulièrement. » A ces mots, il lui fit sur le front le signe de la sainte croix, et l'y embrassa, puis il lui dit : « Mon très cher fils, Dieu a permis que tu aies cette tentation pour que tu gagnes de grands mérites ; mais si tu ne veux plus de ce gain, tu ne l'auras plus. » Et, chose merveilleuse, aussitôt que saint François eut dit ces paroles, toute cette tentation abandonna immédiatement le frère, comme si jamais dans sa vie il ne l'avait éprouvée, et il demeura tout consolé.

A la louange du Christ. Amen.

CHAPITRE 28

D'UN RAVISSEMENT QUI VINT A FRÈRE BERNARD EN SORTE QU'IL RESTA, DU MATIN JUSQU'A NONE, PRIVÉ DE SES SENS[1].

Quelle grâce accorde souvent Dieu aux pauvres évangéliques qui pour l'amour du Christ abandonnent le monde, on le voit par l'exemple de frère Bernard de Quintavalle, qui, après qu'il eut pris l'habit de saint François, était très souvent ravi en Dieu par la contemplation des choses célestes.

Il advint une fois entre autres, qu'étant à l'église à entendre la messe, l'esprit tout suspendu en Dieu, il devint si absorbé

1. *Actus*, **30** ; titre : *De la grâce de contemplation de frère Bernard*. Voir le chapitre premier, où frère Bernard est comparé à l'aigle, symbole de saint Jean l'Evangéliste.

et ravi en contemplation qu'au moment de l'élévation du Corps du Christ il ne s'aperçut de rien, il ne s'agenouilla pas, il ne retira pas son capuchon comme le faisaient les autres assistants, mais sans mouvoir les yeux, le regard fixe, il demeura insensible du matin jusqu'à None[2]. Après None, il revint à lui et il allait par le couvent, criant avec admiration : « O frères ! ô frères ! ô frères ! il n'est point d'homme, en ce pays, si grand et si noble que, s'il lui était promis un très beau palais plein d'or, il ne lui fût agréable de porter un sac plein de fumier pour gagner un si noble trésor. »

A ce trésor céleste, promis aux hommes qui aiment Dieu, le susdit frère Bernard fut élevé en esprit à tel point que, pendant quinze ans continus, il allait toujours en levant vers le ciel sa pensée et son visage. Et durant ce temps, jamais à table il n'assouvit sa faim, bien qu'il mangeât un peu de ce qui était posé devant lui ; car il disait que l'homme ne fait pas parfaite abstinence en se privant de ce qu'il ne goûte pas, mais que la véritable abstinence consiste à user avec tempérance des choses agréables au goût. Et de plus, il parvint encore à une telle clarté et lumière d'intelligence que même les grands clercs[3] recouraient à lui pour avoir la solution des problèmes ardus et de passages obscurs de l'Ecriture ; et il les éclairait sur toute difficulté.

Et parce que son esprit était complètement détaché et distrait des choses terrestres, il volait comme les hirondelles en s'élevant très haut par la contemplation ; aussi restait-il parfois vingt jours, parfois trente jours, sur les cimes des plus hautes montagnes, contemplant les choses célestes. C'est pourquoi frère Gilles disait de lui qu'il n'était pas accordé aux autres hommes, ce don qui était accordé à frère Bernard de Quintavalle, le don de se nourrir en volant comme les

---

2. None est l'office de 3 heures de l'après-midi ; pratiquement cette heure se disait entre midi et le coucher du soleil. On traduit le plus souvent : de Matines à None, mais le texte des *Actus* porte ici : *a mane usque ad nonam*, tandis qu'au chapitre premier — 2 des *Fioretti* — il y a : *usque ad matutinum ;* de même en italien, ici : *dalla mattina*, là : *a matutino*.
3. Savants.

hirondelles. Et à cause de cette grâce éminente qu'il recevait de Dieu, saint François conversait volontiers et souvent avec lui, de jour et de nuit[4] ; aussi furent-ils parfois trouvés ensemble, ravis toute la nuit en Dieu, dans le bois où ils s'étaient réunis pour s'entretenir de Dieu.

Lequel est béni dans les siècles des siècles. Amen.

CHAPITRE 29

COMMENT LE DÉMON APPARUT PLUSIEURS FOIS A FRÈRE RUFIN SOUS LA FORME DU CRUCIFIÉ, LUI DISANT QU'IL PERDAIT LE BIEN QU'IL FAISAIT, PARCE QU'IL N'ÉTAIT PAS DES ÉLUS A LA VIE ÉTERNELLE, ET COMMENT SAINT FRANÇOIS EN FUT AVERTI PAR RÉVÉLATION DE DIEU ET FIT RECONNAITRE A FRÈRE RUFIN L'ERREUR OU IL ÉTAIT TOMBÉ[1].

Frère Rufin, des plus nobles d'Assise[2], compagnon de saint François et homme de grande sainteté, fut un temps très violemment tourmenté et tenté en son âme par le démon au sujet de la prédestination ; et il en demeurait tout mélancolique et triste, car le démon lui suggérait au cœur qu'il était damné, et qu'il n'était pas des prédestinés à la vie éternelle, et que ce qu'il faisait dans l'Ordre était perdu. Cette tentation dura de longs jours et il eut honte de la révéler à

---

4. Cf. chap. 3.

1. *Actus*, **31** ; titre : *De la tentation de frère Rufin, et comment le Christ lui apparut*. La scène date certainement des premiers temps de l'Ordre. Une phrase des *Actus*, qui n'est pas traduite dans les *Fioretti*, indique qu'elle se passe « dans un couvent du mont Subasio, près d'Assise », c'est-à-dire aux Carceri, où l'on voit encore la grotte de frère Rufin ; cf. P.N. Cavanna, l. c., p. 92 et suiv.
2. Frère Rufin, dont il a déjà été question au chapitre premier, était cousin de sainte Claire ; il n'appartenait donc pas à la famille des Scifi, comme on l'a longtemps admis ; voir plus haut, chap. 15, n. 1. D'après M.A. Fortini, l. c., p. 206 et suiv., son père s'appelait Scipione di Offreduccio ; il était frère de Favarone di Offreduccio, père de sainte Claire. Rufin entra dans l'Ordre peu après le retour de Rome, probablement à la fin de 1210. Il mourut en 1270 et fut enterré dans la basilique d'Assise. Il serait, avec frère Léon et frère Ange, l'un des auteurs de la *Légende* dite *des Trois Compagnons*.

saint François, néanmoins il continua à faire ses prières et abstinences accoutumées ; aussi l'ennemi commença-t-il à lui susciter tristesse sur tristesse et à ajouter par de fausses apparitions une lutte extérieure à la lutte intérieure.

Ainsi lui apparut-il une fois sous la forme du Crucifié et lui dit-il : « O frère Rufin, pourquoi te tourmentes-tu par la pénitence et par la prière, puisque tu n'es pas des prédestinés à la vie éternelle ? Et crois-moi, car je sais qui j'ai élu et prédestiné, et ne crois pas le fils de Pierre de Bernardone s'il te dit le contraire, et ne l'interroge même pas sur ce sujet, car ni lui ni aucun autre n'en sait rien, excepté moi qui suis le fils de Dieu ; aussi crois-moi : tu es certainement au nombre des damnés ; et le fils de Pierre de Bernardone, ton père, et son père aussi, sont damnés, et quiconque le suit est dupé. » Sur ces paroles, frère Rufin commença à être si enténébré par le prince des ténèbres, que déjà il perdait toute la foi et l'amour qu'il avait eus pour saint François, et il ne se souciait pas de lui en parler.

Mais ce que frère Rufin ne dit pas au père saint, l'Esprit-Saint le lui révéla. Aussi saint François, voyant en esprit dans quel danger était ce frère, lui envoya frère Massée, auquel frère Rufin répondit en grondant : « Qu'ai-je à faire avec frère François ? » Alors frère Massée, tout rempli de sagesse divine et connaissant les ruses du démon, dit : « O frère Rufin, ne sais-tu pas que frère François est comme un ange de Dieu, lui qui a éclairé tant d'âmes dans le monde et de qui nous avons reçu la grâce de Dieu ? Aussi je veux absolument que tu viennes vers lui, car je vois clairement que tu es trompé par le démon. » A ces mots, frère Rufin se leva et se rendit près de saint François.

Saint François, le voyant venir de loin, commença à crier : « O frère Rufin, petit mauvais, à qui as-tu cru ? » Et quand frère Rufin fut près de lui, il lui dit en détail toutes les tentations, intérieures et extérieures, qu'il avait eues du démon, lui montrant clairement que c'était le diable et non le Christ qui lui était apparu, et qu'il ne devait en aucune façon accueillir ses suggestions. « Mais », dit saint François, « quand le démon te dira encore : Tu es damné, tu lui répondras : Ouvre la bouche, pour que je fasse dedans[3]. Et tu auras la preuve qu'il est le diable, car aussitôt que tu lui auras fait cette réponse, il prendra immédiatement la fuite. A ceci encore tu aurais dû reconnaître qu'il était le démon : il a endurci ton cœur contre tout bien, ce qui est son office propre. Mais le Christ béni jamais n'endurcit le cœur de l'homme fidèle, il l'adoucit au contraire, selon ce qu'il dit par la bouche du prophète : « Je vous enlèverai votre cœur de pierre et vous donnerai un cœur de chair[4]. »

Alors frère Rufin, voyant que saint François lui redisait ainsi en détail toutes ses tentations, et touché de componction par ses paroles, commença à pleurer très fortement, à se prosterner devant saint François[5] et à reconnaître humblement la faute qu'il avait commise en lui cachant ses tentations. Et ainsi il demeura tout consolé et réconforté par les admonitions du père saint et tout transformé en mieux. Puis finalement saint François lui dit : « Va, mon fils, confesse-toi, n'abandonne pas ton zèle accoutumé pour la prière, et tiens pour certain que cette tentation te sera de grande utilité et consolation : tu en auras la preuve sans tarder. »

Frère Rufin retourne à sa cellule dans le bois, et comme il était en prière, pleurant très abondamment, voici venir l'ennemi sous la figure du Christ, selon l'apparence extérieure, et qui lui dit : « O frère Rufin, ne t'ai-je pas dit de ne pas te tourmenter dans les larmes et les prières, puisque tu es damné ? A quoi te sert-il de te faire souffrir pendant que tu es en vie, alors que tu

---

3. Les *Actus* donnent d'abord la phrase en italien, puis l'expliquent en latin : *id est, aperi os tuum et ibi pone cacum*. Si d'aventure quelque lecteur était un peu choqué par la crudité de l'expression, ce en quoi il aurait tort, — je partage entièrement sur ce point l'avis du P. Bughetti, éd. cit., p. 116, n. 1, — on pourrait lui rappeler que Dante n'a pas dédaigné d'en employer d'aussi triviales dans la *Divine Comédie*, *Enfer* XVIII, 103-106, XXVIII, 25-27, et surtout XXI, 139. Plusieurs traducteurs français ont adopté : cracher. Je veux bien admettre que leur scrupule est louable ; mais il est certain qu'il ne s'agit pas de cela !
4. Ez **36** 26.
5. *Adorare*, en italien ; *adorans*, dans le texte des *Actus* ; il s'agit évidemment d'un acte extérieur comme l'indique la fin du paragraphe suivant, où il est dit que frère Rufin se jeta *de nouveau* à terre devant saint François.

seras damné après ta mort ? » Et frère Rufin lui répond aussitôt : « Ouvre la bouche, pour que je fasse dedans. » Du coup, le démon indigné partit sur-le-champ, parmi une telle tempête et commotion de pierres du mont Subasio, qui était là auprès, que durant un long espace de temps continua l'écroulement des pierres qui tombaient en bas ; et si grand était le heurtement des pierres les unes contre les autres pendant qu'elles roulaient, qu'elles jetaient par la vallée d'horribles étincelles de feu ; et à la terrible rumeur qu'elles faisaient, saint François et ses compagnons sortirent en grande admiration du couvent pour voir ce qu'était cette nouveauté ; et on voit encore ce très grand éboulement de pierres[6]. Alors frère Rufin reconnut clairement que ç'avait été là le démon, qui l'avait dupé. Et retournant près de saint François, il se jette de nouveau à terre et reconnaît sa faute ; et saint François le réconforte encore avec de douces paroles et le renvoie tout consolé à sa cellule.

Comme il y était très dévotement en prière, le Christ béni lui apparut, réchauffa toute son âme de l'amour divin et lui dit : « Tu as bien fait, mon fils, de croire frère François, car celui qui t'avait contristé était le diable : mais moi je suis le Christ ton maître, et pour t'en rendre bien certain voici le signe que je te donne : pendant que tu vivras, tu ne ressentiras jamais plus ni tristesse ni mélancolie. » Et cela dit le Christ s'en alla, le laissant dans une telle allégresse et douceur d'esprit et élévation d'âme, que jour et nuit il était absorbé et ravi en Dieu.

Et depuis lors il fut confirmé dans une telle grâce et sécurité de son salut, qu'il fut tout changé en un autre homme, et il serait resté jour et nuit en prière à contempler les choses divines si on l'avait laissé. Aussi saint François disait-il que frère Rufin se trouvait canonisé en cette vie par Jésus-Christ, et qu'il n'hésiterait pas, sauf en sa présence, à dire « saint Rufin », bien qu'il fût encore vivant sur la terre[7].

A la louange du Christ. Amen.

---

6. Cette phrase a été ajoutée par l'auteur des *Fioretti*.
7. Cf. chap. 1 et 31. *La Chronique des XXIV Généraux*, dans la *Vie de frère Rufin, parent de sainte Claire*, éd. c., p. 48 et suiv., relate, avec

CHAPITRE 30

DE LA BELLE PRÉDICATION QUE FIRENT A ASSISE SAINT FRANÇOIS ET FRÈRE RUFIN, QUAND ILS PRECHÈRENT NUS[1].

Ce frère Rufin, par une contemplation continuelle, était si absorbé en Dieu qu'il était devenu comme insensible et muet ; il ne parlait que très rarement, et d'ailleurs il n'avait ni la grâce, ni la hardiesse, ni la facilité nécessaires pour prêcher. Néanmoins, saint François lui commanda un jour d'aller à Assise et de prêcher au peuple ce que Dieu lui inspirerait. Frère Rufin répondit alors : « Père vénérable, je te prie de me pardonner et de ne pas m'envoyer là, car, comme tu le sais, je n'ai pas la grâce de la prédication, je suis simple et ignorant. » Saint François dit alors : « Puisque tu ne m'as pas obéi promptement, je t'ordonne, au nom de la sainte obéissance, d'aller nu à Assise, en ne gardant que tes braies, d'entrer dans une église et, ainsi nu, de prêcher au peuple. » A cet ordre, frère Rufin se déshabille, s'en va nu à Assise et entre dans une église ; et après s'être incliné devant l'autel, il monte en chaire et commence à prêcher. De quoi les enfants et les hommes commencèrent à rire, et ils disaient : « Voyez-vous, ces gens-là font tellement pénitence qu'ils en deviennent insensés et en perdent la raison. »

Pendant ce temps, saint François, réfléchissant à la prompte obéissance de frère Rufin, qui était des plus nobles d'Assise, et à la dureté de l'ordre qu'il lui avait donné, commença à se reprendre lui-même : « D'où te vient tant de présomption, fils de Pierre de Bernardone[2], vil petit homme, de commander à frère Rufin, qui est des plus nobles d'Assise, d'aller nu, comme

---

cet épisode, un épisode analogue où nous voyons frère Rufin tenté encore par le diable, qui lui apparaît cette fois sous la forme d'un ange très beau et très brillant, pour le dissuader de suivre un homme aussi simple et aussi ignorant que saint François et l'engager à vivre de la vie érémétique comme les anciens anachorètes. Le récit est rapporté sur le témoignage de Conrad d'Offida, cf. chap. 42 et 43. La scène se passe aussi aux Carceri.

1. *Actus*, 32 ; titre : *De l'obéissance admirable de frère Rufin, compagnon du bienheureux François.* L'épisode se situe évidemment aux premiers temps de l'Ordre, alors que les frères étaient encore peu nombreux.
2. Cf. chap. 3, n. 3.

un fou, prêcher au peuple? Au nom de Dieu, tu éprouveras sur toi-même ce que tu commandes aux autres. » Et aussitôt, en ferveur d'esprit[3], il se déshabille pareillement, s'en va nu à Assise, et emmène avec lui frère Léon pour porter son habit et celui de frère Rufin[4]. Et le voyant en pareil état les gens d'Assise le bafouaient de même, jugeant que lui et frère Rufin étaient devenus fous par excès de pénitence. Saint François entre dans l'église où frère Rufin prêchait en ces termes : « O mes bien-aimés, fuyez le monde et laissez le péché, rendez le bien d'autrui, si vous voulez éviter l'enfer ; gardez les commandements de Dieu, en aimant Dieu et le prochain, si vous voulez aller au ciel ; et faites pénitence, si vous voulez posséder le royaume du ciel. »[5] Et alors saint François monte nu en chaire et se met à prêcher si merveilleusement sur le mépris du monde, sur la sainte pénitence, sur la pauvreté volontaire, sur le désir du royaume céleste, et sur la nudité et les opprobres de la passion de Notre-Seigneur Jésus-Christ, que tous ceux qui assistaient à la prédication, hommes et femmes en grande multitude, commencèrent à pleurer très fortement avec une incroyable dévotion et componction de cœur ; et non seulement là, mais par tout Assise, il y eut ce jour-là de tels gémissements sur la passion du Christ qu'il n'y en avait jamais eu de pareils.

Et le peuple ayant été ainsi édifié et consolé par l'action de saint François et de frère Rufin, saint François fit frère Rufin se rhabiller et se rhabilla lui-même, et ainsi vêtus ils retournèrent au couvent de la Portioncule, louant et glorifiant Dieu, qui leur avait donné la grâce de se vaincre par le mépris de soi-même, et d'édifier les brebis de Dieu par le bon exemple, et de montrer combien il faut dédaigner le monde. Et ce jour-là la dévotion du peuple s'accrut tellement envers eux, que bienheureux s'estimait quiconque pouvait toucher le bord de leur habit.

A la louange du Christ. Amen.

---

3. Dans le texte des *Actus*, il y a : *in fervore Spiritus Sancti.*
4. Dans les *Actus*, il est spécifié que c'est frère Léon qui eut l'idée de se charger des habits.
5. Cf. Mt **3** 2 ; le texte évangélique est cité dans les *Actus*.

CHAPITRE 31

COMMENT SAINT FRANÇOIS CONNAISSAIT EN DÉTAIL LES SECRETS DES CONSCIENCES DE TOUS SES FRÈRES[1].

Comme Notre-Seigneur Jésus-Christ dit dans l'Evangile : « Je connais mes brebis et elles me connaissent[2], etc. », ainsi le bienheureux père saint François, en bon pasteur, savait par révélation divine tous les mérites et vertus de ses compagnons et connaissait aussi leurs défauts ; et pour cela, il savait les pourvoir tous du meilleur remède, c'est-à-dire humilier les superbes et exalter les humbles, blâmer les vices et louer les vertus, ainsi qu'on le lit dans les admirables révélations qu'il avait touchant ces membres de sa famille primitive.

Parmi elles, on trouve celle-ci : saint François était une fois dans un couvent avec ladite famille à s'entretenir de Dieu, et frère Rufin n'était pas avec eux à cet entretien, mais se trouvait en contemplation dans le bois, et voici que, cet entretien sur Dieu se poursuivant, frère Rufin sortit du bois et passa un peu plus loin. Alors saint François, le voyant, se tourna vers ses compagnons et les interrogea en disant : « Dites-moi quelle est selon vous l'âme la plus sainte que Dieu ait maintenant au monde ? » Et comme ils lui répondaient qu'ils croyaient que c'était la sienne, saint François leur dit : « Par moi-même, mes frères bien-aimés, je suis l'homme le plus indigne et le plus vil que Dieu ait en ce monde ; mais voyez-vous ce frère Rufin qui sort maintenant du bois ? Dieu m'a révélé que son âme est une des trois âmes les plus saintes que Dieu ait en ce monde ; et je vous dis avec assurance que je n'hésiterais pas à l'appeler saint Rufin pendant sa vie, attendu que son âme est confirmée en grâce et sanctifiée et canonisée dans le ciel par Notre-Seigneur Jésus-Christ. » Mais ces paroles, jamais saint François ne les disait en présence dudit frère Rufin.

Pareillement, comment saint François connaissait les défauts de ses frères, on le voit clairement en frère Elie qu'il reprenait

1. *Actus*, **35** : titre : *De frère Rufin, et comment il était une des trois âmes élues*. Cf., sur la connaissance que saint François avait des âmes, chap. 2, n. 5.
2. Jn **10** 14.

souvent de sa superbe[3] ; et en frère Jean de la Chapelle auquel il prédit qu'il devait se pendre lui-même par la gorge[4] ; et en ce frère auquel le démon tenait la gorge serrée quand on le corrigeait de sa désobéissance[5] ; et en beaucoup d'autres frères dont il connaissait clairement les défauts et les vertus par révélation du Christ béni[6]. Amen.

CHAPITRE 32

COMMENT FRÈRE MASSÉE OBTINT DU CHRIST LA VERTU DE LA SAINTE HUMILITÉ[1].

Les premiers compagnons de saint François s'ingéniaient de tout leur effort à être pauvres des choses terrestres et riches des vertus par lesquelles on parvient aux véritables richesses, célestes et éternelles.

Il advint un jour que, comme ils étaient réunis ensemble pour s'entretenir de Dieu, l'un d'eux cita cet exemple : « Il fut un homme qui était grand ami de Dieu et qui avait de grandes grâces pour la vie active et pour la vie contemplative, et qui joignait à cela une humilité si excessive et si profonde qu'il se jugeait un très grand pécheur ; et cette humilité le sanctifiait et le confirmait en grâce et le faisait croître sans cesse en vertus et dons de Dieu, et ne le laissait jamais tomber dans le péché. » Frère Massée entendant d'aussi merveilleuses choses de l'humilité, et connaissant qu'elle était un trésor de vie éternelle,

---

3. Cf. chap. 4 et 38 ; le mot « souvent » n'est pas dans les *Actus*.
4. Cf. chapitre 1. Le nom de ce frère est, en latin, *Johannes de Capella*, en italien, *Giovanni della Cappella*. La traduction : Jean de la Chapelle, n'est pas sûre ; d'aucuns traduisent *Johannes de Capella* par : Jean au chapeau ; d'après la *Chronique des XXIV Généraux*, éd. c., p. 4, il aurait porté un chapeau sur son capuce. Il tenta de fonder un Ordre nouveau, pendant que saint François était en Orient.
5. Cf. LM **11** 11,
6. L'auteur des *Fioretti* abrège ici le texte des *Actus*, qui rapporte notamment l'épisode des frères venant de la Terre de Labour, dont l'un adressa à l'autre une injure qui fut connue de saint François éloigné d'eux ;cf 2C 39 ; LM **11** 13.

1. *Actus*, **41** ; titre : *Comment le Christ apparut à frère Massée de Marignan, compagnon du bienheureux François*. Sur frère Massée, voir chap. 11, n. 1.

commença à être si embrasé de l'amour et du désir de cette vertu de l'humilité, que, levant en grande ferveur le visage vers le ciel, il fit vœu et propos très ferme de ne jamais se réjouir en ce monde jusqu'à ce qu'il sentît parfaitement ladite vertu dans son âme. Et depuis lors il demeurait presque constamment enfermé dans sa cellule, se macérant par des jeûnes et des veilles, par des prières et de très grands gémissements devant Dieu, pour obtenir de lui cette vertu, sans laquelle il se jugeait digne de l'enfer, et dont cet ami de Dieu, dont il avait entendu parler, était si bien doué.

Frère Massée demeura de longs jours en ce désir, et il advint qu'un jour il entra dans le bois et, en ferveur d'esprit, il y allait çà et là, jetant larmes, soupirs et paroles, et demandant à Dieu avec un fervent désir cette vertu divine. Et parce que Dieu exauce volontiers les prières des humbles au cœur contrit, comme frère Massée était ainsi, une voix vint du ciel qui l'appela deux fois : « Frère Massée ! Frère Massée ! » Et lui, connaissant en esprit que cette voix était celle du Christ, répondit ainsi : « Mon Seigneur ! Mon Seigneur ! » Et le Christ lui dit : « Que donnerais-tu pour avoir cette grâce que tu demandes ? » Frère Massée répond : « Seigneur, je donnerais les yeux de ma tête. » Et le Christ : « Et moi je veux que tu aies cette grâce et que tu conserves tes yeux. » Et cela dit, la voix s'éteignit ; et frère Massée resta plein d'une telle grâce de la vertu désirée de l'humilité et d'une telle lumière de Dieu, que depuis lors il était toujours en jubilation ; et souvent quand il priait, il poussait un cri de joie toujours le même, comme un son étouffé à la manière des colombes : « Ou ! ou ! ou ! », et le visage joyeux, le cœur plein d'allégresse, il demeurait ainsi en contemplation. Et avec cela, il était devenu très humble, et il se jugeait le dernier de tous les hommes du monde.

Interrogé par frère Jacques de Fallerone[2] pourquoi il ne changeait pas l'expression de sa joie, il répondit avec une grande allégresse que lorsqu'en une certaine chose on trouve tout le bien, il n'est pas besoin d'y rien changer.

A la louange du Christ. Amen.

---

2. Sur frère Jacques de Fallerone, voir chap. 51.

CHAPITRE 33

COMMENT SAINTE CLAIRE, PAR ORDRE DU PAPE, BÉNIT LE PAIN QUI ÉTAIT SUR LA TABLE, CE QUI FIT APPARAITRE SUR CHAQUE PAIN LE SIGNE DE LA SAINTE CROIX[1].

Sainte Claire, disciple très pieuse de la croix du Christ et noble plante de Messire saint François, était d'une telle sainteté que, non seulement les évêques et les cardinaux, mais même le pape désiraient avec grande affection la voir et l'entendre, et la visitaient souvent en personne.

Une fois entre autres, le Saint Père se rendit au monastère où elle était pour l'entendre parler des choses célestes et divines ; et comme ils étaient ainsi ensemble en divins entretiens, sainte Claire, pendant ce temps, fit préparer les tables et y poser le pain, pour que le Saint Père le bénît. Puis, l'entretien spirituel terminé, sainte Claire s'agenouille avec grand respect et le prie qu'il lui plaise de bénir le pain placé à table. Le Saint-Père répond : « Sœur Claire très fidèle, je veux que ce soit toi qui bénisses ces pains et que sur eux tu fasses le signe de la croix du Christ, auquel tu t'es toute donnée. » Et sainte Claire dit : « Très saint Père, pardonnez-moi, car je mériterais de trop grands reproches si, en présence du vicaire du Christ, moi qui ne suis qu'une vile petite femme, j'avais la présomption de donner une telle bénédiction. » Et le pape répond : « Pour que cela ne soit pas imputé à la présomption mais au mérite de la sainte obéissance, je t'ordonne, par la sainte obéissance, de faire sur ces pains le signe de la croix et de les bénir au nom de Dieu. »

Alors sainte Claire, en vraie fille de l'obéissance, bénit très pieusement ces pains avec le signe de la croix. Chose admirable ! aussitôt apparut sur tous ces pains le signe de la croix parfaitement gravé. Et alors une partie de ces pains fut mangée

1. *Actus*, **43** ; titre : *Comment sainte Claire par ordre du seigneur pape, imprima miraculeusement une croix sur des pains*. D'après la *Chronique des XXIV Généraux*, éd. c., p. 274, ce pape serait Innocent IV, qui vint voir sainte Claire en 1253, peu de temps avant sa mort. Mais on pense plus généralement qu'il s'agit de Grégoire IX, qui fut à Assise en 1228 pour la canonisation de saint François, puis en 1235.

et l'autre conservée à cause du miracle. Et le Saint Père, qui avait vu le miracle, prit de ce pain et partit rendant grâce à Dieu et laissant sainte Claire avec sa bénédiction.

En ce temps demeuraient dans ce monastère sœur Ortolana, mère de sainte Claire, et sœur Agnès, sa sœur[2], toutes deux comme sainte Claire pleines de vertus et pleines de l'Esprit-Saint, et aussi beaucoup d'autres saintes moniales ; saint François leur envoyait beaucoup de malades ; et elles, par leurs prières et par le signe de la croix, leur rendaient à tous la santé[3].

A la louange du Christ. Amen.

CHAPITRE 34

COMMENT SAINT LOUIS, ROI DE FRANCE, ALLA EN PERSONNE, EN HABIT DE PÈLERIN, A PÉROUSE, VISITER LE SAINT FRÈRE GILLES[1].

Comme saint Louis, roi de France, allait en pèlerinage par le monde visiter les sanctuaires, et qu'il avait entendu parler de la très grande réputation de sainteté de frère Gilles, qui avait

2. On ignore la date à laquelle Ortolana suivit ses filles à Saint-Damien ; Wadding, *Ann. Min.*, 1253, XXV, dit qu'elle prit le voile des mains de saint François ; mais il publie d'autre part un document notarié de 1238, *ibid.*, 1238, XIV, qui donne les noms de cinquante religieuses de Saint-Damien et ne comprend pas le sien ; quant à Agnès, en 1228 et en 1235, elle était abbesse du monastère de Monticelli, près de Florence, voir chap. 15, n. 5 et 6, mais elle revint à Assise en 1253.
3. Cf. *Legenda sanctæ Claræ Virginis*, 32-35 ; et *Procès de canonisation de sainte Claire*, dans *Archivum franciscanum historicum*, 1920, p. 429 et suiv. Traduction française : *J'ai connu madame sainte Claire*, *Paris 1961*.
1. *Actus*, 46 ; titre : *De la révélation merveilleuse faite aux cœurs du saint frère Gilles, et de saint Louis, roi de France.* Le manuscrit de M. A.-G. Little donne une version de cet épisode plus voisine de celle des *Fioretti* que le texte des *Actus* publié par Paul Sabatier, *Opusc. de crit. hist.*, fasc. XVIII, p. 23 et suiv. Comme saint Louis n'est jamais allé en Italie, ce récit, dont on n'a pu trouver l'origine, n'a pas de fondement historique. Fra Salimbene raconte dans sa *Chronique*, éd. Holder-Egger, 222, qu'il a vu, à Sens, saint Louis « venir à l'église des frères Mineurs, non en pompe royale, mais en habit de pèlerin... »

été des premiers compagnons de saint François, il décida dans son cœur et résolut fermement d'aller en personne le visiter. Il vint pour cela à Pérouse où demeurait alors ledit frère Gilles[2].

Et arrivant à la porte du couvent des frères, comme un pauvre pèlerin inconnu, avec peu de compagnons, il demande avec grande instance frère Gilles, sans dire au portier qui était celui qui le demandait. Le portier va donc à frère Gilles et lui dit qu'à la porte il y a un pèlerin qui le demande ; et il lui fut en esprit révélé par Dieu que c'était le roi de France. Aussi en grande ferveur sort-il précipitamment de sa cellule et court-il à la porte ; et sans aucune question, sans que jamais ils se fussent vus, s'agenouillant avec une très grande dévotion, ils se jetèrent dans les bras l'un de l'autre et se baisèrent avec la même familiarité que s'ils avaient depuis longtemps entretenu une grande amitié ; mais durant tout cela ils ne parlaient ni l'un ni l'autre, mais ils restaient ainsi embrassés, en silence, donnant tous ces signes de charité et d'amour. Et après qu'ils furent restés un long espace de temps en cette étreinte, sans dire un mot, ils se quittèrent ; et saint Louis s'en alla continuer son voyage, et frère Gilles retourna à sa cellule.

Au départ du roi, un de ses compagnons demanda quel était celui qui s'était tant embrassé avec frère Gilles ; et celui-ci répondit que c'était Louis, roi de France, qui était venu voir frère Gilles. Ce frère l'ayant dit aux autres, ils eurent un très grand chagrin de ce que frère Gilles ne lui eût point adressé la parole ; et s'en désolant ils lui dirent : « O frère Gilles, pourquoi as-tu été si discourtois qu'à un roi si saint, venu de France pour te voir et pour entendre quelque bonne parole de toi, tu n'aies rien dit ? » Frère Gilles répondit : « Mes frères bien-aimés, ne vous en étonnez pas, car si nous n'avons pas pu nous dire une parole l'un à l'autre, c'est parce qu'aussitôt que nous nous sommes embrassés, la lumière de la science divine

2. Le couvent où demeurait frère Gilles, près de Pérouse, était celui de Monteripido, en face de la porte Saint-Ange. L'emplacement lui en avait été donné en 1226 par un seigneur de Pérouse. Il y reçut, d'après la *Vita fratris Aegidii*, insérée dans la *Chronique des XXIV Généraux*, éd. c., p. 102 et 104, la visite de Grégoire IX et de Jacqueline de Settesoli. Sur le couvent de Monteripido, cf. P.N. Cavanna, l. c., p. 119 et suiv.

nous a révélé et manifesté à moi son cœur, à lui le mien ; et ainsi, par une divine opération, nous avons connu ce que je voulais lui dire et ce qu'il voulait me dire beaucoup mieux que si nous avions parlé des lèvres et avec une plus grande consolation ; et si nous avions voulu expliquer de vive voix ce que nous éprouvions dans nos cœurs, c'eût été pour notre affliction plutôt que pour notre consolation, à cause de l'imperfection du langage humain qui ne peut exprimer clairement les mystères secrets de Dieu. Et ainsi, sachez avec certitude que le roi de France est parti admirablement consolé. »

A la louange du Christ. Amen.

CHAPITRE 35

COMMENT SAINTE CLAIRE, ÉTANT MALADE, FUT MIRACULEUSEMENT TRANSPORTÉE, LA NUIT DE LA PAQUE DE NOEL, DANS L'ÉGLISE DE SAINT FRANÇOIS ET Y ENTENDIT L'OFFICE[1].

Sainte Claire était une fois gravement malade au point de ne pouvoir aller dire l'office à l'église avec les autres moniales ; vint la solennité de la Nativité du Christ, toutes les autres allèrent aux Matines, et elle seule resta au lit, mécontente de ne pouvoir accompagner les autres et avoir cette consolation spirituelle. Mais Jésus-Christ, son époux, ne voulut pas la laisser ainsi inconsolée : il la fit transporter miraculeusement à l'église de saint François, assister à tout l'office des Matines et de la messe de la nuit, y recevoir en outre la sainte communion, et reporter ensuite à son lit.

1. *Actus*, 42 ; titre : *Comment sainte Claire, la nuit de Noël, fut transportée dans l'église de saint François.* La *Legenda sanctæ Claræ Virginis*, 29, rapporte seulement que la Sainte entendit, de son lit, l'office célébré dans l'église de saint François et notamment le son des orgues : *ipsum etiam percipiebat sonatum organorum ;* l'auteur, qui est très probablement Thomas de Celano, insiste tout particulièrement sur la distance qui sépare Saint-Damien de l'église de saint François et qui rendait, sans un miracle, le fait impossible ; cette distance est d'environ deux kilomètres à vol d'oiseau. Le *Procès de canonisation* donne la même version, mais un témoin ajoute que sainte Claire vit la crèche, *Archivum franc. hist.*, l. c., p. 458 et 462. Noël de 1252, comme le dit expressément un autre témoin, le dernier que sainte Claire passa sur la terre.

L'office terminé à Saint-Damien, les moniales revinrent près de sainte Claire et lui dirent : « O notre mère, sainte Claire, quelle grande consolation nous avons eue en cette sainte Nativité ! Plût à Dieu que vous eussiez été avec nous ! » Sainte Claire répondit : « Je rends grâces et louanges, mes sœurs et filles bien-aimées, à mon Seigneur Jésus-Christ béni, car à toutes les solennités de cette très sainte nuit, et à de plus grandes que celles où vous êtes allées, je suis allée moi-même avec beaucoup de consolation pour mon âme ; car, par l'intercession de mon père saint François et par la grâce de mon Seigneur Jésus-Christ, j'ai été présente dans l'église de mon père saint François[2], et, des oreilles de mon corps comme de celles de mon âme, j'ai entendu tous les chants et la musique des orgues qui s'y est faite ; et là même j'ai reçu la très sainte communion. De tant de grâces qui m'ont été faites, réjouissez-vous donc et remerciez Notre-Seigneur Jésus-Christ. » Amen.

CHAPITRE 36

COMMENT SAINT FRANÇOIS EXPLIQUA A FRÈRE LÉON UNE TRÈS BELLE VISION QUE CELUI-CI AVAIT EUE[1].

Une fois que saint François était gravement malade et que frère Léon le servait, ledit frère Léon, qui était en prière près de saint François, fut ravi en extase et conduit en esprit auprès d'un très grand fleuve, large et impétueux. Et comme il restait regarder ceux qui passaient, il vit quelques frères portant une charge entrer dans ce fleuve, et ils étaient aussitôt entraînés par l'impétuosité du fleuve et engloutis ; quelques autres allaient jusqu'au tiers, d'autres jusqu'à la moitié du fleuve, d'autres jusqu'auprès de l'autre rive, mais tous, en raison de

2. L'auteur des *Fioretti* a supprimé ici une phrase des *Actus* où sainte Claire dit qu'elle ne sait si elle a assisté à la cérémonie « dans son corps ou en dehors de lui, *utrum in corpore an extra corpus* » ; cf. 2 Co **12** 2-3.

1. *Actus*, **59** ; titre : *D'une vision de frère Léon et comment cette vision fut révélée à saint François.* Echo, sous une forme allégorique, des dissensions intestines de l'Ordre au sujet de la pratique de la pauvreté, dissensions qui jetèrent un voile de tristesse sur les dernières années de la vie de saint François, et qui aboutirent aux luttes des Spirituels et de la Communauté.

l'impétuosité du fleuve et des poids qu'ils portaient sur le dos, tombaient finalement et se noyaient. Ce que voyant, frère Léon avait pour eux une très grande pitié. Et, comme il était ainsi, voici venir tout à coup une grande multitude de frères, sans aucune charge, sans aucun poids, en qui resplendissait la sainte pauvreté ; ils entrèrent dans ce fleuve et ils passèrent de l'autre côté sans aucun danger. Et, ayant vu cela, frère Léon revint à lui.

Alors saint François, sachant en esprit que frère Léon avait eu une vision, l'appela à lui et lui demanda ce qu'il avait vu ; et quand frère Léon lui eut rapporté toute la vision en détail, saint François dit : « Ce que tu as vu est vrai. Le grand fleuve, c'est ce monde ; les frères qui se noyaient dans le fleuve sont ceux qui ne suivent pas la profession évangélique, surtout en ce qui touche à la très haute pauvreté ; mais ceux qui passaient sans danger sont ces frères qui ne cherchent ni ne possèdent en ce monde aucune chose terrestre ou charnelle, mais qui, ayant seulement la nourriture et le vêtement indispensables, vivent contents[2] en suivant le Christ nu sur la croix, et portent avec allégresse et volontiers le fardeau et le joug suave du Christ et de la très sainte obéissance, ce pourquoi ils passent facilement de la vie temporelle à la vie éternelle. »

A la louange du Christ. Amen.

CHAPITRE 37

COMMENT JÉSUS-CHRIST BÉNI, A LA PRIÈRE DE SAINT FRANÇOIS, FIT SE CONVERTIR ET ENTRER DANS L'ORDRE UN RICHE ET NOBLE CHEVALIER, QUI AVAIT FAIT GRAND HONNEUR ET OFFRANDE A SAINT FRANÇOIS[1].

Saint François, serviteur du Christ, arrivant tard un soir à la maison d'un grand et puissant gentilhomme, fut reçu et

2. Dans le texte des *Actus : ... habentes alimenta et quibus tegantur iis contenti sunt*, paroles de saint Paul (1 Tm **6** 8), qui figurent déjà dans la Règle de 1210-1221 (1 Reg **9**).

1. L'original latin de ce chapitre, que Paul Sabatier n'avait pu retrouver, nous a été restitué par le manuscrit de M. A.-G. Little, 54 ; titre :

hébergé par lui, ainsi que son compagnon, avec très grande courtoisie et dévotion, comme des anges du paradis. Saint François lui voua pour cela une grande affection, considérant que dès son entrée dans la maison il l'avait étreint et embrassé amicalement, puis lui avait lavé, essuyé et baisé humblement les pieds, avait allumé un grand feu et apprêté une table chargée de beaucoup de bons mets ; et pendant qu'ils mangeaient, il n'avait cessé de les servir avec un visage joyeux. Or, lorsque saint François et son compagnon eurent mangé, ce gentilhomme dit : « Voici, père, je m'offre à vous avec tout ce qui m'appartient ; toutes les fois que vous aurez besoin d'une tunique, ou d'un manteau, ou de quoi que ce soit, achetez et je paierai ; et sachez que je suis prêt à pourvoir à tous vos besoins, car, par la grâce de Dieu, je le puis, vu que j'ai en abondance tous les biens temporels ; c'est pourquoi, pour l'amour de Dieu qui me les a donnés, j'en fais volontiers don à ses pauvres. »

Là-dessus, saint François voyant chez lui tant de courtoisie et de bonté, et la générosité de ses offres, conçut pour lui tant d'affection, qu'ensuite, à son départ, il s'en allait en disant à son compagnon : « Vraiment ce gentilhomme serait bon pour notre compagnie, lui qui est si plein de gratitude et de reconnaissance envers Dieu, si affable et si courtois envers le prochain et les pauvres. Sache, mon frère bien-aimé, que la courtoisie est une des qualités de Dieu, qui donne son soleil et sa pluie aux justes et aux injustes, par courtoisie ; et la courtoisie est sœur de la charité qui éteint la haine et conserve l'amour[2]. Et parce que j'ai trouvé chez cet homme de bien tant de vertu divine, je le voudrais bien volontiers pour compagnon ; aussi je veux qu'un jour nous retournions chez lui, pour le cas où Dieu lui toucherait le cœur au point qu'il veuille devenir notre compagnon dans le service de Dieu ; et en attendant nous

---

Comment saint François fut une fois, ainsi que son compagnon, reçu et hébergé avec une très grande dévotion. Cet épisode, qu'on ne saurait dater avec précision, doit vraisemblablement se rattacher aux premières années de la prédication du Saint.

2. C'est cette définition de la courtoisie qui se retrouve, donnée comme empruntée à la *Legenda antiqua*, dans le traité des *Conformités* de Barthélemy de Pise, XII, 2ᵉ partie, éd. c., IV, p. 631 ; les deux textes sont identiques ; cf. Mt 5 45.

allons prier Dieu qu'il lui mette ce désir au cœur et lui donne la grâce de le réaliser. » Chose admirable ! Peu de jours après que saint François eut fait cette prière, Dieu mit ce désir dans le cœur de ce gentilhomme ; et saint François dit à son compagnon : « Allons, mon cher petit frère, chez l'homme courtois, car j'ai certain espoir en Dieu qu'avec cette courtoisie dans les choses temporelles il se donnera lui-même pour devenir notre compagnon. » Et ils y allèrent.

Et en arrivant près de sa maison, saint François dit à son compagnon : « Attends-moi un peu, car je veux d'abord prier Dieu qu'il rende notre voyage fructueux et que cette noble proie que nous avons l'idée d'arracher au monde, il plaise au Christ de nous l'accorder, à nous faibles petits pauvres, par la vertu de sa très sainte passion. » Et cela dit, il se mit en prière dans un lieu où il pouvait être vu de cet homme plein de courtoisie ; et ainsi, comme il plut à Dieu, ce dernier, regardant çà et là, vit saint François se tenir très dévotement en prière devant le Christ, qui lui était apparu parmi une grande splendeur, pendant sa prière et se tenait devant lui ; et il voyait saint François, dans cette attitude, soulevé de terre corporellement durant un assez long espace de temps. Ce pourquoi il fut si touché de Dieu et inspiré d'abandonner le monde, que sur-le-champ il sortit de son palais et, en ferveur d'esprit, il courut vers saint François ; et arrivé près de lui, qui était toujours en prière, il s'agenouilla à ses pieds, et il le pria très instamment et avec une très grande dévotion qu'il lui plût de l'admettre à faire pénitence avec lui.

Alors saint François, voyant que sa prière était exaucée par Dieu et que ce qu'il désirait lui-même, ce gentilhomme le lui demandait avec une grande instance, se lève dans la ferveur et la joie de l'esprit, l'étreint et l'embrasse dévotement, en rendant grâce à Dieu qui d'un tel chevalier avait augmenté sa compagnie. Et ce gentilhomme disait à saint François : « Qu'ordonnes-tu que je fasse, mon père ? Vois, je suis prêt à donner aux pauvres sur ton ordre tout ce que je possède, et à suivre avec toi le Christ, ainsi déchargé de tous les biens temporels. »

Ainsi fit-il ; car, selon le conseil de saint François, il distribua ses biens aux pauvres et entra dans l'Ordre ; il vécut en grande pénitence et sainteté de vie et pureté de mœurs.

A la louange du Christ. Amen.

CHAPITRE 38

COMMENT SAINT FRANÇOIS CONNUT EN ESPRIT QUE FRÈRE ÉLIE ÉTAIT DAMNÉ ET DEVAIT MOURIR HORS DE L'ORDRE ; CE POURQUOI A LA PRIÈRE DE FRÈRE ÉLIE IL INVOQUA LE CHRIST POUR LUI ET FUT EXAUCÉ[1].

Comme saint François et frère Elie demeuraient une fois de compagnie dans un couvent, il fut révélé par Dieu à saint François que frère Elie était damné et devait apostasier envers l'Ordre et finalement mourir hors de l'Ordre. Pour cette raison saint François conçut à son égard un tel déplaisir qu'il ne lui parlait pas et qu'il ne s'entretenait pas avec lui ; et s'il arrivait parfois que frère Elie allât vers lui, il changeait de chemin et allait d'un autre côté pour ne point le rencontrer.

---

1. *Actus*, **72** ; titre : *Comment la chute de frère Elie fut révélée à saint François, et de l'efficacité de la prière du bienheureux père François en faveur de ce même Elie, quand il obtint son pardon.* Ce chapitre des *Actus* manquait dans le manuscrit publié par Paul Sabatier ; il l'a donné en appendice d'après un autre manuscrit, dont le texte est à peu près le même que celui du traité des *Conformités* de Barthélemy de Pise, XXIII, 2ᵉ partie, éd. c., v. p. 252 et suiv. ; mais la version originale des *Fioretti*, c'est dans le manuscrit de M. A.-G. Little qu'elle a été retrouvée, 55 ; titre : *Comment il fut révélé à saint François que frère Elie devait apostasier de l'Ordre.* Sur frère Elie, voir chap. 4, n. 1, et chap. 6, n. 1 On ignore la date et le lieu de sa naissance, et même la date de son entrée dans l'Ordre, car celle de 1211, souvent donnée, n'est rien moins que certaine. Il fut nommé Ministre provincial de Syrie en 1217 ; Il en revint avec saint François. Il devint Vicaire général de l'Ordre en 1221 et exerça cette charge jusqu'en 1227, date à laquelle Jean Parenti fut élu Ministre général ; frère Elie lui succéda en 1232 ; mais il fut relevé de sa charge en 1239 par le pape Grégoire IX, dans un chapitre général qui se tint à Rome et où il fut violemment attaqué, non sans cause d'ailleurs. C'est peu de temps après qu'il passa au parti de Frédéric II et qu'il fut excommunié, d'abord avec tous les partisans de l'empereur, puis d'une façon particulière, par Grégoire IX et par Innocent IV. Il mourut le mardi de Pâques, 22 avril 1253, après s'être confessé et avoir communié. A peu près toute la documentation que nous possédons sur frère Elie a été réunie par le docteur Ed. Lempp,

Frère Elie commença à s'en aviser et à comprendre que saint François avait déplaisir à le voir ; il voulut en savoir la cause et un jour il s'approcha de saint François pour lui parler ; et comme saint François l'évitait, frère Elie le retint courtoisement de force et commença à le prier instamment qu'il lui plût de lui faire connaître la raison pour laquelle il évitait ainsi et sa compagnie et sa conversation. Saint François lui répondit : « La raison, la voici : il m'a été révélé par Dieu qu'à cause de tes péchés tu apostasieras de l'Ordre et tu mourras hors de l'Ordre, et Dieu m'a encore révélé que tu es damné. »

Entendant cela, frère Elie dit : « Mon révérend père, je te prie pour l'amour du Christ que pour cela tu ne m'évites ni ne me chasses de ta présence ; mais en bon pasteur, à l'exemple du Christ, retrouve et recueille la brebis qui périt si tu ne l'aides point[2], et prie Dieu pour moi qu'il révoque, si cela se peut, la sentence de ma damnation ; car il se trouve écrit que Dieu changera sa sentence si le pécheur amende son péché ; et j'ai tant de foi en tes prières que si j'étais au milieu de l'enfer et que tu fisses pour moi oraison à Dieu, j'en éprouverais quelque rafraîchissement : aussi je te prie encore que moi pécheur tu me recommandes à Dieu, qui est venu sauver les pécheurs, pour qu'il me reçoive dans sa miséricorde. » Et cela, frère Elie le disait avec grande dévotion et larmes ; aussi saint François, en père plein de pitié, lui promit de prier Dieu pour lui ; et ainsi fit-il.

Et comme il priait Dieu pour lui très dévotement, il connut par révélation que sa prière était exaucée par Dieu quant à la révocation de la sentence de damnation de frère Elie, et que finalement son âme ne serait pas damnée, mais que sûrement il sortirait de l'Ordre et mourrait hors de l'Ordre. Et ainsi

dans l'ouvrage intitulé *Frère Elie de Cortone*, Paris, 1901, dont la richesse d'information est excellente, mais dont les conclusions sont souvent très discutables. Un jugement très pondéré sur frère Elie est celui du P. Gratien, O.M. Cap., dans son *Histoire de la fondation et de l'évolution de l'Ordre des Frères Mineurs au XIIIe siècle*, Paris, 1928, p. 15 et 139-143. L'attitude de saint François à l'égard de frère Elie, telle qu'elle résulte du récit des *Fioretti*, est certainement légendaire.

2. Cf. Lc **15** 4-7.

advint-il. Car, Frédéric, roi de Sicile[3], s'étant révolté contre l'Eglise, et ayant été excommunié par le pape, lui et quiconque lui donnait aide ou conseil, ledit frère Elie, qui passait pour un des plus sages hommes du monde[4], requis par ledit roi Frédéric, se mit de son côté et devint rebelle à l'Eglise et apostat de l'Ordre : il fut pour cela excommunié par le pape et privé de l'habit de saint François.

Et étant ainsi excommunié il tomba gravement malade ; comme un sien frère, frère lai qui était resté dans l'Ordre et était homme de bonne et honnête vie[5], apprit cette maladie, il alla le visiter et entre autres choses il lui dit : « Mon frère bien-aimé, je suis très affligé que tu sois excommunié et hors de ton Ordre et que tu doives mourir ainsi ; mais si tu voyais une voie ou un moyen par lequel je puisse te tirer de ce péril, j'en prendrais volontiers pour toi toute la peine. » Frère Elie répondit : « Mon frère, je ne vois aucun autre moyen, sinon que tu ailles trouver le pape[6] et que tu le pries, par l'amour du Christ et de saint François, son serviteur, dont les enseignements m'ont fait quitter le monde, de m'absoudre de l'excommunication et de me rendre l'habit de l'Ordre. » Le sien frère dit que pour son salut il se fatiguerait volontiers ; et, prenant congé de lui, il s'en alla aux pieds du Saint-Père et le pria très humblement de faire grâce à son frère pour l'amour du Christ et de saint François. Et comme il plut à Dieu, le pape lui concéda de retourner et, s'il retrouvait Elie vivant, de l'absoudre de sa part de l'excommunication et de lui restituer l'habit. De quoi il partit joyeux et retourna vers frère Elie ; il le retrouva vivant, mais presque à la mort, et il le releva de l'excommunication ; et comme il lui remettait l'habit, frère Elie passa de cette vie ; et son âme fut sauvée par

3. Frédéric II, roi de Naples et de Sicile en 1197, élu empereur en 1212, mort le 13 décembre 1250.
4. C'est aussi l'opinion de Bernard de Besse, ou tout au moins de l'auteur du *Chronicon XIV vel XV Generalium Ministrorum Ordinis fratrum Minorum* qui lui est attribué (éd. des Pères de Quaracchi, *Analecta franciscana*, t. III, p. 695).
5. Il n'est pas question de ce personnage dans le procès-verbal de l'absolution donnée à frère Elie, cf. E. Lempp, l. c., p. 179 et suiv.
6. Innocent IV, qui consacra la basilique supérieure d'Assise le 25 mai 1253.

les mérites de saint François et par sa prière en laquelle frère Elie avait eu tant d'espoir.

A la louange du Christ. Amen.

CHAPITRE 39

DE LA MERVEILLEUSE PRÉDICATION QUE FIT, EN CONSISTOIRE, SAINT ANTOINE DE PADOUE, FRÈRE MINEUR[1].

Le merveilleux vase de l'Esprit-Saint[2], saint Antoine de Padoue, un des disciples élus et compagnons de saint François, qui l'appelait son évêque[3], prêchait un jour en consis-

---

1. *Actus*, 48 ; titre : *Comment saint Antoine, prêchant fut clairement compris par des hommes de diverses langues.* Ce chapitre et le suivant, qui mettent en scène saint Antoine de Padoue, forment comme la transition entre les trente-huit premiers chapitres, consacrés à saint François, à sainte Claire et aux premiers frères, et les treize derniers, consacrés à des frères de la Marche d'Ancône. Le chapitre 49 se termine dans le texte des *Actus* par cette phrase qui n'a pas passé dans les *Fioretti :* « Tels sont les compagnons qu'a eus notre chef François, eux qui pouvaient nourrir de la moelle du Saint-Esprit et munir d'armes célestes contre les pièges de l'ennemi, non seulement le troupeau du Christ, mais même le vicaire du Christ et son vénérable collège. » Saint Antoine n'est cependant pas un compagnon de saint François comme les Bernard de Quintavalle, les Léon, les Massée, les Rufin, etc. Il n'a jamais vécu dans la familiarité du Saint. Fernand, né à Lisbonne vers 1195, fut d'abord chanoine régulier de Saint-Augustin, et ne devint frère Mineur qu'en 1220, époque à laquelle il changea son nom et prit celui d'Antoine. Il assista au chapitre général du 30 mai 1221, où il entendit prêcher saint François. Un sermon improvisé qu'il prononça à Forli un peu plus tard, probablement en 1222, révéla brusquement sa science des Ecritures et sa prodigieuse éloquence. Il évangélisa l'Italie, puis la France et revint en Italie, où il mourut à l'Arcella, près de Padoue, le 13 juin 1231. Il fut canonisé par Grégoire IX, moins d'un an plus tard, le 30 mai 1232. Le sermon miraculeux de Rome apparaît pour la première fois dans la légende *Benignitas*, de saint Antoine de Padoue, qui est du XIVᵉ siècle ; le récit est beaucoup plus court que celui des *Actus* et il n'y est pas dit que saint Antoine aurait prêché en consistoire ; cf. L. de Kerval, *Sancti Antonii de Padua vitæ duæ quarum altera hucusque inedita*, Paris, 1904, p. 200-201 et 223.
2. Saint Paul est appelé *vas electionis* dans les *Actes des Apôtres*, 9 15 ; cf. Dante, *Enfer*, II, 28, et *Paradis*, XXI, 127.
3. Cf. 2 C 163.

toire devant le pape et les cardinaux ; et dans ce consistoire il y avait des hommes de diverses nations : Grecs, Latins, Français, Allemands, Slaves et Anglais, et d'autres langues diverses du monde ; enflammé par l'Esprit-Saint, il exposa et développa la parole de Dieu si efficacement, si pieusement, si subtilement, si clairement et intelligiblement, que tous ceux qui étaient en consistoire, bien qu'ils fussent de langages si divers, comprenaient toutes ses paroles aussi clairement et distinctement que s'il eût parlé dans la langue de chacun d'eux ; tous en demeuraient frappés de stupeur, et il leur semblait que s'était renouvelé cet ancien miracle des Apôtres, au temps de la Pentecôte, qui par la vertu de l'Esprit-Saint parlaient en toutes langues[4].

Et ils se disaient l'un à l'autre avec admiration : « N'est-il pas d'Espagne[5], celui-là qui prêche ? Et comment dans son parler entendons-nous tous notre langage, le langage de nos pays ? » Le pape pareillement, considérant la profondeur de ses paroles et s'en émerveillant, dit : « En vérité, celui-ci est l'arche du Testament et le réceptacle[6] de la divine Ecriture. »

A la louange du Christ. Amen.

CHAPITRE 40

DU MIRACLE QUE DIEU FIT LORSQUE SAINT ANTOINE, ÉTANT A RIMINI, PRECHA AUX POISSONS DE LA MER[1].

Le Christ béni voulant montrer la grande sainteté de son très fidèle serviteur saint Antoine, et combien dévote-

4. Ac. 2 4-13.
5. La péninsule ibérique, puisque saint Antoine était Portugais.
6. La *Legenda prima* de saint Antoine, 10, rapporte aussi que saint Antoine prêcha devant le pape et les cardinaux et qu'il fut appelé par Grégoire IX : *Arca Testamenti*. D'après Thomas de Eccleston, *Tractatus de adventu Fratrum Minorum in Angliam*, XIII, il aurait été envoyé, en 1230, en ambassade à Grégoire IX, avec d'autres frères ; cf. L. de Kerval, l. c., p. 42 et n. 1, p. 215 et n. 3, p. 251.

1. *Actus*, 49 ; titre : *Comment saint Antoine, en prêchant aux poissons, convertit à la foi beaucoup d'hérétiques*. Jean Rigauld, qui écrivait à

ment il fallait entendre sa prédication et sa sainte doctrine, se servit une fois entre autres des animaux sans raison, c'est-à-dire des poissons, pour reprendre la sottise des infidèles hérétiques[2], à la manière dont il avait jadis dans le vieux Testament repris par la bouche de l'ânesse l'ignorance de Balaam[3].

Saint Antoine était donc une fois à Rimini où il y avait une grande multitude d'hérétiques, et il voulait les ramener à la lumière de la vraie foi et dans le chemin de la vérité : pendant plusieurs jours il leur prêcha et disputa avec eux de la foi du Christ et de la sainte Ecriture ; mais non seulement ils ne se rendaient point à ses saints discours, mais même, comme endurcis et obstinés, ils ne voulaient pas l'écouter : aussi, un jour, par divine inspiration, saint Antoine s'en alla à l'embouchure du fleuve[4] au bord de la mer ; et se tenant sur la rive entre la mer et le fleuve, il commença, comme s'il prêchait, par dire aux poissons de la part de Dieu : « Ecoutez la parole de Dieu, vous, poissons de la mer et du fleuve, puisque les infidèles hérétiques refusent de l'entendre. » A peine eut-il ainsi parlé qu'il vint aussitôt vers lui, à la rive, une telle multitude de poissons, grands, petits et moyens, que jamais dans toute cette mer et ce fleuve on n'en avait vu une si grande quantité ; et tous tenaient la tête hors de l'eau et demeuraient attentifs tournés vers le visage de saint Antoine, tous en très grande paix, en très grand calme, en très grand ordre : car au premier rang et le plus près de la rive se tenaient les plus petits poissons, et derrière eux les poissons moyens, et en arrière encore, où l'eau était plus profonde, les plus grands poissons[5].

Les poissons étant donc ainsi rangés en tel ordre et dis-

---

la fin du XIIIe siècle ou au début du XIVe, place près de Padoue le lieu de cette prédication, (cf. *La Vie de saint Antoine de Padoue*, par Jean Rigauld, Traduction A. Masseron, Paris, Ed. Franciscaines, 1956, p. 96).

2. Les Cathares ou Patarins.
3. Nb 22 22-35.
4. La Marecchia.
5. Les manœuvres des poissons pour se ranger en bon ordre sont décrites avec beaucoup plus de détails dans les *Actus* ; on y voit, en particulier, la foule innombrable des petits poissons se hâter « comme des pèlerins vers une indulgence... ».

position, saint Antoine commença à leur prêcher solennellement ; il parla ainsi : « Mes frères les poissons, vous êtes fort obligés, selon votre pouvoir, de rendre grâce à votre Créateur, qui vous a donné un si noble élément pour votre habitation, en sorte qu'à votre choix vous avez des eaux douces et des eaux salées ; il vous a donné beaucoup de refuges pour éviter les tempêtes ; il vous a encore donné un élément clair et transparent et la nourriture qui vous permette de vivre. Dieu, votre créateur courtois et plein de bonté, quand il vous créa, vous donna l'ordre de croître et de vous multiplier, et vous donna sa bénédiction[6]. Puis, au déluge universel, alors que mouraient tous les autres animaux, Dieu vous conserva seuls sans dommage[7]. Ensuite il vous a donné des nageoires pour pouvoir aller çà et là partout où il vous plaît. À vous il fut accordé, par le commandement de Dieu, de garder le prophète Jonas et après trois jours de le rejeter à terre sain et sauf[8]. Vous avez offert le cens à Notre-Seigneur Jésus-Christ qui, comme un petit pauvre, n'avait pas de quoi payer[9]. Par un mystère singulier, vous avez été la nourriture de l'éternel roi Jésus-Christ avant et après sa résurrection[10]. Pour tout cela, vous êtes extrêmement obligés de louer et de bénir Dieu, qui vous a donné tant de bienfaits de plus qu'aux autres créatures[11] ».

A ces paroles et enseignements, et autres semblables, de saint Antoine, les poissons commencèrent à ouvrir la bouche et à incliner la tête, et par ces signes de respect et d'autres encore, ils louaient Dieu comme il leur était possible. Alors saint Antoine, voyant un tel respect des poissons envers Dieu leur créateur, se réjouit en esprit et dit à haute voix : « Béni soit le Dieu éternel, parce que les poissons des eaux l'honorent

6. Gn **1** 20-22.
7. Gn **6-7**.
8. Jon **2** 1-11.
9. Mt **17** 23-26.
10. Mt **15** 32-37 ; Lc **24** 41-43 ; Jn **21** 1-14.
11. Il est à peine besoin de faire remarquer que ce sermon est une réplique, un peu pâle et beaucoup moins poétique que le modèle, du sermon aux oiseaux, chap. 16. Il y a à la basilique inférieure d'Assise un vitrail qui représente la prédication de saint Antoine aux poissons et qui est du XIVe siècle, donc à peu près contemporain de la rédaction des *Actus*.

plus que ne le font les hommes hérétiques, et que les animaux sans raison écoutent mieux sa parole que les hommes infidèles. » Et plus saint Antoine prêchait, plus croissait la multitude des poissons, et pas un ne quittait la place qu'il avait prise.

A ce miracle, les gens de la ville commencèrent d'accourir et, parmi eux, y vinrent même les susdits hérétiques, qui, voyant le miracle si merveilleux et manifeste, le cœur touché de componction, se jetèrent tous aux pieds de saint Antoine pour entendre sa prédication. Alors saint Antoine commença de prêcher sur la foi catholique et prêcha si noblement sur ce sujet qu'il convertit tous ces hérétiques et les fit retourner à la vraie foi du Christ ; tous les fidèles en demeurèrent en grande allégresse, réconfortés et fortifiés dans la foi. Cela fait, saint Antoine congédia les poissons avec la bénédiction de Dieu, et tous s'en allèrent donnant de merveilleux signes d'allégresse ; et le peuple fit de même.

Puis saint Antoine resta à Rimini pendant nombre de jours, prêchant et produisant beaucoup de fruits spirituels dans les âmes.

A la louange du Christ. Amen.

CHAPITRE 41

COMMENT LE VÉNÉRABLE FRÈRE SIMON DÉLIVRA D'UNE GRANDE TENTATION UN FRÈRE, QUI POUR CETTE RAISON VOULAIT SORTIR DE L'ORDRE[1].

Vers le début de l'Ordre, du vivant de saint François, il vint à l'Ordre un jeune homme d'Assise qui fut appelé frère Simon ; Dieu l'orna et le dota de tant de grâce et d'une telle contemplation et élévation d'esprit, que sa vie entière était un miroir de sainteté, selon ce que j'ai appris de ceux

1. Ce chapitre qui manquait dans le manuscrit des *Actus* de Paul Sabatier, a été publié par lui, 73, d'après la *Chronique des XXIV Généraux*, éd. c., p. 159 et suiv. et, avec le titre des *Fioretti*. Le manuscrit de M. A.-G. Little donne un texte latin beaucoup plus voisin de la version

qui vécurent longtemps avec lui. On ne le voyait que très rarement hors de sa cellule ; si parfois il restait en compagnie des frères, toujours il parlait de Dieu.

Il n'avait jamais appris la grammaire[2], et néanmoins il parlait de Dieu et de l'amour du Christ d'une manière si profonde et si sublime que ses paroles paraissaient paroles surnaturelles. Ainsi, comme il était allé un soir dans le bois avec frère Jacques de Massa[3] pour parler de Dieu, et qu'il parlait avec une douceur infinie de l'amour divin, ils passèrent toute la nuit en cet entretien, et le matin il ne leur parut être restés là qu'un temps très court, d'après ce que me rapporta ledit frère Jacques[4].

Ce frère Simon recevait dans une telle suavité et douceur de l'Esprit-Saint les divines illuminations et les visites d'amour de Dieu que souvent, quand il les sentait venir, il se couchait sur son lit, parce que la paisible suavité de l'Esprit-Saint exigeait en lui non seulement le repos de l'âme mais aussi celui du corps. Et au cours de ces visitations divines il était souvent ravi en Dieu et il devenait complètement insensible aux choses corporelles. Une fois donc qu'il était ainsi ravi en Dieu, et qu'insensible au monde il brûlait intérieurement du divin amour et ne sentait rien du dehors avec les sens corporels, un frère voulant s'assurer par expérience qu'il était bien tel qu'il paraissait, alla prendre un charbon ardent et le posa sur son pied nu : frère Simon ne le sentit en rien, et il ne lui laissa aucune marque sur le pied, bien qu'il y restât si longtemps qu'il finit par s'éteindre de lui-même.

Ce frère Simon, quand il se mettait à table, avant de prendre la nourriture corporelle, prenait pour lui-même et donnait

---

italienne, **48** ; titre : *Du frère Simon d'Assise et de sa vie merveilleuse.* Frère Simon, qui mourut en 1250, est cité à plusieurs reprises dans la *Chronique des XXIV Généraux*, éd. c., p. 159 et suiv., où nous le voyons en sainte conversation avec frère Gilles, frère Rufin et frère Junipère. D'après la *Chronique des Tribulations* d'Ange Clareno, il aurait été du nombre des zélateurs poursuivis par le Ministre général Crescent de Iesi ; cf. P. Sabatier, éd. des *Actus*, p. 209, n. 1.

2. La langue latine.
3. Sur frère Jacques de Massa, voir chap. 48.
4. Cette dernière indication manque dans les deux textes latins.

aux autres la nourriture spirituelle en parlant de Dieu. Ses pieux discours firent se convertir une fois un jeune homme de San Severino[5], qui était dans le siècle un jeune homme très vain et mondain ; il était de sang noble et d'un corps très délicat. Et frère Simon, quand il reçut ce jeune homme dans l'Ordre, conserva près de lui ses vêtements séculiers ; il demeurait avec frère Simon pour être instruit par lui dans les observances régulières. Mais le démon, qui s'ingénie à faire obstacle à tout bien mit en lui un si vif aiguillon et une si ardente tentation de la chair, qu'il ne pouvait en aucune manière y résister. Pour ce motif, il alla trouver frère Simon et lui dit : « Rends-moi mes vêtements que j'apportai du siècle, car je ne puis plus résister à la tentation charnelle. » Et frère Simon, qui avait grande pitié de lui, lui disait : « Assieds-toi ici un peu, mon fils, avec moi. » Et il se mettait à lui parler de Dieu, et toute tentation disparaissait ; puis avec le temps la tentation revenait, il redemandait ses vêtements, et frère Simon la chassait en lui parlant de Dieu.

Et cela s'étant produit plusieurs fois, une nuit finalement cette tentation l'assaillit si fort, plus qu'elle n'avait coutume, que, ne pouvant pour rien au monde y résister, il alla trouver frère Simon et lui redemanda énergiquement ses habits séculiers, car en aucune manière il n'y pouvait plus tenir. Alors frère Simon, comme il avait coutume de le faire, le fit asseoir à côté de lui ; et comme il lui parlait de Dieu, le jeune homme pencha la tête dans le sein de frère Simon, par mélancolie et par tristesse. Alors frère Simon, dans la grande pitié qu'il avait pour lui, leva les yeux au ciel et, comme il priait Dieu pour lui avec une très grande dévotion, il fut ravi en extase et exaucé par Dieu ; aussi, quand il revint à lui, le jeune homme se sentit entièrement délivré de cette tentation, comme s'il ne l'avait jamais éprouvée.

Et même, l'ardeur de la tentation s'étant muée en ardeur de l'Esprit-Saint, parce qu'il s'était approché de ce charbon embrasé qu'était frère Simon, il devint tout enflammé de l'amour de Dieu et du prochain ; et cela à tel point qu'un

5. Dans la Marche, à cinquante kilomètres au sud-ouest d'Ancône.

malfaiteur ayant, une fois, été pris, à qui l'on devait arracher les deux yeux, il alla, par compassion, trouver hardiment le recteur en plein conseil, et, avec beaucoup de larmes et de pieuses prières, il demanda qu'il lui fût arraché un œil et au malfaiteur un autre, afin qu'il ne restât pas privé des deux. Mais le recteur et le conseil, voyant la grande ferveur de charité de ce frère, firent grâce à l'un et à l'autre.

Un jour que le susdit frère Simon était dans le bois en prière et qu'il sentait dans son âme une grande consolation, une bande de corneilles commencèrent à l'importuner de leurs cris ; ce pourquoi il leur ordonna au nom de Jésus de partir et de ne plus revenir[6]. Ces oiseaux s'en allèrent alors, et depuis ce jour on ne les vit ni ne les entendit jamais plus, ni là, ni dans toute la contrée d'alentour. Et ce miracle fut bien connu dans toute la custodie de Fermo, où se trouvait ce couvent[7].

A la louange du Christ. Amen.

---

6. Saint François se contenta de faire taire les hirondelles sans leur ordonner de s'en aller ; voir chap. 16.
7. Le nom du couvent est donné dans les deux textes latins : Brunforte. La custodie était une subdivision, aujourd'hui supprimée, des provinces franciscaines. Fermo se trouve à cinquante kilomètres environ au sud-est d'Ancône, non loin de l'Adriatique. Dans le manuscrit de M. A.-G. Little, ce chapitre se termine ainsi : « Et moi, frère Hugolin de Monte Santa Maria, je fus à Brunforte pendant trois ans et j'ai vu de mes yeux ce miracle, bien connu tant des séculiers que des frères de toute la custodie ».

CHAPITRE 42

DES BEAUX MIRACLES QUE FIT DIEU PAR LES SAINTS FRÈRES, FRÈRE BENTIVOGLIA, FRÈRE PIERRE DE MONTICELLO ET FRÈRE CONRAD D'OFFIDA ; ET COMMENT FRÈRE BENTIVOGLIA PORTA UN LÉPREUX QUINZE MILLES EN TRÈS PEU DE TEMPS, SAINT MICHEL PARLA AU SECOND, ET LA VIERGE MARIE AU TROISIÈME ET LUI MIT SON FILS DANS LES BRAS[1].

La province de la Marche d'Ancône fut anciennement ornée, comme le ciel d'étoiles, de frères saints et de vie exemplaire qui, comme les luminaires du ciel, ont illuminé et orné l'Ordre de saint François et le monde par leurs exemples et leur doctrine. Entre autres, il y eut d'abord frère Lucide l'ancien[2] qui fut vraiment brillant de sainteté et ardent de divine charité ; sa glorieuse parole, informée par l'Esprit-Saint, faisait de merveilleux fruits dans la prédication.

Un autre fut frère Bentivoglia[3] de San Severino[4] ; comme il était en prière dans le bois, frère Massée[5] de San Severino le vit élevé en l'air à une grande hauteur. Ce miracle fut cause que ledit frère Massée, qui était alors curé, laissa sa cure et se fit frère Mineur, et fut de telle sainteté que, pendant sa vie et après sa mort, il fit beaucoup de miracles ; son corps repose à Marro[6].

Ce frère Bentivoglia, une fois qu'il demeurait seul à Trave Bonanti[7] à garder et à servir un lépreux, reçut du supérieur

1. *Actus*, **53** ; titre : *Comment la bienheureuse Vierge apparut à frère Conrad dans le bois de Forano.*
2. Ce frère Lucide est cité à plusieurs reprises dans le traité des *Conformités* de Barthélemy de Pise, éd. c., IV, p. 256, 283, 515, 618 ; il avait un très grand amour pour la solitude ; il aurait été persécuté en 1243 comme zélateur, cf. *Speculum perfectionis*, éd. P. Sabatier, p. 169, n. 3 ; voir plus loin chap. 48 et 51.
3. Frère Bentivoglia, de la famille de Bonis, serait mort le 25 décembre 1288 ; fête le 6 avril.
4. Petite ville entre Fabriano et Macerata.
5. On ne sait rien de plus sur ce frère.
6. Non loin de Camerino.
7. Ponte della Trave, à deux lieues environ au sud de Camerino.

l'ordre de partir de là et de se rendre à un autre couvent, éloigné de quinze milles ; comme il ne voulait pas abandonner ce lépreux, avec une grande ferveur de charité, il le prit, le chargea sur son épaule, et le porta, de l'aurore au lever du soleil, par toute cette route de quinze milles, jusqu'à ce couvent où il était mandé et qui s'appelait Monte Sanvicino[8]. Eût-il été un aigle, ce voyage, il n'aurait pu en si peu de temps le faire au vol ; ce divin miracle provoqua dans tout le pays un grand étonnement et une grande admiration.

Un autre fut Pierre de Monticello[9], que frère Servadeo[10] d'Urbin, qui était alors son gardien au vieux couvent d'Ancône[11], vit élevé de terre corporellement à cinq ou six brasses, jusqu'aux pieds du crucifix de l'église devant lequel il était en prière. Ce frère Pierre avait jeûné une fois avec grande dévotion pendant le carême de saint Michel archange[12], et le dernier jour de ce carême, comme il était en prière dans l'église, un jeune frère qui s'était caché exprès sous le maître-autel pour apercevoir quelque acte de sainteté, l'entendit converser avec saint Michel archange ; voici leurs paroles. Saint Michel disait : « Frère Pierre, tu t'es fidèlement fatigué pour moi, et tu as affligé ton corps en beaucoup de manières ; voici que je suis venu te consoler, pour que tu demandes telle grâce que tu voudras, et je te l'obtiendrai de Dieu. » Frère Pierre répondit : « Prince très saint de la milice céleste,

8. Comme il n'est pas certain qu'il y ait eu un couvent sur le Monte Sanvicino, à l'est de Fabriano, les Pères de Quaracchi, dans leur édition de la *Chronique des XXIV Généraux*, p. 409, n. 6, ont indiqué qu'il s'agissait de Potenza Picena, près de l'Adriatique, au sud de Lorette ; mais de Ponte della Trave à Potenza Picena, il y a plus de cinquante kilomètres.
9. Frère Pierre de Monticello mourut vers 1304, au couvent de Sirolo, entre Ancône et Recanati ; fête le 14 mars ; voir chap. 44. Monticello, aujourd'hui Treja, à trois lieues environ à l'ouest de Macerata.
10. Ce frère est appelé Servusdei dans le traité des *Conformités*, VIII, 2e partie, et XI, 2e partie, éd. c., IV, p. 276 et 513 ; on ne sait rien de plus sur lui que ce qui est rapporté ici.
11. Il y avait deux couvents de frères Mineurs à Ancône.
12. Saint François avait une grande dévotion à saint Michel, et c'est pendant le carême de saint Michel, « qui commençait à la fête de l'Assomption », qu'il reçut les stigmates ; voir la *IIe* et la *IIIe Considération sur les stigmates*.

très fidèle zélateur de l'honneur divin, miséricordieux protecteur des âmes, je te demande cette grâce de m'obtenir de Dieu le pardon de mes péchés. » Saint Michel répondit : « Demande une autre grâce, car celle-là je te la procurerai très aisément. » Et comme frère Pierre ne demandait rien d'autre, l'archange conclut : « A cause de la foi et de la dévotion que tu as en moi, je te procurerai cette grâce que tu me demandes et beaucoup d'autres. » Cette conversation achevée, qui avait duré longtemps, l'archange saint Michel partit, le laissant extrêmement consolé.

Au temps de ce saint frère Pierre, vivait frère Conrad d'Offida[13]. Comme ils étaient ensemble de compagnie dans le couvent de Forano[14] de la custodie d'Ancône, ce frère Conrad s'en alla un jour dans le bois pour contempler Dieu, et frère Pierre le suivit en secret pour voir ce qui lui adviendrait. Frère Conrad commença de se mettre en oraison et de prier très pieusement la Vierge Marie, et avec beaucoup de larmes, de lui obtenir, de son Fils béni, cette grâce qu'il sentît un peu de cette douceur qu'éprouva saint Siméon, le jour de la Purification, quand il porta dans ses bras Jésus, le Sauveur béni[15]. Cette prière faite, la miséricordieuse Vierge Marie l'exauça ; et voici apparaître la Reine du ciel avec son Fils béni dans les bras, parmi une lumière très éclatante. Elle s'approcha de frère Conrad et lui posa dans les bras ce Fils béni ; il le reçut avec une très grande dévotion, l'embrassa, le baisa, le serra sur sa poitrine, et il se consumait et se fondait en amour divin et en indicible consolation. Et de même frère Pierre qui, caché, voyait tout, sentit dans son âme une très grande douceur et consolation.

La Vierge Marie ayant quitté frère Conrad, frère Pierre retourna en hâte au couvent, pour n'être pas vu de lui ; mais ensuite, quand frère Conrad y retournait tout en joie et en allégresse, frère Pierre lui dit : « O homme du ciel, tu as eu

---

13. Frère Conrad d'Offida, entré dans l'Ordre en 1256, mourut à Bastia, près d'Assise, le 12 décembre 1306 ; fête le 16 décembre ; voir chap. 42 et 44. Offida, à trois lieues environ au nord-est d'Ascoli Piceno.
14. Entre Macerata et Iesi.
15. Cf. Lc **2** 25-35.

aujourd'hui une grande consolation. » Frère Conrad répondit : « Que dis-tu là, frère Pierre, et que sais-tu que j'ai eu ? — Je sais bien, je sais bien », dit frère Pierre, « comment la Vierge Marie avec son Fils béni t'a visité. » Alors frère Conrad qui, dans sa véritable humilité, désirait garder secrètes les grâces de Dieu, le pria de ne le dire à personne. Et il y eut depuis lors un si grand amour entre eux deux, qu'il semblait qu'ils n'eussent en toutes choses qu'un cœur et une âme.

Ce frère Conrad délivra une fois par ses prières, dans le couvent de Sirolo[16], une femme possédée du démon, après avoir prié pour elle toute la nuit et être apparu à sa mère ; au matin, il s'enfuit pour n'être pas trouvé et honoré par le peuple.

A la louange du Christ. Amen.

CHAPITRE 43

COMMENT FRÈRE CONRAD D'OFFIDA CONVERTIT UN JEUNE FRÈRE QUI SCANDALISAIT LES AUTRES FRÈRES, ET COMMENT CE JEUNE FRÈRE, A SA MORT, APPARUT AUDIT FRÈRE CONRAD EN LE SUPPLIANT DE PRIER POUR LUI, ET COMMENT IL LE DÉLIVRA PAR SA PRIÈRE DES TRÈS GRANDES PEINES DU PURGATOIRE[1].

Ce frère Conrad d'Offida, admirable zélateur de la pauvreté évangélique et de la règle de saint François, fut de vie si religieuse et de si grand mérite auprès de Dieu, que le Christ béni l'honora de beaucoup de miracles pendant sa vie et après sa mort.

Parmi lesquels, celui-ci : comme il était venu, en passant, au couvent d'Offida, les frères le prièrent, pour l'amour de Dieu et de la charité, d'admonester un jeune frère qui était dans ce couvent et qui se comportait avec tant de puérilité, de désordre et de dissolution, qu'il troublait les vieux et les

16. Voir plus haut, n. 9.

1. *Actus*, **50** ; titre : *Comment frère Conrad d'Offida convertit un certain jeune homme et, après sa mort, le délivra du purgatoire.*

jeunes de cette famille religieuse ; et il ne se souciait que peu ou point de l'office divin et des autres observances de la Règle. Alors frère Conrad, par compassion pour ce jeune homme et à cause des prières des frères, l'appela à l'écart près de lui, et, en ferveur de charité, lui dit des paroles d'admonition si efficaces et si pieuses que, par l'opération de la grâce divine, celui-ci, d'enfant qu'il était, devint subitement vieillard par sa manière de vivre, et si obéissant, si bon, si diligent, si pieux, si pacifique en outre et si serviable, et si appliqué à toute chose vertueuse que, de même qu'il avait d'abord troublé toute la famille, ainsi tous en étaient par la suite contents et consolés et l'aimaient profondément.

Or, il advint que peu de jours après sa conversion, ledit jeune homme mourut, ce dont les frères s'affligèrent beaucoup ; et peu de jours après sa mort, son âme apparut à frère Conrad, qui se tenait pieusement en prière devant l'autel de ce couvent, et le salua dévotement comme son père ; frère Conrad lui demanda : « Qui es-tu ? » Il répondit : « Je suis l'âme de ce jeune frère qui mourut ces jours-ci. » Et frère Conrad : « O mon fils bien-aimé, quel est ton sort ? » Il répondit : « Mon père bien-aimé, par la grâce de Dieu et de votre enseignement, mon sort est bon, car je ne suis pas damné, mais pour certains péchés que j'ai commis et que je n'ai pas eu le temps d'expier suffisamment, je souffre des très grandes peines du purgatoire ; aussi je te prie[2], mon père, que, de même que tu m'as par ta piété secouru de mon vivant, ainsi il te plaise de me secourir maintenant dans mes peines, en disant pour moi quelques *Pater noster*, car ta prière est très puissante auprès de Dieu. » Alors, frère Conrad, accédant avec bonté à ses prières, récita une fois pour lui le *Pater noster* et le *Requiem æternam*, et cette âme dit : « O mon père bien-aimé, quel bien et quel rafraîchissement j'éprouve maintenant ! Je te prie de réciter ces prières une autre fois. » Et frère Conrad les récita ; et aussitôt qu'il les eut récitées, l'âme dit : « O père saint, quand tu pries pour moi, je me sens tout soulagé ; aussi je te prie de ne pas cesser de prier pour moi. » Alors frère Conrad, voyant que cette âme était ainsi aidée

2. Sur un passage analogue de *vous* au *tu*, voir chap. 24, n. 7.

par ses prières, récita pour elle cent *Pater noster*, et quand il les eut achevés, cette âme dit : « Je te remercie, mon père bien-aimé, de la part de Dieu, de la charité que tu as eue envers moi, car par ta prière je suis délivré de toutes les peines et je m'en vais au royaume du ciel. » Et cela dit, cette âme s'en alla. Alors frère Conrad, pour donner aux frères allégresse et réconfort, leur raconta en détail toute cette vision.

A la louange du Christ. Amen.

CHAPITRE 44

COMMENT LA MÈRE DU CHRIST, SAINT JEAN L'ÉVANGÉLISTE ET SAINT FRANÇOIS APPARURENT A FRÈRE PIERRE DE MONTICELLO, ET LUI DIRENT LEQUEL D'ENTRE EUX SOUFFRIT LA PLUS GRANDE DOULEUR DE LA PASSION DU CHRIST[1].

Au temps où demeuraient ensemble dans la custodie d'Ancône, au couvent de Forano[2], les susdits frère Conrad et frère Pierre[3], qui étaient deux étoiles brillantes dans la province de la Marche et deux hommes du ciel, comme il y avait entre eux tant d'amour et tant de charité qu'ils paraissaient n'avoir qu'un même cœur et qu'une même âme[4], ils s'engagèrent ensemble par ce pacte : toute consolation que leur accorderait la miséricorde de Dieu, ils devraient se la révéler charitablement l'un à l'autre.

Ce pacte conclu, il advint qu'un jour où frère Pierre était en prière et pensait très pieusement à la passion du Christ, et comment la bienheureuse mère du Christ, Jean, le dis-

---

1. Ce chapitre qui manquait dans le manuscrit des *Actus* de Paul Sabatier, a été publié par lui, **74**, d'après la *Chronique des XXIV Généraux*, éd. c., p. 410 et suiv. ; le manuscrit de M. A.-G. Little nous fournit un texte latin beaucoup plus voisin de la traduction des *Fioretti*, **56** ; titre : *Comment frère Pierre et frère Conrad furent deux étoiles très brillantes.* Le titre de certaines éditions italiennes indique par erreur que c'est frère Conrad qui aurait eu cette vision ; cf. P. B. Bughetti, éd. cit., p. 153, n. 2.
2. Cf. chap. 42, n. 14.
3. Man. de M. A.-G. Little : « Le vénérable prêtre de Dieu, frère Pierre de Monticello... ».
4. Voir la fin du chap. 42.

ciple bien-aimé, et saint François étaient peints au pied de la croix[5], crucifiés avec le Christ par la douleur de leur âme, il lui vint le désir de savoir lequel de ces trois avait éprouvé la plus grande douleur de la passion du Christ : ou la Mère qui l'avait engendré, où le disciple qui avait dormi sur son sein, ou saint François qui avait été crucifié avec le Christ[6]. Comme il était en cette pieuse méditation, la Vierge Marie lui apparut avec saint Jean et saint François, vêtus de très nobles vêtements de gloire bienheureuse ; mais saint François paraissait vêtu d'une plus belle robe que saint Jean.

Et comme frère Pierre était tout bouleversé par cette vision, saint Jean le réconforta et lui dit : « Ne crains point, frère bien aimé, car nous sommes venus te consoler et t'éclairer sur l'objet de ton doute. Sache donc que la mère du Christ et moi, nous avons, plus que toute créature, souffert de la passion du Christ ; mais après nous, saint François en éprouva plus grande douleur qu'aucun autre ; c'est pour cela que tu le vois en une telle gloire. » Frère Pierre lui demanda : « Très saint apôtre du Christ, pourquoi le vêtement de saint François paraît-il plus beau que le tien ? » Saint Jean lui répondit : « En voici la raison : c'est que, quand il était sur la terre, il porta des vêtements plus vils que moi. »

Et ces paroles dites, saint Jean donna à frère Pierre un vêtement glorieux qu'il portait en main et lui dit : « Prends ce vêtement, je l'ai apporté pour te le donner. » Saint Jean voulant le vêtir de ce vêtement, frère Pierre stupéfait tomba à terre et se mit à crier : « Frère Conrad, frère Conrad bien-aimé, accours vite, viens voir des choses merveilleuses. » Sur ces paroles, cette sainte vision disparut. Puis, comme frère Conrad arrivait, il lui raconta en détail toutes ces choses ; et ils rendirent grâce à Dieu. Amen.

---

5. Dans aucun des deux textes latins, il ne se trouve un mot correspondant au mot *dipinti* des *Fioretti;* mais il paraît probable qu'il s'agit d'un tableau représentant saint François stigmatisé au pied de la croix, la Vierge et saint Jean, tableau peint non pas forcément avant la mort de Pierre de Monticello en 1304, mais avant la rédaction de ce chapitre.
6. Texte de la *Chronique des XXIV Généraux :* « Portant ses Stigmates sacrés. »

CHAPITRE 45

DE LA CONVERSION, DE LA VIE, DES MIRACLES ET DE LA MORT DU SAINT FRÈRE JEAN DE LA PENNA[1].

A frère Jean de la Penna, encore enfant et séculier dans la province de la Marche, il apparut une nuit un très bel enfant, qui l'appela en disant : « Jean, va à Saint-Etienne[2] où prêche un de mes frères, crois à sa doctrine et agis selon ses paroles, car c'est moi qui l'ai envoyé là ; cela fait, tu as à faire un grand voyage, et puis tu viendras à moi. » A ces mots, cet enfant se leva aussitôt et sentit un grand changement dans son âme. Il alla à Saint-Etienne et y trouva une grande multitude d'hommes et de femmes qui étaient là pour entendre la prédication. Et celui qui devait prêcher était un frère qui s'appelait frère Philippe[3], un des premiers frères venus dans la Marche d'Ancône ; il n'y avait à cette époque que peu de couvents établis dans la Marche.

Ce frère Philippe monta en chaire pour prêcher, et prêcha très pieusement non pas avec des paroles de science humaine, mais avec la vertu de l'esprit du Christ, annonçant le royaume de la vie éternelle. La prédication terminée, cet enfant alla trouver ledit frère Philippe et lui dit : « Mon père, s'il vous

---

1. Chapitre publié par Paul Sabatier d'après un manuscrit des *Actus* autre que celui qu'il a édité et où ce récit manquait, **69** ; titre : *Comment un ange du Seigneur s'entretint avec frère Jean de Penna, quand il était encore enfant et en habit séculier.* Un texte plus voisin de la version italienne est donné par le manuscrit de M. A.-G. Little, **51** ; titre : *De frère Jean de Penna et de ce que lui dit un ange.* Ce frère Jean de Penna mourut vers 1274. Il est peu probable que ce soit le même que le frère Jean de Penna qui, d'après la *Chronique* de Jourdain de Giano, 5, fut envoyé en Allemagne après le chapitre général de 1219, et qui, en 1231, fut chargé d'une mission par Jourdain lui-même, à cette époque custode de Thuringe, *Chronique*, 60. Penna, ou Penna San Giovanni, se trouve entre Macerata et Ascoli.
2. Petite localité au sud de Penna San Giovanni.
3. Frère Philippe le Long fut un des onze premiers compagnons de saint François ; voir chap. I, n. 10. Il devint visiteur des Pauvres Dames et essaya, pendant le voyage du Saint en Orient, d'obtenir de Rome des privilèges en leur faveur, ce dont saint François fut très attristé. Il n'est cependant pas certain que le frère Philippe dont il est ici question, soit bien le même personnage que frère Philippe le Long.

plaisait de me recevoir dans l'Ordre je ferais volontiers pénitence et je servirais Notre-Seigneur Jésus-Christ. » Frère Philippe, voyant et reconnaissant dans cet enfant une merveilleuse innocence et une prompte volonté de servir Dieu, lui dit : « Tu viendras me trouver tel jour à Recanati[4], et je te ferai recevoir. » Dans ce couvent, devait se tenir un chapitre provincial. De ce fait, l'enfant, qui était très pur, conclut que c'était là le grand voyage qu'il devait faire, selon la révélation qu'il avait eue, et qu'il s'en irait ensuite au paradis ; ainsi croyait-il faire aussitôt qu'il serait reçu dans l'Ordre. Il alla donc et fut reçu.

Voyant alors que ce qu'il avait pensé ne s'accomplissait pas, et le ministre disant au chapitre qu'à quiconque voudrait aller dans la province de Provence, avec le mérite de la sainte obéissance, il lui en donnerait volontiers la permission[5], il lui vint un très grand désir de s'y rendre, car il pensait dans son cœur que c'était là le grand voyage qu'il devait faire avant d'aller au paradis ; mais il avait honte de le dire. Finalement, il se confia au susdit frère Philippe qui l'avait fait recevoir dans l'Ordre, et il le pria affectueusement de lui obtenir la grâce d'aller dans la province de Provence. Alors frère Philippe, voyant sa pureté et la sainteté de son intention, lui obtint cette grâce ; aussi frère Jean se mit-il en route avec une grande joie, bien persuadé qu'à la fin de ce voyage, il s'en irait au paradis.

Mais, comme il plut à Dieu, il passa vingt-cinq ans dans cette province, en cette attente et en ce désir, menant une vie très honnête, et très sainte, et très exemplaire, croissant toujours dans la vertu et dans la grâce de Dieu et du peuple ; et il était extrêmement aimé des frères et des séculiers.

Comme un jour frère Jean était pieusement en prière et pleurait et se lamentait, parce que son désir ne s'accomplissait pas et que son pèlerinage en cette vie se prolongeait

---

4. A six lieues environ au sud d'Ancône.
5. Ce chapitre provincial de Recanati ressemble singulièrement à un chapitre général et en particulier à celui de 1219 dont il a été question ci-dessus, n. 1 ; une confusion de l'auteur paraît bien probable.

trop, le Christ béni lui apparut, dont la vue fit se fondre son âme ; et le Christ lui dit : « Frère Jean, mon fils, demande-moi ce que tu voudras. » Il répondit : « Mon Seigneur, je ne sais te demander rien autre que toi-même, car je ne désire aucune autre chose ; mais je te prie seulement de me pardonner tous mes péchés et de me donner la grâce de te revoir une autre fois quand j'en aurai le plus besoin. » Le Christ lui dit : « Ta prière est exaucée. » Et cela dit, il partit, et frère Jean resta tout consolé et réconforté.

A la fin, les frères de la Marche ayant entendu le bruit de sa sainteté, firent tant auprès du Général qu'il lui envoya l'obédience[6] de retourner dans la Marche ; ayant reçu cette obédience, il se mit joyeusement en route, pensant qu'à la fin de ce voyage il devait s'en aller au ciel, selon la promesse du Christ. Mais après être retourné dans la province de la Marche, il y vécut trente ans, et aucun de ses parents ne le reconnaissait plus[7] ; et chaque jour il attendait que la miséricorde de Dieu lui tînt sa promesse. Et pendant ce temps, il remplit plusieurs fois l'office de gardien avec grande discrétion, et Dieu accomplit par lui beaucoup de miracles.

Et parmi les autres dons qu'il reçut de Dieu, il eut l'esprit de prophétie ; ainsi une fois, comme il était hors du couvent, un de ses novices fut attaqué par le démon et si fortement tenté que, cédant à la tentation, il résolut en lui-même de sortir de l'Ordre aussitôt que frère Jean serait rentré ; or, frère Jean connut par esprit de prophétie cette tentation et ce dessein, revint incontinent au logis, appela près de lui ce novice, et lui dit qu'il voulait qu'il se confessât. Mais avant de le confesser, il lui raconta en détail toute sa tentation, comme Dieu le lui avait révélé, et conclut : « Mon fils, parce que tu m'as attendu et que tu n'as pas voulu partir sans ma bénédiction, Dieu t'a accordé la grâce de ne jamais sortir de cet Ordre, mais tu mourras dans l'Ordre avec la grâce divine. » Alors ce novice fut confirmé dans son bon propos et il resta dans l'Ordre où il devint un saint frère.

---

6. Ordre écrit.
7. Cette phrase n·· figure dans aucun des deux textes latins.

Et toutes ces choses me furent rapportées à moi frère Hugolin[8] par ledit frère Jean.

C'était un homme à l'âme pleine de joie et de sérénité, un homme qui parlait rarement, de grande oraison et dévotion, et en particulier après Matines il ne retournait jamais à sa cellule, mais il restait en prière dans l'église jusqu'au jour. Et une nuit qu'après Matines il était en prière, l'ange de Dieu lui apparut et lui dit : « Frère Jean, ton voyage est terminé, dont tu as si longtemps attendu la fin ; aussi je te préviens de la part de Dieu de demander telle grâce que tu voudras. Et je te préviens aussi de choisir ce que tu voudras ; ou un jour de purgatoire, ou sept jours de souffrances en ce monde. » Et frère Jean ayant choisi plutôt sept jours de souffrances en ce monde, il tomba aussitôt malade de diverses maladies ; car une violente fièvre le prit, et la goutte aux pieds et aux mains et des douleurs au flanc et beaucoup d'autres maux ; mais ce qui pour lui était le pire, c'est qu'un démon se tenait devant lui, ayant en mains une grande feuille de papier sur laquelle étaient écrits tous les péchés qu'il avait faits ou pensés, et qui lui disait : « Pour ces péchés que tu as commis par pensées et par actions, tu es damné au plus profond de l'enfer. » Et il ne se souvenait ni d'avoir jamais fait aucun bien, ni d'être dans l'Ordre, ni d'y avoir jamais été ; mais il pensait qu'il était damné comme le démon le disait. Aussi quand on lui demandait comment il allait, il répondait : « Mal, car je suis damné. »

Les frères, voyant cela, envoyèrent chercher un vieux

---

8. Sur ce frère, voir l'*Introduction*, et chap. 41, n. 7. L'incunable, imprimé à Milan en 1477, sur lequel le P. Godefroy, O.M. Cap., a établi sa traduction des *Fioretti*, publiée à Paris en 1947, donne ici une curieuse version. La phrase : « Et toutes ces choses me furent rapportées... » n'y est pas reproduite, mais la phrase précédente se termine ainsi : « ...il resta dans l'Ordre où il devint saint Hugolin. » Le P. Godefroy, p. 42 et suiv., identifie ce « saint Hugolin » avec le bienheureux Hugolin de Fabriano, frère jumeau de frère Jacques de la Marche. Hugolin disparaît donc ici, ainsi d'ailleurs que dans plusieurs manuscrits, comme auteur des *Actus-Fioretti*. Mais il reparaît avec ce titre, au chapitre 73 des *Actus*, dans le manuscrit de M. A.-G. Little. Le problème n'est pas simplifié!

frère qui s'appelait frère Matthieu de Monte Rubbiano[9], qui était un saint homme et un grand ami de ce frère Jean. Et ledit frère Matthieu arriva près de lui le septième jour de sa tribulation, le salua et lui demanda comment il allait. Il lui répondit qu'il allait mal parce qu'il était damné. Alors frère Matthieu dit : « Ne te souviens-tu pas que tu t'es souvent confessé à moi et que je t'ai pleinement absous de tous tes péchés ? Ne te souviens-tu pas encore que tu as servi Dieu dans cet Ordre pendant beaucoup d'années ? Ensuite, ne te souviens-tu pas que la miséricorde de Dieu est plus grande que tous les péchés du monde, et que le Christ béni, notre Sauveur, a payé, pour nous racheter, un prix infini ? Aussi aie bonne espérance, car tu es certainement sauvé. » Et sur ces paroles, car le terme de sa purification était arrivé, la tentation disparut et la consolation vint.

Et avec une grande joie, frère Jean dit à frère Matthieu : « Comme tu es fatigué et qu'il se fait tard, je te prie d'aller te reposer. » Et frère Matthieu ne voulait pas le quitter ; mais finalement, sur ses vives instances, il prit congé de lui et alla se reposer. Et frère Jean resta seul avec le frère qui le servait. Et voici que le Christ béni vint, entouré d'une très grande splendeur et d'une suavité excessive de parfums, ainsi qu'il lui avait promis de lui apparaître une autre fois quand il en aurait le plus besoin, et il le guérit parfaitement de tous ses maux. Alors frère Jean, les mains jointes, lui rendit grâce d'avoir terminé si heureusement son grand voyage de la présente vie misérable, se remit aux mains du Christ et rendit son âme, passant de cette vie mortelle à la vie éternelle avec le Christ béni, qu'il avait si longtemps désiré et attendu. Et ledit frère Jean repose dans le couvent de Penna San Giovanni.

A la louange du Christ. Amen.

9. Monte Rubbiano, à deux lieues environ au sud de Fermo. Sur frère Matthieu, on ne sait rien, si ce n'est qu'il était dans l'Ordre en 1245. Il est de nouveau cité aux chapitres 48 et 51.

CHAPITRE 46

COMMENT FRÈRE PACIFIQUE, ÉTANT EN PRIÈRE, VIT L'AME DE FRÈRE HUMBLE, SON FRÈRE, ALLER AU CIEL[1].

Dans cette province de la Marche, il y eut, après la mort de saint François, deux frères selon la chair, dont l'un s'appelait frère Humble et l'autre frère Pacifique[2], et qui furent hommes de grande sainteté et perfection ; et l'un d'eux, à savoir frère Humble, demeurait dans le couvent de Soffiano[3] et y mourut ; l'autre était de famille dans un autre couvent très éloigné. Comme il plut à Dieu, frère Pacifique, étant un jour en prière dans un lieu solitaire, fut ravi en extase et vit l'âme de son frère, frère Humble, aller tout droit au ciel, sans aucun retard ou empêchement : c'était au moment où elle se séparait de son corps.

Puis il advint, après nombre d'années, que ce frère Pacifique, qui survivait, fut envoyé de famille dans ce couvent de Soffiano où son frère était mort. En ce temps-là les frères, à la demande des seigneurs de Brunforte, abandonnèrent ce couvent pour un autre ; et par suite ils transportèrent, entre autres choses, les reliques des saints frères qui étaient morts dans ce couvent[4].

---

1. Ce chapitre, qui manquait dans le manuscrit des *Actus* de Paul Sabatier, a été publié par lui d'après la *Chronique des XXIV Généraux*, éd. c., p. 213 ; ici encore un texte plus voisin de la version italienne nous est fourni par le manuscrit de M. A.-G. Little, **47** ; titre : *D'un frère qui vit l'âme de son frère* (germani sui) *portée par les anges*. Sur ces deux frères, nous ne savons rien, si ce n'est que frère Humble mourut vers 1234 et que frère Pacifique mourut à Soffiano. Ce frère Pacifique ne doit pas être confondu avec un autre frère Pacifique beaucoup plus célèbre, « couronné roi des poètes par l'empereur », et envoyé en France par saint François en 1217.
2. *Due fratelli... frate Umile... frate Pacifico.*
3. Dans son édition des *Actus*, p. 214, n. 2, Paul Sabatier a donné une description charmante des différents couvents occupés par les frères Mineurs aux environs de Sarnano, à huit lieues environ au sud-ouest de Macerata ; le premier était à Roccabruna ; le second, beaucoup plus haut, dans la montagne, à Soffiano, et c'est celui dont il est question ici ; le troisième enfin, où les frères se transportèrent, comme il va être dit ci-dessous, en abandonnant Soffiano, à Brunforte ; sur le couvent de Brunforte, voir chap. 41, n. 7.
4. Comme le frère dont il va être parlé au chapitre 47 est mort à Soffiano en 1260, la translation en question ne peut avoir eu lieu qu'après cette date.

Et comme on arrivait à la sépulture de frère Humble, son frère, frère Pacifique, prit ses ossements, les lava avec du bon vin, les enveloppa ensuite dans une nappe blanche, et avec grande révérence et dévotion, il les baisait et pleurait ; les autres frères s'en étonnèrent beaucoup, et ils ne trouvaient pas que ce fût un bon exemple, car, alors qu'il était un homme de grande sainteté, il paraissait pleurer son frère par amour sensuel et terrestre, et témoigner plus de dévotion à ses reliques qu'à celles des autres frères qui n'avaient pas été de moindre sainteté que frère Humble, et dont les reliques étaient dignes d'autant de respect que les siennes.

Frère Pacifique, connaissant la mauvaise pensée des frères, leur donna humblement satisfaction et leur dit : « Mes frères bien-aimés, ne vous étonnez pas de ce que j'aie fait pour les os de mon frère ce que je n'ai pas fait pour les autres ; car, béni soit Dieu ! ce n'est pas, comme vous le croyez, l'amour charnel qui m'y a poussé ; mais j'ai agi ainsi parce que, quand mon frère passa de cette vie, comme je priais dans un lieu désert et éloigné de lui, je vis son âme monter tout droit au ciel ; et pour cela je suis sûr que ses ossements sont saints et doivent être un jour au paradis. Et si Dieu m'avait accordé une telle certitude au sujet des autres frères, j'aurais à leurs os témoigné le même respect. » Les frères, voyant, par ce fait, sa sainte et dévote intention, furent bien édifiés par lui et louèrent Dieu, qui accomplit de tels miracles en faveur de ses saints frères.

A la louange du Christ. Amen.

CHAPITRE 47

DE CE SAINT FRÈRE A QUI LA MÈRE DU CHRIST APPARUT, QUAND IL ÉTAIT MALADE, ET APPORTA TROIS BOITES D'ÉLECTUAIRE[1].

Dans ce couvent de Soffiano, il y eut autrefois un frère Mineur de sainteté et de grâce si grandes qu'il paraissait tout

1. *Actus*, 48, mais d'après un autre manuscrit que celui utilisé d'abord par Paul Sabatier ; titre : *Comment la bienheureuse Vierge apparut à un certain frère malade et près de la mort.* Version plus rapprochée

divin et que souvent il était ravi en Dieu. Et parfois, comme il était tout absorbé et élevé en Dieu, parce qu'il avait en particulier la grâce de la contemplation, des oiseaux de diverses espèces venaient à lui et se posaient familièrement sur ses épaules, sur sa tête, sur ses bras, sur ses mains, et chantaient merveilleusement. Il était, ce frère, très ami de la solitude et ne parlait que rarement, mais quand on l'interrogeait sur quoi que ce soit, il répondait si gracieusement et si sagement qu'il paraissait plutôt un ange qu'un homme, et il était homme de très grande oraison et contemplation ; et les frères l'avaient en grand respect.

Ce frère ayant achevé le cours de sa vie vertueuse, selon la volonté divine, tomba mortellement malade, au point qu'il ne pouvait rien prendre, et de plus il ne voulait accepter aucune médecine terrestre, mais toute sa confiance il la mettait dans le médecin céleste Jésus-Christ béni et dans sa Mère bénie, dont il mérita par la divine clémence de recevoir miséricordieusement la visite et les consolations. Aussi, comme il était une fois sur son lit, se préparant à la mort de tout son cœur et avec toute sa dévotion, la glorieuse et très bienheureuse Mère du Christ, la Vierge Marie, lui apparut entourée d'une très grande multitude d'anges et de vierges saintes et dans une merveilleuse splendeur, et elle s'approcha de son lit. Et lui, en la regardant, en éprouvait très grand réconfort et allégresse d'âme et de corps, et il commença à la supplier humblement de prier son Fils bien-aimé de le tirer par ses mérites de la prison de cette misérable chair. Et comme il persévérait avec beaucoup de larmes dans cette prière, la Vierge Marie lui répondit en l'appelant par son nom : « Ne crains rien, mon fils, car ta prière est exaucée, et je suis venue pour te réconforter un peu avant que tu ne partes de cette vie. »

Il y avait à côté de la Vierge Marie trois vierges saintes,

---

de celle des *Fioretti* donnée par le manuscrit de M. A.-G. Little, 52, titre : *Comment la bienheureuse Vierge Marie apparut à un certain frère Mineur au couvent de Soffiano*. Ce frère anonyme a été identifié avec le bienheureux Liberato de Lauro, appartenant peut-être à la famille des comtes de Brunforte, et dont la fête est célébrée le 30 octobre ; cette identification n'est pas absolument certaine. Le couvent de Brunforte s'est plus tard appelé San Liberato.

qui portaient en main trois boîtes d'électuaire, d'une odeur et d'une suavité inexprimables. Alors la glorieuse Vierge prit une de ces boîtes et l'ouvrit et toute la maison en fut parfumée ; et avec une cuiller elle prit de cet électuaire et en donna au malade ; et aussitôt qu'il en eut goûté, il sentit tant de réconfort et tant de douceur qu'il semblait que son âme ne pût demeurer dans son corps ; ce pourquoi il se mit à dire : « Ne m'en donnez plus, ô très douce Mère, Vierge bénie, vous qui avez sauvé la race humaine ; ne m'en donnez plus, ô guérisseuse bénie ; ne m'en donnez plus, car je ne peux supporter tant de suavité. » Mais la compatissante et bonne mère n'en offrit pas moins plusieurs fois de cet électuaire au malade, et en lui en faisant prendre vida toute la boîte. Puis, la première boîte vidée, la bienheureuse Vierge prit la seconde et y mit la cuiller pour lui en donner ; et il s'en plaignit doucement en disant : « O très bienheureuse Mère de Dieu, si mon âme s'est comme toute liquéfiée par l'odeur et la suavité du premier électuaire, comment pourrai-je supporter le second? Je te prie, ô bénie par-dessus tous les saints et par-dessus tous les anges, de ne plus vouloir m'en donner. » Notre-Dame répondit : « Goûte encore un peu, mon fils, de cette seconde boîte. » Et lui en donnant un peu, elle lui dit : « Aujourd'hui, mon fils, tu en as eu autant qu'il t'en faut. Réconforte-toi, mon fils, car bientôt je viendrai pour toi et je te conduirai au royaume de mon Fils, que tu as toujours cherché et désiré. »

Et cela dit, ayant pris congé de lui, elle partit, et il resta si consolé et réconforté par la douceur de cet électuaire[2], que, pendant plusieurs jours, il survécut rassasié et fort, sans aucune nourriture corporelle. Et quelques jours après, comme il parlait joyeusement avec les frères, il passa, dans une grande allégresse et jubilation, de cette vie misérable à la vie bienheureuse. Amen.

---

2. Ici l'électuaire est appelé *confetto*, qu'on pourrait traduire par confiture ; l'électuaire est un médicament qui renferme du miel et en a la consistance.

CHAPITRE 48

COMMENT FRÈRE JACQUES DE MASSA VIT, SOUS LA FORME D'UN ARBRE, TOUS LES FRÈRES MINEURS DU MONDE, ET CONNUT LES VERTUS, LES MÉRITES ET LES VICES DE CHACUN[1].

Frère Jacques de Massa, à qui Dieu ouvrit la porte de ses secrets, et donna parfaite science et intelligence de la divine Ecriture et des choses futures, fut de telle sainteté que frère Gilles d'Assise, frère Marc de Montino, frère Junipère et frère Lucide[2] dirent de lui qu'ils ne connaissaient au monde personne de plus grand auprès de Dieu.

Ce frère Jacques, j'eus grand désir de le voir, parce que, comme je priais frère Jean, compagnon dudit frère Gilles[3], de m'exposer certaines choses spirituelles, il me dit : « Si tu veux être bien instruit dans la vie spirituelle, fais en sorte de

---

1. Ce chapitre, qui manquait dans les manuscrits anciennement connus des *Actus*, a été publié par Paul Sabatier, **76**, d'après le *Speculum vitæ beati Francisci et sociorum ejus*, compilation du XIVe siècle, imprimée en 1504 ; titre : *De la tribulation et de la réformation de l'Ordre*. On le retrouve dans l'*Histoire des Tribulations de l'Ordre des Mineurs*, d'Ange Clareno, l'un des chefs les plus exaltés des Spirituels. Le manuscrit de M. A.-G. Little, **57**, en donne une version qui, à quelques détails près, est la même que celle de l'*Histoire des Tribulations*. Les difficultés chronologiques que suscite le texte sont à peu près inextricables. Frère Jacques de Massa — Massa est un village à environ six lieues de Fermo — est mort vers 1260, et Ange Clareno, mort en 1337, n'est né que vers 1270. Puisqu'il n'a pu rencontrer frère Jacques, il paraît certain, à moins de très graves erreurs de dates, que ce n'est pas lui qui va parler à la première personne. Est-ce frère Hugolin de Monte Santa Maria ? Il est possible, car, d'après un passage de la *IIIe Considération sur les Stigmates*, frère Hugolin a été en relations avec frère Jacques de Massa. Quant au récit même de cette étrange vision, où saint Bonaventure est mis en si fâcheuse posture, il est évident qu'il ne faut l'accueillir qu'avec les plus prudentes réserves et un certain scepticisme : il est tiré de l'arsenal de guerre des Spirituels.
2. La vie de frère Gilles et celle de frère Junipère, de sainte et joyeuse mémoire, sont racontées dans la *Chronique des XXIV Généraux*, éd.c., p. 54 et suiv. ; cf. chap. 26, n. 12 et chap. 34, n. 2. Frère Marc de Montino serait, d'après cette *Chronique*, le même que frère Matthieu dont il sera question plus loin. Sur frère Lucide, voir chap. 42, n. 2.
3. D'après la *Chronique des XXIV Généraux*, éd. c., p. 262, ce frère Jean aurait été un des informateurs des auteurs de la *Légende* dite *des Trois Compagnons*.

parler avec frère Jacques de Massa, parce que frère Gilles désirait d'être éclairé par lui et qu'à ses paroles on ne peut ni rien ajouter ni rien retrancher, car son esprit a pénétré les secrets du ciel, et ses paroles sont paroles de l'Esprit-Saint, et il n'est homme sur la terre que je désire autant de voir. »

Ce frère Jacques, au commencement du ministère de frère Jean de Parme[4], fut, une fois qu'il priait, ravi en Dieu et resta trois jours dans ce ravissement, en extase, privé de tout sentiment corporel ; et il demeura si insensible que les frères se demandaient s'il n'était pas mort. Et dans ce ravissement il lui fut révélé par Dieu ce qui devait être et advenir de notre Ordre ; aussi, quand je l'appris, mon désir augmenta de le voir et de m'entretenir avec lui.

Et quand il plut à Dieu que j'eusse la possibilité de lui parler, je le priai en ces termes : « Si ce que j'ai entendu dire de toi est vrai, je te prie de ne pas me le cacher. J'ai entendu que, quand tu demeuras trois jours comme mort, Dieu te révéla entre autres choses ce qui devait advenir dans notre Ordre ; et cela, c'est frère Matthieu, ministre de la Marche, qui l'a dit, lui à qui tu l'as révélé par obéissance. » Alors frère Jacques, avec grande humilité, lui avoua[5] que ce que disait frère Matthieu était vrai.

Et ses paroles, c'est-à-dire celles dudit frère Matthieu[6], ministre de la Marche, étaient les suivantes : « Je sais un frère à qui Dieu a révélé tout ce qui adviendra dans notre Ordre ; car frère Jacques de Massa m'a dit et fait connaître qu'après beaucoup de choses que Dieu lui révéla sur l'état de l'Eglise militante, il eut la vision d'un arbre très beau et très grand, dont les racines étaient d'or : ses fruits étaient des hommes, tous frères Mineurs. Ses branches principales étaient distinctes

4. Jean de Parme fut élu Ministre général au chapitre de Lyon, le 13 juillet 1247.

5. *Sic* ! Le contexte exigeait évidemment : m'avoua. Le traducteur italien a remanié le récit latin dont la forme diffère assez sensiblement de celle des *Fioretti*.

6. Texte de *l'Histoire des Tribulations :* « Ce frère Jacques m'a dit et fait connaître... »

et en nombre égal à celui des provinces de l'Ordre, et chaque branche avait autant de frères qu'il y en avait dans la province représentée par cette branche ; il sut alors le nombre de tous les frères de l'Ordre et de chaque province, et aussi leurs noms et leurs âges, les conditions, les charges, les dignités, les grâces et les fautes de tous. Et il vit frère Jean de Parme à la cime de la branche du milieu de cet arbre ; et au faîte des branches qui entouraient cette branche du milieu, se tenaient les ministres de toutes les provinces. Après cela, il vit le Christ siéger sur un trône très grand et d'une éclatante blancheur ; et le Christ appelait saint François et lui donnait un calice plein de l'esprit de vie et le chargeait d'une mission en lui disant : « Va et visite tes frères, et donne-leur à boire de ce calice de l'esprit de vie, parce que l'esprit de Satan se lèvera contre eux et les frappera, et beaucoup d'entre eux tomberont et ne se relèveront point. » Et le Christ donna à saint François deux anges pour l'accompagner.

Et alors saint François vint présenter le calice de vie à ses frères, et il commença par le présenter à frère Jean, qui le prit et le but tout entier, en hâte et avec dévotion ; et aussitôt il devint tout lumineux comme le soleil. Et après lui, saint François le présentait successivement à tous les autres, et il y en avait peu parmi eux à le prendre avec le respect et la dévotion voulus et à le boire tout entier. Ceux qui le prenaient dévotement et le buvaient tout entier devenaient soudain resplendissants comme le soleil ; ceux qui le renversaient tout entier et ne le prenaient pas avec dévotion, devenaient noirs et sombres, difformes et horribles à voir ; ceux qui le buvaient en partie et en partie le renversaient, devenaient en partie lumineux et en partie se couvraient de ténèbres, plus ou moins, selon la mesure de ce qu'ils avaient bu ou répandu. Mais par-dessus tous les autres, le susdit frère Jean était resplendissant, lui qui avait le plus complètement bu le calice de vie, qui lui avait fait contempler profondément l'abîme de l'infinie lumière divine, dans laquelle il avait connu l'adversité et la tempête qui devaient s'élever contre ledit arbre, secouer et ébranler ses rameaux.

Pour cette raison, ledit frère Jean quitta la cime de la branche où il se tenait, et, descendant sous toutes les branches, il se cacha au pied du tronc de l'arbre, et il y demeurait tout pensif[7]. Et frère Bonaventure, qui avait bu une partie du calice et en avait renversé une autre, monta sur cette branche à l'endroit d'où frère Jean était descendu. Et comme il s'y trouvait, les ongles de ses mains devinrent des ongles de fer, aiguisés et tranchants comme des rasoirs ; et alors il quitta ce lieu où il était monté, et il voulait se jeter avec impétuosité et fureur sur frère Jean pour lui nuire. Ce que voyant, frère Jean cria fort et se recommanda au Christ qui siégeait sur le trône ; et à son cri, le Christ appela saint François, et lui donna une pierre à feu tranchante, et lui dit : « Va, et avec cette pierre rogne les ongles de frère Bonaventure, au moyen desquels il veut griffer frère Jean, en sorte qu'il ne puisse pas lui nuire. » Alors saint François vint et fit ce que le Christ lui avait ordonné.

Cela fait, se déchaîna une violente tempête, qui frappa

---

7. Allusion à la démission de Jean de Parme, donnée au chapitre général tenu à Rome le 2 février 1250. Le Bienheureux Jean de Parme, dont la fête est célébrée le 20 mars, avait essayé de ramener l'Ordre aux traditions primitives et à la stricte observance de la Règle et du Testament : « Tu es venu bien et à propos, mais tu es venu tard », lui avait dit frère Gilles au moment de son élection comme Ministre général. Mais Jean de Parme était joachimite, c'est-à-dire partisan de Joachim de Flore, moine calabrais, mort en 1202, dont les doctrines, sur l'avènement d'un âge nouveau qui serait celui du Saint-Esprit, avaient exercé une profonde influence au XIIIe siècle, en particulier chez les frères Mineurs, et avaient été condamnées, le 23 octobre 1255, par Alexandre IV. Sur Joachim de Flore, cf. Dante, *Paradis*, XII, 139-141. Saint Bonaventure, élu Ministre général après la démission de Jean de Parme qui l'avait désigné pour cette charge, dut intenter contre lui un procès pour hérésie, qui se termina soit par une absolution, soit par une condamnation suivie d'une mesure de grâce, due à l'intervention du cardinal Ottoboni, le futur Adrien V. Le récit des *Fioretti*, quelle qu'en soit la source, n'est qu'une allégorie de ce procès, sur lequel il est bien difficile d'avoir une juste opinion, car il n'en existe qu'une version, celle d'Ange Clareno, dont la partialité est certaine. Le silence de Fra Salimbene, joachimite lui-même, et très favorable à Jean de Parme, est d'autant plus surprenant que cet amusant chroniqueur était à l'affût de toutes les nouvelles, pour ne pas dire de tous les « potins ». Les historiens ont porté les jugements les plus divers sur le rôle joué par saint Bonaventure dans le procès ; cf. E. Gilson. *La philosophie de saint Bonaventure*, Paris, 1924, p. 22 et suiv. Jean de Parme, après sa démission, vécut encore plus de trente ans à Greccio ; il mourut à Camerino le 20 mars 1289.

l'arbre si fort que les frères tombaient à terre ; et d'abord tombaient ceux qui avaient entièrement renversé le calice de l'esprit de vie, et ils étaient emportés par les démons dans des lieux pleins de ténèbres et de châtiments. Mais frère Jean, ainsi que les autres qui avaient bu tout le calice, furent transportés par les anges dans un lieu de vie, et de lumière éternelle, et de splendeur bienheureuse. Et le susdit frère Jacques, qui voyait cette vision, saisissait et discernait, en détail et avec précision, ce qu'il voyait quant aux noms, conditions et états de chacun, qui lui devenaient clairs. Et cette tempête dura tant contre l'arbre qu'il tomba et que le vent l'emporta.

Et puis, aussitôt que cessa la tempête, des racines de cet arbre, qui étaient d'or, sortit un autre arbre tout d'or, qui produisit des feuilles, des fleurs et des fruits d'or. De cet arbre, de son épanouissement, de sa profondeur, de sa beauté, de son odeur, de sa vertu, mieux est actuellement de se taire que d'en parler[8]. »

A la louange du Christ. Amen.

CHAPITRE 49

COMMENT LE CHRIST APPARUT A FRÈRE JEAN DE L'ALVERNE[1].

Parmi les autres sages et saints frères et fils de saint François, qui, selon la parole de Salomon, sont la gloire du père[2], il y eut de nos jours dans la dite province de la Marche le vénérable et

8. La vision de l'arbre, qui aurait eu lieu vers 1247, est certainement une prophétie écrite « après l'événement ». Ici, l'auteur essaie de prophétiser réellement, mais sans aucun succès. La même aventure est d'ailleurs arrivée à Dante ! Voir, en particulier, *Purgatoire*, XXXIII, 34-51.

1. *Actus*, **59** ; titre : *Comment le Christ apparut à frère Jean de l'Alverne, qui, en embrassant le Christ, fut ravi en extase*. Le texte des *Actus* diffère, çà et là, assez sensiblement de celui des *Fioretti*, mais le sens général est le même. Le bienheureux Jean de l'Alverne — cf. *Acta Sanctorum*, août, t. II, p. 459 et suiv. — naquit à Fermo en 1259, entra dans l'Ordre en 1272 et mourut, le 9 août 1322, sur l'Alverne, où il avait passé les dernières années de sa vie. Il fut non seulement un ascète, mais encore un ardent prédicateur, ainsi que le rappelle la *Chronique des XXIV Généraux*, éd. c., p. 445.
2. Pr **10** 1.

saint frère Jean de Fermo, qui était aussi appelé frère Jean de l'Alverne, à cause du long temps qu'il demeura dans le saint lieu de l'Alverne, où il passa de cette vie[3] ; car il fut homme de vie exemplaire et de grande sainteté.

Ce frère Jean, alors qu'il était enfant et dans le siècle, désirait de tout son cœur la vie de pénitence qui garde la pureté de l'âme et du corps ; c'est pourquoi, étant encore bien petit, il commença à porter le cilice de mailles et le cercle de fer sur sa chair et à pratiquer une grande abstinence ; en particulier, quand il demeurait avec les chanoines de Saint-Pierre de Fermo[4], qui vivaient magnifiquement, il fuyait les délices corporelles et macérait son corps par une abstinence très rigoureuse. Mais, comme ses compagnons s'y opposaient beaucoup, lui enlevant son cilice et empêchant de diverses manières son abstinence, il décida, inspiré par Dieu, d'abandonner le monde et ceux qui l'aiment, et de s'offrir tout entier dans les bras du Crucifié, sous l'habit de saint François crucifié. Et il fit ainsi.

Ayant donc été reçu dant l'Ordre tout enfant et confié aux soins du maître des novices, il devint si spirituel et si pieux que parfois, entendant ledit maître parler de Dieu, son cœur se consumait comme la cire auprès du feu ; et il se réchauffait avec une si grande suavité de grâce dans l'amour divin que, ne pouvant rester immobile et supporter une telle suavité, il se levait et, comme ivre d'esprit, il se mettait à courir, tantôt dans le jardin, tantôt dans le bois, tantôt dans l'église, selon que le poussaient la flamme et l'élan de l'esprit.

Puis, par la suite du temps, la grâce divine fit croître d'une manière continue cet homme angélique de vertu en vertu, et en dons célestes, et en divines élévations, et en ravissements,

---

3. Le texte des *Actus* ne donne que dans le manuscrit de M. A.-G. Little, **42**, l'indication que frère Jean de Fermo était aussi appelé frère Jean de l'Alverne ; quant à l'allusion à sa mort, elle ne se trouve que dans les *Fioretti*. L'Alverne, la montagne sainte où saint François reçut les Stigmates, vers la fête de l'Exaltation de la Sainte-Croix, c'est-à-dire vers le 14 septembre 1224, est située en Toscane, à sept lieues environ au nord-est d'Arezzo ; voir plus loin, p. 187, n. 7. Sur Fermo, voir chap. 51, n. 7.
4. Chanoines réguliers de saint Augustin.

si bien que son âme était élevée parfois aux splendeurs des chérubins, parfois aux ardeurs des séraphins[5], parfois aux joies des bienheureux, parfois aux embrassements amoureux et excessifs du Christ, et ce non seulement par des sensations spirituelles intérieures, mais aussi par des signes formels extérieurs et par des sensations corporelles. En particulier, la flamme du divin amour embrasa une fois son cœur d'une manière excessive, et cette flamme dura bien en lui trois années ; en ce temps, il recevait de merveilleuses consolations et visitations divines, et souvent il était ravi en Dieu ; bref, en ce temps, il paraissait tout enflammé et brûlant de l'amour du Christ. Et cela se passait sur la sainte montagne de l'Alverne[6].

Mais parce que Dieu prend un soin tout spécial de ses fils, leur donnant, selon la diversité des temps, tantôt consolation, tantôt tribulation, tantôt prospérité, tantôt adversité, comme il voit qu'il leur est nécessaire pour se maintenir en humilité ou pour enflammer davantage leur désir des choses célestes, il plut à la divine bonté, après ces trois années, de retirer dudit frère Jean ce rayonnement et cette flamme du divin amour, et elle le priva de toute consolation spirituelle ; par suite, frère Jean demeura sans lumière et sans amour de Dieu, tout désolé, affligé, endolori. Et pour cela, il s'en allait ainsi plein d'angoisse à travers la forêt, courant çà et là, appelant par des paroles, des pleurs et des soupirs l'époux bien-aimé de son âme, qui s'était caché et l'avait quitté, et sans la présence duquel son âme ne trouvait ni paix ni repos ; mais en aucun lieu, en aucune manière, il ne pouvait retrouver le doux Jésus, ni revenir à ces suaves sensations spirituelles de l'amour du Christ, comme il avait accoutumé. Et cette tribulation lui dura des jours nombreux, durant lesquels il persévéra continuellement à pleurer, à soupirer et à prier Dieu de lui rendre par sa miséricorde l'époux bien-aimé de son âme.

---

5. *L'un fu tutto serafico in ardore,*
L'altro per sapienza in terra fue
Di cherubica luce uno splendore.
L'un fut tout séraphique en ardeur, l'autre, par sa sagesse, fut sur la terre une splendeur de lumière des chérubins, a dit Dante de saint François et de saint Dominique, *Paradis*, XI, 37-39.
6. Cette dernière phrase ne se trouve que dans les *Fioretti*.

A la fin, quand il plut à Dieu d'avoir assez éprouvé sa patience et enflammé son désir, un jour que frère Jean allait, en telle affliction et tribulation, à travers ladite forêt, et qu'il s'était assis de lassitude, appuyé à un hêtre[7], et qu'il demeurait, la face toute baignée de larmes, regardant vers le ciel, voici que tout à coup Jésus-Christ apparut près de lui dans le sentier par lequel ce frère Jean était venu, mais il ne disait rien. Frère Jean le voyant et reconnaissant bien que c'était le Christ, se jeta aussitôt à ses pieds, et avec des gémissements démesurés, il le priait très humblement et disait : « Secours-moi, ô mon Seigneur, car sans toi, mon très doux Sauveur, je suis dans les ténèbres et dans les pleurs ; sans toi, très doux Agneau, je suis dans les angoisses et dans la peur ; sans toi, Fils du Dieu très haut, je suis dans la confusion et dans la honte ; sans toi, je suis dépouillé de tout bien et aveuglé, car tu es Jésus la vraie lumière des âmes ; sans toi, je suis perdu et damné, car tu es la vie des âmes et la vie des vies ; sans toi, je suis stérile et aride, car tu es la source de tout don et de toute grâce ; sans toi, je suis tout désolé, car tu es Jésus notre rédemption, notre amour, notre désir, pain qui réconforte et vin qui réjouit les chœurs des anges et les cœurs de tous les Saints. Eclaire-moi, maître très gracieux et pasteur très pitoyable, parce que je suis, quoique indigne, ta petite brebis. »

Mais parce que le désir des hommes saints, que Dieu diffère d'exaucer, les enflamme à plus grand amour et mérite, le Christ béni part sans l'exaucer et sans lui rien dire, et il s'en va par ledit sentier. Alors, frère Jean se lève et court derrière lui, et de nouveau se jette à ses pieds, et avec une sainte importunité le retient, et avec de très dévotes larmes le prie et dit : « O très doux Jésus, aie pitié de moi dans ma tribulation ; exauce-moi par l'abondance de ta miséricorde et par la vérité de ton salut ; rends-moi la joie de ton visage et de tes regards pitoyables, car toute la terre est pleine de ta miséricorde. » Et le Christ s'en va encore, et ne lui dit rien, et ne lui donne aucune consolation ; et il agit comme une mère avec son petit

7. Ce hêtre fut abattu par le vent en 1518, et une chapelle fut construite à la place où il s'élevait. Sur les souvenirs du bienheureux Jean à l'Alverne, cf. P. S. Mencherini, O.F.M., *Guida illustrata della Verna*. Quaracchi, 1921, p. 268 et suiv.

enfant, quand elle lui fait désirer la mamelle, et le fait venir derrière elle en pleurant, pour qu'il la prenne ensuite plus volontiers.

Alors frère Jean, avec plus grande ferveur encore et plus grand désir, suit le Christ ; et lorsqu'il l'a rejoint, le Christ béni se retourne vers lui et le regarde avec un visage plein d'allégresse et de grâce, et, ouvrant ses bras très saints et miséricordieux[8], l'embrasse très tendrement. Et comme il ouvrait les bras, frère Jean vit sortir de la poitrine très sainte du Sauveur de merveilleux rayons de lumière, qui illuminèrent tout le bois et lui-même en son âme et en son corps.

Frère Jean s'agenouilla alors aux pieds du Christ ; et Jésus béni lui tendit avec bénignité son pied à baiser, en la même manière qu'à la Magdeleine[9] ; et frère Jean, le prenant avec un respect extrême, le baigna de tant de larmes qu'il paraissait vraiment une autre Magdeleine, et il disait dévotement : « Je te prie, mon Seigneur, de ne pas regarder à mes péchés, mais par ta très sainte passion et par l'effusion de ton précieux sang, de ressusciter mon âme dans la grâce de ton amour, puisque c'est ton commandement que nous t'aimions de tout notre cœur et de toute notre affection[10], commandement que personne ne peut accomplir sans ton aide. Aide-moi donc, très aimant Fils de Dieu, afin que je t'aime de tout mon cœur et de toutes mes forces. »

Et comme frère Jean demeurait ainsi aux pieds de Jésus, prononçant ces paroles, il fut exaucé par lui et recouvra de lui la première grâce, c'est-à-dire celle de la flamme du divin amour, et il se sentit tout renouvelé et consolé ; et sentant que le don de la divine grâce était revenu en lui, il commença à rendre grâce au Christ béni et à baiser dévotement ses pieds. Et puis, comme il se redressait pour regarder le Sauveur en face, le Christ lui tendit et lui offrit ses mains très saintes à baiser ; et après que frère Jean les eut baisées, il s'approcha à la toucher de la poitrine de Jésus, et il étreignit et baisa cette

---

8. *Actus :* comme fait le prêtre quand il se retourne vers le peuple.
9. Cf. Lc 7, 37-51 ; Jn **12** 3-8 et **20** 11-18.
10. Dt **6** 5 ; Mt **22** 37.

poitrine très sacrée, et pareillement le Christ l'étreignit et le baisa. Et dans cette étreinte et ces baisers, frère Jean sentit une odeur si divine que si tous les aromates et toutes les choses odoriférantes du monde avaient été réunis ensemble, ils eussent paru une puanteur en comparaison de cette odeur ; et frère Jean fut alors tout ravi en elle, et consolé, et illuminé, et cette odeur dura plusieurs mois dans son âme.

Et dorénavant, de sa bouche abreuvée à la fontaine de la divine sagesse dans la poitrine sacrée du Sauveur, sortaient des paroles merveilleuses et célestes, qui transformaient les cœurs de qui les entendait et faisaient grand fruit dans les âmes. Et dans le sentier du bois, où se posèrent les pieds bénis du Christ, et loin alentour, frère Jean sentait toujours cette odeur et voyait cette splendeur, quand il y allait longtemps après.

Frère Jean, revenant ensuite à lui après ce ravissement, et alors que la présence corporelle du Christ avait disparu, demeura si illuminé dans l'âme, si abîmé dans sa divinité, que, bien qu'il ne fût pas un homme lettré par l'étude humaine, il savait néanmoins résoudre et expliquer les questions les plus subtiles et les plus hautes sur la Trinité divine, et les profonds mystères de la sainte Ecriture. Et bien des fois ensuite, parlant en présence du pape et des cardinaux, des rois, des barons, des maîtres et des docteurs, il les mettait tous en grande stupeur par les hautes paroles et les profondes sentences qu'il disait.

A la louange du Christ. Amen.

CHAPITRE 50

COMMENT, EN DISANT LA MESSE LE JOUR DES MORTS, FRÈRE JEAN DE L'ALVERNE VIT UN GRAND NOMBRE D'AMES DÉLIVRÉES DU PURGATOIRE[1].

Ce frère Jean disant une fois la messe le jour après la Toussaint pour toutes les âmes des morts, selon que l'Eglise l'a

1. *Actus* **56** ; titre : *Comment frère Jean, pendant qu'il célébrait, vit que des âmes étaient délivrées du purgatoire.*

ordonné, offrit avec une telle affection de charité et avec une telle piété de compassion ce très haut sacrement — que les âmes des morts, à cause de son efficacité, désirent par-dessus tous les autres biens que l'on peut faire pour eux — qu'il paraissait se consumer tout entier par douceur de piété et de charité fraternelle. Et pour cela, comme à cette messe il levait dévotement le corps du Christ et qu'il l'offrait à Dieu le Père, en le priant que, par l'amour de son Fils béni Jésus-Christ, qui pour racheter les âmes était pendu à la croix, il lui plût de délivrer des peines du purgatoire les âmes des morts par lui créées et rachetées, il vit incontinent un nombre presque infini d'âmes sortir du purgatoire, à la manière d'innombrables étincelles de feu qui sortiraient d'une fournaise ardente, et il les vit monter au ciel par les mérites de la passion du Christ, qui est offert chaque jour pour les vivants et pour les morts dans cette hostie très sacrée, digne d'être adorée dans les siècles des siècles. Amen.

CHAPITRE 51

DU SAINT FRÈRE JACQUES DE FALLERONE, ET COMMENT IL APPARUT APRÈS SA MORT A FRÈRE JEAN DE L'ALVERNE[1].

Au temps où frère Jacques de Fallerone, homme de grande sainteté, était gravement malade au couvent de Mogliano de la custodie de Fermo, frère Jean de l'Alverne qui demeurait alors au couvent de Massa[2], apprenant sa maladie, se mit, parce qu'il l'aimait comme son père très cher, en prière pour lui, priant Dieu pieusement, dans une oraison mentale, de rendre à ce frère Jacques la santé du corps, si c'était le mieux pour son âme.

1. *Actus*, **57** ; titre : *Comment frère Jean vit le bienheureux François avec beaucoup d'autres frères, et comment frère Jacques lui parla après sa mort.*
2. Mogliano est à trois lieues environ au sud de Macerata, Fallerone un peu plus bas ; sur Massa, voir chap. 48, n. 1. Les érudits ne sont pas d'accord sur la date de la mort de ce frère Jacques de Fallerone, dont il a déjà été question au chapitre 32 : 1290, 1303, 1308? Son apparition à frère Jacques de Massa, relatée à la fin du chapitre, ne simplifie pas la question. L'indication que frère Jean de l'Alverne demeurait alors au couvent de Massa est propre aux *Fioretti*.

Et comme il était dans ces pieuses prières, il fut ravi en extase, et il vit dans l'air une grande armée d'anges et de Saints se tenir au-dessus de sa cellule, qui était dans le bois, parmi une telle splendeur que tout le pays d'alentour en était illuminé. Et parmi ces anges il vit ce frère Jacques malade, pour qui il priait, se tenir tout resplendissant et vêtu de blanc. Il vit encore parmi eux le bienheureux père saint François, orné des sacrés Stigmates du Christ et étincelant de gloire. Il y vit aussi et il y reconnut le saint frère Lucide et frère Matthieu l'ancien de Monte Rubbiano[3], et plusieurs autres frères qu'il n'avait jamais vus ni connus en cette vie. Et comme frère Jean regardait ainsi avec une grande joie cette bienheureuse troupe de Saints, il eut la révélation certaine que l'âme de ce frère malade était sauvée et qu'il devait mourir de cette maladie, mais qu'il ne devait pas aller au paradis aussitôt après sa mort, parce qu'il lui fallait se purifier un peu au purgatoire. De cette révélation frère Jean eut une si grande joie, à cause du salut de cette âme, qu'il n'éprouvait aucune peine de la mort du corps, mais avec une grande douceur d'esprit il appelait le malade en disant en lui-même : « Frère Jacques, mon doux père ; frère Jacques, mon doux frère ; frère Jacques, très fidèle serviteur et ami de Dieu ; frère Jacques, compagnon des anges et associé des bienheureux. » Et ainsi, dans cette certitude et dans cette joie, il revint à lui, et il partit aussitôt du couvent et alla visiter ledit frère Jacques à Mogliano.

Il trouva son état si aggravé qu'à peine pouvait-il parler, et il lui annonça alors la mort de son corps, le salut et la gloire de son âme, selon la certitude qu'il en avait eue par la révélation divine ; frère Jacques en eut l'âme et la figure toutes réjouies, et il le reçut avec une grande allégresse et un visage joyeux, le remerciant des bonnes nouvelles qu'il lui apportait et se recommandant dévotement à lui. Alors frère Jean le pria tendrement de revenir le trouver après sa mort et de lui faire connaître son état ; et frère Jacques le lui promit s'il plaisait à Dieu de le permettre. Et cela dit, comme s'approchait l'heure de son trépas, frère Jacques se mit à réciter pieusement ce verset du psaume : « Je m'endormirai et je reposerai en paix

---

3. Sur ces frères, voir chap. 42, n. 2 et 45, n. 9.

dans la vie éternelle »[4] ; et ce verset dit, la figure joyeuse et gaie, il passa de cette vie.

Après qu'il eut été enseveli, frère Jean retourna au couvent de Massa, et il y attendait la réalisation de la promesse de frère Jacques de revenir le trouver au jour indiqué. Mais ce jour-là, comme il était en prière, le Christ lui apparut avec une grande suite d'anges et de Saints, parmi lesquels n'était pas frère Jacques ; frère Jean s'en étonna beaucoup et le recommanda pieusement au Christ. Puis le lendemain, comme frère Jean priait dans le bois, frère Jacques lui apparut accompagné d'anges, et tout glorieux et joyeux ; et frère Jean lui dit : « O père saint, pourquoi n'es-tu pas venu à moi le jour que tu m'avais promis ? » Frère Jacques répondit : « Parce que j'avais besoin de quelque purification ; mais à cette heure même où le Christ t'apparut et où tu me recommandas à lui, le Christ t'exauça et me délivra de toutes peines. Et j'apparus alors à frère Jacques de Massa[5], saint frère lai, qui servait la messe et qui vit l'hostie consacrée, quand le prêtre l'éleva, transformée et changée en l'apparence d'un très bel enfant vivant, et je lui dis : « Aujourd'hui je m'en vais avec cet enfant au royaume de la vie éternelle, où personne ne peut aller sans lui. » Ces paroles dites, frère Jacques disparut et s'en alla au ciel avec toute cette bienheureuse compagnie d'anges ; et frère Jean demeura très consolé.

Ce frère Jacques de Fallerone mourut la veille de saint Jacques apôtre, au mois de juillet[6], dans le susdit couvent de Mogliano, où, par ses mérites, la divine bonté opéra après sa mort beaucoup de miracles.

A la louange du Christ. Amen.

---

4. Texte des *Actus* : « *O in pace, o in idipsum, o dormiam, o requiescam* » ; les *o* ajoutés par l'auteur expriment la respiration pénible du mourant ; Ps 4 9.
5. Frère Jacques de Massa étant mort vers 1260, cf. chap. 48, n. 1, on ne voit pas comment frère Jacques de Fallerone, mort au plus tôt en 1290, a pu lui apparaître. Y eut-il des homonymes ?
6. Le 24 juillet. Le texte du manuscrit des *Actus* publié par Paul Sabatier porte ici : *in vigilia sancti Pauli apostoli de mense julii*. Est-ce une erreur du copiste ? Mais dans le manuscrit de M. G.-A. Little, on lit : *in vigilia sancti Jacobi apostoli cuius festum colitur mense julii.*

CHAPITRE 52

DE LA VISION DE FRÈRE JEAN DE L'ALVERNE, OU IL CONNUT TOUT L'ORDRE DE LA SAINTE TRINITÉ[1].

Le susdit frère Jean de l'Alverne, parce qu'il avait parfaitement renoncé à toute joie et consolation mondaine et temporelle, et qu'il avait mis en Dieu toute sa joie et toute son espérance, la divine bonté lui donnait de merveilleuses consolations et révélations, particulièrement aux fêtes solennelles du Christ ; ainsi, comme s'approchait une fois la solennité de la Nativité du Christ, en laquelle il attendait avec certitude des consolations de Dieu par la douce humanité de Jésus, l'Esprit-Saint lui mit dans l'âme si grand et si excessif amour et ferveur de la charité du Christ, par laquelle il s'était humilié à prendre notre humanité, qu'il lui semblait vraiment que l'âme lui fût arrachée du corps, et qu'elle brûlât comme une fournaise. Comme il ne pouvait supporter cette ardeur, il s'angoissait et se consumait tout entier, et il criait à haute voix, parce que par l'élan de l'Esprit-Saint et par la ferveur de l'amour il ne pouvait s'empêcher de crier. Et à cette heure où lui venait cette ferveur démesurée, il lui venait avec elle l'espérance de son salut, si forte et si certaine qu'il ne croyait pas le moins du monde que, s'il venait à mourir alors, il dût passer par le purgatoire. Et cet amour lui dura bien une demi-année, encore que cette excessive ferveur il ne l'eût pas continuellement, mais qu'elle ne lui vînt qu'à certaines heures du jour.

Et en ce temps et depuis il reçut de nombreuses visites et consolations de Dieu ; et plusieurs fois il fut ravi en extase, comme le vit ce frère qui d'abord écrivit ces choses[2]. Parmi lesquelles, il fut une nuit si élevé et ravi en Dieu qu'il vit, en lui le Créateur, toutes les choses créées du ciel et de la terre,

---

1. *Actus*, **51** ; titre : *Comment frère Jean de l'Alverne fut ravi dans l'abîme de Dieu*. La version des *Fioretti* est un peu abrégée.
2. Texte des *Actus :* « ainsi que je l'ai vu moi-même à plusieurs reprises sur la foi de mes yeux et que beaucoup d'autres l'ont constaté souvent. » L'auteur des *Actus* serait donc un témoin oculaire, et la traduction des *Fioretti* se contenterait de renvoyer à son témoignage. Toutefois, il y a lieu de remarquer que la phrase qui vient d'être citée manque dans le manuscrit de M. G.-A. Little.

et toutes leurs perfections et degrés et ordres distincts. Et alors il connut clairement comment toute chose créée représentait son Créateur, et comment Dieu est au-dessus, au dedans, au dehors et à côté de toutes les choses créées. Et il connut ensuite un seul Dieu en trois personnes et trois personnes en un seul Dieu, et l'infinie charité qui fit le Fils de Dieu s'incarner par obéissance au Père. Et finalement, il connut en cette vision comment il n'y avait point d'autre voie par laquelle l'âme pût aller à Dieu et avoir la vie éternelle, sinon par le Christ béni, qui est la voie, la vérité et la vie de l'âme[3]. Amen.

CHAPITRE 53

COMMENT, EN DISANT LA MESSE, FRÈRE JEAN DE L'ALVERNE TOMBA COMME S'IL ÉTAIT MORT[1].

Au dit frère Jean, dans le susdit couvent de Mogliano, selon que le racontèrent les frères qui y étaient présents, il advint une fois cette chose admirable : la première nuit après l'octave de saint Laurent et dans l'octave de l'Assomption de Notre-Dame[2], comme il avait dit Matines à l'église avec les autres frères, et que survenait en lui l'onction de la grâce divine, il s'en alla dans le jardin contempler la passion du Christ et se disposer avec toute sa dévotion à célébrer la messe, que ce matin-là il lui revenait de chanter. Et comme il demeurait en contemplation des paroles de la consécration du corps du Christ : *Hoc est corpus meum*, et qu'il considérait l'infinie charité du Christ, par laquelle il voulut non seulement nous racheter de son précieux sang, mais encore nous laisser pour nourriture de nos âmes son corps et son sang très sacrés, l'amour du doux Jésus commença à croître en lui avec tant de ferveur et de suavité que son âme ne pouvait déjà plus sup-

3. Jn **14** 6.

1. *Actus*, **52** ; titre : *Comment frère Jean vit le Christ glorieux dans l'hostie et comment il fut ravi à l'autel lorsqu'il dit : « Ceci est mon corps »*. Ici encore, la version des *Fioretti* est abrégée.
2. Nuit du 17 au 18 août, la fête de saint Laurent étant célébrée le 10 août.

porter tant de douceur, mais il criait fort et comme ivre d'esprit il ne cessait de répéter en lui-même : *Hoc est corpus meum* ; car, en disant ces paroles, il lui paraissait voir le Christ béni avec la Vierge Marie et une multitude d'anges. Et en ces paroles l'Esprit-Saint l'éclairait de tous les hauts et profonds mystères de ce très haut sacrement.

L'aurore levée, il entra dans l'église en cette ferveur d'esprit et cette anxiété, ces mots aux lèvres, pensant n'être ni vu ni entendu de personne ; mais dans le chœur il y avait un frère en prière, qui voyait et entendait tout. Et comme en cette ferveur il ne pouvait se contenir par l'abondance de la grâce divine, il criait à haute voix ; et il demeura si longtemps en cet état que vint l'heure de dire la messe ; alors il alla se vêtir et alla à l'autel.

Et commençant la messe, plus il avançait, plus croissait en lui l'amour du Christ et cette ferveur de dévotion, avec laquelle il lui était donné un sentiment ineffable de Dieu, qu'il ne savait ni ne pouvait lui-même traduire ensuite par la parole. Ce pourquoi, craignant que cette ferveur et ce sentiment de Dieu ne crûssent tant qu'il lui fallût interrompre la messe, il fut en grande perplexité, et il ne savait quel parti prendre : ou continuer la messe, ou attendre. Mais comme autrefois semblable chose lui était advenue, et que le Seigneur avait si tempéré cette ferveur qu'il ne lui avait pas fallu interrompre la messe, pensant qu'il pourrait faire de même cette fois, il se mit avec grande crainte à continuer la messe. Et parvenant à la préface de Notre-Dame[3], la divine illumination et la gracieuse suavité de l'amour de Dieu commencèrent à croître tellement en lui, qu'arrivé au *Qui pridie*[4]..., il pouvait à peine supporter tant de suavité et de douceur. Finalement, arrivant à l'acte de la consécration et disant sur l'hostie les paroles de la consécration, ayant dit la moitié de ces paroles, c'est-à-dire : *Hoc est*, il ne pouvait en aucune manière continuer, mais il répétait seulement ces mêmes paroles : *Hoc est* ; et la raison pour laquelle il ne pouvait pas continuer, c'était qu'il sentait et voyait la

---

3. On était, comme il est dit plus haut, dans l'octave de la fête de l'Assomption.
4. Ces mots précèdent immédiatement la consécration.

présence du Christ avec une multitude d'anges, et qu'il ne pouvait supporter sa majesté ; et il voyait que le Christ n'entrait pas dans l'hostie, ou que l'hostie ne se transsubstantiait pas en le corps du Christ, s'il ne proférait pas l'autre moitié des paroles, c'est-à-dire : *corpus meum*. Aussi, comme il demeurait en cette anxiété et qu'il ne continuait pas, le gardien et les autres frères et aussi beaucoup de séculiers qui étaient dans l'église pour entendre la messe, s'approchèrent de l'autel, et ils demeuraient épouvantés à voir et à considérer les actes de frère Jean, et beaucoup d'entre eux pleuraient de dévotion.

A la fin, après un grand espace de temps, quand il plut à Dieu, frère Jean proféra : *corpus meum* à haute voix ; et soudain l'apparence du pain s'évanouit, et dans l'hostie apparut Jésus-Christ béni incarné et glorifié, lui prouvant ainsi l'humilité et la charité qui le firent s'incarner dans la Vierge Marie et qui le font venir chaque jour dans les mains du prêtre quand il consacre l'hostie. Et pour cela il fut encore plus élevé en douceur de contemplation. Aussi, quand il eut élevé l'hostie et le calice consacré, il fut ravi hors de lui-même ; et les sentiments corporels de son âme étant suspendus, son corps tomba en arrière, et s'il n'avait été soutenu par le gardien qui se tenait derrière lui, il serait tombé à terre sur le dos. Alors les frères et les séculiers qui étaient dans l'église, hommes et femmes, accoururent et le portèrent comme mort dans la sacristie, car son corps était refroidi comme le corps d'un mort, et les doigts de ses mains étaient si fortement contractés qu'à peine pouvaient-ils se détendre ou se mouvoir. Et en cette manière il demeura gisant ou évanoui ou ravi jusqu'à Tierce ; et cela se passait en été[5].

Et parce que moi qui fus présent à cela[6], je désirais beaucoup savoir ce que Dieu avait opéré envers lui, aussitôt qu'il fut revenu à lui, j'allai le trouver et je le priai, pour l'amour de Dieu, de tout me raconter. Alors, parce qu'il avait grande confiance en moi, il me raconta tout en détail ; et entre autres

5. Tierce se récite à 9 heures, pratiquement au milieu de la matinée, et les matinées sont plus longues en été.
6. L'auteur précise ici qu'il était du nombre des frères dont il parle dans la première phrase du chapitre.

choses il me dit que, lorsqu'il consacrait le corps et le sang de Jésus-Christ, et aussi avant, son cœur était liquide comme une cire très fondue, et que sa chair lui paraissait sans os, en sorte qu'il ne pouvait presque lever ni les bras ni les mains pour faire le signe de la croix sur l'hostie et sur le calice. Il me dit encore qu'avant qu'il ne fût ordonné prêtre, il lui avait été révélé par Dieu qu'il devait s'évanouir à la messe ; mais parce qu'il avait dit beaucoup de messes et que cela ne lui était pas arrivé, il pensait que cette révélation ne venait pas de Dieu. Et néanmoins, peut-être cinquante jours avant l'Assomption de Notre-Dame, pendant laquelle le susdit cas se produisit, il lui avait été encore révélé par Dieu que cela lui arriverait aux environs de ladite fête de l'Assomption ; mais depuis il avait oublié cette révélation.

A la louange du Christ. Amen.

LES CONSIDÉRATIONS SUR LES STIGMATES

Dans cette partie, nous considérerons avec piété les Stigmates de notre bienheureux père Messire saint François, qu'il reçut du Christ sur le saint mont Alverne ; et parce que lesdits Stigmates furent cinq, conformément aux cinq plaies du Christ, ce traité aura pour cette raison cinq considérations.

La première sera la considération de la manière dont saint François parvint au saint mont Alverne.

La seconde sera celle de la vie qu'il mena et du séjour qu'il fit avec ses compagnons sur ledit mont.

La troisième sera celle de l'apparition du Séraphin et de l'impression des Stigmates.

La quatrième sera celle de la manière dont saint François, après qu'il eut reçu les Stigmates, descendit du mont Alverne et retourna à Sainte-Marie des Anges.

La cinquième sera celle de certaines apparitions et révélations divines desdits Stigmates glorieux, faites après la mort de saint François à de saints frères et autres personnes dévotes.

PREMIÈRE CONSIDÉRATION

COMMENT MESSIRE ROLAND DE CHIUSI DONNA LE MONT ALVERNE A SAINT FRANÇOIS.

Quant à la première considération, il faut savoir que saint François, à l'âge de quarante-trois ans, en 1224[1], partit, inspiré par Dieu, du Val de Spolète pour aller en Romagne avec frère Léon, son compagnon ; et sur sa route il passa au pied du château de Montefeltro[2], où il se faisait alors un grand banquet et une assemblée parce que l'un de ces comtes de Montefeltro était armé chevalier. Apprenant cette solennité qui se faisait là et que beaucoup de gentilshommes de diverses régions s'y trouvaient réunis, saint François dit à frère Léon : « Allons là-haut à cette fête, car, avec l'aide de Dieu, nous y ferons quelque bien spirituel. »

Parmi les autres gentilshommes qui étaient venus à cette assemblée, il y avait là un riche et considérable gentilhomme de Toscane, nommé Messire Roland de Chiusi en Casentino[3], qui, en raison des choses merveilleuses qu'il avait entendues sur la sainteté et les miracles de saint François, lui portait grande dévotion et avait très grand désir de le voir et de l'entendre prêcher.

---

1. Date erronée. L'auteur des *Considérations* réunit dans ce chapitre des événements qui ont eu lieu à diverses époques, et il les situe en 1224, année de la stigmatisation. C'est en 1213 que saint François alla à Montefeltro, et la donation verbale de l'Alverne aurait été faite le 8 mai, d'après l'acte de confirmation de cette donation par les fils de Roland, passé le 9 juillet 1274 ; cf. P. S. Mencherini, O.F.M., *Codice diplomatico della Verna e delle SS. Stimate di S. Francesco d'Assisi*, Florence, 1924, p. 38 et 9. Le texte des *Actus beati Francisci et sociorum ejus*, **9**, 4, dit seulement : « *...quodam tempore antequam haberet stigmata Salvatoris*, ... un certain temps avant qu'il n'eût les Stigmates du Sauveur. »
2. Aujourd'hui San Leo, à trois lieues environ au sud-ouest de Saint-Marin ; cf. Dante, *Enfer*, XXVII, 29-30.
3. Le château de Chiusi se trouve à deux kilomètres environ au sud de l'Alverne ; le Casentino est la haute vallée de l'Arno ; cf. Dante, *Enfer*, XXX, 65, *Purgatoire*, V, 94, 115-117.

Saint François arriva à ce château, y entra et s'en alla sur la place, où était réunie toute la foule de ces gentilshommes ; en ferveur d'esprit, il monta sur un petit mur et commença à prêcher, en prenant comme thème de sa prédication ces paroles en langue vulgaire[4] :

Tanto è quel bene ch'io aspetto,
che ogni pena m'è diletto[5].

Et sur ce thème, sous la dictée de l'Esprit-Saint, il prêcha, avec une telle dévotion et une telle profondeur, en le prouvant par diverses peines et martyres des saints Apôtres et des saints Martyrs, et par les dures pénitences des saints Confesseurs, et par les nombreuses tribulations et tentations des Vierges saintes et des autres Saints, que tous ces gens demeuraient les yeux et l'esprit fixés sur lui, et écoutaient comme si c'était un Ange de Dieu qui parlât. Parmi eux, ledit Messire Roland, touché de Dieu en son cœur par la merveilleuse prédication de saint François prit la résolution d'aller, après la prédication, s'entretenir avec lui des choses de son âme.

Aussi, la prédication terminée, il prit à part saint François et il lui dit : « Père, je voudrais m'entretenir avec toi du salut de mon âme. » Saint François[6] répondit : « Cela me plaît beaucoup, mais, ce matin, va et fais honneur à tes amis qui t'ont invité à cette fête, dîne avec eux, et après le dîner nous parlerons ensemble tant qu'il te plaira. » Messire Roland s'en alla donc dîner et, après le dîner, il retourna à saint François et il lui exposa et régla entièrement avec lui les choses de son âme. Et, à la fin, ce Messire Roland dit à saint François : « Je possède en Toscane un mont très favorable à la piété, qui s'appelle le mont Alverne[7] ; il est très solitaire, couvert

4. En italien. — Le petit mur aurait disparu au XVIIe siècle.
5. Si grand est le bien que j'attends, que toute peine m'est un plaisir.
6. Les *Actus*, 9 12, donnent ce commentaire, qui n'a pas passé dans la version italienne : « Saint François, tout assaisonné du sel de la discrétion... »
7. L'Alverne, « le dur rocher entre le Tibre et l'Arno », Dante, *Paradis*, XI, 106, se trouve dans le diocèse et la province d'Arezzo, à onze kilomètres environ au nord-est de Bibbiena. Hauteur : 1 128 mètres. Aujourd'hui, on s'y rend simplement en automobile. Quand j'y allai.

de bois, et fort bien disposé pour qui voudrait faire pénitence en un lieu écarté du monde, ou pour qui a le désir de la vie solitaire. S'il te plaisait, je te le donnerais volontiers, à toi et à tes compagnons, pour le salut de mon âme. » Saint François, à une offre aussi généreuse de ce qu'il désirait beaucoup, éprouva une très vive allégresse, et, louant et remerciant Dieu d'abord, puis Messire Roland, il lui parla en ces termes : « Messire, quand vous serez retourné chez vous, je vous enverrai de mes compagnons, et vous leur montrerez ce mont ; et s'il leur paraît propre à la prière et à faire pénitence, j'accepte dès maintenant votre offre charitable. » Cela dit, saint François s'en alla ; après avoir achevé son voyage, il s'en retourna à Sainte-Marie des Anges ; et de même Messire Roland, cette assemblée solennelle terminée, s'en retourna à son château qui s'appelait Chiusi et qui est près de l'Alverne, à un mille.

S'en étant donc retourné à Sainte-Marie des Anges, saint François envoya deux de ses compagnons audit Messire Roland, qui, à leur arrivée chez lui, les reçut avec très grande allégresse et charité. Et, voulant leur montrer le mont Alverne, il envoya avec eux une bonne cinquantaine d'hommes armés, pour les défendre au besoin contre les bêtes sauvages. Ainsi accompagnés, ces frères gravirent le mont et l'explorèrent avec soin ; et à la fin ils arrivèrent à une partie du mont très favorable à la piété et très propre à la contemplation ; il y avait dans cette partie un plateau, et c'est ce lieu qu'ils choisirent pour y habiter, eux et saint François ; et, avec l'aide de ces hommes armés qui les accompagnaient, ils firent une hutte de branches d'arbres[8] ; et ainsi ils acceptèrent et prirent, au nom de Dieu, le mont de l'Alverne et le couvent des frères sur ce mont ; puis ils partirent et s'en retournèrent vers saint François.

---

pour la première fois, il y a un peu plus d'un quart de siècle, c'était une autre affaire! Un petit chemin de fer vous conduisait d'Arezzo à Bibbiena, où il fallait fréter une voiture, préhistorique, pour continuer vers l'Alverne ; les dernières centaines de mètres se faisaient à pied.

8. A l'endroit où s'élève la petite église Sainte-Marie des Anges, construite du temps même de saint François, agrandie et transformée plus tard. — On ne saurait trop conseiller au pèlerin de l'Alverne qui sait l'italien de se procurer l'excellent petit livre du P. Saturnino Mencherini, O.F.M., *Guida illustrata della Verna*, Quaracchi, 3e éd., 1921.

Arrivés près de lui, ils lui racontèrent comment et de quelle manière ils avaient pris possession sur le mont Alverne, d'un endroit très propre à la prière et à la contemplation. Lorsqu'il entendit cette nouvelle, saint François se réjouit beaucoup, et, louant et remerciant Dieu, il parla à ces frères, d'un air joyeux, et il leur dit : « Mes fils bien-aimés, nous approchons de notre carême de saint Michel Archange[9], et je crois fermement que c'est la volonté de Dieu que nous fassions ce carême sur le mont Alverne, qui, par la divine sollicitude, nous a été préparé pour que, à l'honneur et gloire de Dieu et de sa glorieuse Vierge Marie et des saints Anges, nous méritions du Christ, par la pénitence, de lui consacrer ce mont béni. »

Et cela dit, saint François prit avec lui frère Massée de Marignan d'Assise, qui était homme de grande sagesse et de grande éloquence, frère Ange Tancrède de Rieti, qui était un noble gentilhomme et avait été chevalier dans le siècle, et frère Léon, qui était homme de parfaite simplicité et pureté, ce pourquoi saint François l'aimait beaucoup et lui révélait presque tous ses secrets. Avec ces trois frères, saint François se mit en prière, puis, la prière finie, il se recommanda, lui et ses susdits compagnons, aux prières des frères qui restaient, et il se mit en route avec ces trois-là, au nom de Jésus-Christ crucifié, pour aller au mont Alverne.

En partant, saint François appela un de ces trois compagnons, c'est-à-dire frère Massée, et lui parla ainsi : « Toi, frère Massée, tu seras notre gardien et notre maître en ce voyage, pendant que nous irons et resterons ensemble, et que nous observerons notre coutume, soit de dire l'Office, soit de parler de Dieu, soit de garder le silence ; et nous ne nous soucierons d'avance ni de manger ni de dormir ; mais quand il sera l'heure de prendre logis, nous mendierons un peu de pain, nous nous arrêterons et reposerons en ce lieu que Dieu nous préparera. » Alors ces trois compagnons inclinèrent la tête, et, en faisant le signe de la croix, ils se mirent en route.

9. Cette indication qui nous reporte au mois d'août, ne concerne que le dernier voyage de saint François à l'Alverne, celui de la stigmatisation, en 1224.

Le premier soir ils arrivèrent à un couvent des frères et ils y logèrent[10] ; le second soir, parce que le temps était mauvais et qu'ils étaient fatigués, comme ils ne pouvaient atteindre ni aucun couvent de frères, ni un château, ni quelque village, et que la nuit survenait à l'improviste à cause du mauvais temps, ils se réfugièrent pour y gîter dans une église abandonnée et sans offices, et ils s'y reposèrent[11]. Et, pendant que ses compagnons dormaient, saint François se jeta en prière ; et comme il continuait à prier, voici venir, à la première veille de la nuit, une grande multitude de démons très féroces, avec très grand fracas et tumulte ; et ils commencèrent à lui livrer forte bataille et à le molester rudement ; l'un l'empoignait par ici, l'autre par là ; l'un le tirait en bas, l'autre en haut ; l'un le menaçait de ceci, l'autre lui reprochait cela ; et ainsi, de diverses façons, ils s'ingéniaient à l'arracher à sa prière, mais sans succès, car Dieu était avec lui. Aussi, quand saint François eut longtemps soutenu ces batailles démoniaques, il commença à crier à haute voix : « Esprits damnés, vous ne pouvez rien, si ce n'est quand la main de Dieu vous le permet ; et c'est pourquoi, de la part de Dieu tout-puissant, je vous dis de faire de mon corps ce qui vous est permis par Dieu : je le supporterai volontiers, car je n'ai pas pire ennemi que mon corps ; aussi, si vous tirez à ma place vengeance de mon ennemi, vous me rendez un très grand service. » Alors les démons, avec très grande violence et furie, le saisirent et commencèrent à le traîner par l'église, et à lui faire subir de bien plus grandes vexations et tourments qu'auparavant. Et saint François commença alors à crier et à dire : « Mon Seigneur Jésus-Christ, je te remercie de me témoigner tant d'amour et charité ; car c'est là un signe de grand amour, que le Seigneur punisse bien en ce monde son serviteur de tous ses défauts, pour qu'il n'en soit pas puni en l'autre. Et je suis prêt à supporter allègrement toute peine et toute

10. D'après une tradition, ce couvent serait celui de Buonriposo, à une lieue environ de Città di Castello, vers le Sud-Ouest ; cf. P. Nicola Cavanna, O.F.M., *L'Umbria francescana illustrata*, Pérouse, 1910, p. 385 et s. ; trad. franç. de Teodor de Wyzewa, Paris, 1926, p. 268 et s.
11. Ce serait l'église San Pierino, près de Caprese ; cf. P. S. Mencherini, O.F.M., *Guida...*, p. 288 et s.

adversité que toi, mon Dieu, tu veux m'envoyer pour mes péchés. »

Alors les démons, confondus et vaincus par sa constance et sa patience, s'en allèrent[12] ; et saint François, en ferveur d'esprit, sortit de l'église et entra dans un bois qui était près de là ; il s'y jeta en prière, et avec des prières, et avec des larmes, et en se frappant la poitrine, il s'efforça de trouver Jésus, l'époux et le bien-aimé de son âme. Et le trouvant finalement au fond de son âme, tantôt il lui parlait avec respect comme à son seigneur, tantôt il lui répondait comme à son juge, tantôt il le priait comme un père, tantôt il s'entretenait avec lui comme avec un ami. Pendant cette nuit et dans ce bois, ses compagnons, qui s'étaient éveillés et qui restaient écouter et considérer ce qu'il faisait, le virent et l'entendirent prier dévotement, par des larmes et par des paroles, la divine miséricorde pour les pécheurs. Ils le virent et l'entendirent encore gémir à haute voix sur la passion du Christ, comme s'il la voyait des yeux du corps. En cette même nuit, ils le virent prier, les bras réunis en forme de croix, suspendu et soulevé de terre pendant un long temps, et enveloppé d'une nuée resplendissante. Et ainsi en ces saints exercices, il passa toute la nuit sans dormir.

Puis, le matin, sachant qu'à cause de la fatigue de cette nuit et du manque de sommeil, saint François était trop faible de corps et aurait difficilement pu faire route à pied, ses compagnons s'en allèrent trouver un pauvre paysan des environs, et lui demandèrent de prêter, pour l'amour de Dieu, son petit âne à frère François leur père, qui ne pouvait aller à pied. Entendant nommer frère François, cet homme leur demanda : « Etes-vous des frères de ce frère François d'Assise, dont on dit tant de bien ? » Les frères répondirent que oui et que c'était bien pour lui qu'ils demandaient la bête de somme. Alors ce brave homme apprêta le petit âne avec grande

---

12. L'origine du récit se trouve dans Thomas de Celano (2 C 122), et dans la *Legenda antiqua* de Pérouse, 23 ; Thomas de Celano ne donne aucune indication de lieu, mais la *Legenda antiqua* situe la scène à l'église San Pietro de Bovara, près de Trevi ; cf. P.N. Cavanna, O.F.M., *L'Umbria...*, p. 344 et s. ; trad. franç., p. 241 et s.

dévotion et sollicitude, et le mena à saint François, qu'il fit avec grand respect monter dessus. Et ils poursuivirent leur route, cet homme avec eux, derrière son petit âne.

Après qu'ils eurent fait un peu de chemin, le paysan dit à saint François : « Dis-moi, es-tu frère François d'Assise ? » Saint François répondit que oui : « Tâche donc alors, dit le paysan, d'être aussi bon que tout le monde le pense, parce que beaucoup de gens ont grande confiance en toi ; aussi je te donne le conseil de n'avoir rien en toi qui diffère de ce que l'on espère de toi. » Saint François, entendant ces paroles, ne se fâcha point d'être admonesté par un paysan et ne se dit pas en lui-même : Quelle bête est cet homme qui m'admoneste ainsi ? ce que diraient aujourd'hui beaucoup d'orgueilleux qui portent la cape ; mais il se jeta sur-le-champ de l'âne à terre, s'agenouilla devant cet homme, lui baisa les pieds et le remercia humblement de ce qu'il avait bien voulu l'admonester avec tant de charité. Alors le paysan et les compagnons de saint François le relevèrent de terre avec grande dévotion et le remirent sur l'âne, puis ils continuèrent leur chemin[13].

Quand ils furent arrivés à moitié peut-être de l'ascension de la montagne, comme la chaleur était très grande et l'ascension pénible, une très grande soif assaillit ce paysan, au point qu'il se mit à crier derrière saint François : « Hélas ! je me meurs de soif ; et, si je n'ai pas quelque chose à boire, je vais sur-le-champ rendre l'âme. » Ce pourquoi saint François descendit de l'âne et se jeta en prière ; et il resta à genoux, les mains levées vers le ciel, jusqu'à ce qu'il sût par révélation que Dieu l'avait exaucé. Et il dit alors au paysan : « Cours au plus vite à cette pierre, et tu y trouveras l'eau vive que le Christ, dans sa miséricorde, vient d'en faire jaillir ». L'homme courut à l'endroit que saint François lui avait indiqué et trouva une très belle source, que la vertu de la prière de saint François

13. Cet épisode provient aussi de Thomas de Celano (2 C 142) ; il est probable que la scène se passa lors du dernier voyage de saint François à l'Alverne.

avait fait sortir du très dur rocher ; il but copieusement et se trouva réconforté. Et il apparaît bien que cette source fut miraculeusement produite par Dieu à la prière de saint François, car, ni auparavant, ni depuis, on ne vit jamais en ce lieu source d'eau, ni même aucune eau dans un grand espace aux alentours. Cela fait, saint François, ses compagnons et le paysan remercièrent Dieu du miracle qui leur avait été manifesté ; puis ils continuèrent leur chemin[14].

Comme ils approchaient du pied même du rocher de l'Alverne, il plut à saint François de se reposer un peu sous un chêne qui était sur le chemin et qui s'y trouve encore[15] ; et pendant qu'il était dessous, saint François commença à contempler le paysage et la disposition du lieu. Et comme il le faisait, voici venir une grande multitude d'oiseaux divers, qui, par leurs chants et leurs battements d'ailes, montraient tous très grande joie et allégresse ; et ils entourèrent saint François de telle sorte que les uns se posèrent sur sa tête, les autres sur ses épaules, d'autres sur ses bras, d'autres dans son sein et d'autres autour de ses pieds. A cette vue, ses compagnons et le paysan furent émerveillés, et saint François, au comble de la joie, parla ainsi : « Je crois, mes très chers frères, qu'il plaît à Notre-Seigneur Jésus-Christ que nous habitions sur cette montagne solitaire, puisque nos sœurs

---

14. Voir ici encore Thomas de Celano (2 C 46) ; saint Bonaventure. (LM **7** 12) ; ni Celano, ni saint Bonaventure, ne disent que « l'ermitage » auquel se rendait saint François fût l'Alverne. On sait que cette scène est le sujet d'une des plus célèbres fresques de Giotto, XIV, dans la basilique supérieure d'Assise.

15. A cet endroit, entre le hameau de la Beccia, où il fallait jadis mettre pied à terre quand on venait en voiture de Bibbiena, et le couvent de l'Alverne, s'élève la chapelle des oiseaux, *cappella degli uccellini*, construite en 1602, ainsi que le rappelle une inscription qui commence ainsi : *Hic ubi quercus erat...* ; cf. P.S. Mencherini, O.F.M., *Guida...*, p. 29 et s. L'auteur des *Considérations sur les Stigmates* reprend ici le texte des *Actus*, **9**, 24-27. Il est très probable que cet épisode se rattache au premier voyage de saint François à l'Alverne ; cependant il y a lieu de remarquer que saint Bonaventure qui le rapporte (LM **8** 10) dit expressément : « Comme François se rendait à l'ermitage de l'Alverne pour y faire un carême en l'honneur de l'Archange Michel... », ce qui ne peut concerner que son dernier voyage ; (cf. LM **13** 1).

et nos frères les oiseaux[16] témoignent tant d'allégresse de notre venue. » Après avoir dit ces paroles il se leva et ils se mirent en marche ; et finalement ils parvinrent à l'endroit qu'avaient d'abord choisi ses compagnons.

A la louange de Dieu et de son très saint Nom. Amen.

Et voilà quant à la première considération, c'est-à-dire à la manière dont saint François parvint au saint mont de l'Alverne.

DEUXIÈME CONSIDÉRATION

DU SÉJOUR DE SAINT FRANÇOIS AVEC SES COMPAGNONS SUR LE MONT ALVERNE.

La seconde considération est celle du séjour de saint François avec ses compagnons sur ledit mont.

Et quant à celle-là, il faut savoir que Messire Roland, ayant appris que saint François était monté avec trois de ses compagnons sur le mont pour y demeurer, en eut une très grande joie, et le lendemain il se mit en route avec beaucoup de gens de son château, et ils vinrent lui faire visite, lui apportant du pain et d'autres aliments pour lui et pour ses compagnons[1]. En arrivant là-haut, il les trouva en prière, et, s'appro-

---

16. Saint Bonaventure et l'auteur des *Actus* n'emploient que le féminin : *Sorores aviculæ* ; l'auteur des *Considérations* dit : *Le nostre sirocchie e fratelli uccelli*. Voir la note 12 au chap. 16 des *Fioretti*.

1. A quel voyage de saint François se rapporte cette visite du comte Roland? Nous ne pouvons le dire avec certitude. Nous ne savons d'ailleurs pas exactement combien de fois le Saint a gravi la montagne. Le P. S. Mencherini, *Guida...*, p. 293 et s., lui attribue six voyages, en 1214, 1215, 1216, 1217, 1221 et 1224 ; mais les textes sur lesquels il s'appuie sont, pour la plupart, de dates trop récentes pour que l'on puisse accepter cette assertion en toute sécurité. D'après une ancienne tradition, saint François, lors de son premier voyage, se serait lui-même arrêté au château de Roland et y aurait été son hôte. L'acte de confirmation de la donation de l'Alverne du 9 juillet 1274, *Codice diplomatico...*, p. 38 et s., rapporte que les fils du comte donnèrent aux frères la nappe sur laquelle mangea saint François, sa tasse de

chant d'eux, il les salua. Alors saint François se leva et avec très grande charité et allégresse il reçut Messire Roland et sa compagnie. Cela fait, ils se mirent à converser ensemble ; et après qu'ils eurent conversé et que saint François l'eut remercié du saint mont qu'il lui avait donné et de sa visite, il le pria de lui faire faire une pauvre cellule au pied d'un très beau hêtre, qui était à une distance d'un jet de pierre du lieu choisi par les frères, parce que ce lui paraissait un endroit très propre à la piété et à la prière. Et Messire Roland la fit faire sur-le-champ[2].

Et, cela fait, comme le soir approchait et qu'il était temps de partir, saint François leur prêcha un peu avant qu'ils ne partent ; puis, après qu'il eut prêché et qu'il leur eut donné la bénédiction, Messire Roland, au moment de partir, prit à part saint François et ses compagnons et leur dit : « Mes frères très chers, ce n'est pas mon intention que, sur ce mont sauvage, vous ayez à supporter aucune nécessité corporelle, qui soit cause que vous puissiez moins vous appliquer aux choses spirituelles ; aussi je veux, et cela je vous le dis une fois pour toutes, que vous vous adressiez librement chez moi pour tout ce dont vous aurez besoin. Et si vous faisiez le contraire, vous me causeriez un grand déplaisir. » Cela dit, il partit avec sa compagnie et s'en retourna à son château.

Alors saint François fit asseoir ses compagnons et leur enseigna la manière de vivre qu'ils devaient suivre, eux et quiconque veut vivre religieusement dans les ermitages[3]. Et

---

bois et la ceinture en corde de leur père, « *quam corrigeam, ut dixit idem comes et dicunt dicti filii, B. Franciscus eidem benedixit et cinxit et est valde miraculosa laborantibus in extremis et mulieribus in partum.* » La tasse et la ceinture sont conservées à l'Alverne. Voir, sur l'acte du 9 juillet 1274, P. Zeffirino Lazzeri, O.F.M., *L'atto di conferma della donazione della Verna*, dans *La Verna, contributi alla storia del santuario*, Arezzo, 1913, p. 7 et s.

2. Là où se trouve aujourd'hui la petite chapelle Sainte-Marie-Magdeleine, au-dessous de la chapelle Saint-Pierre d'Alcantara, qui se trouve elle-même presque en face de la porte d'entrée de l'église majeure.
3. Saint François a composé sur ce sujet un bref opuscule : *De religiosa habitatione in eremo. Du séjour religieux dans les ermitages*, cf. *Les Opuscules de saint François*, Paris 1966, p. 158.

parmi les autres choses, il leur imposa tout particulièrement l'observance de la sainte pauvreté, en leur disant : « Ne vous en rapportez pas à l'offre charitable de Messire Roland au point d'offenser en quoi que ce soit notre dame Madame la Pauvreté. Tenez pour certain que plus nous fuirons la pauvreté, plus le monde nous fuira et plus nous souffrirons de besoins ; mais si nous embrassons bien étroitement la sainte pauvreté, le monde nous suivra et nous nourrira avec abondance. Dieu nous a appelés dans ce saint Ordre pour le salut du monde, et a établi ce pacte entre nous et le monde, que nous donnions au monde le bon exemple et que le monde pourvoie à nos besoins[4]. Persévérons donc dans la sainte pauvreté, car elle est la voie de perfection, le gage et les arrhes des richesses éternelles. » Et après beaucoup de belles et pieuses paroles et d'enseignements sur le même sujet, il conclut : « Telle est la façon de vivre que j'impose et à moi-même et à vous. Et, parce que je me vois approcher de la mort, j'ai l'intention de vivre dans la solitude, et de me recueillir avec Dieu, et de pleurer mes péchés devant lui. Frère Léon, quand il lui paraîtra bon, m'apportera un peu de pain et un peu d'eau ; ne laissez pour aucun motif quelque séculier venir à moi, mais répondez-lui à ma place. » Cela dit, il leur donna la bénédiction et s'en alla à la cellule du hêtre ; et ses compagnons restèrent au couvent, avec la ferme intention d'observer les commandements de saint François.

Après quelques jours, comme saint François se tenait à côté de ladite cellule, en considérant la disposition de la montagne et en s'émerveillant des grandes fissures et crevasses de ces énormes rochers[5], il se mit en prière ; et il lui fut alors révélé par Dieu que ces fissures si merveilleuses avaient été faites miraculeusement à l'heure de la passion du Christ, quand, selon ce que dit l'Evangéliste, les pierres se brisèrent[6]. Et Dieu voulut que cela apparût tout particulièrement sur

---

4. Ces paroles de saint François sont traduites, presque littéralement, de la *Seconde Légende* de Thomas de Celano (2 C 70).
5. Les fissures et crevasses qui entourent la chapelle de la Magdeleine, et celles voisines du Sasso Spico.
6. Mt **27** 51. — On retrouve la même idée dans la *Divine Comédie, Enfer,* XII, 31-45, XXI, 106-114.

le mont Alverne, pour signifier que sur ce mont la passion de Jésus-Christ devait se renouveler, dans son âme par l'amour et la compassion, et dans son corps par l'impression des Stigmates.

Après qu'il eut reçu cette révélation, saint François se renferma aussitôt dans la cellule, se recueillit tout en lui-même et se mit à approfondir le mystère de cette révélation. Et à partir de ce moment saint François commença à goûter plus souvent la douceur de la divine contemplation, par laquelle il était fréquemment si ravi en Dieu que ses compagnons le voyaient, le corps soulevé en l'air, et en extase hors de soi.

En ces ravissements contemplatifs, il lui était révélé par Dieu non seulement les choses présentes et futures, mais aussi les secrètes pensées et les désirs des frères, comme frère Léon, son compagnon, en eut, ces jours-là, la preuve par lui-même. Comme ledit frère Léon subissait une très grande tentation du démon, non point charnelle mais d'ordre spirituel, il lui vint grand désir d'avoir quelque pieux écrit de la main de saint François, et il pensait que, s'il l'avait, cette tentation disparaîtrait en tout ou en partie. Ayant ce désir, il n'osait pas, par honte et par respect, le faire connaître à saint François ; mais si frère Léon ne le lui dit pas, l'Esprit-Saint le lui révéla. Ce pourquoi saint François l'appela à lui, se fit apporter un encrier, une plume et du papier, et de sa main il écrivit une louange du Christ, suivant le désir du frère, et à la fin il fit le signe du **Tau**[7] ; puis, il la lui donna en disant : « Prends, très cher frère, ce papier, et jusqu'à ta mort conserve-le avec soin. Que Dieu te bénisse et te garde contre toute tentation. Ne t'effraie pas parce que tu as des tentations, car, plus tu es assailli par les tentations, plus tu es, à mon sens, serviteur et ami de Dieu, et plus je t'aime. En vérité, je te dis que nul ne doit penser qu'il est un parfait ami de Dieu tant qu'il n'a pas subi beaucoup de tentations et de tribulations[8]. » Frère

7. La lettre majuscule grecque *tau*, *T*, représentant la croix.
8. Ces paroles de saint François sur les tentations se trouvent, presque textuellement, dans Thomas de Celano (2 C 118).

Léon reçut cet écrit avec la plus grande dévotion et la plus grande foi, et il fut aussitôt délivré de toute tentation[9] ; il retourna au couvent et raconta à ses compagnons, en grande allégresse, quelle grâce Dieu lui avait faite au moment où il recevait cet écrit de la main de saint François. Les frères, en le gardant et en le conservant avec soin, firent ensuite par son intermédiaire beaucoup de miracles[10].

---

9. Le fait est rapporté aussi, mais sans l'indication du nom de frère Léon, par Thomas de Celano (2 C 49), et a été repris par saint Bonaventure (LM **11** 9) ; on le retrouve encore dans le célèbre manuscrit Little, mais avec une curieuse variante ; saint François, au lieu de dire au frère de « conserver le papier avec soin », lui dit de « garder la Règle avec soin, *custodias Regulam diligenter...* »! cf. *Opuscules de critique historique*, fascicule XVIII, Paris, 1914-1919, p. 70.

10. On sait que cet émouvant autographe de saint François est conservé aujourd'hui dans la sacristie du Sacro Convento d'Assise. Il porte d'un côté les *Laudes Dei*, dont voici la traduction : « Vous êtes saint, Seigneur, seul Dieu, vous qui opérez des merveilles. Vous êtes fort. Vous êtes grand. Vous êtes le Très-Haut. Vous êtes le Roi tout-puissant, ô Père saint, le roi du ciel et de la terre. Vous êtes le Seigneur Dieu, trine et un, tout bien. Vous êtes le bien, tout bien, le bien suprême, Seigneur Dieu, vivant et vrai. Vous êtes la charité, l'amour. Vous êtes la sagesse. Vous êtes l'humilité. Vous êtes la patience. Vous êtes la sécurité. Vous êtes la quiétude. Vous êtes la joie et l'allégresse. Vous êtes la justice et la tempérance. Vous êtes la richesse qui nous suffit. Vous êtes la beauté. Vous êtes la mansuétude. Vous êtes notre protecteur. Vous êtes notre gardien et notre défenseur. Vous êtes la force. Vous êtes le rafraîchissement [ou : le refuge]. Vous êtes notre espérance. Vous êtes notre foi. Vous êtes notre grande douceur. Vous êtes notre vie éternelle, grand et admirable Seigneur, Dieu tout puissant, Sauveur miséricordieux. » L'original des *Laudes Dei* est en grande partie illisible ; mais il en existe plusieurs copies manuscrites, qui diffèrent sur un point. Faut-il lire : *Tu es refrigerium*, ou : *Tu es refugium?* Les franciscanisants discutent... Sur l'autre côté du parchemin se trouve la *Bénédiction à Frère Léon*, dont la première partie est une citation du Livre des *Nombres*, **6** 24-26 : « Que le Seigneur te bénisse et te garde. Qu'il te montre sa face et qu'il ait pitié de toi. Qu'il tourne son visage vers toi et qu'il te donne la paix. Que le Seigneur te bénisse, frère Léon. » Ces derniers mots : « *Dñs benedicat f. Leo te* » encadrent, pour ainsi dire, le *Tau*, qui est très grand et qui se dresse sur un dessin représentant peut-être un crâne et la silhouette de l'Alverne. Une inscription, à l'encre rouge, de la main de frère Léon, indique les circonstances dans lesquelles les *Laudes Dei* et la *Bénédiction* ont été écrites : après la stigmatisation, contrairement à ce que laisserait entendre l'auteur des *Considérations*. — La bibliographie de cet autographe de saint François est très abondante ; peu de documents ont été plus analysés et étudiés ; cf. *Codice diplomatico...*,

A partir de ce moment, ledit frère Léon commença, avec grande pureté et bonne intention, à observer et à considérer attentivement la vie de saint François ; et à cause de sa pureté il mérita de voir maintes et maintes fois saint François ravi en Dieu et soulevé de terre, parfois à la hauteur de trois brasses, parfois à celle de quatre, parfois jusqu'à la cime du hêtre, et parfois il le vit élevé dans les airs si haut, et environné de tant de splendeur, que c'est à peine s'il pouvait le voir[11]. Et que faisait ce frère dans sa simplicité ? Quand saint François était si peu élevé de terre qu'il pouvait l'atteindre, il allait doucement à lui, il lui prenait et baisait les pieds, et il disait avec larmes : « Mon Dieu, aie pitié de moi pécheur, et, par les mérites de ce saint homme, fais-moi obtenir ta grâce. » Une fois entre autres qu'il était ainsi sous les pieds de saint François, alors que celui-ci était si élevé de terre qu'il ne pouvait le toucher, il vit une cédule écrite en lettres d'or descendre du ciel et se poser sur la tête de saint François ; sur cette cédule étaient écrites ces paroles : « Ici est la grâce de Dieu » ; et après qu'il l'eut lue, il la vit retourner au ciel.

Par le don de cette grâce de Dieu qui était en lui, non seulement saint François était ravi en Dieu dans une contemplation extatique, mais encore il était parfois réconforté par des visions angéliques. Ainsi, un jour que saint François était absorbé par la pensée de sa mort et de l'état de son Ordre quand il ne serait plus, et qu'il disait : « Seigneur Dieu, qu'en sera-t-il, après ma mort, de ta pauvre petite famille, que, dans ta bénignité, tu m'as confiée à moi pécheur ? Qui la réconfortera ? Qui la corrigera ? Qui te priera pour elle ? » et comme il répétait de telles paroles, un Ange envoyé par Dieu lui apparut et le réconforta en lui disant : « Je te dis de la part de Dieu que ton Ordre durera jusqu'au jour du Jugement ; qu'il n'y aura point de pécheur, si grand soit-il,

---

p. 3. Une très curieuse remarque a été faite par Montgomery Carmichael. *La benedizione di S. Francesco*, Livourne, 1900, p. 14 : les trois versets des *Nombres*, 24, 25, 26, correspondent aux trois dernières années de la vie de saint François, 1224, 1225, 1226.

11. Depuis le début de la *Seconde Considération* jusqu'à cet endroit, l'auteur était indépendant des *Actus ;* ici, le parallélisme reprend plus ou moins fidèlement ; cf. *Actus*, **9** 32-36, **39** 1-7.

qui, si dans son cœur il aime ton Ordre, ne trouve miséricorde auprès de Dieu ; et que nul de ceux qui persécuteront méchamment ton Ordre ne pourra vivre longtemps. De plus, aucun frère très coupable de ton Ordre, qui ne corrigera pas sa vie, ne pourra y persévérer longtemps[12]. Aussi, ne t'attriste pas si tu vois dans ton Ordre quelques mauvais frères, qui n'observent pas la Règle comme ils le doivent, et ne pense pas pour cela que cet Ordre soit en péril ; car il y en aura toujours beaucoup, beaucoup, qui observeront parfaitement la vie de l'Evangile du Christ et la pureté de la Règle ; et ceux-là, aussitôt après leur vie mortelle, s'en iront à la vie éternelle sans passer aucunement par le purgatoire. D'aucuns l'observeront moins parfaitement, et ceux-là, avant d'aller au paradis, seront purifiés dans le purgatoire, mais la durée de leur purification sera mise par Dieu entre tes mains. Mais, de ceux-là qui n'observent pas du tout ta Règle, ne te préoccupe point, dit Dieu, car il ne s'en préoccupe point lui-même. » Et, après avoir dit ces paroles, l'Ange s'en alla, et saint François resta tout réconforté et consolé.

Ensuite, comme la fête de l'Assomption de Notre-Dame approchait, saint François se mit à la recherche d'un lieu plus solitaire et plus caché, où il pourrait faire, dans une plus grande solitude, le carême de saint Michel Archange, qui commençait à ladite fête de l'Assomption. Aussi il appela frère Léon et lui parla ainsi : « Va et reste sur la porte de l'oratoire du couvent des frères, et, quand je t'appellerai, reviens vers moi. » Frère Léon s'en alla et se plaça sur la porte ; saint François s'éloigna un peu et l'appela d'une voix forte. Frère

---

12. Ces privilèges de l'Ordre sont rapportés dans le *Speculum perfectionis* 79, et dans la *Chronique* de Thomas d'Eccleston. *De adventu Fratrum Minorum in Angliam*, XIII, *in fine*, éd. Little, Paris, 1909, p. 93 et s., traduction française dans *Sur les routes d'Europe*, Paris 1959, p. 125. La *Vie de frère Léon*, insérée dans la *Chronique des XXIV Généraux*, *Analecta Franciscana*, t. III. Quaracchi, 1897, p. 67 et s., donne une version un peu différente : c'est le Christ lui-même, et non pas un Ange, qui fait ces promesses à saint François ; le Christ était assis sur une pierre que le Saint ordonna à Léon de laver avec de l'eau, du vin, de l'huile et du baume. La pierre est conservée aujourd'hui encore dans la chapelle de la Magdeleine, et porte une inscription très effacée du XIVe siècle ; elle est appelée *Mensa* (table) *di S. Francesco ;* cf. P.S. Mencherini, *Guida...*, p. 86 et s.

Léon, s'entendant appeler, retourna vers lui, et saint François lui dit : « Mon fils, cherchons un autre lieu plus secret, d'où tu ne puisses m'entendre quand je t'appellerai. » Et en cherchant ils virent au flanc de la montagne, du côté du midi, un lieu très retiré et qui convenait bien à son intention ; mais on ne pouvait y aller, parce que devant il y avait une coupure dans le rocher, très horrible et effrayante : ce pourquoi ils y placèrent à grands efforts une planche formant pont, et ils passèrent de l'autre côté[13]. Alors saint François fit venir les autres frères et leur dit qu'il avait l'intention de faire le carême de saint Michel dans ce lieu solitaire ; aussi les pria-t-il de lui faire une petite cellule placée de telle sorte que même s'il criait, ils ne puissent pas l'entendre. La cellule faite, saint François leur dit : « Retournez à votre couvent, et laissez-moi ici dans la solitude, car, avec l'aide de Dieu, j'ai l'intention de faire ici ce carême loin de tout bruit et sans avoir l'esprit troublé ; qu'aucun d'entre vous ne vienne donc à moi, et ne laissez venir à moi aucun séculier. Mais toi, frère Léon, tu viendras à moi une seule fois par jour avec un peu de pain et d'eau, et une autre fois la nuit à l'heure de Matines ; tu viendras alors en silence, et quand tu seras à la tête du pont tu diras : « *Domine, labia mea aperies.* »[14] Si je réponds, passe et viens à ma cellule[15], et nous dirons Matines ensemble ; mais, si je ne te réponds pas, va-t-en immédiatement. » Saint François disait cela parce que parfois il était si ravi en Dieu qu'il n'entendait rien et ne s'apercevait de rien corporellement. Ayant dit cela, saint François leur donna sa bénédiction, et ils s'en retournèrent au couvent.

La fête de l'Assomption étant donc arrivée, saint François commença le saint carême, macérant son corps très âprement

---

13. Cette coupure est maintenant recouverte, à l'endroit où la planche fut jetée, par la galerie qui réunit l'église majeure à la chapelle des Stigmates ; elle commence près du Sasso Spico et se continue de l'autre côté, près de la grotte du « lit de saint François ».

14. Ps **51** 17. C'est le verset initial des Matines, et les *Actus*, **9** 29, indiquent que la réponse de saint François devait en être la partie finale : « *Et os meum annuntiabit nomen tuum.* »

15. Cette seconde cellule de saint François se trouvait à l'endroit où est aujourd'hui la chapelle de la Croix ; cf. P.S. Mencherini, *Guida*..., p. 142 et s.

et dans une très grande abstinence, et réconfortant son esprit par de ferventes prières, veilles et disciplines. Et, par ces moyens, il croissait toujours de vertu en vertu et il disposait, son âme à recevoir les divins mystères et les divines splendeurs, et son corps à soutenir les cruelles batailles des démons, avec lesquels il luttait souvent sous une forme sensible. Et il arriva une fois entre autres, pendant ce carême, que, saint François, sortant un jour de la cellule en ferveur d'esprit et allant se mettre en prière très près de là, dans une grotte d'un rocher creux, d'où il y avait jusqu'à terre une très grande hauteur et un horrible et effroyable précipice[16], le démon arriva soudain, avec impétuosité et vacarme très grands, sous une forme terrible, et il le frappa pour le précipiter de là en bas. Aussi saint François, n'ayant aucune retraite et ne pouvant souffrir l'aspect très cruel du démon, se retourna immédiatement, mains, visage, corps tout entier, vers le rocher, et se recommanda à Dieu, en cherchant à tâtons avec les mains s'il ne pourrait pas s'accrocher à quelque chose. Mais, comme il plut à Dieu qui ne laisse jamais tenter ses serviteurs plus qu'ils ne peuvent le supporter, le rocher auquel il s'accrochait s'ouvrit brusquement, par miracle, se creusa suivant la forme de son corps et le recueillit ; et, comme s'il avait mis les mains et le visage dans une cire liquide, la forme de son visage et de ses mains s'imprima ainsi dans ledit rocher ; aidé ainsi de Dieu, il échappa au démon.

Mais ce que le démon ne put faire alors à saint François, de le précipiter de là en bas, il le fit depuis, quelque temps après la mort de saint François, à l'un de ses chers et dévoués frères ; comme celui-ci arrangeait en ce même lieu quelques planches, pour que l'on pût se rendre là sans danger, par dévotion pour saint François et pour le miracle qui y avait eu lieu, le démon le poussa, un jour qu'il avait sur la tête une grande planche qu'il voulait y installer, et il le fit ainsi tomber

16. La hauteur est d'environ trente-huit mètres. On peut descendre facilement à la grotte par des escaliers ; cf. P.S. Mencherini, *Guida...*, p. 134 et s. Dans son *Traité des Conformités*, terminé en 1390, Barthélemy de Pise affirme que, de son temps, on voyait encore la trace des doigts de saint François : « *ut apparet hodie cernentibus* », *Analecta Franciscana*, t. IV, Quaracchi, 1906, p. 164.

de là en bas avec cette planche sur la tête. Mais Dieu, qui avait sauvé et préservé saint François de la chute, sauva et préserva par ses mérites son dévoué frère du péril de la chute ; car, en tombant, ledit frère se recommanda, avec grande dévotion et à haute voix, à saint François ; celui-ci lui apparut aussitôt, le saisit et le déposa ainsi en bas sur les rochers, sans heurt ni blessure. Comme les autres frères avaient entendu son cri dans sa chute, et qu'ils pensaient qu'il était mort et mis en pièces par une chute d'une telle hauteur sur des rochers aigus, ils prirent une civière, avec grande douleur et larmes, et s'en allèrent de l'autre côté de la montagne[17], pour en rapporter les restes de son corps et pour les enterrer. Et ils étaient déjà descendus de la montagne lorsque ce frère qui était tombé vint à leur rencontre, cette planche, avec laquelle il était tombé, sur la tête, et chantant à haute voix le *Te Deum laudamus*. Les frères en furent singulièrement étonnés, et il leur raconta en détail toutes les circonstances de sa chute et comment saint François l'avait sauvé de tout danger. Tous les frères alors vinrent ensemble et avec lui au lieu de la chute, en chantant le *Te Deum*, et en louant et remerciant Dieu et saint François du miracle qu'il avait accompli pour son frère[18].

Saint François, continuant donc le dit carême comme il l'a été dit, bien qu'il soutînt beaucoup de combats contre le démon, recevait néanmoins de Dieu de nombreuses consolations, non seulement par des visites angéliques, mais aussi par les oiseaux sauvages ; car, pendant tout le temps du carême, un faucon, qui nichait là près de sa cellule, le réveillait chaque nuit, un peu avant Matines, en chantant et en battant des ailes à sa cellule, et ne s'en allait pas avant qu'il ne se fût levé pour dire les Matines ; et quand saint François était plus

---

17. Ils firent le tour de la masse rocheuse, en passant par la chapelle des oiseaux.
18. Ce frère serait le Bienheureux François Malefizi, de Florence, et sa chute aurait eu lieu en 1273. Il y a une longue note relative à l'identification de ce frère, dans *La Verna, contributi...*, p. 81 et 82, n. 2. L'auteur de cette note, le P. Raffaello Franci, O.F.M., dans un article intitulé *La Verna nei disegni di Iacopo Ligozzi*, reproduit un dessin, de 1607, de cet artiste, très intéressant par l'aspect des lieux à cette époque et où l'on voit tomber le frère.

fatigué une fois que l'autre, ou faible, ou malade, ce faucon, à la façon d'une personne discrète et compatissante, ne chantait que plus tard. Saint François prenait ainsi grand plaisir à cette sainte horloge, car la sollicitude du faucon chassait de lui toute paresse et l'incitait à prier ; et en outre il restait parfois, pendant le jour, familièrement avec lui[19].

Finalement, quant à cette seconde considération, comme saint François était très affaibli corporellement, tant par sa grande abstinence que par les combats des démons, et qu'il voulait réconforter son corps par la nourriture spirituelle de l'âme, il commença à penser à la gloire sans mesure et à la joie des bienheureux de la vie éternelle ; et là-dessus il commença à prier Dieu qu'il lui concédât la grâce de goûter un peu de cette joie. Comme il était en cette pensée, il lui apparut tout à coup un Ange d'une très grande splendeur, qui tenait une viole de la main gauche et l'archet de la droite ; et comme saint François demeurait tout frappé de stupeur à la vue de cet Ange, celui-ci passa une fois l'archet sur la viole ; aussitôt une suavité de mélodie enivra de douceur l'âme de saint François et la fit défaillir, et elle était si grande que, selon ce qu'il raconta ensuite à ses compagnons, il lui semblait que, si l'ange avait tiré une seconde fois l'archet, son âme, par cette intolérable douceur, se serait séparée de son corps[20].

Et voilà quant à la seconde considération.

19. La source de ce récit se trouve dans Thomas de Celano (2 C 168), mais l'Alverne n'y est pas cité ; l'auteur dit seulement : « dans un lieu désert. »
20. Un récit qui présente une certaine analogie avec celui-ci, mais la scène est placée à Rieti, un an environ avant la mort du Saint, et il n'est pas question du second coup d'archet, se rencontre dans la *Legenda antiqua* de Pérouse, **24**, et dans Thomas de Celano (2 C 126). La *Legenda antiqua* de Pérouse donne cette précision que saint François habitait à ce moment dans la maison de Tabaldo le Sarrasin.

TROISIÈME CONSIDÉRATION

DE L'APPARITION DU SÉRAPHIN ET DE L'IMPRESSION DES STIGMATES A SAINT FRANÇOIS[1].

Quant à la troisième considération, c'est-à-dire celle de l'apparition du Séraphin et de l'impression des Stigmates, il faut considérer que, la fête de la Croix de septembre[2] approchant, frère Léon alla une nuit, à l'heure accoutumée, pour dire les Matines avec saint François ; comme il avait coutume, il dit, de la tête du pont : « *Domine, labia mea aperies* »[3], et saint François ne répondit pas ; alors frère Léon ne s'en retourna pas, comme saint François le lui avait ordonné, mais, dans une bonne et sainte intention, il passa le pont et entra doucement dans sa cellule ; ne l'y trouvant pas, il pensa qu'il était quelque part dans le bois, en prière. Aussi en sort-il et, à la lumière de la lune, s'en va-t-il doucement le chercher par le bois : finalement, il entend la voix de saint François, il s'approche et il le voit à genoux, la face et les mains levées vers le ciel, qui parlait ainsi, en ferveur d'esprit : « Qui es-tu, ô mon très doux Dieu? et moi, que suis-je, ver très méprisable, et ton inutile serviteur? » Et ces mêmes paroles, il les répétait toujours et ne disait rien d'autre. Ce pourquoi frère Léon, fortement surpris de tout cela, leva les yeux et regarda vers le ciel ; et, en regardant, il vit venir du ciel une flamme de feu, très belle et très brillante, qui descendit se poser sur la tête de saint François ; et de ladite flamme il entendait sortir une voix qui parlait avec saint François ; mais frère Léon ne comprenait pas les paroles. Entendant cela et se jugeant indigne de rester si près de ce saint lieu, où était cette admirable apparition, craignant encore d'offenser saint François ou de le troubler dans sa consolation, s'il était aperçu, il se retira doucement en arrière, et, se tenant à l'écart, il attendait pour voir la fin. Et, regardant attentivement, il voit

---

1. L'auteur développe, en y ajoutant des détails nouveaux, les chapitres 9, 37-70, et 39 8-10, des *Actus;* il fait aussi de nombreux emprunts à saint Bonaventure.
2. La fête de l'Exaltation de la Sainte Croix, 14 septembre.
3. Voir plus haut, p. 201, n. 14.

saint François tendre trois fois la main vers la flamme ; et finalement, après un long temps, il voit la flamme s'en retourner au ciel. Ce pourquoi il s'en va, tranquille et rempli de joie par cette vision, et s'en retourne à sa cellule.

Comme il s'en allait tranquillement, saint François l'entendit, au froissement des pieds sur les feuilles, et lui ordonna de l'attendre et de ne pas bouger. Alors frère Léon, obéissant, s'arrêta et l'attendit avec une telle peur que, d'après ce qu'il raconta ensuite à ses compagnons, il aurait mieux aimé que la terre l'engloutît, que d'attendre saint François, qu'il pensait être irrité contre lui ; car il se gardait avec soin d'offenser sa paternité, de peur que, par sa faute, saint François ne le privât de sa compagnie. Saint François arriva donc à lui et lui demanda : « Qui es-tu ? » Frère Léon, tout tremblant, répondit : « Je suis frère Léon, mon père. » Saint François lui dit : « Pourquoi es-tu venu ici, frère petite brebis ? Ne t'ai-je pas dit de ne pas venir m'observer ? Au nom de la sainte obéissance, dis-moi si tu as vu ou entendu quelque chose. » Frère Léon répondit : « Père, je t'ai entendu parler et répéter plusieurs fois : « Qui es-tu, ô mon très doux Dieu ? et moi, que suis-je, ver très méprisable et ton inutile serviteur ? » Alors frère Léon s'agenouilla devant saint François, se déclara coupable de la désobéissance qu'il avait commise contre son ordre, et lui demanda pardon avec beaucoup de larmes. Ensuite, il le pria dévotement de lui expliquer ces paroles qu'il avait entendues et de lui dire celles qu'il n'avait pas comprises.

Alors saint François, voyant que Dieu avait révélé ou concédé de voir certaines choses à l'humble frère Léon, à cause de sa simplicité et de sa pureté, consentit à lui révéler et à lui expliquer ce qu'il demandait et il parla ainsi : « Sache, frère petite brebis de Jésus-Christ, que, pendant que je disais ces paroles que tu as entendues, il était à ce moment montré à mon âme deux lumières, l'une qui était celle de la révélation et de la connaissance du Créateur, l'autre celle de la connaissance de moi-même. Quand je disais : « Qui es-tu, ô mon très doux Dieu ? », j'étais alors dans une lumière de contemplation, dans laquelle je voyais l'abîme de l'infinie bonté, sagesse et puissance de Dieu ; et quand je disais : « Qui suis-je ? etc. », j'étais dans une lumière de contemplation, dans laquelle je voyais la profondeur lamentable de mon abjection et misère, et c'est pour cela que je disais : « Qui es-tu, Seigneur d'infinie bonté, sagesse et puissance, qui daignes me visiter, moi qui ne suis qu'un méprisable et abominable ver ? » Et dans cette flamme que tu as vue était Dieu, qui me parlait sous cette forme comme il avait anciennement parlé à Moïse[4]. Et parmi les autres choses qu'il me dit, il me demanda de lui faire trois dons, et je lui répondais : « Mon Seigneur, je suis tout à toi, tu sais bien que je n'ai rien d'autre que la tunique et la corde et les braies, et ces trois choses aussi sont à toi : que puis-je donc offrir ou donner à ta majesté ? » Alors Dieu me dit : « Cherche dans ton sein et offre-moi ce que tu y trouveras. » Je cherchai et j'y trouvai une boule d'or, et je l'offris à Dieu ; et je fis ainsi trois fois, selon que trois fois Dieu me le commanda ; puis je m'agenouillai trois fois, et bénis et remerciai Dieu, qui m'avait donné quelque chose à lui offrir. Et aussitôt il me fut donné de comprendre que ces trois offrandes signifiaient la sainte obéissance, la très haute pauvreté et la très splendide chasteté, que Dieu, par sa grâce, m'a concédé d'observer si parfaitement que ma conscience ne me fait aucun reproche. Et de même que tu m'as vu mettre la main dans mon sein et offrir à Dieu ces trois vertus, représentées par ces trois boules d'or que Dieu avait déposées dans mon sein, ainsi Dieu a donné à mon âme cette vertu que je le loue et le magnifie toujours, et de cœur et de bouche, pour tous les biens et pour toutes les grâces qu'il m'a concédés par sa très sainte bonté. Voilà les paroles que tu as entendues, et voilà pourquoi j'ai levé trois fois les mains comme tu l'as vu. Mais garde-toi bien, frère petite brebis, de recommencer à m'observer, et retourne à ta cellule avec la bénédiction de Dieu, et prends de moi un soin diligent, car d'ici peu de jours Dieu fera sur cette montagne des choses si grandes et si merveilleuses que le monde entier s'en émerveillera ; car il fera certaines choses nouvelles qu'il ne fit jamais à aucune créature en ce monde. »

---

4. Cf. Ex 3 1-4 17.

Cela dit, il se fit apporter le livre des Evangiles, parce que Dieu avait révélé à son âme qu'en ouvrant trois fois le livre des Evangiles, il lui serait montré ce qu'il plaisait à Dieu de faire de lui. Dès qu'on eut apporté le livre, saint François se jeta en prière ; sa prière terminée, il se fit trois fois ouvrir le livre, de la main de frère Léon, au nom de la sainte Trinité ; et comme il plut à la divine volonté, les trois fois il se présenta toujours devant lui la Passion du Christ[5]. Par quoi il lui fut donné à entendre que, comme il avait suivi le Christ dans les actes de sa vie, ainsi il devait le suivre et se conformer à lui, dans les afflictions et douleurs de la Passion, avant de quitter cette vie.

Et à partir de ce moment saint François commença à goûter et à sentir plus abondamment la douceur de la divine contemplation et des divines visites. Parmi celles-ci il en eut une qui préparait immédiatement l'impression des Stigmates, sous cette forme. Le jour qui précède la fête de la Croix de septembre, comme saint François était en prière dans le secret de sa cellule, l'Ange de Dieu lui apparut et lui dit de la part de Dieu : « Je t'exhorte et t'avertis afin que tu te prépares et disposes, humblement et en toute patience, à recevoir ce que Dieu voudra faire en toi. » Saint François répondit : « Je suis prêt à supporter patiemment tout ce que mon Seigneur me veut faire. » Et cela dit, l'Ange s'en alla.

Arrive le jour suivant, c'est-à-dire le jour de la Croix[6], et saint François, le matin, de bonne heure avant le jour,

---

5. L'origine de ce récit se trouve dans Thomas de Celano (1 C 92-93), mais le nom de l'ermitage où le fait se passa n'y est pas donné et il n'y est pas question de frère Léon : c'est saint François lui-même qui ouvre le livre. L'auteur des *Considérations* s'inspire directement de saint Bonaventure (LM **13** 2).

6. L'auteur des *Considérations* fixe avec précision au 14 septembre la stigmatisation de saint François ; une révélation de 1282, que les Bollandistes considèrent comme fort suspecte, avait déjà indiqué cette date ; cf. *Acta Sanctorum*, octobre, t. II, p. 859 et s. Saint Bonaventure, l. c. **13** 3, dit seulement : « *...quodam mane* circa *festum Exaltationis Sanctæ Crucis...* » L'auteur des *Actus* **9** 68, emploie la même expression. La prudence de saint Bonaventure nous oblige à n'accueillir qu'avec réserve l'indication donnée par l'auteur des *Considérations*. Voir plus loin, p. 211, n. 12.

se jette en prière devant la porte de sa cellule, la face tournée vers l'Orient, et il priait en ces termes : « Mon Seigneur Jésus-Christ, je te prie de m'accorder deux grâces avant que je ne meure : la première est que, durant ma vie, je sente dans mon âme et dans mon corps, autant qu'il est possible, cette douleur que toi, ô doux Jésus, tu as endurée à l'heure de ta très cruelle Passion ; la seconde est que je sente dans mon cœur, autant qu'il est possible, cet amour sans mesure dont toi, Fils de Dieu, tu étais embrasé et qui te conduisait à endurer volontiers une telle Passion pour nous pécheurs. » Il resta longtemps en cette prière et il comprit alors que Dieu l'exaucerait et que, autant qu'il serait possible à une simple créature, il lui serait concédé de sentir en une faible mesure les choses susdites.

Ayant reçu cette promesse, saint François commença à contempler avec une très grande dévotion la Passion du Christ et son infinie charité. Et la ferveur de la dévotion croissait tellement en lui qu'il se transformait tout entier en Jésus, par amour et par compassion. Comme il était en cet état et qu'il s'enflammait dans cette contemplation, il vit, en cette même matinée, venir du ciel un Séraphin avec six ailes de feu resplendissantes ; comme ce Séraphin, dans son vol rapide, s'approchait tellement de saint François qu'il pouvait le bien voir, il reconnut clairement qu'il avait en lui l'image d'un homme crucifié et que les ailes étaient disposées de telle sorte que deux se déployaient sur sa tête, deux se déployaient pour voler, et les deux autres couvraient tout son corps[7].

En voyant cela, saint François fut fortement effrayé et, en même temps, rempli d'allégresse et de douleur mêlée d'étonnement. Il éprouvait une très grande allégresse de ce gracieux aspect du Christ, qui lui apparaissait avec tant de familiarité et qui le regardait si gracieusement : mais, d'autre

7. La description du Séraphin est conforme à celle d'Isaïe, **6** 2, en ce qui concerne le nombre et la disposition des ailes. — L'auteur des *Considérations* traduit presque littéralement saint Bonaventure (LM **13** 3) ; cf 1 C 94, et 3 C 4. L'allusion des *Actus* **9** 68, à la stigmatisation est extraordinairement brève, et l'auteur renvoie à « la Légende de saint François ».

part, en le voyant cloué sur la croix, il éprouvait une douleur, sans mesure, de compassion. Ensuite, il s'étonnait beaucoup d'une vision si surprenante et si insolite, car il savait bien que les douleurs de la Passion ne conviennent pas à l'immortalité d'un esprit séraphique. Comme il restait dans cet étonnement, il lui fut révélé par celui qui lui apparaissait, que, par la divine providence, cette vision lui était montrée sous cette forme pour qu'il comprît que ce n'était pas par un martyre corporel, mais par un embrasement spirituel, qu'il devait être tout transformé à la ressemblance formelle du Christ crucifié.

Pendant cette merveilleuse apparition, tout le mont Alverne semblait brûler d'une flamme très éclatante, qui resplendissait et qui illuminait toutes les montagnes et vallées des environs, comme si le soleil avait brillé sur la terre. Aussi des bergers qui veillaient par là, voyant le mont embrasé et enveloppé d'une telle lumière, eurent une très grande peur, comme ils le racontèrent ensuite aux frères, en affirmant que cette flamme avait duré sur le mont Alverne l'espace d'une heure et plus[8]. De même, à la splendeur de cette lumière, qui resplendissait à travers les fenêtres dans les auberges des environs, certains muletiers, qui se rendaient en Romagne[9], se levèrent, croyant que le soleil était levé, sellèrent et chargèrent leurs bêtes, puis, quand ils furent en chemin, ils virent disparaître ladite lumière et se lever le soleil matériel.

Dans ladite apparition séraphique, le Christ, qui apparaissait, parla à saint François de certaines choses secrètes et sublimes, que saint François ne voulut jamais, pendant

---

8. Cf. *Actus* 9 69. Mais l'épisode des muletiers, qui va suivre immédiatement, ne se rencontre pas dans les *Actus*. Par contre, on y lit : 9 70, cette réflexion : « Pourquoi ces Stigmates sacrés furent-ils imprimés sur saint François, c'est ce qui n'est pas encore entièrement connu. Mais, comme il le disait lui-même à ses compagnons, la révélation de ce grand mystère est réservée à l'avenir. » Ainsi que le fait remarquer le P. Bughetti, éd. citée, p. 216, n. 2, ce qui était « l'avenir » pour l'auteur des *Actus* est le passé pour l'auteur des *Considérations*.

9. La route de Bibbiena à Bagno di Romagna par les Mandrioli passe à l'ouest de l'Alverne, qui se trouve donc à l'est pour les voyageurs qui la suivent.

sa vie, révéler à personne, mais qu'il révéla après sa mort, comme on le montrera plus loin[10]. Ces paroles furent les suivantes : « Sais-tu, dit le Christ, ce que j'ai fait ? Je t'ai donné les Stigmates qui sont les marques de ma Passion, pour que tu sois mon gonfalonier. Et comme au jour de ma mort je suis descendu dans les Limbes et que j'en ai tiré toutes les âmes que j'y ai trouvées, par la vertu de mes Stigmates, de même je t'accorde que chaque année, au jour de ta mort, tu ailles au purgatoire, et que toutes les âmes de tes trois Ordres, c'est-à-dire des Mineurs, des Sœurs et des Continents[11], et aussi des autres qui t'auront été très dévots, que tu y trouveras, tu les en tires, par la vertu de tes Stigmates, et les conduises à la gloire du paradis, pour que tu me sois conforme dans la mort, comme tu l'es dans la vie. »

Cette vision admirable disparaissant donc après un long espace de temps et ces paroles secrètes, laissa au cœur de saint François une ardeur sans mesure et une flamme d'amour divin, et laissa dans sa chair une merveilleuse image et empreinte de la Passion du Christ[12] : car aussitôt dans les mains et dans les pieds de saint François commencèrent à apparaître les marques des clous, de la manière qu'il venait de voir sur le corps de Jésus crucifié, qui lui était apparu sous la forme d'un Séraphin ; et ainsi ses mains et ses pieds paraissaient cloués en leur milieu par des clous, dont les têtes, hors de la chair, se trouvaient dans les paumes des mains et sur la partie supérieure des pieds, et dont les pointes ressortaient sur le dos des mains et dans les plantes des pieds : ils paraissaient recourbés et rivés en sorte que, sous cette courbure, dans ce

10. Voir p. 235 et s.
11. Les Mineurs, les Pauvres Dames ou Clarisses, le Tiers-Ordre.
12. La description qui va suivre est traduite presque littéralement de saint Bonaventure (LM **13** 3). Autres descriptions des Stigmates : dans la Lettre de frère Elie annonçant aux frères la mort de saint François, lettre écrite au mois d'octobre 1226, P.S. Mencherini, *Codice diplomatico...*, p. 7 et s., avec une abondante bibliographie ; — dans Thomas de Celano (1 C 94-95 ; 3 C 4) dans la *Légende* dite *des Trois Compagnons*, 70. La meilleure étude critique sur les nombreux problèmes que soulèvent ces textes est, à mon avis, celle du P. M. Bihl, O.F.M., publiée dans l'*Archivum franciscanum historicum*, t. III, 1910, p. 393 et s.

repli, qui tout entier faisait saillie sur la chair, on aurait pu facilement passer le doigt comme dans un anneau ; et les têtes des clous étaient noires et rondes. De même, dans son côté droit il apparut la plaie d'un coup de lance, non cicatrisée, rouge et ensanglantée, qui dans la suite jetait souvent du sang de la sainte poitrine de saint François, et lui ensanglantait sa tunique et ses braies. Aussi ses compagnons s'étant aperçus, avant de le savoir par lui, qu'il ne se découvrait ni les mains ni les pieds et qu'il ne pouvait poser à terre la plante des pieds, trouvant ensuite sa tunique et ses braies ensanglantées quand ils les lui lavaient, eurent la certitude qu'il avait manifestement empreinte, aux mains et aux pieds, et de même au côté, l'image et ressemblance du Christ crucifié.

Et bien qu'il s'ingéniât beaucoup à cacher et dissimuler ces Stigmates glorieux, si clairement empreints dans sa chair, comme il voyait d'autre part qu'il pouvait mal les dissimuler à ses compagnons familiers, et comme il craignait néanmoins de dévoiler les secrets de Dieu, il tomba dans un grand doute : devait-il ou non révéler la vision séraphique et l'impression des Stigmates ? Finalement, par scrupule de conscience, il appela à lui quelques-uns de ses frères les plus familiers, et il leur demanda conseil, mais en leur soumettant son doute sous des formules générales et sans révéler le fait. Parmi ces frères, il y en avait un de grande sainteté, qui avait nom frère Illuminé[13] : celui-là, vraiment illuminé par Dieu, comprit que saint François devait avoir vu des choses merveilleuses, et lui répondit donc ainsi : « Frère François, sache que ce n'est pas seulement pour toi, mais aussi pour les autres, que Dieu te montre parfois ses secrets sacrés ; c'est pourquoi tu as raison de craindre que, si tu tiens caché ce que Dieu t'a montré pour l'utilité d'autrui, tu ne mérites d'être blâmé. » Alors saint François, touché par ces paroles, leur rapporta toute la manière et la forme de la susdite vision, en ajoutant

13. Frère Illuminé de Rieti avait été le compagnon de saint François pendant son voyage en Egypte ; sur frère Illuminé, cf. P. G. Golubovich, O.F.M., *Biblioteca biobibliografica della Terra Santa e dell' Oriente francescano*, t. I, Quaracchi, 1906, p. 33, n. 3, 36 et s. Il est cité par Dante dans la *Divine Comédie. Paradis*, XII, 130.

que le Christ, qui lui était apparu, lui avait dit certaines choses qu'il ne redirait jamais pendant sa vie[14].

Bien que ces plaies très saintes lui fissent venir au cœur une très grande allégresse, en tant qu'elles lui avaient été imprimées par le Christ, néanmoins elles lui donnaient, dans sa chair, dans les sensations de son corps, une souffrance intolérable. Ce pourquoi, contraint par la nécessité, il choisit frère Léon, parmi les autres le plus simple et le plus pur, à qui il révéla tout : il lui laissait voir et toucher ces saintes plaies, et les bander avec des linges pour calmer la douleur et recevoir le sang qui sortait et coulait desdites plaies. Ces bandages, lorsqu'il était malade, il laissait les changer souvent, tous les jours même, sauf du jeudi soir au samedi matin, parce qu'il ne voulait pas que, durant ce temps, la douleur de la Passion du Christ, qu'il supportait dans son corps, fût adoucie en quoi que ce soit par quelque médecine ou remède humain : car pendant ce temps Notre Sauveur Jésus-Christ avait été saisi, crucifié, mis à mort et enseveli pour nous. Il arriva parfois que, pendant que frère Léon lui changeait le bandage de la plaie du côté, saint François, sous le coup de la douleur qu'il éprouvait par l'enlèvement de cette bande ensanglantée, mît la main sur la poitrine de frère Léon ; au toucher de ces mains sacrées, frère Léon sentait une telle douceur de dévotion en son cœur, qu'il s'en fallait de peu qu'il ne tombât à terre évanoui[15].

Finalement, quant à cette troisième considération, saint François, ayant terminé le carême de saint Michel Archange, se disposa, par une divine révélation, à retourner à Sainte-Marie des Anges. Aussi appela-t-il à lui frère Massée et frère Ange, et après beaucoup de paroles et de saints enseignements, il leur recommanda, avec autant de force qu'il le put, cette sainte montagne, en leur disant qu'il lui fallait retourner

---

14. L'auteur des *Actus* **9** 71, termine le chapitre consacré à l'Alverne et à la Stigmatisation, par cette note : « Frère Jacques de Massa a connu ces faits de la bouche de frère Léon, et frère Hugolin de Monte Santa Maria de la bouche dudit frère Jacques, et moi qui écris, de la bouche de frère Hugolin, homme entièrement digne de foi ».
15. Cf. *Actus* **39** 8-10.

avec frère Léon à Sainte-Marie des Anges. Et cela dit, il prit congé d'eux, les bénit au nom de Jésus crucifié, et leur tendit, pour condescendre à leurs prières, ses très saintes mains, ornées de ces glorieux Stigmates, à voir, à toucher et à baiser. Et, les laissant ainsi consolés, il les quitta et descendit de la montagne sainte.

A la louange du Christ. Amen.

QUATRIÈME CONSIDÉRATION

COMMENT SAINT FRANÇOIS, APRÈS L'IMPRESSION DES STIGMATES, QUITTA L'ALVERNE ET RETOURNA A SAINTE-MARIE DES ANGES[1].

Quant à la quatrième considération, il faut savoir ceci : après que le véritable amour du Christ eut parfaitement transformé saint François en Dieu et en la véritable image du Christ crucifié, comme il avait terminé le carême de quarante jours en l'honneur de saint Michel Archange, sur le mont Alverne, François, cet homme angélique, descendit de la montagne, après la solennité de saint Michel, avec frère Léon et avec un pieux paysan, sur l'âne duquel il était assis, parce qu'il ne pouvait marcher que péniblement à cause des clous de ses pieds[2].

Comme saint François était donc descendu de la montagne, que la renommée de sa sainteté s'était répandue dans le pays, et que les bergers avaient raconté qu'ils avaient vu tout embrasé le mont Alverne, ce qui était signe de quelque

1. Le 30 septembre 1224. — Ce titre est incomplet et ne se rapporte, comme on va s'en rendre compte, qu'à la première partie du récit.
2. Trois points seulement de l'itinéraire suivi par saint François vont être indiqués avec précision : Borgo San Sepolcro, Monte Casale et Città di Castello. La tradition y ajoute le mont Casella, Monte Acuto et Anghiari ; cf. P.S. Mancherini, *Guida...*, p. 314 et s. A ce propos, Paul Sabatier remarque : « Ce chemin pour aller de l'Alverne à Borgo San Sepolcro est loin d'être le plus court ou le plus facile, mais au lieu de gagner immédiatement la plaine on reste encore de longues heures sur les cimes. Tout François n'est-il pas dans ce choix? » *Vie de S. François d'Assise*, Paris, 1894, p. 343, n. 1.

grand miracle que Dieu avait fait en faveur de saint François, les gens des environs, apprenant qu'il passait, s'en venaient tous pour le voir, hommes et femmes, petits et grands : et tous, avec grande dévotion et désir, s'ingéniaient à le toucher et à lui baiser les mains. Bien qu'il eût les mains bandées, il ne pouvait les refuser à la dévotion de ces gens, mais néanmoins, pour mieux cacher les Stigmates, il les enveloppait encore et les recouvrait de ses manches, et il ne leur tendait seulement à baiser que ses doigts découverts.

Mais quoiqu'il s'efforçât de celer et de dissimuler le secret sacré des glorieux Stigmates, pour fuir toute occasion de gloire mondaine, il plut à Dieu pour sa gloire de faire éclater beaucoup de miracles, par la vertu desdits Stigmates, en particulier pendant ce voyage de l'Alverne à Sainte-Marie des Anges, puis en très grand nombre par diverses parties du monde, durant sa vie et après sa mort glorieuse : et cela pour que leur vertu cachée et merveilleuse, et aussi la charité sans mesure et la miséricorde du Christ à l'égard de saint François, à qui il les avait merveilleusement donnés, se manifestassent au monde par des miracles clairs et évidents, dont nous allons rapporter ici quelques-uns[3].

Ainsi, alors que saint François s'approchait d'un village qui était aux confins du territoire d'Arezzo, une femme toute en pleurs se présenta devant lui, son fils sur les bras, qui avait huit ans et, depuis quatre ans, était hydropique ; et il avait le ventre si démesurément enflé que, debout, il ne pouvait voir ses pieds. Comme cette femme avait mis son fils devant lui, en le priant de prier Dieu pour lui, saint François se mit d'abord en prière, puis, sa prière faite, il mit ses mains saintes sur le ventre de l'enfant : aussitôt toute enflure disparut, il fut complètement guéri, et saint François le rendit à sa mère ; elle le reçut avec une très grande allégresse, et le ramena chez elle, en remerciant Dieu et son saint. Et

3. Cf. saint Bonaventure (LM **13** 5) où l'on retrouve les mêmes idées. La phrase par laquelle commence la *Quatrième Considération :* « Après que le véritable amour du Christ eut parfaitement transformé... » est presque littéralement traduite de ce passage de saint Bonaventure, qui s'est inspiré de la *IIe Epître aux Corinthiens* **3** 18.

elle montrait volontiers son fils guéri à tout le voisinage qui venait chez elle pour le voir[4].

Le même jour, saint François passa par Borgo San Sepolcro ; et avant qu'il ne s'approchât du château, la foule des gens du château et des villages environnants vinrent à sa rencontre, et beaucoup d'entre eux allaient au-devant de lui, des rameaux d'oliviers à la main et criant à voix forte : « Voici le Saint! Voici le Saint! » Et par dévotion et désir que les gens avaient de le toucher, ils faisaient grande foule et presse autour de lui. Mais lui, allant l'esprit élevé et ravi en Dieu dans la contemplation, bien qu'il fût touché ou tenu ou tiré, ne sentit, comme quelqu'un d'insensible, rien du tout de ce qui se faisait ou disait autour de lui, et il ne s'aperçut même pas qu'il passait par ce château et ce pays. Aussi, Borgo passé et la foule retournée chez elle, comme il arrivait à un hôpital de lépreux, bien à un mille au delà de Borgo, et qu'il revenait à lui comme s'il venait de l'autre monde, ce contemplateur céleste demanda à son compagnon : « Quand seronsnous près de Borgo? » En vérité son âme, fixée et ravie dans la contemplation des choses célestes, n'avait rien senti des choses de la terre, ni de la diversité des lieux et du temps, ni des personnes rencontrées[5]. Cela lui arriva d'ailleurs plusieurs autres fois, ce dont ses compagnons eurent la preuve par une claire expérience.

Ce soir-là, saint François arriva au couvent des frères de Monte Casale, où il y avait un frère si cruellement malade et si horriblement tourmenté par la maladie, que son mal paraissait plutôt tribulation et tourment démoniaque que maladie naturelle ; car parfois il se jetait à terre de tout son corps, dans un très grand tremblement et l'écume à la bouche ; tantôt tous les membres de son corps se contractaient, tantôt

4. Ce miracle est rapporté par Thomas de Celano plus brièvement, mais comme ayant eu lieu dans le diocèse de Rieti (3 C 174) ; l'erreur s'explique facilement : *Reatinus*, de Rieti ; *Aretinus*, d'Arezzo.
5. Le fait est raconté, sans indication de temps, par Thomas de Celano (2 C 98) ; mais la mention de l'âne et de l'hôpital des lépreux, ainsi que l'expression *cœlestium contemplator*, se retrouvent dans son récit ; Celano ajoute que l'on coupait des morceaux de la tunique du Saint.

ils se détendaient ; tantôt il se pliait, tantôt il se tordait, tantôt sa nuque touchait ses talons, et il se jetait en l'air et retombait aussitôt couché sur le dos. Comme saint François était à table et qu'il entendait les frères parler de ce frère si misérablement malade d'une maladie sans remède, il en eut compassion, il prit un morceau de pain qu'il mangeait, fit dessus le signe de la croix avec ses saintes mains stigmatisées et l'envoya au frère malade. Aussitôt que le malade l'eut mangé, il fut complètement guéri et jamais plus il ne se ressentit de cette maladie[6].

Arriva le matin suivant, et saint François envoya deux des frères qui étaient dans ce couvent demeurer sur l'Alverne, et avec eux il renvoya le paysan qui était venu avec lui, derrière l'âne qu'il lui avait prêté, voulant qu'il retournât avec sa bête dans sa maison.

Comme les frères faisaient route avec ledit paysan et entraient sur le territoire d'Arezzo, quelques gens du pays les virent de loin et en eurent grande allégresse, car ils pensaient que c'était saint François qui avait passé par là deux jours plus tôt : or il y avait là la femme de l'un d'eux, qui était depuis trois jours dans les douleurs de l'accouchement et qui se mourait de ne pouvoir accoucher, et ils pensaient la ravoir guérie et délivrée si saint François lui imposait ses saintes mains. Mais à l'approche desdits frères, après qu'ils eurent reconnu que ce n'était pas saint François, ils en eurent une grande tristesse ; mais là où le saint n'était pas corporellement, son pouvoir ne manqua pourtant pas, parce que la foi ne leur manquait pas. O merveille! La femme se mourait et portait déjà l'empreinte de la mort. Ces gens demandèrent aux frères s'ils n'avaient point quelque objet qui eût été touché par les mains très saintes de saint François. Les frères réfléchirent et cherchèrent avec soin, mais en fin de compte ils ne trouvèrent rien que saint François eût touché de la main, si ce n'est la bride de l'âne sur lequel il était venu.

6. Thomas de Celano rapporte ce miracle (I C 68) mais sans indication ni de temps, ni de lieu ; il ne fait non plus aucune allusion à la bouchée de pain ; ce dernier détail se trouve dans saint Bonaventure (LM 12 11).

Ils prirent cette bride avec grand respect et dévotion et la posèrent sur le corps de la femme enceinte, en invoquant pieusement le nom de saint François et en la lui recommandant avec foi. Quoi de plus ? Aussitôt que la femme eut sur elle ladite bride, elle fut immédiatement délivrée de tout danger, et elle accoucha facilement, avec joie et santé[7].

Saint François, après qu'il fut resté quelques jours dans ledit couvent, s'en alla et gagna Città di Castello : et voici que beaucoup de citadins lui conduisirent une femme possédée depuis longtemps du démon, et le prièrent humblement de la délivrer parce qu'elle troublait tout le pays, soit par ses hurlements douloureux, soit par ses cris féroces, soit par ses aboiements de chien. Alors saint François, après avoir d'abord prié et fait sur elle le signe de la croix, ordonna au démon de la quitter ; et aussitôt il s'en alla et la laissa saine de corps et d'esprit[8].

Le bruit de ce miracle se répandit dans le peuple, et alors une autre femme lui apporta avec une grande foi son enfant, gravement malade d'une plaie cruelle et lui demanda dévotement de vouloir bien faire sur lui le signe de la croix. Saint François, accédant à sa dévotion, prend alors ce petit enfant, enlève le bandage de la plaie, le bénit, en faisant trois fois sur la plaie le signe de la croix, y replace le bandage de ses mains, et le rend à sa mère ; comme il était tard, elle le mit immédiatement au lit pour dormir. Au matin, elle va pour tirer son fils du lit et elle le trouve sans bandage, elle le regarde et elle le trouve aussi parfaitement guéri que s'il n'avait jamais eu aucun mal, à cela près qu'à l'endroit de la plaie il s'était

---

7. Le fait est raconté un peu différemment par Thomas de Celano (1 C 63) ; le lieu est le même ; le temps n'est pas indiqué ; il s'agit d'un cheval et non d'un âne ; mais l'auteur des *Considérations* avait manifestement Celano sous les yeux, car il termine son récit en des termes identiques : « *quæ incontinenti, remoto periculo, cum gaudio peperit et salute.* » Cf. saint Bonaventure (LM **12** 11).

8. Mêmes observations : Celano (1 C 70) indique, comme l'auteur des *Considérations*, que les habitants de Città di Castello demandaient la délivrance de la femme parce qu'elle les troublait : « *illos turbaverat barriendo* ». Il nous reste l'impression, un peu fâcheuse, que ces braves gens pensaient beaucoup plus à eux-mêmes qu'à la possédée. Cf. saint Bonaventure (LM 12 10).

formé une excroissance de chair qui ressemblait à une rose vermeille ; et c'était plutôt un témoignage du miracle qu'une marque de la plaie, car, ladite rose persistant tout le temps de sa vie, elle engageait souvent le miraculé à être dévot envers saint François qui l'avait guéri.

Saint François demeura alors un mois en cette ville, à la prière pleine de dévotion des habitants, et pendant ce temps, il fit beaucoup d'autres miracles ; puis il partit de là pour se rendre à Sainte-Marie des Anges, avec frère Léon et avec un brave homme qui lui prêtait son petit âne, sur lequel saint François cheminait.

Or il advint que, tant à cause des mauvaises routes que du grand froid, après avoir cheminé toute la journée, ils ne purent arriver à aucun lieu où il leur fût possible de loger : ce pourquoi, contraints par la nuit et le mauvais temps, ils se réfugièrent sous le bord d'un rocher creux pour se protéger contre la neige et contre la nuit qui survenait. Comme le brave homme à qui appartenait l'âne se trouvait ainsi mal à l'aise et mal couvert, et que le froid l'empêchait de dormir — il n'y avait là aucun moyen de faire du feu — il commença à se lamenter tout bas en lui-même et à se plaindre, et il murmurait presque contre saint François, qui l'avait conduit en pareil lieu. Alors saint François, se rendant compte de cela, eut pitié de lui, et, en ferveur d'esprit, il étendit la main sur lui et le toucha. O merveille ! Aussitôt qu'il l'eut touché de sa main embrasée et transpercée par le feu du Séraphin, tout froid disparut, et une telle chaleur entra en lui et l'enveloppa qu'il lui paraissait être près de la bouche d'une fournaise ardente : aussi, l'âme et le corps réconfortés, il s'endormit aussitôt, et cette nuit-là, d'après ce qu'il raconta, il dormit plus suavement jusqu'au matin, parmi les rochers et la neige, qu'il ne l'avait jamais fait dans son propre lit[9].

---

9. Ce récit et même plusieurs des expressions employées sont empruntées à saint Bonaventure (LM **13** 7). Une curieuse remarque cependant. Alors que nous lisons ici : « sa main embrasée et transpercée, par le feu du Séraphin », saint Bonaventure avait écrit : « *manus... quæ seraphici calculi gerebat incendium* ». L'auteur des *Considérations* a laissé tomber le mot *calculus*, charbon. Ne s'est-il pas aperçu de l'allusion à Isaïe **6** 6?

Ils cheminèrent ensuite le lendemain et arrivèrent à Sainte-Marie des Anges : comme ils en approchaient, frère Léon lève les yeux au ciel et regarde vers ledit couvent de Sainte-Marie. Et en regardant il voit une très belle croix, où était la figure du Crucifié, aller devant saint François, qui marchait devant lui. Et ainsi ladite croix allait devant la face de saint François, se conformant à ses actes, s'arrêtant quand il s'arrêtait, allant quand il allait : et cette croix était d'une telle splendeur que non seulement elle resplendissait sur la face de saint François, mais qu'elle illuminait l'air tout entier aux alentours ; et elle persista jusqu'à ce que saint François fût entré dans le couvent de Sainte-Marie[10].

Saint François étant donc arrivé au couvent avec frère Léon, ils furent reçus par les frères avec la plus grande allégresse et charité. Et à partir de ce moment, saint François demeura la plupart du temps dans ce couvent de Sainte-Marie, jusqu'à sa mort. Et la renommée de sa sainteté et de ses miracles se répandait, continuellement, de plus en plus, dans l'Ordre et par le monde, encore que, dans sa très profonde humilité, il cachât autant qu'il le pouvait les dons et grâces de Dieu et s'appelât lui-même un très grand pécheur.

Frère Léon s'en étonna une fois et naïvement il pensa en lui-même : « Voici que celui-là s'appelle un très grand pécheur en public, or il est venu à l'Ordre déjà âgé, il est comblé d'honneurs par Dieu, et cependant il ne s'est jamais en secret confessé du péché charnel[11] : serait-il vierge ? » Et là-dessus il commença à lui venir un très grand désir d'en savoir le vrai ; mais il n'avait pas la hardiesse d'interroger saint François : aussi recourut-il à Dieu et, comme il le priait instamment de lui révéler ce qu'il désirait savoir, il mérita grâce à ses nombreuses prières d'être exaucé, et il lui fut révélé par une certaine vision que saint François était vraiment vierge de corps : car il vit, dans une vision, saint François siéger dans un lieu élevé et excellent, où personne ne pouvait ni aller ni atteindre, et il lui fut dit en esprit que ce lieu si

10. Cette vision de frère Léon est empruntée aux *Actus* **37** 5-7 ; mais elle y est racontée sans aucune indication ni de temps, ni de lieu.
11. Frère Léon était le confesseur de saint François.

haut et si excellent signifiait, en saint François, l'excellence de la chasteté virginale, qui raisonnablement convenait à la chair qui devait être ornée des Stigmates sacrés du Christ[12].

Comme saint François voyait qu'à cause des Stigmates les forces de son corps disparaissaient peu à peu et qu'il ne pouvait plus avoir soin du gouvernement de l'Ordre, il hâta la convocation du Chapitre général. Quand il fut entièrement réuni, il s'excusa humblement auprès des frères de l'impotence qui l'empêchait de pourvoir au soin de l'Ordre, dans l'exercice du généralat, bien qu'il ne renonçât pas à l'office du généralat : il ne le pouvait pas en effet car il avait été nommé Général par le pape et, pour cette raison, il ne pouvait ni abandonner l'office ni se substituer un successeur, sans la permission formelle du pape ; mais il institua frère Pierre de Catane son Vicaire, en lui recommandant l'Ordre, à lui et aux Ministres provinciaux, aussi affectueusement qu'il le put[13].

---

12. Ce récit se retrouve dans la *Vie de frère Léon*, insérée dans la *Chronique des XXIV Généraux. Analecta Franciscana*, t. III, p. 68, mais sans la remarque finale. Le texte de la *Vie de frère Léon*, quoique plus court, est beaucoup plus clair. On y lit, en effet : « *...maxime quia in sæculo* [*beatus Franciscus*] *fuerat valde iucundus et inter lascivos iuvenes enutritus* », ce qui est une allusion évidente au fameux début de la *Première Légende* de Thomas de Celano, 1-3, et aux controverses que ce texte avait suscitées (et qu'il suscite encore). L'auteur réfute l'interprétation, défavorable à la pureté de saint François, qui en avait été tirée. Cf. 2 C 3, et surtout saint Bonaventure (LM **1** 1) : « *...nec inter lascivos iuvenes, quamvis effusus ad gaudia, post carnis petulantiam abiit, nec...* »

13. Rien ne saurait mieux montrer que cet épisode combien on aurait tort de se fier à la chronologie de l'auteur des *Considérations :* elle est fantaisiste, comme on l'a déjà vu, par exemple p. 186, n. 1. Les faits qu'il rapporte ici sont exacts, mais ils n'ont aucune relation avec les Stigmates ; ils leur sont bien antérieurs et datent très probablement du Chapitre de la Saint-Michel 1220. En tout cas, Pierre de Catane mourut le 10 mars 1221 ; il fut remplacé par le célèbre frère Elie. Cf. *Legenda antiqua* de Pérouse, 105 ; Thomas de Celano (2 C 143). Il semblerait de plus que Pierre de Catane fut bien Ministre général et non pas seulement Vicaire général ; voir, sur la question, P. Gratien, O.M.Cap., *Histoire de la Fondation et de l'Evolution des Frères Mineurs au XIIIe siècle*, Paris, 1928, p. 19, n. 23 ; indiquons en passant que ce livre est le meilleur que l'on puisse consulter sur l'histoire, si compliquée et si mouvementée, des premières années de l'Ordre.

Cela fait, saint François, réconforté en esprit, dit ces paroles, les yeux et les mains levés vers le ciel : « A toi, Seigneur mon Dieu, je recommande ta famille, que tu m'as confiée jusqu'à présent, et dont je ne puis plus désormais prendre soin, à cause de mes infirmités, que tu connais, mon très doux Seigneur. Je la recommande aussi aux Ministres provinciaux ; qu'ils soient tenus de t'en rendre compte au jour du jugement, si quelque frère vient à périr, par leur négligence, par leur mauvais exemple, ou par leurs trop rudes corrections. » Et tous les frères du Chapitre entendirent dans ces paroles, ainsi qu'il plut à Dieu, qu'en s'excusant de ses infirmités, c'était des Stigmates qu'il parlait[14] ; et par dévotion aucun d'eux ne put se tenir de pleurer. Et à partir de ce moment saint François laissa tout le soin et le gouvernement de l'Ordre aux mains de son Vicaire et des Ministres provinciaux ; et il disait : « Maintenant, depuis que j'ai abandonné le soin de l'Ordre à cause de mes infirmités, je ne suis plus tenu désormais qu'à prier Dieu pour notre Ordre et à donner le bon exemple aux frères. Et je sais bien, en vérité, que, si la maladie me le permettait, la plus grande aide que je pourrais donner à l'Ordre serait de prier continuellement Dieu pour lui, afin qu'il le défende, le gouverne et conserve. »

Or, bien que saint François, comme il l'est dit ci-dessus, s'ingéniât autant qu'il le pouvait à cacher ses Stigmates très sacrés et que, depuis qu'il les avait reçus, il allât ou restât toujours les mains bandées et les pieds chaussés, il ne put cependant empêcher que beaucoup de frères ne les vissent et touchassent de différentes façons, en particulier celui du côté, qu'il s'efforçait de dissimuler avec le plus de soin. Ainsi, un frère qui le servait le décida, par une pieuse ruse, à ôter sa tunique pour en secouer la poussière ; et, comme il l'ôtait en sa présence, ce frère vit clairement la plaie du côté et, en lui mettant rapidement la main sur la poitrine, il la toucha

---

14. Comme la prière qui précède se trouve, presque textuellement, dans la *Seconde Légende*, l.c., on voit que l'auteur des *Considérations* complète le texte de Thomas de Celano et même le corrige ; ses corrections ne sont pas toujours heureuses.

avec trois doigts et en mesura la grandeur et les dimensions[15]. Son Vicaire la vit aussi, de semblable manière, à cette époque[16]. Mais frère Rufin, qui était homme de très grande contemplation, en fut plus clairement encore assuré, lui dont saint François disait parfois qu'il n'y avait pas au monde de plus saint homme que lui, et qu'il aimait intimement pour sa sainteté, et à qui il complaisait en ce qu'il voulait.

Ce frère Rufin s'assura desdits Stigmates de trois façons, et en particulier de celui du côté, et il en assura les autres. Voici la première : devant laver les braies de saint François qu'il portait si grandes qu'en les faisant bien remonter il en couvrait la plaie du côté droit, ledit frère Rufin les regardait et considérait avec attention, et chaque fois il les trouvait ensanglantées du côté droit : ce pourquoi il se rendait compte avec certitude que c'était du sang qui sortait de ladite plaie ; saint François l'en reprenait quand il s'apercevait qu'il dépliait ses braies pour voir ladite marque. La seconde façon fut qu'une fois ledit frère Rufin, en frottant les reins de saint François, s'arrangea pour porter la main plus loin et mit les doigts dans la plaie du côté ; saint François en éprouva une grande douleur qui le fit crier à voix forte : « Que Dieu te pardonne, ô frère Rufin, pourquoi as-tu agi ainsi? » La troisième façon fut qu'une fois il demanda très instamment à saint François de lui donner, par très grande grâce, son manteau et de prendre le sien par amour de la charité. Bien qu'il ne condescendît que malaisément à cette demande, le charitable père tira son manteau, le lui donna et prit le sien ; et alors, pendant qu'il tirait l'un et remettait l'autre, frère Rufin vit clairement ladite plaie[17].

---

15. Cf. Thomas de Celano (2 C 138) ; saint Bonaventure (LM **13** 8) : « *...tres veloci contactu digitos applicans, ...vulneris quantitatem agnovit.* » D'après la *Chronique des XXIV Généraux*, ce frère se serait appelé Iohannes de Laudibus ; il était de belle prestance : « *corpore fortissimus* », *Analecta Franciscana*, t. III, p. 225-226.
16. Cf. Thomas de Celano (1 C 95) ; saint Bonaventure (LM **13** 8).
17. La source de ce chapitre se trouve dans les *Actus*, **34**, où les trois manières dont frère Rufin vit les Stigmates sont indiquées dans le même ordre. Pour la seconde manière, voir Celano (1 C 95), où frère Rufin est nommé (2 C 138) et saint Bonaventure (LM **13** 8), où il ne l'est

De même, frère Léon et beaucoup d'autres frères virent lesdits Stigmates de saint François pendant sa vie ; et bien que ces frères fussent, par leur sainteté, des hommes dignes de foi et que l'on pouvait croire sur leur simple parole, néanmoins, pour enlever tout doute des cœurs, ils jurèrent sur le saint Livre qu'ils les avaient vus clairement[18].

Quelques cardinaux les virent aussi, qui avaient avec lui grande familiarité et, par respect pour lesdits Stigmates de saint François, ils firent et composèrent de belles et pieuses hymnes, antiennes et proses[19].

Le souverain pontife, le pape Alexandre, prêchant au peuple, en présence de tous les cardinaux, parmi lesquels se trouvait le saint frère Bonaventure qui était cardinal, dit et affirma qu'il avait vu de ses yeux les Stigmates sacrées de saint François pendant sa vie[20].

Madame Jacqueline de Settesoli, de Rome, qui était la plus grande dame de Rome en son temps, et qui était très dévote à saint François, les vit et les baisa plusieurs fois avec le plus grand respect, avant et après la mort de saint François, car elle vint de Rome à Assise, par divine révélation, pour la mort de saint François. Et ce fut en cette façon[21].

---

pas. L'auteur des *Considérations* laisse entendre clairement que le geste de frère Rufin fut volontaire ; Celano et saint Bonaventure disent le contraire ; saint Bonaventure en particulier est formel : « *...manu casualiter vulneri sacro illapsa...* »

18. Cf. Thomas de Celano (2 C 135-138) ; saint Bonaventure (LM **13** 8).
19. Cf. saint Bonaventure, *ibid.;* les noms de ces cardinaux sont donnés dans Wadding, *Annales Minorum*, année 1228, n. 78.
20. Cf. saint Bonaventure, *ibid.*, qui dit expressément qu'il assistait à ce sermon ; il s'agit d'Alexandre IV, pape de 1254 à 1261 ; mais l'auteur des *Considérations* se trompe en disant que saint Bonaventure était cardinal ; il ne le devint qu'en 1273.
21. L'épisode qui va suivre, de la visite de « frère Jacqueline » à saint François mourant, est un des plus célèbres de l'histoire du Saint, par les polémiques auxquelles il a donné lieu. Au temps où il n'était connu que par la *Quatrième Considération*, par les *Actus*, **18**, et par le *Speculum perfectionis*, **102**, plusieurs écrivains de l'Ordre en révoquaient en doute l'authenticité. Il leur paraissait invraisemblable que saint François ait permis à une femme, si pieuse et si noble fût-elle, de pénétrer dans la clôture et d'approcher de son lit de mort. Ils en étaient choqués. Papini, Général des Conventuels, traitait de « *profanatori delle glorie*

Saint François, quelques jours avant sa mort, se trouvait malade à Assise, dans le palais de l'évêque, et avec quelques-uns de ses compagnons ; et malgré toutes ses infirmités il chantait souvent certaines louanges du Christ. Aussi un de ses compagnons lui dit un jour : « Père, tu sais que ces habitants ont grande foi en toi et te réputent un saint homme, et pour cette raison ils peuvent penser que, si tu es ce qu'ils croient, tu devrais, dans ta maladie, penser à la mort et pleurer au lieu de chanter, puisque tu es si gravement malade ; comprends que ton chant, et celui que tu nous fais faire sont entendus de beaucoup de gens du palais et du dehors ; car ce palais est gardé, à cause de toi, par de nombreux gens d'armes,

---

paterne » ceux qui faisaient trop bon accueil à une pareille historiette ; cf. Paul Sabatier, *Speculum perfectionis, étude du chapitre CXII*, p. 273 et s. Sabatier trouva une confirmation du récit dans le *De laudibus Beati Francisci* de Bernard de Besse, secrétaire de saint Bonaventure, *Analecta Franciscana*, t. III, p. 687. Mais on pouvait encore épiloguer... Tous les doutes furent levés par la découverte, faite par le P. Van Ortroy, S.J., de la Société des Bollandistes, du *Traité des miracles* de Thomas de Celano, qu'il publia le premier dans les *Analecta Bollandiana*, XVIII, 1899, p. 81 et s. Le récit y est, avec ces paroles de saint François qui n'ont pas passé dans la *Quatrième Considération : « Benedictus, inquit, Deus, qui dominam Iacobam fratrem nostrum direxit ad nos. Aperite, ait, portas et intrantem eam conducite, quia non est pro fratre Jacoba decretum de mulieribus observandum » ;* (3 C 37-39). Une nouvelle confirmation, s'il en avait été besoin, fut apportée, en 1922, par la *Legenda antiqua* de Pérouse, 101. Combien il nous touche aujourd'hui, où nos idées ont beaucoup changé depuis Papini, de voir saint François demander ces mets que Jacqueline lui donnait à Rome quand il était malade ! Il nous semble que ce désir d'un mourant — et beaucoup de mourants en ont d'analogues — rapproche de nous le cher Saint, en le faisant participer, à une pareille heure, à notre pauvre faiblesse humaine... — La meilleure étude sur la noble dame romaine est celle du P. Edouard d'Alençon, O.M.Cap., *Frère Jacqueline, recherches historiques sur Jacqueline de Settesoli, l'amie de saint François*, 2e éd., Paris, 1927. — Il me semble avoir indiqué une confirmation iconographique, évidemment indirecte et tardive, mais tout de même intéressante, de la présence de Jacqueline près du corps de saint François, dans un tableau du peintre siennois Stefano di Giovanni, Sassetta, exécuté en 1437 pour les Frères Mineurs de Borgo San Sepolcro, et qui est aujourd'hui à la National Gallery de Londres ; on en trouvera d'excellentes reproductions aux planches 19 et 20 de l'ouvrage de Bernard Berenson. *Un Peintre siennois de la Légende franciscaine, Sassetta*, Paris, 1948. Je me permets de renvoyer à la petite note que j'ai publiée sur ce sujet dans les *Etudes franciscaines*, novembre 1950, p. 329 et s.

qui pourraient peut-être en recevoir mauvais exemple[22]. Aussi je pense, disait ce frère[23], que tu ferais bien de partir d'ici et de retourner avec nous tous à Sainte-Marie des Anges, car nous ne sommes pas bien ici parmi les séculiers. » Saint François répondit : « Mon très cher frère, tu sais qu'il y a deux ans, quand nous étions à Foligno, Dieu te révéla quel serait le terme de ma vie, et il le révéla à moi aussi, et que d'ici peu de jours, dans cette maladie, ce terme arriverait ; et dans cette révélation Dieu m'assura de la rémission de tous mes péchés et de la béatitude du paradis. Jusqu'à cette révélation, je pleurai sur la mort et sur mes péchés : mais depuis que j'ai eu cette révélation, j'ai été si rempli d'allégresse que je ne puis plus pleurer ; et pour cela je chante et je chanterai en l'honneur de Dieu, qui m'a donné le bien de sa grâce et l'assurance des biens de la gloire du paradis[24]. Mais pour ce qui est de notre départ d'ici, j'y consens et cela me plaît : mais trouvez un moyen de me porter, car, à cause de ma maladie je ne puis marcher. » Alors les frères le prirent à bras et le portèrent ainsi, accompagnés de beaucoup d'habitants.

Comme ils arrivaient à un hôpital qui était sur la route[25], saint François dit à ceux qui le portaient : « Posez-moi à terre et retournez-moi vers la ville. » Et, lorsqu'il fut placé le visage tourné vers Assise, il bénit la ville de beaucoup de bénédictions, en disant : « Bénie sois-tu de Dieu, cité sainte, car par toi beaucoup d'âmes seront sauvées, et en toi habiteront beaucoup de serviteurs de Dieu, et de toi beaucoup seront élus au royaume de la vie éternelle[26]. ». Et, après

---

22. Les *Actus* indiquent expressément que ces gens d'armes avaient été placés là par les habitants d'Assise, qui craignaient que saint François, « *tam carum thesaurum* », ne fût enlevé par leurs voisins.
23. Ce frère si prudent est frère Elie, dont le nom est indiqué, à propos de la révélation de Foligno que va lui rappeler saint François, dans la *Première Légende* de Thomas de Celano, 109.
24. Voir, à propos de cette dernière révélation, le chapitre **19** des *Fioretti* et les notes.
25. L'hôpital des lépreux, des Crucigères, qui s'élevait là où se trouve aujourd'hui Casa Gualdi ; un bas-relief moderne y rappelle cette scène.
26. Le texte de cette bénédiction, cf. *Fioretti*, **25**, est gravé sur la Porta Nuova d'Assise. Une autre version, plus longue, de la bénédiction se trouve dans la *Legenda antiqua* de Pérouse, 99, et dans le *Speculum perfectionis*, **124**.

avoir dit ces paroles, il se fit porter à Sainte-Marie des Anges.

Après qu'ils furent arrivés à Sainte-Marie, ils le portèrent à l'infirmerie et l'y mirent à se reposer. Alors saint François appela à lui l'un de ses compagnons et lui dit : « Mon très cher frère, Dieu m'a révélé que, dans cette maladie, je passerai, tel jour, de cette vie ; et tu sais que Madame Jacqueline de Settesoli, très chère et dévouée à notre Ordre, si elle apprenait ma mort sans y avoir été présente, en serait trop attristée : aussi prévenons-la que, si elle veut me voir vivant, elle vienne ici immédiatement. » Le frère répondit : « Tu as bien raison, père, car vraiment, pour la grande dévotion qu'elle te porte, il serait très malséant qu'elle ne fût pas présente à ta mort. » — « Va donc, dit saint François, apporte l'encrier, la plume et du papier, et tu écriras ce que je te dirai. » Et, après qu'il eut apporté cela, saint François dicta la lettre en ces termes :

« A Madame Jacqueline, servante de Dieu, frère François, petit pauvre du Christ, salut et communion de l'Esprit-Saint en Notre-Seigneur Jésus-Christ. Sache, très chère, que le Christ béni m'a révélé, par sa grâce, la fin de ma vie, qui aura lieu sous peu. Aussi, si tu veux me trouver vivant, aussitôt vue cette lettre, mets-toi en route et viens à Sainte-Marie des Anges, car, si tu n'es pas arrivée pour tel jour, tu ne pourras pas me trouver vivant. Apporte avec toi du drap de cilice, pour envelopper mon corps[27], et la cire nécessaire à ma sépulture. Et je te prie encore de m'apporter de ces mets, que tu avais coutume de me donner lorsque j'étais malade à Rome. »

Pendant qu'on écrivait cette lettre, il fut révélé par Dieu à saint François que Madame Jacqueline venait à lui, qu'elle était près du couvent, et qu'elle apportait avec elle toutes ces choses qu'il lui faisait demander par lettre. Ce pourquoi, ayant eu cette révélation, saint François dit au frère qui écrivait la lettre, de ne pas écrire davantage, car ce n'était pas nécessaire, mais de laisser là son papier. Les frères s'éton-

27. La *Legenda antiqua* indique qu'avec ce drap les frères firent une tunique dans laquelle saint François fut enseveli ; cette tunique est conservée aujourd'hui au Sacro Convento d'Assise.

nèrent beaucoup de ce qu'il n'achevait pas la lettre et ne voulait pas qu'on l'envoyât. Et, après un moment ainsi passé, on frappa fortement à la porte du couvent, et saint François envoya le portier ouvrir ; il ouvrit la porte : c'était Madame Jacqueline, très noble dame de Rome, avec ses deux fils[28] sénateurs et avec grande compagnie d'hommes à cheval.

Ils entrent donc, et Madame Jacqueline s'en va droit à l'infirmerie et se rend auprès de saint François : de son arrivée, saint François eut très grande allégresse et consolation, et elle de même, en le voyant vivant et en lui parlant. Alors elle lui fit connaître comment Dieu lui avait révélé à Rome[29], alors qu'elle était en prière, la fin prochaine de sa vie, et comment il devait envoyer la chercher et lui demander ces choses qu'elle avait, disait-elle, toutes apportées ; et elle les lui fit remettre et lui en donna à manger[30]. Après qu'il eut mangé et qu'il en eut été très réconforté, cette Madame Jacqueline s'agenouille aux pieds de saint François, et prend ces pieds très saints, marqués et ornés des plaies du Christ ; et elle les baisait et les baignait de ses larmes avec une si grande dévotion, qu'il paraissait, à proprement parler, aux frères qui étaient présents, voir la Magdeleine aux pieds de Jésus-Christ, et ils ne pouvaient, par aucun moyen, l'en détacher.

Finalement, après un long temps, ils l'éloignèrent de là, la prirent à part, et lui demandèrent comment elle était arrivée si à propos et ainsi pourvue de toutes les choses qui étaient

---

28. D'après la *Legenda antiqua*, il n'y en aurait eu qu'un : « *Domina Jacoba cum filio suo.* » Le P. Edouard d'Alençon discute assez longuement la question et préfère la version de la *Legenda*, l. c., p. 32 et s.
29. Sur son palais, au Septizonium, voir P. Edouard d'Alençon, l. c., p. 10 et s.
30. Nous trouvons ici de curieuses précisions dans la *Legenda antiqua* ; il s'agissait du gâteau « que les Romains appellent *mortairol* » ; il entre dans sa composition « des amandes, du sucre ou du miel et d'autres ingrédients. » C'est une frangipane ! Et ce nom viendrait peut-être de celui de la famille Frangipani, à laquelle appartenait la noble dame ; cf. P. Edouard d'Alençon, l. c., p. 26, n. 3. Jacqueline n'avait apporté que les produits ; elle prépara le gâteau à la Portioncule même. Saint François, d'après la *Legenda*, en mangea peu ; mais il pensa que frère Bernard de Quintavalle le goûterait avec plaisir et il le fit appeler ; *ibid.*, 107.

nécessaires à la vie et à la sépulture de saint François. Madame Jacqueline répondit que, comme une nuit elle était en prière à Rome, elle entendit une voix du ciel qui lui disait : « Si tu veux trouver saint François vivant, va sans retard à Assise et apporte avec toi ces choses que tu avais coutume de lui donner quand il était malade et ce dont on aura besoin pour sa sépulture. » Et elle dit : « J'ai ainsi fait. »

Madame Jacqueline resta donc là jusqu'à ce que saint François passât de cette vie et qu'il eût été enseveli ; et elle fit à sa sépulture très grand honneur avec toute sa compagnie, et elle fit toute la dépense de ce qui était nécessaire. Puis elle retourna à Rome, où, à peu de ten de là, cette sainte dame mourut saintement[31] ; et, par dévotion à saint François, elle voulut, ce qu'elle demanda par acte de dernière volonté, être transportée et ensevelie à Sainte-Marie des Anges[32] ; et il en fut ainsi.

A la mort de saint François, non seulement ladite Madame Jacqueline et ses fils et sa compagnie virent et baisèrent ses glorieux Stigmates, mais aussi beaucoup de citoyens d'Assise. Parmi eux, il y avait un chevalier de grand renom, un homme éminent, qui s'appelait Messire Jérôme : il en doutait beaucoup et était incrédule à leur sujet, comme saint Thomas Apôtre au sujet de ceux du Christ[33]. Pour s'en assurer, lui et les autres, il faisait mouvoir hardiment, devant les frères et les séculiers, les clous des mains et des pieds et il palpait ouvertement la plaie du côté. Ce pourquoi, il fut ensuite un témoin irrécusable de leur réalité, jurant sur le Livre[34] qu'il en était ainsi et qu'ainsi il avait vu et touché[35].

---

31. D'après les *Actus*, c'est à Assise qu'elle est morte. La date généralement admise, et d'ailleurs très discutée, est 1239. Elle vivait certainement encore en 1237 ; cf. P. Edouard d'Alençon, l. c., p. 37 et s.
32. Ceci est une erreur. Jacqueline fut ensevelie dans la basilique inférieure de Saint-François, où l'on voit toujours sa tombe, dans la nef, à gauche, avec cette inscription : *Hic requiescit Jacoba sancta nobilisque Romana.*
33. Jn **20** 24-29.
34. L'Evangile.
35. Ce paragraphe est presque littéralement traduit de saint Bonaventure (LM **15** 4), où se trouve l'expression : « *movebat clavos* », ainsi que l'allusion à l'incrédulité de saint Thomas. — L'épisode de Jérôme

Sainte Claire et ses moniales, qui furent présentes aux obsèques de saint François[36], virent aussi et baisèrent ses glorieux Stigmates.

Le glorieux confesseur du Christ Messire saint François passa de cette vie l'an du Seigneur 1226, le quatrième jour d'octobre[37], un samedi, et il fut enseveli le dimanche. Cette année était la vingtième de sa conversion, c'est-à-dire depuis qu'il avait commencé à faire pénitence ; et c'était la seconde année depuis l'impression des Stigmates ; il était dans ses quarante-cinq ans depuis sa naissance.

Saint François fut ensuite canonisé en 1228[38], par le pape Grégoire IX, qui vint en personne à Assise pour le canoniser.

A la louange du Christ. Amen.

Et que cela suffise pour la quatrième considération.

CINQUIÈME CONSIDÉRATION

DE CERTAINES APPARITIONS A DE SAINTES PERSONNES, RELATIVES AUX SAINTS STIGMATES[1].

La cinquième et dernière considération est celle de certaines apparitions, révélations et miracles, que Dieu fit et

---

fait le sujet de la fresque XXII, de Giotto ou de son école, dans la basilique supérieure d'Assise ; on le retrouve sur le tableau de Sassetta dont il a été question plus haut, n. 21, p. 225.

36. A Saint-Damien uniquement, par où passa le cortège triomphal qui, au matin du 4 octobre, conduisit le corps de saint François de Sainte-Marie des Anges à Assise, où il fut placé provisoirement dans l'église Saint-Georges ; cf. Thomas de Celano (1 C 116-117) ; *Legenda antiqua* de Pérouse, 109 ; *Speculum perfectionis*, 108 ; saint Bonaventure (LM **15** 5).

37. En réalité, d'après notre manière de compter les jours, le 3, à la tombée de la nuit, alors que la journée liturgique du 4 était commencée. L'auteur traduit saint Bonaventure (LM **15** 5) : « *quarto nonas octobris, die sabbati in sero, sepultus in die dominico* », mais il a laissé tomber les mots *in sero*, sur le soir. Le quatrième jour des nones d'octobre est pour nous le 4.

38. Le 16 juillet.

1. Dans les années qui suivirent la mort de saint François, et même beaucoup plus tard, l'authenticité des Stigmates fut très vivement

montra après la mort de saint François, pour confirmer les Stigmates et pour révéler le jour et l'heure où le Christ les lui donna.

Et quant à cela, il faut savoir que l'an du Seigneur 1282, le troisième jour d'octobre[2], frère Philippe, Ministre de Toscane, par ordre de frère Bonagrazia, Ministre général[3], exigea, au nom de la sainte obéissance, que frère Matthieu de Castiglione Aretino, homme de grande piété et sainteté, lui dît ce qu'il savait du jour et de l'heure où les Stigmates sacrés furent imprimés par le Christ sur le corps de saint François, parce qu'il connaissait qu'il en avait eu révélation. Ce frère Matthieu, obligé par la sainte obéissance, lui répondit ainsi :

« Comme j'étais, l'année passée, de famille à l'Alverne, je me mis un jour, au mois de mai, en prière dans cette cellule qui se trouve à l'endroit où eut lieu, croit-on, cette apparition du Séraphin. Et dans ma prière, je priais Dieu avec une très grande dévotion qu'il lui plût de révéler à quelqu'un le jour, l'heure et le lieu où les Stigmates sacrés furent impri-

---

révoquée en doute ; voir, par exemple, à ce sujet, dans le *Codice diplomatico...*, les documents qui figurent aux p. 8, 10 ,12, 21, 32, 44, etc. Le recueil d'apparitions, révélations et miracles que l'on va lire a manifestement été compilé pour répondre à ces détracteurs. Il en existe beaucoup d'autres analogues. Comme le fait remarquer très justement le P. Benvenuto Bughetti, O.F.M., éd. citée des *Fioretti*, p. 238, n. 1, ces récits « ajoutent peu à la valeur historique et morale des Stigmates, qui n'ont pas besoin de ces nouvelles preuves et de ces nouveaux détails pour nous paraître plus vrais et plus grands. »

2. Ce jour, qui n'est pas indiqué dans les manuscrits des *Considérations*, est donné par l'*Instrumentum de Stigmatibus beati Francisci*, *Analecta Franciscana*, t. III, p. 641. Contrairement à ce que dit, l. c., p. 232, n. 2, le P. Bughetti, le célèbre manuscrit du couvent Saint-Antoine de Rome, publié dans l'*Archivum franciscanum historicum*, XII, 1919, p. 391 et s., donne comme date le V des ides d'octobre, ce qui correspond au 11. L'auteur des *Considérations* traduit presque littéralement ce texte, au commencement et à la fin de son récit. — Paul Sabatier a signalé une traduction en italien de l'*Instrumentum de Stigmatibus* dans un manuscrit de la bibliothèque Riccardi de Florence, *Speculum perfectionis*, p. CLXXIII.

3. Cet ordre du Ministre général Bonagrazia, élu en 1279, est rapporté dans la *Chronique des XXIV Généraux*, *Analecta Franciscana*, t. III, p. 374 ; il fut donné au Chapitre général tenu à Strasbourg en 1282.

més sur le corps de saint François. Et comme je persévérais dans cette prière et dans cette supplication au-delà du premier sommeil, voici que saint François m'apparut dans une très vive lumière et me parla ainsi : « Mon fils, de quoi pries-tu Dieu ? » Je lui dis : « Père, je prie pour telle chose ». Il me répondit : « Je suis ton père François, me reconnais-tu bien ? — Oui, mon père », lui dis-je. Alors il me montra les Stigmates de ses mains, de ses pieds et de son côté, et il me dit : « Le temps est venu où Dieu veut que se manifeste pour sa gloire ce que les frères ne se sont pas jusqu'ici préoccupés de savoir. Sache que celui qui m'apparut ne fut pas un Ange, mais que ce fut Jésus-Christ sous l'aspect d'un Séraphin : de ses mains, il imprima sur mon corps ces cinq plaies[4] comme il les reçut sur son corps quand il était en croix. Et cela se passa ainsi : la veille de l'Exaltation de la Croix, un Ange vint à moi et me dit de la part de Dieu de me préparer à supporter la souffrance et à recevoir ce que Dieu voulait m'envoyer. Et je répondis que j'étais prêt à tout ce qui plairait à Dieu. Puis, le matin suivant, c'est-à-dire le matin de la Sainte Croix, qui était cette année un vendredi, je sortis à l'aurore de ma cellule en très grande ferveur d'esprit, et j'allai me mettre en prière dans ce lieu où tu te trouves actuellement : je priais souvent à cet endroit. Et comme je priais, voici que par les airs il descendait du ciel, avec une grande impétuosité, un jeune homme crucifié en forme de Séraphin, avec six ailes : à son merveilleux aspect, je m'agenouillai humblement et je commençai à contempler avec dévotion l'amour sans mesure de Jésus crucifié et la douleur sans mesure de sa Passion ; et son aspect fit naître en moi une telle compassion, qu'il me semblait, à proprement parler, éprouver cette Passion dans mon corps ; et à sa présence toute cette montagne resplendissait comme un soleil. Et en descendant ainsi il vint près de moi et, se tenant devant moi, il me dit certaines paroles secrètes que je n'ai encore révélées à personne ; mais le temps

4. Ceci est développé dans un passage du texte latin que l'auteur des *Considérations* n'a pas traduit : « *Post hec ipse Dominus Ihesus Cristus manus suas corpori meo applicuit et primo manibus, secundo pedibus, tertio lateri mihi stigmata ista cum vehementissimo doloris sensu et cum magna pro qualibet vice mei clamoris voce impressit.* »

approche où elles seront révélées[5]. Puis, après quelque temps, le Christ s'en alla et remonta au ciel ; et je me trouvai ainsi marqué de ces plaies. Va donc, dit saint François, et ces choses dis-les en toute confiance à ton Ministre ; car cela est œuvre de Dieu et non pas œuvre de l'homme ». Et après avoir dit ces paroles, saint François me bénit et retourna au ciel avec une très grande multitude de jeunes gens d'une éclatante splendeur ».

Toutes ces choses, ledit frère Matthieu dit qu'il les avait vues et entendues, non pas en dormant, mais à l'état de veille. Et il jura matériellement qu'il en était ainsi, audit Ministre, à Florence, dans sa cellule, quand il en fut requis au nom de l'obéissance.

Une autre fois, un frère pieux et saint, alors qu'il lisait la Légende de saint François au chapitre des Stigmates[6], commença à se demander, en grande anxiété d'esprit, quelles pouvaient avoir été ces paroles secrètes, dont saint François disait qu'il ne les révélerait à personne pendant sa vie, et que le Séraphin lui avait dites quand il lui apparut. Et ce frère se disait en lui-même : « Ces paroles, saint François n'a pas voulu les dire pendant sa vie, mais maintenant qu'il est mort, peut-être les dirait-il, s'il en était prié avec dévotion ». Et à partir de ce moment, ce pieux frère commença à prier Dieu et saint François qu'il leur plût de lui révéler ces paroles ; et, après que ce frère eut persévéré huit ans dans cette supplication, il mérita la huitième année d'être exaucé de cette manière.

Un jour après le repas et la récitation des grâces à l'église, comme il était en prière dans un coin de l'église et qu'il priait

5. Voir plus loin, p. 235.
6. Saint Bonaventure (LM **13** 4) : « Le Saint ajoute que celui qui lui était apparu avait prononcé quelques paroles que, tant qu'il vivrait, il ne révélerait jamais à aucun homme. » Saint Bonaventure renvoie à la *IIe Epître aux Corinthiens*, **12**, 4 : « Il a entendu des paroles ineffables qu'il n'est pas permis à un homme de révéler. » Le frère pensait évidemment que ce qui est interdit à un vif ne l'est pas à un mort. Sa vision est rapportée dans de nombreux recueils franciscains, sur lesquels on peut notamment consulter *Analecta Franciscana*, t. V, p. 97, n. 4, et *Actus*, éd. Paul Sabatier, p. XXXVII, n. 1.

à ce sujet Dieu et saint François, plus dévotement que d'habitude et avec beaucoup de larmes, il fut appelé par un autre frère qui lui donna l'ordre de la part du Gardien de l'accompagner à la ville pour l'utilité du couvent. Ce pourquoi, ne doutant pas que l'obéissance est plus méritoire que la prière, dès qu'il eut entendu l'ordre de son supérieur, il laisse la prière et s'en va humblement avec ce frère qui l'appelait. Et comme il plut à Dieu, par cet acte de prompte obéissance, il mérita ce qu'il n'avait pas mérité par une longue prière. Aussi, dès qu'ils eurent passé la porte du couvent, ils rencontrèrent deux frères étrangers qui paraissaient venir de lointains pays, l'un d'eux semblait jeune, l'autre vieux et maigre, et, à cause du mauvais temps, ils étaient tout trempés et crottés. Ce frère obéissant en éprouva, pour eux, grande compassion, et il dit au compagnon avec qui il cheminait : « Mon frère très cher, si l'affaire pour laquelle nous sommes en route peut être un peu retardée, comme ces frères ont grand besoin d'être reçus avec charité, je te prie de me laisser aller d'abord leur laver les pieds, et spécialement à ce vieux frère qui en a le plus besoin : et vous, vous pourrez les laver au plus jeune ; puis nous irons aux affaires du couvent ». Alors ce frère ayant condescendu à la charité de son compagnon, ils rentrèrent, reçurent ces frères étrangers avec beaucoup de charité, et les conduisirent dans la cuisine auprès du feu, pour se chauffer et se sécher ; huit autres frères du couvent se chauffaient à ce feu.

Après qu'ils eurent été un peu auprès du feu, ils les prirent à part pour leur laver les pieds, ainsi qu'ils avaient convenu ensemble. Comme ce frère obéissant et pieux lavait les pieds au plus vieux des deux frères et qu'il en enlevait la boue, car ils étaient fort crottés, voici qu'il les regarde et qu'il voit ses pieds marqués des Stigmates ; aussitôt, dans l'allégresse et la stupeur, en les embrassant étroitement, il commence à crier et dit : « Ou tu es le Christ, ou tu es saint François ! » A ces cris et à ces mots, les frères qui étaient près du feu se lèvent et s'approchent pour voir avec grande crainte et respect ces glorieux Stigmates. Alors ce vieux frère leur permet, à leurs prières, de les bien voir, de les toucher et de les baiser. Et comme dans leur allégresse, ils s'émerveillaient encore plus, il leur dit : « Ne doutez pas et ne craignez pas, mes frères très chers, mes fils ; je suis votre père, frère François, qui selon la volonté de Dieu, fonda trois Ordres. Et bien que j'aie été prié, depuis déjà huit ans, par ce frère qui me lave les pieds, et aujourd'hui avec plus de ferveur que les autres fois, de lui révéler ces paroles secrètes que me dit le Séraphin quand il me donna les Stigmates, paroles que je n'ai jamais voulu révéler durant ma vie, aujourd'hui par ordre de Dieu, à cause de sa persévérance et de sa prompte obéissance, qui lui a fait abandonner la douceur de sa prière, je suis envoyé par Dieu pour lui révéler devant vous ce qu'il me demanda ». Et se tournant alors vers ce frère, saint François lui parla ainsi :

« Sache, mon très cher frère, que, lorsque j'étais sur le mont Alverne, tout absorbé dans le souvenir de la Passion du Christ, je fus, en cette apparition du Séraphin, stigmatisé ainsi dans mon corps par le Christ, et le Christ me dit alors : « Sais-tu ce que je t'ai fait ? Je t'ai donné les empreintes de ma Passion, afin que tu sois mon gonfalonier. Et, comme au jour de ma mort, je descendis aux Limbes et que, toutes les âmes que j'y trouvais, je les en retirai, par la vertu de mes Stigmates et les conduisis au paradis, ainsi je t'accorde dès à présent, pour que tu me sois conforme dans la mort comme tu l'as été dans la vie, qu'après que tu auras quitté cette vie, tu ailles chaque année au jour de ta mort au purgatoire, et que, toutes les âmes de tes trois Ordres, c'est-à-dire des Mineurs, des Sœurs et des Continents, et, en plus de celles-là, celles de tes dévots que tu y trouveras, tu les en retires, par la vertu de tes Stigmates que je t'ai donnés, et tu les conduiras au paradis ». Et ces paroles, je ne les ai jamais dites, tant que je vivais dans le monde. »

Cela dit, saint François et son compagnon disparurent subitement. De nombreux frères entendirent ensuite ce récit de la bouche de ces huit frères qui étaient présents à cette vision et à ces paroles de saint François[7].

---

7. Le témoignage de l'un de ces huit frères est invoqué à la fin du récit, dans le manuscrit de Saint-Isidore que décrit Paul Sabatier, *Actus*, l. c. : « *Frater Jacobus Blancus lector Romanus prædiccvit hoc et dixit se audisse ab uno fratre de supradictis octo.* »

Sur le mont Alverne, saint François apparut une fois à frère Jean de l'Alverne[8], homme de grande sainteté, pendant qu'il était en prière ; il resta et parla longtemps avec lui ; et finalement, au moment de le quitter, il lui dit : « Demande-moi ce que tu veux[9]. » Frère Jean dit : « Père, je te supplie de me dire ce que depuis longtemps je désire savoir, c'est-à-dire ce que vous faisiez et où vous étiez quand vous apparut le Séraphin. » Saint François répondit : « Je priais en ce lieu où se trouve maintenant la chapelle du comte Simon de Battifolle[10], et je demandais deux grâces à mon Seigneur Jésus-Christ. La première était qu'il m'accordât pendant ma vie, d'éprouver dans mon âme et dans mon corps, autant qu'il était possible, toutes ces souffrances qu'il avait éprouvées en lui-même au temps de sa très amère Passion. La seconde grâce que je demandai était que je sentisse de même dans mon cœur cet amour sans mesure dont il était embrasé pour supporter, pour nous pécheurs, une telle Passion. Et alors Dieu me mit au cœur qu'il m'accorderait d'éprouver l'un et l'autre, autant qu'il l'était possible à une simple créature : et cela fut exactement accompli dans l'impression des Stigmates. » Alors frère Jean lui demanda si ces paroles secrètes que lui avait dites le Séraphin avaient bien été telles que les rapportait ce pieux frère, ci-dessus rappelé, qui affirmait qu'il les avait entendues de saint François en présence de huit frères. Saint François répondit que ce que ce frère avait dit était la vérité.

---

8. Sur le Bienheureux Jean de l'Alverne, voir les chapitres **49-53** des *Fioretti* et les notes.
9. Dans la *Vie de frère Jean de l'Alverne*, insérée dans la *Chronique des XXIV Généraux*, on retrouve cette offre de saint François, mais la réponse est beaucoup plus brève, c'est seulement celle que l'on verra un peu plus loin, où est exprimé le désir du Bienheureux de toucher les Stigmates « *non quod de ipsis in aliquo dubitem, sed ex devotione et dulcedine spirituali* » ; *Analecta Franciscana*, t. III, p. 446.
10. La chapelle des Stigmates, que le comte Simon de Battifolle fit construire, à partir du jeudi qui suivit la fête de l'Assomption, c'est-à-dire du 20 août 1263, sur le lieu de l'apparition du Séraphin, ainsi que le rappelle une inscription que l'on peut lire encore et où les dates sont données selon le comput de l'Incarnation, 25 mars, et non selon celui de la Circoncision : 1225 pour 1224 ; 1264 pour 1263 ; cf. P.S. Mencherini, *Guida...*, p. 161 et s.

Alors frère Jean, poussé par la générosité de celui qui lui accordait tant, s'enhardit à interroger encore et parla ainsi : « O père, je te supplie très instamment de me laisser voir et baiser tes glorieux Stigmates, non parce que j'en doute aucunement, mais seulement pour ma consolation ; car cela je l'ai toujours désiré. » Et saint François les lui montrant et les lui offrant généreusement, frère Jean les vit clairement, les toucha et les baisa. Finalement, il demanda : « Père, quelle ne dut pas être la consolation qu'eut votre âme en voyant le Christ béni venir à vous et vous donner les empreintes de sa très sainte Passion ? Veuille Dieu maintenant que j'éprouve un peu de cette suavité ! » Saint François répond alors : « Vois-tu ces clous ? » Et frère Jean : « Oui, père. — Touche une autre fois, dit saint François, ce clou qui est dans ma main. » Alors frère Jean, avec grand respect et crainte, touche ce clou, et aussitôt, en cet attouchement, une telle odeur en sortit, comme une légère fumée qui semblait de l'encens, et, entrant par les narines de frère Jean, emplit son âme et son corps d'une telle suavité qu'il fut ravi en Dieu en extase et devint insensible ; et il resta ainsi ravi depuis cette heure, qui était celle de Tierce, jusqu'aux Vêpres.

Cette vision et cet entretien familier avec saint François, frère Jean ne les dit jamais à d'autres qu'à son confesseur, si ce n'est quand il approcha de la mort ; mais quand il fut près de la mort, il les révéla à plusieurs.

Dans la province de Rome, un frère très pieux et saint eut cette admirable vision. Comme un frère, son très cher compagnon, était mort dans la nuit et avait été enterré le matin devant l'entrée du Chapitre, le même jour, après le dîner, ce frère se recueillit en un coin du Chapitre, pour prier dévotement Dieu et saint François pour l'âme de son susdit compagnon mort. Et comme il persévérait dans sa prière avec des supplications et des larmes, à midi, quand tous les autres frères étaient allés dormir[11], voici qu'il entendit une

11. Le P. B. Bughetti, O.F.M., fait remarquer, éd. c., p. 245, n. 1, que ce détail indique une date qui se place entre le 3 mai et le 14 septembre, c'est-à-dire au moment des grandes chaleurs. — Ce récit est traduit presque littéralement — par exemple : « *cunctis dormientibus* » — d'un

grande rumeur dans le cloître ; ce pourquoi, en grande peur, il lève aussitôt les yeux vers la tombe de son compagnon ; et il y voit, à l'entrée du Chapitre, saint François debout, et, derrière lui, une grande multitude de frères autour de ladite tombe. Il regarde plus loin et voit, au milieu du cloître, le très grand feu d'une flamme, et au milieu de cette flamme l'âme de son compagnon mort. Il regarde autour du cloître, et il voit Jésus-Christ faire le tour du cloître avec une compagnie nombreuse d'anges et de saints.

Comme il regardait cela avec grande stupeur, il voit que, lorsque le Christ passe devant le Chapitre, saint François s'agenouille avec tous ces frères et parle ainsi : « Je te supplie, très saint Père et Seigneur, par cette charité sans prix que tu montras au genre humain dans ton incarnation, d'avoir pitié de l'âme de ce mien frère qui brûle dans ce feu. » Le Christ ne répond rien, mais passe outre. Comme il revient une seconde fois et passe devant le Chapitre, saint François s'agenouille encore avec ses frères comme la première fois et le supplie en ces termes : « Je te supplie, Père et Seigneur plein de pitié, par cet amour sans mesure que tu as montré au genre humain quand tu es mort sur le bois de la croix, d'avoir pitié de l'âme de ce mien frère. » Et le Christ passait de même et ne l'exauçait pas. Comme il revenait une troisième fois, en faisant le tour du cloître, et passait devant le Chapitre, saint François s'agenouilla encore comme les premières fois, lui montra ses mains, ses pieds et sa poitrine, et parla ainsi : « Je te supplie, Père et Seigneur plein de pitié, par cette grande douleur et cette grande consolation que j'éprouvai quand tu m'imposas ces Stigmates dans ma chair, d'avoir pitié de l'âme de ce mien frère qui est dans le feu du purgatoire. » Chose admirable ! Le Christ, prié cette troisième fois par saint François au nom de ses Stigmates, arrête immédiatement sa marche, regarde les Stigmates et exauce la supplication en disant ces paroles : « A toi, frère François, j'accorde l'âme de ton frère. » Et cer-

---

original latin, copié dans le manuscrit du couvent Saint-Antoine de Rome, immédiatement après l'épisode, raconté au début de la *Cinquième Considération*, de frère Matthieu de Castiglione Aretino ; cf. *Archivum*..., l. c., p. 393 et s.

tainement en cela, il voulut en même temps honorer et confirmer les glorieux Stigmates de saint François et faire entendre ouvertement que les âmes de ses frères qui vont au purgatoire ne peuvent être plus aisément libérées de ses peines et menées à la gloire du Paradis qu'en vertu de ses saints Stigmates, selon la parole que le Christ dit à saint François en les lui imprimant. Et aussitôt ces paroles dites, ce feu du cloître s'évanouit, et le frère mort s'en vint à saint François et, avec lui, avec le Christ et avec toute cette glorieuse et bienheureuse compagnie, il s'en alla au ciel.

Ce de quoi ce frère, son compagnon, qui avait prié pour lui, eut une très grande allégresse, en le voyant délivré des peines et mené au paradis ; puis il raconta aux autres frères toute sa vision en détail, et en même temps qu'eux il loua et remercia Dieu[12].

Un noble chevalier de Massa di Santo Piero[13], qui avait nom Messire Landolfe, qui était très dévot à saint François et qui finalement reçut de ses mains l'habit du Tiers-Ordre, fut assuré en cette manière de la mort de saint François et de ses Stigmates glorieux.

Au temps où saint François était sur le point de mourir, le démon entra en une femme dudit château ; il la tourmentait cruellement et de plus il la faisait parler comme une personne lettrée, si subtilement qu'elle triomphait de tous les hommes savants et lettrés qui venaient disputer avec elle. Il arriva que le démon, l'ayant quittée, la laissa libérée pendant deux jours et, de retour le troisième, il l'affligeait beaucoup plus cruellement qu'auparavant. Entendant cela, ce Messire Landolfe va trouver cette femme et demande au démon qui habitait en elle quelle était la raison pour laquelle il l'avait quittée deux jours et pour laquelle il était revenu la tourmenter plus âprement qu'auparavant. Le démon ré-

---

12. Le texte du manuscrit de Saint-Antoine se termine par cette note, qui n'a pas passé dans la traduction, et où l'auteur indique sa source : « *Supra dictum autem miraculum ego frater Franciscus Peri audivi a fratre Luca de Pistorio* [Pistoia] *tunc existens Aretii.* »
13. Près de Gubbio.

pond : « Quand je l'abandonnai, ce fut parce que moi et tous mes compagnons qui sont en ce pays nous nous réunîmes et allâmes en grande force à la mort du mendiant François, afin de lutter avec lui et d'emporter son âme : mais comme elle était entourée et défendue par une multitude d'anges plus nombreux que nous n'étions et qu'elle fut emportée par eux au ciel, nous nous sommes retirés confus[14] ; aussi je prends maintenant ma revanche et je rends à cette misérable femme ce que, pendant ces deux jours, j'ai laissé de côté. »

Alors Messire Landolfe l'adjura, au nom de Dieu, de lui dire ce qu'il y avait de vrai touchant la sainteté de saint François, dont il disait qu'il était mort, et de sainte Claire, qui était vivante. Le démon répond : « Que je le veuille ou non, je t'en dirai ce qui est vrai. Dieu le Père était tellement indigné contre les péchés du monde, qu'il paraissait vouloir sous peu prononcer contre les hommes et contre les femmes la sentence définitive de les exterminer du monde s'ils ne se corrigeaient pas. Mais le Christ, son Fils, priant pour les pécheurs, promit de renouveler sa vie et sa Passion, en un homme, c'est-à-dire en François, petit pauvre et mendiant, par la vie et la doctrine de qui il ramènerait beaucoup de gens du monde entier dans la voie de la vérité et à la pénitence[15]. Et maintenant, pour montrer au monde que cela il l'avait fait en saint François, il a voulu que les Stigmates de sa Passion, qu'il avait imprimés sur son corps pendant sa vie, fussent à présent vus et touchés, à sa mort, par beaucoup de gens. De même la Mère du Christ promit de renouveler sa pureté virginale et son humilité en une femme, c'est-à-dire en sœur Claire, de telle sorte que, par son exemple, elle arracherait

14. La naïveté de ces diables, qui gardent l'espoir de s'emparer de l'âme de saint François d'Assise, nous paraît tout de même un peu excessive ! — On sait que le débat autour de l'âme qui quitte la terre, est un thème que l'on rencontre très fréquemment dans la littérature et dans l'art du Moyen Age. Dante l'a accueilli dans la *Divine Comédie, Enfer*, XXVII, 112-129, et *Purgatoire*, V, 103-108.

15. Une légende analogue, mais où il est question à la fois de saint François d'Assise et de saint Dominique, se trouve dans la *Vie* du fondateur des Frères Prêcheurs, écrite vers 1290 par Thierry d'Appolda. *Acta Sanctorum*, août, t. I, p. 572.

beaucoup de milliers de femmes de nos mains. Et ainsi Dieu le Père, apaisé par ces promesses, retarda sa sentence définitive. »

Alors Messire Landolfe, voulant savoir en toute certitude si le démon, qui est le père du mensonge[16], disait en cela la vérité, et en particulier sur la mort de saint François, envoya un de ses fidèles damoiseaux à Assise, à Sainte-Marie des Anges, pour savoir si saint François était vivant ou mort. Ce damoiseau, à son arrivée, trouva en effet, ce qu'il rapporta au retour à son maître, que saint François avait passé de cette vie précisément au jour et à l'heure indiqués par le démon.

Laissant de côté tous les miracles des Stigmates de saint François qui se lisent dans sa Légende[17], il faut savoir comme conclusion de cette cinquième considération, qu'au pape Grégoire IX, qui doutait un peu de la plaie du côté de saint François, comme il le raconta ensuite, saint François apparut une nuit et, levant un peu haut le bras droit, il découvrit la plaie de son côté et lui demanda une fiole ; le pape la faisait apporter ; saint François la faisait mettre sous la plaie de son côté, et il paraissait vraiment au pape qu'elle se remplissait jusqu'au bord de sang mélangé d'eau qui sortait de ladite plaie[18]. Et à partir de ce moment tous ses doutes le quittèrent. Puis, de l'avis de tous les Cardinaux, il attesta la vérité des Stigmates de saint François ; et il en donna aux frères un privilège spécial par une bulle scellée ; et cela il le fit à Viterbe la onzième année de son pontificat[19] ; puis, la douzième année de son pontificat, il en donna un autre plus étendu[20].

---

16. Cette définition du diable, empruntée à l'Evangile selon saint Jean, **8**, 44, était célèbre ; dans la *Divine Comédie*, le damné Catalano dei Catalani, pour consoler Virgile de s'être laissé abominablement « rouler » par le diable Malacoda, lui récite froidement ce texte, en disant qu'il l'a appris à l'Université de Bologne, *Enfer*, XXIII, 142-144.
17. La *Légende majeure* de saint Bonaventure.
18. *Légende majeure*, *Miracles*, **1** 2. Ce songe de Grégoire IX, avec le détail de la fiole, est le sujet de la fresque XXV du cycle de Giotto à la basilique supérieure d'Assise.
19. Cette bulle est datée du 5 avril 1237 : *Confessor Domini...* ; cf. *Codice diplomatico...*, p. 11 et s.
20. Cette bulle est probablement perdue ; cf. *ibid.*, p. 12.

Le Pape Nicolas III[21] et le pape Alexandre[22] donnèrent aussi, à ce sujet, des privilèges considérables, aux termes desquels on pourrait procéder contre quiconque nierait les Stigmates de saint François comme à l'encontre d'un hérétique.

Que cela suffise quant à la cinquième et dernière considération des glorieux Stigmates de notre père saint François, dont Dieu nous donne la grâce d'imiter la vie en ce monde, afin que, par la vertu de ses glorieux Stigmates, nous méritions d'être sauvés avec lui en paradis.

A la louange du Christ béni. Amen.

---

21. Il m'est impossible de comprendre pourquoi le P. B. Bughetti, éd. c., p. 250, n. 1, veut changer le nom de Nicolas III en celui de Nicolas IV, en disant qu'on chercherait en vain dans le *Codice diplomatico*... des bulles de Nicolas III. Il a dû mal chercher! Bulle du 25 août 1279 : *Litteras felicis recordationis*..., *Codice diplomatico*..., p. 40 et s. Pour Nicolas IV, cf. *ibid.*, p. 42 et s.
22. Il s'agit d'Alexandre IV ; ses bulles sont nombreuses, *ibid.*, p. 17 et s.

LA VIE DE FRÈRE JUNIPÈRE

CHAPITRE PREMIER

COMMENT FRÈRE JUNIPÈRE[1] COUPA LE PIED A UN PORC, UNIQUEMENT POUR LE DONNER A UN MALADE.

Un des disciples les plus aimés et des premiers compagnons de saint François[2] fut frère Junipère, homme de profonde humilité, de grande ferveur et charité ; saint François dit un jour, en parlant de lui avec ses saints compagnons : « Celui-là serait un bon frère Mineur, qui aurait vaincu, autant que frère Junipère, et soi-même et le monde. »

Une fois, à Sainte-Marie des Anges, alors qu'il visitait, comme embrasé de divine charité, un frère malade, il lui demanda avec beaucoup de compassion : « Puis-je te rendre quelque service ? » Le malade répondit : « Ce me serait d'une bien grande consolation que tu puisses me faire avoir un pied de porc. » Frère Junipère dit aussitôt : « Laisse-moi faire, je vais t'avoir cela incontinent. » Il s'en va et prend un couteau, un couteau de cuisine, je pense ; et, en ferveur d'esprit, il va par le bois, où il y avait quelques porcs qui paissaient ; il se jeta sur l'un d'eux, lui coupa le pied et s'enfuit, laissant le porc avec le pied tranché ; il s'en retourne, lave, accommode et cuit ce pied ; et, avec beaucoup de charité, il porte au malade ledit pied, bien et très soigneusement apprêté. Et ce malade de le manger avec grande avidité, à l'extrême joie et consolation de frère Junipère, qui, pour donner fête à ce malade, remimait, avec un vif plaisir, les assauts qu'il avait menés contre ce porc[3].

Entre-temps, le gardien des porcs, qui vit ce frère couper le pied, s'en alla raconter à son maître, avec grande amertume, cette histoire en toutes ses phases. Informé du fait, celui-ci

1. En latin, *Juniperus*, qui, comme nom commun, signifie genévrier ; en italien, *Ginepro*, même sens. On traduit parfois : Genièvre. Le titre : *Vie* est assez impropre ; il ne s'agit que d'une série d'épisodes.
2. Il entra dans l'Ordre en 1210.
3. Il jouait une petite comédie.

vint au couvent des frères, en les traitant d'hypocrites, de petits voleurs, de faussaires, de malandrins, de méchantes gens, parce qu'ils avaient coupé le pied à son porc. Il faisait un tel bruit que saint François arriva avec tous les frères, excusa ses frères très humblement, allégua son ignorance du fait et, pour apaiser l'homme, lui promit de l'indemniser de tout son dommage. Mais l'autre néanmoins ne se contenta pas de cela ; il quitta les frères, furieux, en grande colère, avec force vilenies et menaces, répétant à satiété que c'était par malice qu'ils avaient coupé le pied à son porc ; n'acceptant ni excuse ni promesse, il partit complètement scandalisé.

Tous les autres frères en restèrent stupéfaits, et saint François, plein de prudence, pensa et se dit dans son cœur : « Ce frère Junipère n'aurait-il pas fait cela par un zèle indiscret ? » Il fit donc appeler à lui en secret frère Junipère et lui demanda : « Aurais-tu coupé, dans le bois, le pied à un porc ? » Et frère Junipère, non pas comme quelqu'un qui aurait commis une faute, mais en homme qui paraissait avoir fait un grand acte de charité, lui répondit, plein d'allégresse, en disant : « Mon doux père, il est parfaitement vrai que j'ai coupé un pied audit porc, et si tu veux, mon père, en savoir la raison, écoute avec indulgence : J'allai visiter tel frère, qui est malade... » Et il lui raconte toutes les phases de l'aventure, puis il ajoute : « Je te dis donc que, considérant la consolation que notre frère a eue et le réconfort qu'il a reçu dudit pied, si j'avais tranché les pieds à cent porcs comme à un, je crois certainement que Dieu l'aurait tenu pour bon. » Saint François, avec toute l'ardeur de la justice et un grand chagrin, lui répondit : « O frère Junipère, pourquoi as-tu causé un si grand scandale ? Ce n'est pas sans raison que cet homme se plaint et est ainsi courroucé contre nous ; et peut-être est-il maintenant dans la ville où il nous diffame pour une telle faute, et il a bien raison. Aussi je t'ordonne, au nom de la sainte obéissance, de courir après lui jusqu'à ce que tu le rejoignes, et jette-toi étendu à terre devant lui, dis-lui ta faute et promets-lui de lui donner une satisfaction telle et de telle sorte qu'il n'ait plus matière à se plaindre de nous, car ceci a certainement beaucoup dépassé les bornes. » Frère Junipère fut très surpris par lesdites paroles, car il s'étonnait que l'on pût en quoi que ce soit se fâcher d'un acte si charitable[4] : il lui paraissait, en effet, que ces choses temporelles étaient sans valeur, si ce n'est lorsqu'elles étaient charitablement partagées avec le prochain. Il répondit : « Sois assuré, mon père, que je vais immédiatement le payer et lui donner satisfaction. Mais pourquoi faut-il qu'il soit si courroucé, puisque ce porc, auquel j'ai coupé le pied, était plutôt à Dieu qu'à lui et que j'en ai fait une si grande charité ? »

Il part donc en courant et rejoint cet homme, qui était dans une colère démesurée et chez qui il n'était resté aucune patience ; il lui raconte comment et pour quelle raison il a coupé le pied audit porc, et cela avec toute la ferveur, l'exultation et l'allégresse de quelqu'un qui lui aurait rendu un grand service, pour lequel il aurait dû être bien récompensé par lui. L'autre, plein de colère et dominé par la fureur, dit à frère Junipère beaucoup de vilenies, le traitant d'écervelé, de fou, de petit voleur, de détestable malandrin. Frère Junipère s'étonnait beaucoup de ces vilaines paroles, encore que, grâce à Dieu, il se délectât d'être injurié, et croyant que cet homme ne l'avait pas bien compris, car il lui paraissait y avoir là matière de joie et non de rancœur, il répéta ladite histoire, se jeta à son cou, le serra dans ses bras, le baisa, lui dit que cela n'avait été fait que par charité, l'invitant à en faire autant avec le reste de l'animal et l'en suppliant, et ce avec tant de charité, de simplicité et d'humilité que cet homme, ayant fait un retour sur lui-même, se jeta à terre, tout en larmes, et, se repentant des injures qu'il avait faites et dites à ces saints frères, il va, prend ce porc, le tue, et le porte tout cuit, avec beaucoup de dévotion et de grands gémissements, à Sainte-Marie des Anges, et le donne à manger à ces saints frères, en réparation des injures qu'il leur avait dites et faites.

Saint François, considérant la simplicité et la patience dans l'adversité dudit saint frère Junipère, dit à ses compagnons

---

4. Cette dernière phrase est traduite du latin ; le texte italien : *e quelli attoniti stavano, meravigliandosi che di tanto caritativo anno...*, n'a guère de sens.

et aux autres personnes présentes : « Mes frères, Dieu veuille que, de tels Genévriers[5], j'en aie une grande forêt ! »

A la louange du Christ. Amen.

CHAPITRE 2

EXEMPLE DE LA GRANDE PUISSANCE DE FRÈRE JUNIPÈRE SUR LE DÉMON.

Et pour cela les démons ne pouvaient supporter la pureté de l'innocence et de la profonde humilité de frère Junipère, comme il apparaît en ce fait[1].

Une fois, un possédé du démon, contrairement à toutes ses habitudes, se jeta hors de sa route avec beaucoup de détours et s'enfuit, dans une course soudaine, par différentes voies de traverse, sept milles durant. Interrogé par ses parents, qui le suivaient en grande affliction, sur le motif pour lequel il avait fait tant de détours en fuyant, il répondit : « La raison, la voici : c'est que ce fou de Junipère passait par cette route, et que, ne pouvant ni supporter sa présence ni attendre, je me suis enfui à travers ces lieux. » Et voulant s'assurer de la vérité du fait, ils trouvèrent que frère Junipère avait passé là à cette heure, comme le démon l'avait dit.

Aussi saint François, quand on lui amenait des possédés pour les guérir, disait-il, si à son commandement les démons

---

5. *Juniperus* et *Ginepro* signifiant comme on l'a vu, genévrier, il y a ici un jeu de mots qui est intraduisible. — Le P. Bughetti, éd. cit., p. 256, n. 1, se demande si frère Junipère a agi « dans toute sa bienheureuse ingénuité ou un peu aussi avec une subtile ingéniosité de saint ». Je suis persuadé que c'est la seconde explication qui est la bonne. L'ingénuité de frère Junipère me paraît très relative. Il me semble qu'il découvre sa véritable pensée lorsqu'il dit que le porc était plutôt à Dieu qu'au paysan. Saint François ne voulait aucune propriété, ni pour lui-même, ni pour ses frères, mais il respectait celle des autres. Frère Junipère généralisait : la charité d'abord, la propriété après...

1. Le texte latin est plus clair : « A cause de la profonde humilité et de la pureté de l'innocence de frère Junipère, les démons orgueilleux ne pouvaient supporter sa présence. »

ne s'en allaient pas immédiatement : « Si tu ne sors tout de suite de cette créature, je ferai venir contre toi frère Junipère. » Et alors le démon, craignant la présence de frère Junipère et ne pouvant supporter la vertu et l'humilité de saint François, s'en allait immédiatement.

A la louange du Christ. Amen.

CHAPITRE 3

COMMENT A L'INSTIGATION DU DÉMON FRÈRE JUNIPÈRE FUT CONDAMNÉ AUX FOURCHES PATIBULAIRES.

Une fois, comme le démon voulait susciter à frère Junipère déshonneur et tribulation, il s'en alla chez un très cruel tyran, qui avait nom Nicolas et qui était alors en guerre avec la cité de Viterbe[1], et il lui dit : « Sire, gardez bien votre château, car il doit venir bientôt ici un grand traître, envoyé par les gens de Viterbe, pour vous tuer et mettre le feu au château. Et je vous donne ces preuves que cela est vrai. Il va à la manière d'un petit pauvre, les vêtements tout en loques et rapiécés, le capuchon retourné sur l'épaule et déchiré, et il porte avec lui une alène avec laquelle il doit vous tuer, et il a au côté une pierre à feu avec laquelle il doit mettre le feu à ce château ; et si vous trouvez que cela n'est pas vrai, faites de moi toute justice. » A ces mots, le tyran Nicolas, stupéfait, se troubla profondément et fut saisi d'une grande terreur, parce que celui qui lui disait ces paroles paraissait une personne digne de considération. Il ordonne que la garde se fasse avec diligence, et que si cet homme arrive avec les susdits signes, on le lui amène immédiatement.

Sur ces entrefaites arrive frère Junipère seul, car, à cause de sa perfection, il avait la permission d'aller et de demeurer

1. D'après une note du P. B. Bughetti, éd. cit., p. 258, il s'agirait probablement de Nicolas de Janni de Coccho, de Viterbe, et les faits se passeraient entre 1227 et 1233, peut-être aux environs de Corneto ou de Toscanella. — Il y a dû y avoir une autre tradition, car un des manuscrits de la *Vie* latine indique que ce tyran était de Calabre *(sic)*.

seul[2], comme il lui plaisait. Frère Junipère se rencontra avec quelques jeunes gens qui, se jouant de lui, commencèrent à faire grand dommage à frère Junipère[3]. De tout cela il ne se troublait point, mais il les poussait plutôt à faire encore de lui plus grandes moqueries. Comme il arrivait à la porte du château, les gardes le voyant en si piteux état, avec un habit étriqué et tout déchiré, — car une partie de son habit il l'avait donnée aux pauvres, sur la route, pour l'amour de Dieu, et il ne ressemblait en rien à un frère Mineur, — et parce que les signes indiqués apparaissaient manifestement en lui, le menèrent en furie devant ce tyran Nicolas. Fouillé par son entourage pour voir s'il avait des armes offensives, on trouva dans sa manche une alène, avec laquelle il raccommodait les semelles, et on trouve aussi une pierre à feu, qu'il portait pour faire du feu, car il avait des maux de tête[4] et souvent il demeurait dans les bois et les lieux déserts.

Nicolas, voyant en lui les signes indiqués par le démon, ordonne qu'on lui garrotte la tête, ce qui fut fait, et avec tant de cruauté que toute la corde lui entra dans la chair. Puis il le fit mettre sur le chevalet, et lui fit tirer et déchirer les bras et désarticuler tout le corps, sans aucune pitié. On lui demanda qui il était, et il répondit : « Je suis un très grand pécheur. » On lui demanda s'il voulait livrer par trahison le château aux gens de Viterbe, et il répondit : « Je suis un très grand traître et incapable de faire aucun bien. » On lui demanda s'il voulait tuer le tyran Nicolas avec cette alène et mettre le feu au château, et il répondit : « Je ferais des choses bien plus graves et bien pires, si Dieu le permettait. » Et ce Nicolas, dominé par sa colère, ne voulut pas continuer l'examen, mais sans aucun délai, en fureur, il condamne frère Junipère, comme traître et assassin, à être attaché à la queue d'un cheval, traîné par

---

2. Les frères Mineurs allaient ordinairement par deux ; voir le chap. 8 des *Fioretti*, p. 59 n. 2.
3. Le texte latin précise qu'ils lui arrachaient son capuchon et le lui déchiraient complètement ; on remarquera que ce détail va augmenter la ressemblance de frère Junipère avec le personnage décrit plus haut par le diable.
4. Traduit du latin : *caput habebat debile*. La version italienne : *tempo abile* n'a pas de sens.

terre jusqu'aux fourches, et là pendu immédiatement par la gorge. De tout cela, frère Junipère ne tente aucune justification et ne conçoit aucune tristesse ; mais il demeurait tout joyeux et plein d'allégresse, comme quelqu'un qui, pour l'amour de Dieu, se délectait dans les tribulations. L'ordre du tyran ayant été mis à exécution, et frère Junipère lié par les pieds à la queue d'un cheval et traîné à terre, il ne gémissait pas, il ne se plaignait pas, mais, comme un doux agneau mené à l'abattoir, il se laissait faire en toute humilité.

A ce spectacle, à cette exécution sommaire, tout le peuple accourt pour voir exécuter cet homme en vitesse et en cruauté ; et on ne le connaissait pas. Néanmoins, comme Dieu le voulut, un brave homme, qui avait vu saisir frère Junipère et le voyait exécuter immédiatement, courut au couvent des frères Mineurs et dit : « Au nom de Dieu, je vous supplie de venir immédiatement, car on a saisi un petit pauvre et aussitôt la sentence a été prononcée et on le conduit à la mort ; venez, qu'il puisse au moins remettre son âme entre vos mains, car il me paraît être une personne de bien, il n'a pas eu le temps de pouvoir se confesser, et il est conduit aux fourches, et il ne paraît s'inquiéter ni de la mort ni du salut de son âme : venez vite, je vous en prie. »

Le Gardien, qui était un homme compatissant, s'en va de suite afin de pourvoir à son salut ; et comme il arrivait la foule s'était déjà tellement augmentée pour voir cette exécution qu'il ne pouvait approcher. Il restait donc là et il attendait ; et pendant qu'il regardait ainsi il entendit parmi la foule une voix qui disait : « Ne continuez pas, ne continuez pas, petits fous[5], car vous me faites mal aux jambes. » A cette voix, le Gardien soupçonna que c'était frère Junipère ; et, en ferveur d'esprit, il fend la foule, enlève le bandeau de la face du condamné et reconnaît alors que c'était vraiment frère Junipère ; aussi le Gardien voulut, par compassion, retirer son manteau et en revêtir frère Junipère. Mais lui,

---

5. *Cattivelli* ; dans le texte latin, on retrouve ce mot qui est, si l'on peut dire, de l'italien latinisé. Saint François traite frère Rufin de *cattivelle*, — au vocatif, — dans la *Vie* de frère Rufin, insérée dans la *Chronique des XXIV Généraux*, *Analecta franciscana*, t. III, p. 51.

avec un visage joyeux, dit presque en riant : « O Gardien, tu es gras et ta nudité paraîtrait trop inconvenante ; je ne veux pas[6]. » Alors le Gardien, avec beaucoup de larmes, supplie ces bourreaux et tout le peuple d'attendre un peu par pitié, jusqu'à ce qu'il ait été prier le tyran de vouloir bien faire grâce à frère Junipère.

Les bourreaux et les assistants y consentirent, croyant vraiment qu'il était de sa parenté, et le pieux et compatissant Gardien s'en va trouver le tyran Nicolas avec des larmes amères et lui dit : « Sire, je suis en telle stupeur et affliction que ma langue ne pourrait le dire, car il me semble que sur cette terre on a commis aujourd'hui plus grand péché et plus grand mal qu'il n'en fut jamais fait aux jours de nos ancêtres ; et je crois que cela a été fait par ignorance. » Nicolas écoute le Gardien avec patience et lui demande : « Quelle est la grande faute, quel est le grand mal commis aujourd'hui sur cette terre ? » Le Gardien répond : « C'est que l'un des plus saints frères qui soient aujourd'hui dans l'Ordre de saint François, à qui vous êtes particulièrement dévot, vous l'avez condamné à une peine si cruelle, et je crois que c'est certainement sans raison. » Nicolas dit : « Dis-moi Gardien, qui est-ce ? car peut-être, ne le connaissant pas, ai-je commis une grande faute. » Le Gardien dit : « Celui que vous avez condamné à mort est frère Junipère, compagnon de saint François. »

Le tyran Nicolas fut frappé de stupeur, car il avait entendu parler de la renommée et de la sainte vie de frère Junipère ; et tout pâle, comme hors de lui, il courut avec le Gardien, arriva à frère Junipère, le détacha de la queue du cheval, le délivra, et, en présence de tout le peuple, se jeta complètement étendu à terre devant frère Junipère, et avec beaucoup de larmes demanda pardon de l'injustice et de la vilenie qu'il avait fait faire à ce saint frère, puis il ajouta : « Je crois vraiment que les jours de ma mauvaise vie touchent à leur fin. Puisque j'ai ainsi maltraité cet homme si saint sans aucune raison,

6. Dans la *Vie* latine, le premier mot de frère Junipère, dès que le Gardien lui a arraché son bandeau, est de dire en riant : « O Gardien, comme tu es bien gras ! »

Dieu permettra que ma mauvaise vie se termine dans peu de jours, de male mort, bien que je l'aie fait par ignorance. »

Frère Junipère pardonna généreusement au tyran Nicolas ; mais Dieu permit, à quelques jours de là, que le tyran Nicolas finît sa vie par une mort très cruelle[7]. Et frère Junipère s'en alla, laissant tout le peuple bien édifié.

A la louange du Christ. Amen.

CHAPITRE 4

COMMENT FRÈRE JUNIPÈRE DONNAIT AUX PAUVRES CE QU'IL POUVAIT, POUR L'AMOUR DE DIEU.

Frère Junipère avait tant de pitié et de compassion pour les pauvres que, quand il en voyait un mal vêtu ou nu, il enlevait immédiatement sa tunique ou le capuchon de son manteau, et les donnait à ce pauvre ; aussi le Gardien lui ordonna, au nom de l'obéissance, de ne donner à aucun pauvre ni toute sa tunique, ni une partie de son habit.

Il arriva que, peu de jours plus tard, il rencontra un pauvre presque nu, qui demanda à frère Junipère l'aumône pour l'amour de Dieu ; il lui dit avec beaucoup de compassion : « Je n'ai rien que je puisse te donner si ce n'est ma tunique, et j'ai défense de mon supérieur, au nom de l'obéissance, de la donner à personne, ni aucune partie de mon habit ; mais si tu me l'enlèves du dos, je ne m'y opposerai pas. » Il ne parla pas à un sourd, car aussitôt ce pauvre lui enleva sa tunique en la tirant à l'envers, et s'en alla avec elle, en laissant frère Junipère nu. Comme il était de retour au couvent, on lui demanda où était la tunique. Il répondit : « Une bonne personne me l'a enlevée du dos[1] et s'en est allée avec elle. »

---

7. Il y a, dans le *Traité des Conformités* de Barthélemy de Pise, une *Vie*, plus brève, de frère Junipère, où Nicolas finit beaucoup mieux ; il gagne l'amitié de frère Junipère qui lui fait de petits cadeaux et qui déclare « qu'il n'avait jamais trouvé un homme selon son cœur comme le susdit Nicolas ; » *Analecta franciscana*, t. IV, p. 246.

1. Texte latin : « J'ai été dépouillé... »

Et parce que la vertu de pitié croissait en lui, il ne se contentait pas de donner seulement sa tunique, mais il donnait des livres, des parements, des manteaux, et tout ce qui lui tombait sous la main il le donnait aux pauvres. Et pour cette raison les frères ne laissaient rien à portée, car frère Junipère donnait tout pour l'amour de Dieu et à sa louange.

A la louange du Christ. Amen.

CHAPITRE 5

COMMENT FRÈRE JUNIPÈRE DÉTACHA CERTAINES CLOCHETTES DE L'AUTEL ET LES DONNA POUR L'AMOUR DE DIEU[1].

Frère Junipère était une fois à Assise, pour la Nativité du Christ, en profonde méditation devant l'autel du couvent, qui était très bien paré et orné ; à la prière du sacristain, frère Junipère resta garder ledit autel, tandis que le sacristain allait manger un peu. Comme il était en pieuse méditation, une pauvre petite femme lui demanda l'aumône pour l'amour de Dieu. Il lui répondit ainsi : « Attends un peu, je vais voir si, de cet autel si bien orné, je puis te donner quelque chose. »

1. Le P. B. Bughetti écrit ici, éd. cit., p. 264, n. 1 : « La *Vie* latine donne le nom du Ministre général : Jean. Mais rien n'empêche de placer le fait durant le généralat de Jean de Parme (1247-1257). » On ne voit pas beaucoup le motif de ce changement apporté au texte de la *Vie* latine qui dit formellement que le Ministre général était Jean Parenti (1227-1232). Le P. Bughetti allègue qu'entre 1247 et 1257 le couvent était plus riche que vers 1230, et que par suite on pouvait plus facilement à cette époque acheter de beaux ornements. Ce n'est pas très convaincant. Puisqu'on avait les moyens de construire la basilique d'Assise, — l'église inférieure était terminée en 1230, — on avait bien aussi ceux d'acheter le mobilier liturgique nécessaire. La plus ancienne peinture, aujourd'hui disparue, le *Crucifix* de Giunta de Pise, date de 1236. Ajoutons que l'on voit assez mal Jean de Parme, dont la douceur et l'amour de la pauvreté ont été tant célébrés, notamment par Fra Salimbene, dans le rôle que joue ici le Ministre général. Il ne semble donc pas que l'on doive rejeter l'indication précise donnée par tous les manuscrits de la *Chronique des XXIV Généraux*, consultés par les éditeurs de Quaracchi : le Ministre était Jean Parenti et l'épisode se place entre 1230 et 1232.

Il y avait à cet autel une garniture[2] très remarquable, ornée de clochettes d'argent de grande valeur[3]. Frère Junipère dit : « Ces clochettes, c'est du superflu. » Il prend un couteau, les détache toutes de la garniture et les donne par pitié à cette pauvre petite femme.

Le sacristain, à peine eut-il mangé deux ou trois bouchées, se souvint des façons d'agir de frère Junipère et commença à craindre sérieusement qu'à cet autel si bien orné, qu'il lui avait laissé en garde, il ne fît quelque dommage par zèle de charité. Aussitôt il se lève de table, s'en va à l'église et regarde si l'ornement de l'autel est bien en place, s'il n'en a rien été enlevé, et il voit que les clochettes de la garniture ont été coupées et détachées ; ce de quoi il fut troublé et scandalisé hors de toute mesure. Frère Junipère le voit ainsi agité et lui dit : « Ne te trouble donc pas à propos de ces clochettes, car je les ai données à une pauvre femme qui en avait très grand besoin, et ici elles ne servaient à rien : ce n'était qu'une somptuosité mondaine et vaine[4]. »

A ces mots, le sacristain, tout affligé, se mit à courir aussitôt par l'église et toute la ville, pour voir si d'aventure il ne pourrait retrouver la femme ; mais non seulement il ne la trouva pas, mais il ne trouva personne qui l'eût vue. Il retourna au couvent, enleva en furie la garniture et la porta au Général qui était à Assise, et lui dit : « Père Général, je vous demande justice de frère Junipère, qui m'a détérioré cette garniture, qui était la plus magnifique qui fût à la sacristie ; maintenant voyez en quel état il l'a mise, en détachant toutes les clochettes d'argent ; et il dit qu'il les a données à une pauvre petite

---

2. *Fregio* dans le texte italien ; *frontale*, dans la *Chronique des XXIV Généraux* ; *frigium*, dans le Traité des *Conformités*. Il s'agit donc, selon toutes les vraisemblances, d'une riche pièce de drap qui formait un devant d'autel, un *paliotto*.
3. Ces clochettes étaient probablement des anneaux d'argent et non de véritables clochettes.
4. Frère Junipère suivait la plus pure tradition de saint François, qui avait donné à une pauvresse un manuscrit du Nouveau Testament, dans des conditions identiques ; cf. *Legenda antiqua* de Pérouse, 56 ; *Seconde Légende* de Celano, 91.

femme. » Le Général répondit : « Ce n'est pas frère Junipère qui a fait cela, mais c'est ta folie ; car tu devais bien connaître maintenant ses façons d'agir. Et je te dis que ce qui m'étonne c'est qu'il n'ait pas donné tout le reste. Mais néanmoins je vais bien le corriger de cette faute. » Et, tous les frères convoqués ensemble dans la salle du Chapitre[5], il fit appeler frère Junipère ; et, en présence de tout le couvent, il le réprimanda très durement à propos des susdites clochettes ; et sa fureur augmenta tellement qu'en élevant la voix il en devint presque aphone.

Frère Junipère se soucia peu, ou même pas du tout, de ces paroles, car il se délectait des injures, lorsqu'il était bien avili ; mais il prit pitié de l'enrouement du Général et commença à y chercher remède. Après avoir reçu cette verte semonce du Général, frère Junipère s'en va en ville, commande et fait faire une bonne écuelle de bouillie au beurre ; et, à une heure assez avancée de la nuit, il s'en revient, allume une chandelle et s'en va avec cette écuelle de bouillie à la cellule du Général ; il frappe. Le Général ouvre et voit l'autre, chandelle allumée et écuelle en main ; il lui demande doucement : « Qu'est-ce que c'est que cela ? » Frère Junipère répond : « Mon Père, aujourd'hui quand vous me réprimandiez de mes défauts, je m'aperçus que votre voix devenait rauque, par excès de fatigue je pense ; aussi j'ai cherché le remède, et j'ai fait faire cette bouillie pour toi ; je te supplie donc de la manger, car je t'assure qu'elle te soulagera la poitrine et la gorge. » Le Général dit : « Quelle heure est-il pour venir ainsi importuner les gens ? » Frère Junipère répond : « Vois, c'est pour toi qu'elle est faite ; je te supplie de laisser là tous tes prétextes et de la manger, car elle te fera beaucoup de bien. » Le Général, que fâchaient l'heure tardive et son importunité, lui ordonna de s'en aller, car à pareille heure il ne voulait pas manger, et il l'appela de mauvais noms très méprisants. Frère Junipère, voyant que ni supplications ni flatteries ne réussiraient, dit alors : « Mon Père, puisque tu ne veux pas manger cette bouillie et qu'elle a été faite pour toi, rends-moi au moins

5. Voir plus haut, *Cinquième Considération*, p. 237.

le service de me tenir la chandelle : c'est moi qui la mangerai[6]. » Et le Général, en personne pieuse et dévote, considérant la piété et la simplicité de Frère Junipère et qu'il avait fait tout cela par dévotion, répond : « Voici, puisque tu y tiens, mangeons donc ensemble, toi et moi. » Et tous deux mangèrent cette écuelle de bouillie, à cause d'une charité importune ; et ils furent beaucoup plus restaurés d'édification que de nourriture.

A la louange du Christ. Amen.

CHAPITRE 6

COMMENT FRÈRE JUNIPÈRE GARDA LE SILENCE PENDANT SIX MOIS.

Frère Junipère s'imposa une fois de garder six mois le silence, de cette manière : le premier jour, par amour du Père céleste ; le second, par amour de Jésus-Christ, son Fils ; le troisième, par amour de l'Esprit-Saint ; le quatrième, par respect pour la Vierge Marie. Et ainsi de suite, chaque jour par amour de quelque Saint, il resta six mois sans parler[1].

A la louange du Christ. Amen.

---

6. Cette réponse est un petit chef-d'œuvre d'humour discret ! — Toute la scène confirme ce qui a été indiqué ci-dessus, p. 299, n. 5 : l'ingénuité de frère Junipère est très relative ; sans doute veut-il venir au secours de son Général enroué, mais en même temps il lui donne indirectement une leçon de patience bien méritée.

1. Cela fait environ cent quatre-vingts Saints ! On peut regretter que l'auteur n'en ait pas nommé au moins quelques-uns ; cette liste nous aurait fourni des renseignements fort intéressants non seulement sur les dévotions particulières de frère Junipère, mais sur celles de l'Ordre à son époque ; des renseignements analogues nous sont donnés par les Litanies, pour une région, un diocèse, un sanctuaire, un lieu de pèlerinage...

CHAPITRE 7

EXEMPLE CONTRE LES TENTATIONS DE LA CHAIR.

Une fois que frère Egide, frère Simon d'Assise[1], frère Rufin et frère Junipère étaient réunis à parler de Dieu et du salut des âmes, frère Egide dit aux autres : « Comment faites-vous, aux prises avec les tentations du péché de la chair ? » Frère Simon dit : « Je considère la bassesse et la turpitude du péché de la chair, j'en éprouve une grande abomination, et ainsi j'y échappe. » Frère Rufin dit : « Je me jette étendu à terre et je reste si longtemps en oraison, priant la clémence de Dieu et la Mère de Jésus-Christ, que je me sens complètement délivré. » Frère Junipère répond : « Quand je sens la tempête des suggestions diaboliques de la chair, je cours aussitôt fermer la porte de mon cœur et pour la sécurité de la forteresse de mon cœur je me plonge en de saintes méditations et de saints désirs ; de sorte que, lorsque viennent les suggestions de la chair et qu'elles frappent à la porte de mon cœur, je réponds, comme de l'intérieur : Dehors ! parce que l'auberge est déjà occupée et qu'il ne peut plus y entrer de monde. Et ainsi je ne permets jamais à la pensée de la chair d'entrer dans mon cœur : ce pourquoi, se voyant vaincue, elle s'en va, comme déconfite, non seulement de moi, mais de tout le pays. »

Frère Egide répond et dit : « Frère Junipère, je tiens pour toi, parce que l'ennemi de la chair, on ne peut pas le combattre mieux que par la fuite ; car le perfide appétit de la chair au-dedans se fait sentir au dehors, par les sens du corps, comme un si grand et si puissant ennemi, qu'on ne peut vaincre qu'en fuyant. Aussi, qui veut combattre autrement n'a que rarement la victoire, à cause des efforts qu'exige la bataille. Fuis donc le vice, et tu seras victorieux[2]. »

A la louange du Christ. Amen.

---

1. Sur ce frère Simon, voir le chapitre 41 des *Fioretti* et la note 1, p. 160.
2. Le texte latin est plus clair : « l'homme combat plus sûrement et plus judicieusement ce péché en fuyant, là où au dedans il y a le perfide appétit de la chair et où au dehors un si grand et si puissant ennemi se fait sentir par les sens du corps ; car autrement la bataille est rude, et la victoire rare. »

CHAPITRE 8

COMMENT FRÈRE JUNIPÈRE S'AVILIT LUI-MÊME A LA LOUANGE DE DIEU.

Une fois, frère Junipère, voulant se bien avilir, se mit tout nu, plaça ses habits sur sa tête, en ayant fait comme un paquet[1], et, ainsi nu, entra dans Viterbe ; et il s'en alla sur la place publique, pour sa dérision. Comme il était là, tout nu, les enfants et les jeunes gens, le jugeant hors de bon sens[2], lui firent beaucoup de vilenies, lui jetant dessus beaucoup de boue, le frappant à coups de pierres, le bousculant fortement de-çi de-là, avec beaucoup de paroles de dérision : et, ainsi tourmenté et bafoué, il resta là une grande partie du jour ; puis, ainsi tout nu, il s'en retourna au couvent.

Le voyant ainsi déshabillé, les frères en furent très agités ; et, surtout parce qu'il avait traversé toute la ville, son fardeau sur la tête, dans cette nudité, ils le reprirent très durement, en lui faisant de grandes menaces. L'un disait : « Mettons-le en prison » ; et l'autre disait : « Pendons-le » ; et les autres disaient : « On ne saurait faire trop grande justice de l'exemple à ce point détestable qu'il a aujourd'hui donné, et de lui-même et de tout l'Ordre[3]. » Et frère Junipère, tout joyeux, répondait en toute humilité : « Vous dites bien vrai, car de tous ces châtiments je suis digne, et de bien plus encore. »

A la louange du Christ. Amen.

---

1. Le texte latin est plus précis : frère Junipère mit ses braies sur sa tête, fit un paquet de sa tunique avec une corde et la posa sur son cou.
2. *Non immerito*, avec raison, ajoute le texte latin !
3. Le traducteur italien a fortement édulcoré : c'est tout simplement de la peine du feu — *adustione* — que le troisième groupe jugeait digne frère Junipère. — Ces frères auraient peut-être pu se rappeler qu'il y avait un épisode fort analogue dans la vie de saint François d'Assise ; cf. Celano, *Première Légende*, 52 ; *Legenda antiqua* de Pérouse, 39 ; *Légende majeure*, 6 2 ; il est vrai que saint Bonaventure dit expressément que saint François avait gardé ses braies : « *...nudum cum femoralibus solis* », tandis que la *Chronique des XXIV Généraux* dit le contraire à propos du frère Junipère : « *...positis saraballis super caput suum.* » On remarquera le mot curieux employé par la *Chronique...* pour indiquer les braies : les *saraballa* ou *sarabara*, c'est à proprement parler le pantalon oriental. Barthélemy de Pise, dans le *Traité des Conformités*, a repris le mot ordinaire *femoralia*.

CHAPITRE 9

COMMENT FRÈRE JUNIPÈRE POUR S'AVILIR JOUA AU JEU DE LA BALANÇOIRE.

Comme frère Junipère allait une fois à Rome, où la renommée de sa sainteté s'était déjà répandue, beaucoup de Romains allèrent par grande dévotion à sa rencontre ; et frère Junipère, voyant venir tant de gens, imagina de faire tourner en risée et en mépris, leur dévotion pour lui.

Il y avait là deux enfants qui jouaient à la balançoire, c'est-à-dire qu'ils avaient placé un morceau de bois en travers d'un autre ; chacun d'eux se tenait de son bout, et ils montaient et descendaient. Frère Junipère va enlever un de ces enfants du morceau de bois, monte dessus et commence à se balancer. Là-dessus arrivent les gens et ils s'ébahissent de voir frère Junipère sur sa balançoire ; ils le saluèrent néanmoins avec grande dévotion ; et ils attendaient qu'il terminât le jeu pour l'accompagner jusqu'au couvent en lui faisant honneur. Et frère Junipère se souciait peu de leurs salutations, de leurs marques de respect et de leur attente, mais prenait beaucoup à cœur de se balancer. Après qu'ils eurent ainsi beaucoup attendu, quelques-uns commencèrent à s'ennuyer et à dire : « Quel benêt est celui-ci ? » Quelques-uns, qui connaissaient ses manières, eurent pour lui une plus grande dévotion : néanmoins ils s'en allèrent tous et laissèrent frère Junipère sur sa balançoire.

Après qu'ils furent tous partis, frère Junipère resta tout consolé, parce qu'il avait vu des gens qui s'étaient moqués de lui. Il se met en route, entre à Rome en toute sérénité et humilité[1] et parvient au couvent des frères Mineurs.

A la louange du Christ. Amen.

---

1. Les manuscrits de la *Vie* latine ne donnent pas tous la même version : *lætanter*, joyeusement ; ou *latenter*, en cachette.

CHAPITRE 10

COMMENT FRÈRE JUNIPÈRE FIT UNE FOIS LA CUISINE AUX FRÈRES POUR QUINZE JOURS.

Comme frère Junipère était une fois dans un petit couvent de frères, tous les frères durent sortir pour un juste motif, et frère Junipère resta seul à la maison. Le Gardien lui dit : « Frère Junipère, nous sortons tous ; aussi tâche de nous avoir fait un peu de cuisine à notre retour, pour le réconfort des frères. » Frère Junipère répondit : « Très volontiers ; fiez-vous à moi. »

Tous les frères étant donc sortis, comme il est dit, frère Junipère se dit : « Quel soin superflu est celui-là, qu'un frère reste perdu à cuisiner et doive délaisser toute prière ? Certainement que moi qui suis resté à cuisiner, je vais cette fois en faire tant que tous les frères, même s'ils étaient encore plus nombreux, en auraient assez pour quinze jours. » Et ainsi, tout empressé, il s'en va au village, emprunte plusieurs grandes marmites pour cuire, se procure de la viande fraîche, de la viande salée, des poulets, des œufs, des légumes, rassemble beaucoup de bois et met le tout au feu, c'est-à-dire les poulets avec leurs plumes, les œufs avec leurs coques et tout le reste à l'avenant.

Les frères de retour au couvent, l'un d'eux, qui connaissait bien la simplicité de frère Junipère entra dans la cuisine, voit tout et de si grandes marmites sur un feu qui est un brasier, s'assied, considère avec stupeur et ne dit rien ; il regarde avec quel soin frère Junipère fait cette cuisine. Comme le feu était très grand et qu'on ne pouvait pas en bien approcher pour remuer le contenu des marmites, il prit une planche[1] et, avec une corde, se l'attacha au corps, très bien serrée, puis il sautait d'une marmite à l'autre, que c'était un plaisir de le voir. Ayant considéré tout cela à son grand amusement, ce frère sort de la cuisine, trouve les autres frères et leur dit : « Je puis vous dire que frère Junipère nous prépare une belle noce. » Les frères prirent ces paroles pour une plaisanterie.

1. Le texte latin précise que c'était un battant de porte.

Frère Junipère enlève ses marmites du feu et fait sonner les repas ; les frères se mettent à table, et il arrive au réfectoire avec cette sienne cuisine, tout rouge de fatigue et de la chaleur du feu, et il dit aux frères : « Mangez bien, puis allons tous prier, et qu'il n'y ait personne qui songe à cuisiner pour un certain temps, car j'en ai tant fait aujourd'hui que j'en aurai pour plus de quinze jours. » Et il pose sur la table devant les frères cette pâtée, telle qu'il n'y a porc si affamé en terre de Rome qui en eût mangé.

Frère Junipère loua cette sienne cuisine pour la faire prendre, mais il voit que les autres frères n'en mangent pas, et il dit : « De pareils poulets vont vous réconforter le cerveau, et cette cuisine vous tiendra le corps libre : elle est si bonne[2]. »

Les frères restent en stupeur et dévotion à considérer la dévotion et la simplicité de frère Junipère, mais le Gardien se fâche d'une telle fatuité et de tant de choses perdues et reprend très âprement frère Junipère. Alors frère Junipère se jette brusquement à genoux à terre devant le Gardien, et dit humblement sa coulpe, à lui et à tous les frères, disant : « Je suis un homme détestable. Un tel a commis tel péché, et pour cela on lui a arraché les yeux ; mais j'en étais plus digne que lui. Un tel fut pendu pour ses fautes ; mais je le mérite beaucoup plus pour mes œuvres perverses, et maintenant je suis devenu un dilapidateur de tant de biens de Dieu et de l'Ordre. » Et ainsi tout plein d'amertume il s'en alla et, de tout ce jour, il ne se montra pas là où il y avait des frères.

---

2. Médecine de l'époque, commente le P. B. Bughetti, éd. cit,, p. 272, n. 2. C'est bien possible ! — Le texte latin est ici beaucoup plus développé. On y apprend en particulier que les frères trouvaient dans leurs écuelles les plumes que les poules avaient perdues en mijotant, et surtout que frère Junipère, devant la réprobation générale, prêchait d'exemple : il avait saisi une poule avec ce qui lui restait de plumes et il la mangeait telle quelle, en insistant sur les bienfaits de l'opération. L'auteur cite ses paroles dans les deux langues : « *Questa me terra humido lo corpo ; ista tenebit humidum corpus meum.* » La version, très abrégée, du traité des *Conformités* est bien curieuse : frère Junipère aurait demandé au Gardien la permission de faire de la cuisine pour plusieurs jours, et le Gardien la lui aurait donnée ! Nous imaginons difficilement une pareille imprudence de la part du Gardien...

Le Gardien dit alors : « Mes très chers frères, je voudrais que ce frère gaspillât chaque jour autant de bien, si nous l'avions, qu'il l'a fait aujourd'hui, et seulement pour que nous en soyons édifiés par lui ; car c'est sa grande simplicité et sa grande charité qui lui ont fait faire ceci[3]. »

A la louange du Christ. Amen.

CHAPITRE 11

COMMENT FRÈRE JUNIPÈRE ALLA UNE FOIS A ASSISE POUR SA CONFUSION.

Frère Junipère demeurait une fois dans la vallée de Spolète[1] et, voyant qu'il y avait à Assise une grande solennité et que beaucoup de gens y allaient avec grande dévotion, il lui vint le désir d'aller à cette solennité. Ecoutez comment.

Frère Junipère se déshabille tout nu[2], et ainsi il s'en va

3. Le Gardien a très bien compris ! On ne peut qu'approuver son attitude : il blâme ouvertement frère Junipère, qui ne l'avait pas volé ; mais, en son absence, il le félicite de la leçon indirecte qui vient d'être donnée aux frères ; il regrette seulement qu'elle ait coûté un peu cher. — Ici encore, on remarquera qu'une leçon analogue, mais présentée sous forme beaucoup plus aimable et plus mesurée, fut donnée à ses compagnons par saint François ; cf. *Legenda antiqua* de Pérouse, 32 ; *Seconde Légende* de Celano, 61 : se méfier des plaisirs de la table.

1. Barthélemy de Pise précise, dans le traité des *Conformités, Analecta franciscana*, t. IV, p. 246 : à Foligno. — On remarquera tout l'intérêt de cette localisation : dans la vallée de Spolète. Elle est intimement liée à toute la vie de saint François. Les premiers mots de la *Première Légende* de Thomas de Celano, écrite trois ans environ après la mort du Saint, sont les suivants : *Vir erat in civitate Assisii, quæ in finibus vallis Spoletanæ sita est, nomine Franciscus, qui...*

2. La *Vie* latine précise en ajoutant : *sine braccis.* Et le sous-titre de cet épisode y est : *Qualiter nudus ivit in Assisium sine femoralibus, Analecta franciscana*, t. III, p. 63. On notera que c'est la seconde fois, voir plus haut, p. 316, n. 3, que le traducteur italien passe sous silence cette indication, et on admettra difficilement que l'omission soit involontaire.

passant par Spello[3], par deux autres châteaux[4] et par le milieu de la ville, et il arrive ainsi nu au couvent. Les frères, très troublés et scandalisés, le reprirent très durement, le traitant de fou, d'insensé, de déshonneur de l'Ordre de saint François : on devrait l'enchaîner comme un fou.

Le Général, qui était alors dans ce couvent, fait appeler tous les frères et frère Junipère et, en présence de tout le couvent, il lui fait de durs et âpres reproches. Et après beaucoup de paroles, dans la rigueur de la justice, il dit à frère Junipère : « Ta faute est telle et si grande que je ne sais quelle pénitence suffisante te donner. » Frère Junipère répond, comme quelqu'un qui se délectait de sa propre confusion : « Mon Père, je vais te la faire connaître : que, pour pénitence, je retourne là d'où je suis venu à cette fête, nu comme je suis venu jusqu'ici[5]. »

A la louange du Christ. Amen.

CHAPITRE 12

COMMENT FRÈRE JUNIPÈRE FUT RAVI EN EXTASE PENDANT QUE L'ON CÉLÉBRAIT LA MESSE.

Comme frère Junipère était une fois à entendre la messe avec beaucoup de dévotion, il fut ravi en élévation d'esprit

3. Spello est une correction nécessaire ; le traducteur italien a écrit : Spolète, ce qui est inadmissible, car, la vallée de Spolète commençant à Spolète même, il est évident qu'on ne peut pas aller de la vallée de Spolète à Assise en passant par Spolète ; d'ailleurs la *Vie* latine et l'abrégé du traité des *Conformités* donnent bien : Spello.
4. Le P. B. Bughetti, éd. cit., p. 273, n. 2, indique que les deux autres châteaux pourraient être Collepino et Satriano ; sur Collepino et Satriano voir P. N. Cavanna, *L'Umbria...*, p. 141 et s. ; trad. française, p. 100 et s. ; mais les souvenirs franciscains que le P. Cavanna rattache à ce Satriano doivent l'être en réalité, ainsi que l'a démontré M. Arnaldo Fortini, à un autre Satriano, sur la vieille route d'Assise à Nocera ; cf. *Frate Francesco*, t. II, 1925, p. 276 et s.
5. On ne saurait trop admirer à cet endroit la concision de Barthélemy de Pise, d'autant plus que la concision est la moindre de ses qualités ordinaires : ...*quod, sicut venerat nudus, ita rediret ;* six mots ! — Ici encore, voir plus haut, p. 299, n. 5, et p. 312, n. 6, j'ai l'impression que la réponse de frère Junipère est moins ingénue qu'on ne serait tenté de le penser.

pendant un long temps. Et laissé seul en ce lieu[1], à l'écart des autres frères, il commença à dire avec grande ferveur quand il revint à lui : « O mes frères, qui est si noble en cette vie qu'il ne portât volontiers le panier du fumier par toute la terre, si on lui donnait une maison pleine d'or ? » Et il disait : « Hélas ! pourquoi ne voulons-nous pas supporter un peu de honte, afin que nous puissions gagner la vie bienheureuse ? »

A la louange du Christ. Amen.

CHAPITRE 13

DE LA TRISTESSE QU'EUT FRÈRE JUNIPÈRE DE LA MORT DE SON COMPAGNON FRÈRE ATTIENTALBENE[1].

Frère Junipère avait comme compagnon un frère qu'il aimait intimement et qui se nommait Attientalbene. Celui-ci avait vraiment en lui une très grande vertu de patience et obéissance ; car, l'eût-on battu un jour entier, jamais il ne se serait plaint, jamais il n'aurait seulement protesté d'un mot ; il était souvent envoyé dans des couvents où la famille religieuse était de rapports désagréables : il en recevait de nombreuses persécutions, qu'il supportait très patiemment sans aucune plainte. Il pleurait ou riait au commandement de frère Junipère.

---

1. Le traducteur italien a écrit : *per la stanza*, chambre, logis, pièce, ce qui est étrange, étant donné que frère Junipère entend la messe. La *Vie* latine dit simplement : *ibidem*, au même endroit. Les P. de Quaracchi font remarquer que les anciennes éditions du *Traité des Conformités* portent non pas : *in missa*, mais : *in mensa*, à table, *Analecta franciscana*, t. IV, p. 247, n. c. — Des paroles analogues se rencontrent, dans la bouche de frère Bernard de Quintavalle, au chap. 28 des *Fioretti*.

1. Le nom de ce frère a été littéralement massacré par les copistes et par les éditeurs, en latin comme en italien. Dans certains manuscrits de la *Vie* latine, on trouve même : *Acientialbene* corrigé de seconde main en : *Tientialbene* ! Il est prudent de renoncer à chercher quelle est la version authentique. — Ce frère, qui se serait peut-être appelé Jean, mourut, probablement le 9 mai 1232, au couvent de Santa Illuminata près d'Alviano ; cf. *Analecta franciscana*, t. III, p. 64, n. 4.

Or ce frère Attientalbene mourut, comme il plut à Dieu, en excellente renommée ; frère Junipère, apprenant sa mort, en éprouva dans son esprit une tristesse telle que jamais dans sa vie il n'en avait éprouvé de pareille d'aucune chose temporelle ; et il montrait ainsi extérieurement le grand chagrin qui était en lui, en disant : « Malheureux que je suis, il ne m'est désormais resté aucun bien, et le monde entier a disparu dans la mort de mon doux et très aimé frère Attientalbene ! » Et il disait : « Si ce n'était que je ne pourrais plus avoir de paix avec les frères, j'irais à son tombeau, je prendrais sa tête et de son crâne je ferais deux écuelles : l'une dans laquelle je mangerais toujours par dévotion à sa mémoire, et l'autre dans laquelle je boirais quand j'aurais soif ou désir de boire[2]. »

A la louange du Christ. Amen.

CHAPITRE 14

DE LA MAIN QUE FRÈRE JUNIPÈRE VIT DANS LES AIRS.

Comme frère Junipère était une fois en prière et qu'il pensait peut-être de grandes choses de lui-même, il lui parut voir une main dans les airs et il entendit, de ses oreilles corporelles, une voix qui lui parlait ainsi : « O frère Junipère, sans cette main tu ne peux rien faire. » Aussi se leva-t-il de suite, et, les yeux levés au ciel, il dit à haute voix, en courant çà et là par le couvent : « C'est bien vrai ! c'est bien vrai[1] ! » Et il répétait cela en criant[2] pendant un bon espace de temps.

A la louange du Christ. Amen.

---

2. Cette fantaisie, dont nous dirions aujourd'hui qu'elle est d'un beau macabre romantique, paraissait peut-être moins déconcertante aux contemporains de frère Junipère qu'à nous ; cependant Junipère soupçonnait qu'elle aurait été assez mal accueillie par ses confrères ; on a vu, à différentes reprises, qu'il n'avait pas tort.

1. Ces paroles sont rapportées en italien, dans la *Vie* latine : « *Ben è vero, messer, ben è vero.* »
2. Barthélemy de Pise ajoute : et en dansant, *clamando et saltando.*

LA VIE DU BIENHEUREUX EGIDE

CHAPITRE PREMIER

COMMENT FRÈRE ÉGIDE[1] ET TROIS COMPAGNONS FURENT REÇUS DANS L'ORDRE DES MINEURS.

Parce que les exemples des saints hommes mettent dans l'esprit des pieux auditeurs le mépris des plaisirs qui passent et les incitent à désirer le salut éternel, je dirai, à l'honneur de Dieu et de sa très révérende Mère Madame sainte Marie, pour l'utilité de tous les auditeurs, quelques mots des œuvres que le Saint-Esprit a opérées en notre père très saint, frère Égide, qui, portant encore l'habit séculier, commença de lui-même, touché par l'Esprit-Saint, à se demander comment il pourrait, dans toutes ses œuvres, plaire à Dieu seul.

En ce temps-là, saint François, qui était comme un nouveau héraut de Dieu, et, par l'exemple de sa vie, un entraîneur de pénitence et de sainte humilité, avait, deux ans après sa conversion, attiré et conduit à l'observation de la pauvreté évangélique un homme orné d'une prudence admirable et très riche de biens temporels, qui s'appelait Messire Bernard, et un autre, Pierre de Catane ; car, sur les conseils de saint François, ils distribuèrent aux pauvres, pour l'amour de Dieu, tous leurs biens temporels, et promirent d'observer toute leur vie avec très grande ferveur la règle de la pénitence et de la pauvreté évangélique, sous l'habit des frères Mineurs ; et ainsi firent-ils en toute perfection[2].

Huit jours après la susdite conversion et distribution, alors qu'Égide portait encore l'habit séculier et qu'il entendait raconter le mépris témoigné par de si nobles chevaliers, citoyens d'Assise, car tout le pays en était en admiration, il alla,

1. La traduction correcte d'*Egidio*, en latin *Ægidius*, serait Gilles, comme il a été indiqué au chapitre Ier des *Fioretti*, p. 5, n. 5. Mais le nom français calqué sur l'italien et le latin a si bien passé dans l'usage qu'il a paru préférable de l'adopter.
2. Sur la conversion de Bernard de Quintavalle, voir le chapitre 2 des *Fioretti* et les notes ; sur Pierre de Catane, voir plus haut, p. 17, n. 1.

tout enflammé d'amour divin, le lendemain, qui était la fête de saint Georges, l'an du Seigneur 1209[3], de très bonne heure et comme empressé pour son salut, à l'église Saint-Georges, où est à présent le monastère de sainte Claire[4] ; et sa prière dite, ayant grand désir de voir saint François, il alla vers l'hôpital des lépreux[5], où il habitait avec frère Bernard et frère Pierre de Catane, enfermé dans une hutte très humble. Et comme il était arrivé à un carrefour et ne savait par où se diriger, il adressa d'abord une prière au Christ, guide infaillible, qui le conduisit à ladite hutte par le chemin direct.

Et saint François, qui venait du bois dans lequel il était allé prier, désirant savoir pourquoi il était venu, vint à sa rencontre ; aussi se jeta-t-il à terre devant saint François en s'agenouillant et lui demanda humblement de le recevoir dans sa compagnie pour l'amour de Dieu. Saint François, frappé par le pieux aspect de frère Egide, répondit en disant : « Mon très cher frère, Dieu t'a fait une très grande grâce. Si l'empereur venait à Assise et voulait faire de quelque citoyen son chevalier ou son camérier secret, celui-là ne devrait-il pas beaucoup s'en réjouir ?[6] Combien plus ne dois-tu pas avoir

---

3. Le 23 avril. Cette chronologie n'est pas absolument sûre.
4. Depuis 1260, année où les Pauvres Dames quittèrent leur premier monastère de Saint-Damien.
5. A Rivo Torto. Mais où se trouve exactement Rivo Torto ? Il n'y a guère de question de topographie franciscaine, si j'ose dire, qui ait suscité de plus âpres discussions ; il se peut même que des considérations étrangères à l'objectivité de l'histoire s'y soient mêlées. Quoi qu'il en soit, il y a deux théories : Rivo Torto aurait été situé là où se trouve aujourd'hui l'église, construite en 1853, de Santa Maria de Rivo Torto, trois kilomètres environ de la Portioncule, sur la route de Foligno ; — il faudrait au contraire chercher RivoTorto dans la même direction, mais seulement à un kilomètre et demi environ de la Portioncule, près des deux petites chapelles de Santa Maria Maddalena et de San Rufinello d'Arce, qui appartenaient à une léproserie. Je tiens nettement pour ce second système ; mais il est impossible d'entrer ici dans le débat. On en trouvera le résumé , avec une abondante bibliographie, dans P. N. Cavanna, *L'Umbria...*, p. 25 et s., p. 51, n. 25 à 34 ; trad. franç., p. 21 et s. L'étude essentielle est celle de Paul Sabatier, qui y est citée.
6. Les mots et les images empruntés à la chevalerie venaient tout naturellement sur les lèvres de François ; voir, par exemple, 1 C 4-5, 2 C 5-6.

de joie de ce que Dieu t'a élu son chevalier et son très aimé serviteur, pour observer la perfection du saint Evangile ? Aussi demeure ferme et constant dans la vocation où Dieu t'a appelé. » Il le prit par la main, le releva et le fit entrer dans la susdite cabane ; il appela frère Bernard et dit : « Messire Dieu nous a envoyé un bon frère ; soyons-en tous réjouis dans le Seigneur, et mangeons en esprit de charité. »

Après le repas, saint François et ce frère Egide allèrent à Assise pour se procurer du drap pour faire l'habit de frère Egide. Et sur le chemin ils rencontrèrent une pauvresse qui leur demanda l'aumône pour l'amour de Dieu ; et comme saint François ne savait avec quoi secourir la pauvre femme, il se retourna vers frère Egide avec un visage angélique et dit : « Pour l'amour de Dieu, mon très cher frère, donnons ton manteau à cette pauvrette. » Et frère Egide qui désirait que saint François lui parlât ainsi, obéit au père très saint d'un cœur si prompt qu'il lui sembla voir cette aumône s'envoler immédiatement au ciel ; et il en éprouva en lui-même une joie indicible et une nouvelle transformation.

Le drap obtenu et l'habit fait, saint François reçut frère Egide dans l'Ordre ; et il fut l'un des plus glorieux religieux que le monde eût en ce temps dans la vie contemplative.

Après la réception de frère Egide, saint François alla aussitôt avec lui dans la Marche d'Ancône, et, chantant à haute voix par le chemin[7], il louait magnifiquement le Seigneur du ciel et de la terre. Et il dit à frère Egide : « Mon fils, notre Ordre sera semblable au pêcheur qui jette les filets dans l'eau et prend une multitude de poissons ; il retient les gros et il laisse les petits dans l'eau. » Frère Egide s'émerveilla de cette prophétie, car il n'y avait encore dans l'Ordre que trois frères et saint François.

Et bien qu'il plût à Dieu que saint François ne prêchât

7. La *Vie* latine donne ici une précision qui n'a pas passé dans la traduction italienne : saint François chantait en français, *gallice* On trouve aussi la même indication dans la *Légende* dite *des Trois Compagnons*, 9 33, où il est dit également que saint François partit avec frère Egide pour la Marche d'Ancône.

pas encore publiquement au peuple, en allant par les chemins il admonestait et exhortait les hommes et les femmes, disant simplement avec amour : « Aimez et craignez Dieu, et faites pénitence de vos péchés. » Et frère Egide disait : « Faites ce que vous dit mon père spirituel, car il parle parfaitement. »

A la louange du Christ. Amen.

CHAPITRE 2

COMMENT FRÈRE ÉGIDE ALLA A SAINT-JACQUES LE MAJEUR.

Une fois, dans la suite des temps, frère Egide s'en alla, avec la permission de saint François, à Saint-Jacques de Galice[1], et, sur toute la route, pas une fois il n'apaisa sa faim, à cause de la grande pauvreté qu'il y avait dans tout ce pays. Aussi, allant demander l'aumône et ne trouvant personne à lui faire quelque charité, il pénétra un soir, par hasard, dans une aire où étaient restées quelques fèves ; il les recueillit et ce fut son souper ; et la nuit il dormit là, car il habitait volontiers dans les lieux solitaires et éloignés des hommes pour pouvoir mieux s'adonner aux prières et aux veilles. Et il fut tellement réconforté par Dieu de ce souper, que, s'il avait mangé de divers mets, il n'aurait pu en avoir, pensait-il, une réfection pareille.

S'avançant plus avant par le chemin, il rencontra un petit pauvre qui lui demanda l'aumône au nom de Dieu. Et frère Egide, tout plein de charité, et qui n'avait que son habit sur la peau, coupa le capuchon de sa tunique et le donna à ce pauvre pour l'amour de Dieu ; et ainsi, sans capuchon, il chemina vingt jours de suite.

---

1. Ce pèlerinage eut probablement lieu en 1212. Sur les pèlerinages de saint François, peut-être, et de frère Bernard de Quintavalle, certainement, à Saint-Jacques de Compostelle, voir le chap. 4 des *Fioretti* et les n. Il faut remarquer cependant que Thomas de Celano dit expressément que frère Bernard de Quintavalle et frère Egide partirent ensemble pour Saint-Jacques (1 C 30).

En retournant par la Lombardie[2], il fut appelé par un homme vers qui il alla très volontiers, croyant qu'il en aurait quelque aumône ; mais l'autre, allongeant la main, lui mit dans la main une paire de dés, en lui demandant s'il voulait jouer. Frère Egide répondit très humblement : « Dieu te le pardonne, mon fils. »

Et, allant ainsi par le monde, il subit beaucoup de dérisions, et il les supportait toutes paisiblement.

A la louange du Christ. Amen.

CHAPITRE 3

DE LA MANIÈRE DE VIVRE QUE SUIVIT FRÈRE ÉGIDE QUAND IL ALLA AU SAINT-SÉPULCRE.

Frère Egide alla, avec la permission de saint François, visiter le Saint-Sépulcre du Christ[1] ; il parvint au port de Brindisi, et là il dut s'arrêter plusieurs jours, parce qu'il n'y avait pas de navire prêt. Et frère Egide, voulant vivre de son travail, emprunta une cruche, la remplit d'eau et s'en alla par la ville en criant : « Qui veut de l'eau ? » Et pour son travail il recevait du pain et les choses nécessaires à la vie du corps pour lui et pour son compagnon. Puis il passa la mer et visita le Saint-Sépulcre et les autres lieux saints avec une grande dévotion.

Et au retour il s'arrêta plusieurs jours dans la ville d'Acre[2]. Comme il avait l'habitude de vivre de son travail[3], il faisait des corbeilles de joncs et il les vendait, non pas pour de l'argent, mais pour du pain pour lui et son compagnon ; et il portait les morts au tombeau, pour le prix susdit. Et quand cela lui

2. La *Vie* latine indique que l'épisode se place à Ficarolio, entre Mantoue et Ferrare.

1. En 1215, d'après Wadding, *Annales Minorum*, 1215, XXXV.
2. Les manuscrits italiens et latins donnent *Achon*, *Anchone*, *Anconæ*, au lieu de : *Acon*, Acre, Saint-Jean d'Acre.
3. Voir plus loin, chap. 5, et en particulier la n. 2, p. 339.

manquait, il retournait à la table de Jésus-Christ, demandant l'aumône de porte en porte[4]. Et ainsi, avec beaucoup de travail et de pauvreté, il retourna à Sainte-Marie des Anges[5].

A la louange du Christ. Amen.

CHAPITRE 4

COMMENT FRÈRE ÉGIDE LOUE PLUS L'OBÉISSANCE QUE LA PRIÈRE.

Un frère était une fois en prière dans sa cellule, et son Gardien lui envoya dire d'aller mendier, au nom de l'obéissance. Il s'en indigna et alla aussitôt trouver frère Egide et lui dit : « Mon Père, j'étais en prière et le Gardien m'a ordonné d'aller au pain ; il me semble qu'il serait mieux de rester en prière. » Frère Egide répondit : « Mon fils, tu n'as encore ni su ni compris ce qu'est la prière. La véritable prière est de faire la volonté de son supérieur[1] ; et c'est un signe de grand orgueil, pour celui qui a mis le cou sous le joug de la sainte obéissance, de s'en départir, sous quelque prétexte, pour faire sa volonté, bien qu'il lui semble faire œuvre plus parfaite. Le religieux parfaitement obéissant est semblable à un chevalier qui monte un cheval vigoureux, par la puissance duquel il passe, intrépide, au milieu du chemin ; au contraire, le religieux désobéissant, qui se plaint et qui se dérobe, est semblable à celui qui monte un cheval maigre, malade et vicieux, car il reste ou tué ou pris par les ennemis, et sans grande peine pour eux. Je te dis que si un homme était d'une piété et d'une

4. L'expression employée est empruntée presque textuellement au *Testament* de saint François : « Et si l'on ne nous donne pas le salaire, recourons à la table du Seigneur en demandant l'aumône de porte en porte. »
5. La *Vie* latine ajoute que frère Egide fit d'autres pèlerinages, que le traducteur italien a passés sous silence : à Saint-Michel du Mont Gargano et à Saint-Nicolas de Bari. Il alla aussi à Tunis, en 1219 d'après Wadding, *An. Min.*, 1219, XXXIV, avec d'autres frères, mais c'était pour convertir les Sarrasins et pour essayer de gagner le martyre ; cf. *Analecta franciscana*, t. III, p. 77 et s.

1. Dans la *Vie* latine, la réponse de frère Egide s'arrête là ; et ce qui suit y est rattaché par les mots : *Et aliquando dicebat*, et il disait parfois.

élévation d'esprit telles qu'il parlât avec les Anges et que, pendant cet entretien, il fût appelé par son supérieur, il devrait abandonner de suite la conversation des Anges et obéir à son supérieur[2]. »

A la louange du Christ. Amen.

CHAPITRE 5

COMMENT FRÈRE ÉGIDE VIVAIT DE SON TRAVAIL.

Comme frère Egide demeurait une fois à Rome dans un couvent[1], il voulait vivre en travaillant matériellement, ainsi qu'il en avait toujours l'habitude depuis son entrée dans l'Ordre ; et il s'y prit ainsi. Le matin de bonne heure il entendait une messe avec beaucoup de dévotion ; puis il s'en allait au bois, qui était à huit milles de Rome, rapportait sur le dos une charge de bois et la vendait pour du pain et d'autres nourritures.

Une fois entre autres, comme il revenait avec une charge de bois, une dame lui demanda de l'acheter ; le prix convenu, il la lui porta chez elle. La dame, malgré l'accord fait, lui donna beaucoup plus qu'elle ne lui avait promis, parce qu'elle vit que c'était un religieux. Frère Egide dit : « Bonne dame, je ne veux pas être vaincu par le vice de l'avarice ; aussi, je n'en veux pas plus que le prix que j'ai convenu avec toi. » Et non seulement il ne prit pas plus, mais du prix fait il ne prit que la moitié, et il s'en alla ; ce pourquoi, cette dame conçut pour lui une très grande dévotion.

---

2. Comparer ce chapitre aux chapitres 5 et 17 des *Dits du Bienheureux Egide*, que l'on trouvera plus loin, p. 361 et 406.

1. Aujourd'hui, San Francisco a Ripa, où saint François logea avec ses frères à partir de 1212, et où l'on conserve un de ses plus anciens portraits, attribué à Margaritone d'Arezzo. Les frères Mineurs ne s'établirent à l'Aracœli qu'en 1250.

Frère Egide faisait n'importe quel travail rétribué[2], compte toujours tenu de la sainte bienséance[3], il aidait les ouvriers à cueillir le raisin et à fouler le moût. Comme il était un jour sur la place, un homme voulait faire abattre des noix et priait un autre de les lui abattre pour un certain prix ; celui-ci s'excusait parce que c'était très loin et qu'il était très malaisé de monter sur les arbres. Frère Egide dit : « Mon ami, si tu veux me donner une partie des noix, j'irai avec toi et je les abattrai. » Accord fait, il y alla ; et, ayant d'abord fait le signe de la très sainte croix, il monta avec grande crainte sur le haut noyer pour faire l'abattage. Et après qu'il eut abattu les noix, il lui en revenait tellement pour sa part qu'il ne pouvait pas les porter dans son giron ; aussi ôta-t-il son habit, et attachant les manches et le capuchon, il fit un sac de sa tunique, en restant nu, avec seulement ses braies : et, son habit ainsi rempli de noix, il se le mit sur le dos et le porta à Rome ; et il les donna toutes aux pauvres pour l'amour de Dieu, avec une grande allégresse.

Quand on moissonnait le grain, frère Egide allait avec les autres pauvres recueillir les épis ; et si quelqu'un lui offrait une javelle de grain, il répondait : « Mon frère, je n'ai pas de grenier où la mettre. » Et ces épis, il les donnait le plus souvent pour l'amour de Dieu. Il était rare que frère Egide aidât quelqu'un toute la journée, car il faisait convention d'avoir un certain temps pour pouvoir dire ses Heures canoniques et ne pas manquer à ses prières mentales[4].

---

2. Sur le travail manuel dans l'Ordre, surtout à ses débuts, voir le chap. VII de la *Première Règle* de 1221 et le chap. V de la *Seconde Règle* de 1223, et aussi le *Testament* de saint François. Sur sa disparition progressive, cf. P. Gratien, O.M. Cap., *Histoire de la fondation...*, p. 153 et s., 189 et s., 504 et s.
3. Cf. *Première Règle*, chap. VII : « Que les frères qui savent travailler, travaillent et exercent leur ancien métier s'il n'est pas contraire au salut de leur âme et s'ils peuvent honorablement le faire », et *Testament* : « Je travaillais de mes mains, et je veux travailler, et je veux fermement que tous les autres frères travaillent d'un travail conforme à l'honnêteté. Que ceux qui ne savent pas apprennent... »
4. Cf. *Seconde Règle*, chap. V : « Que les frères à qui le Seigneur a donné la grâce de travailler, travaillent fidèlement et dévotement, de telle sorte que chassant l'oisiveté, ennemie de l'âme, ils n'éteignent pas l'esprit de sainte oraison et de dévotion, auquel doivent servir les autres choses temporelles. »

Une fois frère Egide alla à la fontaine de Saint-Sixte, chercher de l'eau pour ces moines[5]. Un homme lui demanda à boire. Frère Egide répondit : « Et comment porterai-je aux moines le vase à eau, c'est-à-dire la cruche, en partie vide ? » L'autre, fâché, dit à frère Egide beaucoup de paroles injurieuses et de vilenies. Frère Egide s'en retourna chez les moines très affligé ; il emprunta un grand vase et retourna aussitôt à ladite fontaine prendre de l'eau ; il retrouva cet homme et lui dit : « Mon ami, prends et bois tant que le cœur t'en dira, et ne te fâche pas, car il me semblait que c'était faire une vilenie que de porter à ces saints moines de l'eau qui n'aurait été qu'un reste. » Touché de componction et par la charité et l'humilité de frère Egide, l'autre reconnut sa faute et à partir de ce moment il le tint en grande dévotion.

A la louange du Christ. Amen.

---

5. On pourrait conclure de ce texte qu'il s'agit de moines ayant un couvent à la fontaine de Saint-Sixte. La traduction italienne est assez maladroite, parce que l'auteur a passé un paragraphe, où il est expliqué de quels moines il s'agit ; après quoi il a repris le *pro monachis illis*, qui n'a plus guère de sens. Il s'agit du monastère des « Quatre Saints », c'est-à-dire, comme le dit expressément Bathélemy de Pise, *Analecta franciscana*, t. IV, p. 207, des « Quatre Saints Couronnés », près de Saint-Jean de Latran. L'église et le monastère existent toujours et ont gardé leur caractère médiéval. On ignore à quel Ordre appartenaient les moines pour qui travaillait frère Egide, non seulement en allant chercher de l'eau, mais encore, d'après la *Vie* latine, en préparant la farine et en aidant à faire le pain. Quant à la fontaine de Saint-Sixte, il est au moins très probable qu'elle se trouvait près de l'église Saint-Sixte, à côté des thermes de Caracalla. La distance jusqu'aux Quatre Couronnés est d'un peu moins d'un kilomètre.

CHAPITRE 6

COMMENT FRÈRE ÉGIDE FUT POURVU MIRACULEUSEMENT DANS UN GRAND BESOIN, ALORS QU'IL NE POUVAIT ALLER MENDIER A CAUSE D'UNE GRANDE NEIGE.

Comme frère Egide habitait à Rieti[1] chez un Cardinal[2], que le grand carême approchait et qu'il n'avait pas la quiétude d'esprit qu'il désirait, il dit au Cardinal : « Mon père, avec votre permission, je veux aller, pour ma paix, faire ce carême avec mon compagnon en quelque lieu solitaire. » Messire le Cardinal répondit : « Eh ! mon très cher frère, où veux-tu aller ? Il y a une grande famine et vous êtes encore peu connus ; eh ! qu'il te plaise de rester à ma cour, car ce me sera une grâce singulière de vous faire donner pour l'amour de Dieu ce dont vous avez besoin. » Frère Egide voulut cependant partir, et il s'en alla hors de Rieti sur une haute montagne au-dessus du château de Deruta[3], et il y trouva une église abandonnée qui s'appelait Saint-Laurent ; il y entra avec son compagnon, et ils y restaient en prières et en nombreuses méditations. Ils n'étaient pas connus ; aussi n'avait-on guère pour eux de respect et de dévotion ; ce pourquoi ils souffraient grande pénurie ; il y eut de surcroît une grande chute de neige, de sorte qu'ils ne purent sortir de leur demeure ; on ne leur envoyait rien pour vivre, et ils n'avaient rien avec eux. Ils restèrent ainsi renfermés trois jours et nuits.

Frère Egide, voyant qu'il ne pouvait vivre de son travail et qu'on ne pouvait aller mendier, dit à son compagnon : « Mon très cher frère, appelons Notre-Seigneur à haute voix, afin que dans sa pitié il nous pourvoie en une telle nécessité et extrémité, car aux temps anciens quelques moines, se

---

1. Le traducteur italien dit : à Rome ; il est vraisemblable que la correction est volontaire, l'auteur ne s'étant pas aperçu que le pape et la curie séjournèrent à Rieti de juin 1225 au début de 1226. L'épisode se place donc pendant cet hiver de 1225-1226, et presque certainement en 1226, puisqu'il va être dit que « le grand carême approchait ».
2. Le cardinal Nicolas Chiaramonte, Cistercien, évêque de Tusculum, mort en 1227 ou en 1228.
3. Près du Tibre, sur le territoire de Pérouse. Le traducteur italien lisait : *diruptum castrum*, un château détruit, au lieu de *Dirutum castrum*.

trouvant en grande nécessité, firent appel à Dieu, et la divine providence les pourvut alors dans leurs besoins. » Et à leur exemple, ils ne cessèrent de prier, priant Dieu avec tout leur amour de porter remède à une telle nécessité. Dieu, qui est la pitié suprême, eut égard à la foi de leur dévotion, à leur simplicité et à leur ferveur ; et ce fut de cette manière.

Un homme[4], regardant du côté de l'église, où étaient frère Egide et son compagnon, se dit en lui-même, inspiré par Dieu : « Peut-être y a-t-il dans cette église quelque bonne personne à faire pénitence ; et, à cause des obstacles qui proviennent de cette neige si abondante, ils n'ont pas le nécessaire et pourraient mourir de faim. » Et poussé par l'Esprit-Saint il dit : « Je veux certes aller voir si ce que j'imagine est vrai ou non. » Il prend quelques pains et un vase de vin et se met en route ; et au prix de très grandes difficultés il parvint à ladite église, où il trouva frère Egide et son compagnon qui étaient très pieusement en prière ; et ils étaient tellement consumés par la faim qu'ils avaient l'aspect de morts plus que de vifs. Il en eut grande compassion et, après les avoir rafraîchis et réconfortés, il s'en retourna et dit à ses voisins en quelle extrémité et nécessité étaient ces frères ; il les poussa à pourvoir à leurs besoins et les en supplia au nom de Dieu. Aussi, beaucoup, à l'exemple de cet homme, leur portèrent-ils du pain et autres choses à manger, pour l'amour de Dieu ; et pour tout ce carême ils décidèrent entre eux qu'ils les pourvoiraient dans leurs besoins.

Frère Egide, considérant la grande miséricorde de Dieu et la charité de ces gens, dit à son compagnon : « Mon très cher frère, jusqu'à présent nous avons prié Dieu de nous pourvoir dans nos besoins, et nous avons été exaucés ; aussi convient-il de lui rendre grâce et gloire, et de prier pour ceux qui nous ont nourris de leurs aumônes et pour tout le peuple chrétien. »

Et Dieu accorda tant de grâce à frère Egide que beaucoup, à son exemple, quittèrent ce monde aveugle, et que beaucoup

---

4. La version de la *Vie* latine, publiée par les Bollandistes, *Acta Sanctorum*, avril, t. III, dit que cet homme s'appelait Benincasa.

d'autres, qui n'étaient pas disposés à devenir des religieux, firent chez eux une très grande pénitence.

A la louange du Christ. Amen.

CHAPITRE 7

DU JOUR DE LA MORT DU SAINT FRÈRE ÉGIDE.

En la vigile de saint Georges, à l'heure de Matines, après cinquante-deux ans de vie religieuse révolus, car c'est en ce même jour[1] qu'il avait reçu l'habit de saint François, l'âme de frère Égide fut reçue par Dieu dans la gloire du paradis : c'est-à-dire en la fête de saint Georges.

A la louange du Christ. Amen.

CHAPITRE 8

COMMENT UN SAINT HOMME, ALORS QU'IL ÉTAIT EN PRIÈRE, VIT L'AME DE FRÈRE ÉGIDE ALLER A LA VIE ÉTERNELLE.

Un saint homme, qui était en prière quand frère Egide passa de cette vie, vit son âme, avec une multitude d'âmes qui sortaient alors du purgatoire[1], monter au ciel, et Jésus-Christ venir à la rencontre de l'âme de frère Egide, et avec une multitude d'anges, et avec toutes ces âmes, s'élever dans une grande mélodie à la gloire du paradis[2].

A la louange du Christ. Amen.

---

1. Correction faite sur le latin : *eodem die*. La version italienne porte : *in calende*, qui n'a guère de sens. — Le texte manque un peu de clarté, mais la *Vie* latine permet de l'expliquer facilement ; l'état de frère Egide s'aggrava dans la nuit du 22 au 23 avril, et il mourut à l'aube du 23 : *nocte illa hora matutinali ingravescente infirmitate...*; voir plus haut, p. 330.

1. Voir le chap. suivant.
2. Sur des visions analogues au moment de la mort de saint François, voir Thomas de Celano (1 C 110, 2 C 218-220), saint Bonaventure, (LM **14** 6) ; ce dernier texte a été interprété notamment dans les fresques XX et XXI du cycle giottesque de la basilique supérieure d'Assise ; on le rencontre aussi dans beaucoup d'autres œuvres d'art.

CHAPITRE 9

COMMENT PAR LES MÉRITES DE FRÈRE ÉGIDE L'AME D'UN AMI D'UN FRÈRE PRÊCHEUR FUT DÉLIVRÉE DES PEINES DU PURGATOIRE.

Comme frère Egide souffrait de la maladie dont il mourut à peu de jours de là, un frère de saint Dominique tomba mortellement malade. Celui-ci avait un ami intime qui était frère, et qui, le voyant approcher de la mort, dit à ce malade : « Mon cher frère, je veux que, si Dieu le permet, tu reviennes à moi après ta mort et tu me dises en quel état tu es. » Le malade promit de revenir, autant que ce serait possible. Frère Egide mourut le même jour.

Après sa mort le frère Prêcheur apparut au vif et lui dit : « La volonté de Dieu fut que j'exécute ma promesse. » Le vif dit au mort : « Qu'en est-il de toi ? » Le mort répondit : « Cela va bien[1], car je suis mort un jour où passa de cette vie un saint frère Mineur qui s'appelait frère Egide, à qui Jésus-Christ a accordé, pour sa grande sainteté, de conduire au saint paradis toutes les âmes qui étaient au purgatoire ; j'étais avec elles en de grands tourments, et par les mérites du saint frère Egide j'en ai été délivré. » Et cela dit, il disparut aussitôt.

Ce frère ne révéla cette vision à personne. Mais ledit frère tomba malade, et soupçonnant aussitôt que Dieu l'avait frappé parce qu'il n'avait pas révélé la vertu et la gloire de frère Egide, il envoya mander les frères Mineurs, et il en vint cinq couples à lui ; et devant eux et les frères Prêcheurs convoqués en même temps, il révéla avec grande dévotion la susdite vision. Et, en cherchant très attentivement, ils trouvèrent qu'ils passèrent de cette vie le même jour.

A la louange du Christ. Amen.

---

1. Le style familier de la réponse mérite d'être souligné ; en italien *Enne bene ;* en latin : *Multum bene.*

CHAPITRE 10

COMMENT DIEU AVAIT DONNÉ DES GRACES A FRÈRE ÉGIDE ET DE L'ANNÉE DE SA MORT.

Le frère Bonaventure de Bagnoreggio[1] disait de frère Egide que Dieu lui avait donné et accordé des grâces spéciales pour tous ceux qui se recommandaient à lui, avec une pieuse intention, dans les choses spirituelles.

Frère Egide fit beaucoup de miracles pendant sa vie et après sa mort, ainsi qu'il résulte de sa légende ; et il passa de cette vie à la gloire d'en haut en l'an du Seigneur 1262[2], le jour de la fête de saint Georges. Il fut enseveli à Pérouse, au couvent des frères Mineurs[3].

A la louange du Christ. Amen.

---

1. Saint Bonaventure, Ministre Général de 1257 à 1274, année de sa mort. Il est cité en raison de l'autorité qui s'attache à ses paroles. Et ceci suffirait à démontrer que la *Vie* de frère Egide a été écrite dans milieu très différent de celui des Spirituels, qui a vu naître les *Fioretti* et où le frère Bonaventure n'était pas en odeur de sainteté ; voir le chap. 48 des *Fioretti* et les notes 1 et 7 de ce chapitre.
2. C'est la date donnée par les manuscrits, tant de la *Vie* latine que de la traduction italienne ; mais si le frère Egide est entré dans l'Ordre le 23 avril 1209, chap. Ier, et s'il y a vécu exactement cinquante-deux ans, chap. VII, éd. citée, p. 293, n. 3, il est évident qu'il faut lire 1261 ; les Pères Franciscains de Quaracchi ont d'ailleurs fait remarquer qu'un manuscrit de la *Vie* latine portait la correction en marge, *Analecta franciscana*, t. III, p. 114, n. 4.
3. Au couvent de San Francesco al Prato, où le corps du bienheureux Egide demeura jusqu'en 1860 ; il fut ensuite transporté, comme l'indique le P. B. Bughetti, dans la chapelle de l'évêché de Pérouse, puis dans la cathédrale, enfin, en 1920, dans la cellule, transformée en chapelle, du couvent de Monteripido, près de Pérouse, où frère Egide passa en ermite une grande partie de sa vie ; sur Monteripido, voir *Fioretti, chap.* 34, et en particulier la n. 2, p. 132 ; *L'Umbria francescana...*, du P. N. Cavanna, citée dans cette note, indique quels sont les souvenirs du bienheureux Egide qui sont aujourd'hui conservés à Monteripido, mais ne fait pas allusion à la présence de son corps, parce que l'édition de *L'Umbria...* est de 1910.

DITS DU BIENHEUREUX EGIDE

N. B. — Le mot *dits* n'est plus très usité, mais il est d'une excellente langue : « Vous savez que ses dits sont remarquables », écrivait par exemple Madame de Sévigné ; latin : *dicta,* ilalien : *detti.*

CHAPITRE PREMIER[1]

DES VICES ET DES VERTUS[2].

La grâce de Dieu et les vertus sont la voie et l'échelle pour monter au ciel ; mais les vices et les péchés sont la voie et l'échelle pour descendre au fond de l'enfer.

Les vices et les péchés sont un poison mortel ; mais les vertus et les bonnes œuvres sont un contre-poison[3].

Une grâce en conduit et en entraîne une autre après elle ; et de même un vice en entraîne un autre après lui.

La grâce ne désire pas d'être louée ; et le vice ne peut souffrir d'être méprisé.

L'esprit trouve son repos et sa quiétude dans l'humilité ; la patience est sa fille. La sainte pureté du cœur voit Dieu, et la vraie dévotion le goûte.

Si tu aimes, tu seras aimé ; si tu crains, tu seras craint ; si tu sers, tu seras servi ; si tu te comportes bien envers les autres, il convient que les autres se comportent bien envers toi. Mais bienheureux est celui qui aime vraiment et ne désire pas être aimé ; bienheureux celui qui craint et ne désire pas être craint ; bienheureux celui qui sert et ne désire pas être servi ; bienheureux celui qui se comporte bien envers les

1. Comme je l'ai indiqué dans *l'Introduction*, p. 31, j'ai fait ma traduction sur la collection italienne, qui est moins ample et souvent moins correcte que la collection latine. Je signalerai en note, sous la rubrique *Dicta*, les chapitres omis et les variantes importantes. — *Dicta* : le chapitre Ier est précédé d'une préface, où sont exposées les raisons qui ont conduit l'auteur à rédiger son recueil, et qui sont « la gloire et l'honneur de Dieu tout-puissant et l'utilité du prochain ».
2. *Dicta* : Des vertus et des grâces et de leurs effets, et vice-versa des vices.
3. *Dicta : theriaca ;* la thériaque était surtout employée contre les morsures des serpents venimeux ; et il est fort possible que frère Egide se serve de ce mot, en faisant allusion aux morsures du démon, symbolisé par le serpent.

autres et ne désire pas que les autres se comportent bien envers lui. Mais parce que ce sont là choses sublimes et de grande perfection, les insensés ne peuvent ni les atteindre ni les conquérir.

Il y a trois choses qui sont sublimes et très utiles : qui les aurait acquises ne pourrait jamais faillir. La première est de pouvoir supporter volontiers et dans l'allégresse toute tribulation qui t'advient, pour l'amour de Jésus-Christ. La seconde est de pouvoir t'humilier chaque jour davantage en tout ce que tu fais et en tout ce que tu reçois. La troisième est de pouvoir aimer fidèlement et de tout ton cœur ce Bien suprême, céleste et invisible, que l'on ne saurait voir avec les yeux du corps.

Ces choses qui sont les plus méprisées et les plus décriées par les hommes du monde, sont vraiment les mieux acceptées, les plus honorées et les mieux reçues par Dieu et ses saints ; et ces choses qui sont les plus aimées et les plus honorées par les hommes du monde et qui leur plaisent le plus, sont les plus méprisées, les plus décriées et les plus haïes par Dieu et ses saints. Cet affreux désaccord provient de l'ignorance et de la malice humaines, parce que l'homme misérable aime ces choses qu'il devrait avoir en haine, et a en haine ces choses qu'il devrait aimer.

Frère Egide interrogea une fois un autre frère en lui disant : « Dis-moi, très cher, as-tu une bonne âme ? » Le frère répondit : « Mon père[4], cela je ne le sais pas. » Frère Egide dit alors : « Mon frère, je veux que tu saches que la sainte contrition, la sainte humilité, la sainte charité, la sainte dévotion et la sainte joie rendent l'âme bonne et bienheureuse. »

CHAPITRE 2

DE LA FOI[1].

Toutes ces choses que l'on peut penser avec le cœur ou dire avec la langue ou voir avec les yeux ou palper avec les

4. *Dicta :* Mon frère.

1. *Dicta :* De la foi et de l'incompréhensibilité de Dieu.

mains[2], toutes ne sont presque rien en regard et en comparaison des choses que l'on ne peut ni penser ni voir ni toucher.

Tous les saints et les savants qui ont passé, tous ceux qui sont présents en cette vie et tous ceux qui viendront après nous, qui ont parlé ou écrit, qui parleront ou écriront de Dieu, n'ont jamais dit et jamais ne pourront dire de Dieu ce que serait un grain de mil[3] en regard et en comparaison du ciel et de la terre, et même mille fois moins. Car toute l'Écriture qui parle de Dieu en parle presque en balbutiant, comme fait la mère qui balbutie avec son fils, qui ne pourrait comprendre ses paroles si elle parlait d'une autre manière.

Frère Egide dit une fois à un juge séculier : « Crois-tu que les dons de Dieu soient grands ? » Le juge répondit : « Je le crois. » Frère Egide lui dit : « Je veux te montrer que tu ne le crois pas sincèrement. » Et il lui dit : « Combien vaut ce que tu possèdes en ce monde ? » Le juge répondit : « Cela vaut peut-être mille livres. » Alors frère Egide dit : « Donnerais-tu tout ce que tu possèdes pour dix mille livres ? » Le juge répondit sans hésitation : « Certes, je le donnerais très volontiers. » Et frère Egide : « C'est une chose certaine que tous les biens et toutes les richesses du monde ne sont rien en regard des choses du ciel ; pourquoi donc ne donnes-tu pas au Christ tous tes biens de la terre, pour pouvoir acheter les biens éternels du ciel ? » Alors, le juge, sage de la science insensée du monde, répondit à frère Égide, ignorant simple et pur, plein de la sage folie divine, en disant : « Crois-tu, frère Egide, qu'il y ait aucun homme qui, dans ses œuvres extérieures, agisse à tel point d'accord avec ce qu'il croit dans sa conviction intime ? » Et frère Egide répondit : « Vois, mon très cher, c'est une chose certaine que tous les saints se sont efforcés d'accomplir effectivement par leurs œuvres tout ce qu'ils

2. Les mots : « avec le cœur,... avec la langue, ... avec les yeux, ...avec les mains », ne figurent pas dans les *Dicta ;* ils ont été ajoutés par le traducteur italien, et son initiative n'est pas heureuse ; « presque » est aussi de sa fabrication ; il lui a fallu deux mots : « *rispetto e comparazione* » pour traduire le seul « *respectu* » du latin. C'est du mauvais délayage. Les exemples analogues sont malheureusement fréquents. Je n'y reviendrai qu'exceptionnellement.

3. *Dicta :* la piqûre d'une aiguille.

pouvaient et savaient comprendre, selon leur possibilité ; et toutes ces choses qu'ils ne pouvaient accomplir effectivement par leurs œuvres, ils les accomplissaient par les saints désirs de leur volonté, de telle sorte qu'ils suppléaient par le désir de l'âme aux imperfections provenant de l'impossibilité d'exécuter les œuvres, et qu'ainsi ils y satisfaisaient. »

Frère Egide disait encore : S'il se trouvait quelque homme qui eût une foi parfaite, il en viendrait en peu de temps à un état de perfection, qui lui donnerait la pleine certitude de son salut. L'homme qui attend avec une foi ferme ce bien éternel, suprême et sublime, quel dommage ou quel mal pourrait lui faire quelque adversité temporelle dans cette vie présente ? Et l'homme misérable qui attend le mal éternel, quel bien pourrait lui faire quelque prospérité ou bien temporel en ce monde ?

Mais cependant l'homme, combien qu'il soit pêcheur, ne doit pas pour cela désespérer, tant qu'il vit, de la miséricorde infinie de Dieu ; car il n'est pas au monde d'arbre si épineux, si noueux, si raboteux, que les hommes ne puissent l'aplanir, le polir, l'orner, le rendre beau ; et de même il n'est pas en ce monde d'homme si inique et si pécheur que Dieu ne puisse le convertir et l'orner de grâces singulières et de beaucoup de vertus.

CHAPITRE 3[1]

DE LA SAINTE HUMILITÉ.

Personne ne peut parvenir à une véritable idée et connaissance de Dieu, si ce n'est par la vertu de l'humilité ; car le droit chemin pour monter est celui de descendre.

Tous les périls et les grandes chutes qui sont survenus en ce monde n'ont eu d'autre cause que la tête portée haut,

1. Chapitre 4 des *Dicta*, où se place ici un chapitre omis par le traducteur italien : De la Charité. Frère Egide dit : « L'amour est supérieur à toutes les autres vertus » ; puis il explique, par des exemples concrets, ce qu'il faut entendre par le véritable amour, la véritable charité.

c'est-à-dire la superbe de l'esprit[2] ; et la preuve en est dans la chute de ce Lucifer qui fut chassé du ciel et dans la chute de notre père Adam qui fut chassé du paradis pour avoir levé la tête, c'est-à-dire pour sa désobéissance ; et encore dans le Pharisien dont parle le Christ dans l'Evangile[3], et en beaucoup d'autres exemples. Et de même pour le contraire : c'est-à-dire parce que tous les grands biens qui sont jamais arrivés dans le monde sont tous provenus de l'abaissement de la tête, c'est-à-dire de l'humiliation de l'esprit, comme la preuve en est dans la très humble Vierge Marie, dans le publicain, dans le saint larron sur la croix, et en beaucoup d'autres exemples de l'Ecriture. Aussi serait-il bon que nous puissions trouver quelque poids, grand et lourd, que nous nous tenions continuellement attaché au cou, afin que toujours il nous tire en bas, c'est-à-dire qu'il nous fasse toujours nous humilier.

Un frère demanda à frère Egide : « Dis-moi, père, de quelle façon pourrons-nous fuir cet orgueil ? » Frère Egide lui répondit : « Mon frère, désespère d'y réussir, c'est-à-dire n'espère jamais pouvoir fuir l'orgueil, si d'abord tu ne poses la bouche où tu tiens les pieds. Mais si tu considères bien les bienfaits de Dieu, alors tu reconnaîtras que par devoir tu es obligé de baisser la tête. Et encore si tu penses bien à tes péchés et aux nombreuses offenses que tu as faites à Dieu, tu auras en tout et par tout motif à t'humilier. Mais malheur à celui qui veut être honoré pour sa malice ! »

Un degré d'humilité se trouve en celui qui reconnaît qu'il est lui-même l'adversaire de son propre bien. Un degré d'humilité est de rendre le bien d'autrui à celui à qui il appartient et de ne pas se l'approprier à soi-même ; c'est-à-dire que tout bien et toute vertu que l'homme trouve en lui-même il ne doit pas se les approprier, mais seulement les rendre à Dieu, de qui procèdent toutes les grâces, toutes les vertus et tous les biens ; mais tous les péchés et toutes les passions de l'âme et tous les vices que l'homme trouve en lui-même, il doit se les approprier, en considérant qu'ils procèdent de lui-même et de sa propre malice et non d'autrui.

2. Cf. 1 Jn **2** 16. : *superbia vitæ.*
3. Lc **18** 9-14.

Bienheureux cet homme qui se connaît et qui s'estime vil devant Dieu, comme aussi devant les hommes ! Bienheureux celui qui se juge et se condamne toujours, lui-même et non pas les autres, car il ne sera pas jugé en ce terrible et dernier jugement éternel ! Bienheureux celui qui marche fidèlement sous le joug de l'obéissance et sous le jugement d'autrui, comme le firent les saints Apôtres, avant d'avoir reçu l'Esprit-Saint et après !

Frère Egide disait encore : Celui qui veut acquérir et posséder la paix parfaite et le repos, il convient qu'il tienne tout homme pour son supérieur, et il convient qu'il se considère toujours comme le sujet et l'inférieur de tous. Bienheureux cet homme qui ne veut être ni vu ni connu dans ses mœurs et dans ses paroles, si ce n'est en cette pure disposition et en ces simples ornements dont Dieu l'a orné et paré ! Bienheureux cet homme qui sait conserver et cacher les révélations et consolations divines, car il n'est aucune chose tellement secrète que Dieu ne la révèle quand il lui plaît !

Si un homme était l'homme le plus parfait et le plus saint du monde, et qu'il s'estimât et se crût être le pécheur le plus misérable et l'homme le plus vil du monde, la vraie humilité serait en lui.

La sainte humilité ne sait pas discourir, et la bienheureuse crainte de Dieu n'ose pas parler.

Frère Egide disait : Il me semble que l'humilité est semblable à la foudre du tonnerre ; car, comme la foudre frappe terriblement, brisant, fracassant et brûlant tout ce qu'elle atteint, et que de cette foudre il ne se retrouve plus rien, ainsi, semblablement, l'humilité frappe, dissipe, brûle et consume toute malice, tout vice et tout péché, et cet homme qui possède l'humilité trouve ensuite qu'il n'y a rien en lui-même[4].

---

4. La phrase italienne n'est pas très claire ; il semble bien que le traducteur ait voulu dire qu'on ne trouve pas plus trace de l'humilité que de la foudre, après que l'une comme l'autre ont accompli leur œuvre. *Dicta : humilitas... facit hominem se ipsum nihil reputare,* ce qui est sensiblement différent.

Par l'humilité, l'homme trouve grâce auprès de Dieu et paix parfaite avec son prochain[5].

CHAPITRE 4

DE LA SAINTE CRAINTE DE DIEU[1]

Celui qui ne craint pas montre qu'il n'a rien à perdre.

La sainte crainte de Dieu met en ordre, gouverne et dirige l'âme et la fait venir en grâce.

Si quelqu'un possède quelque grâce ou vertu divine, c'est la sainte crainte qui la conserve ; et qui n'aurait encore acquis ni vertu ni grâce, la sainte crainte les lui fait acquérir. La sainte crainte de Dieu est un conducteur des grâces divines ; car elle fait bientôt parvenir aux saintes vertus et aux grâces divines l'âme où elle habite. Toutes les créatures douées de raison qui tombèrent jamais dans le péché n'y seraient jamais tombées si elles avaient eu la sainte crainte de Dieu. Mais ce saint don de la crainte n'est donné qu'aux parfaits ; car plus l'homme est parfait, plus il est plein de crainte et d'humilité.

Bienheureux cet homme qui reconnaît qu'en ce monde il est dans une prison, et qui se souvient toujours combien il a gravement offensé son Seigneur !

L'homme devrait beaucoup craindre l'orgueil, et qu'il ne le pousse et ne le fasse choir de l'état de grâce dans lequel il se trouve ; car l'homme, se trouvant au milieu de ses enne-

---

5. Il y a ici dans les *Dicta* un paragraphe omis par le traducteur, où frère Egide dit que de même qu'un roi ne met pas sa fille sur un cheval vicieux, mais sur une bête paisible, Dieu ne fait pas descendre sa grâce sur les orgueilleux, mais sur les humbles : au premier cas, la fille tomberait, d'une part, et, de l'autre, la grâce, fille de Dieu, ne demeurerait pas dans l'âme ; elle tomberait elle aussi. La comparaison est exprimée d'une manière un peu subtile.

1. Le premier paragraphe de ce chapitre des *Dicta* a été omis ici : la crainte de Dieu chasse les autres craintes ; elle est le plus précieux des dons, mais il n'est pas accordé à tous.

mis, ne peut jamais être en sécurité. Nos ennemis sont les leurres de ce monde misérable et notre propre chair, qui avec les démons est toujours l'ennemie de l'âme.

L'homme doit avoir une plus grande crainte d'être vaincu et trompé par sa malice, que de tout autre ennemi.

C'est chose impossible que, sans la sainte crainte, l'homme puisse s'élever à quelque grâce ou vertu divine, ni y persévérer.

Qui n'a pas la crainte de Dieu va en péril de péril, et plus encore d'être complètement perdu.

La crainte de Dieu fait l'homme obéir humblement et lui fait baisser la tête sous le joug de l'obéissance ; et plus l'homme possède de crainte, plus il prie avec ferveur. Ce n'est pas un petit don que celui de la prière, pour celui à qui il est donné.

Les œuvres vertueuses des hommes, encore qu'elles nous paraissent grandes, ne sont pourtant ni comptées, ni rémunérées suivant notre estimation, mais selon l'estimation et le bon plaisir de Dieu[2] ; car Dieu ne regarde pas à la quantité du travail, mais à la quantité de l'amour et de l'humilité : et pour cela, notre plus sûr parti est de toujours aimer et craindre avec humilité, et de ne jamais nous fier à nous-mêmes pour aucun bien, en suspectant toujours les pensées qui naissent dans notre esprit sous les apparences du bien.

CHAPITRE 5

DE LA SAINTE PATIENCE.

Celui qui, avec une patience ferme et humble, souffre et supporte les tribulations pour le fervent amour de Dieu, viendra bientôt en grandes grâces et vertus, sera le seigneur de ce monde et recevra le gage de l'autre glorieux.

2. Ce qui va suivre n'est qu'un délayage de cette phrase brève des *Dicta* : *Et ideo semper nobis est timendum.*

Toute chose que l'homme fait, ou bien, ou mal, il la fait à lui-même ; aussi ne te scandalise pas si quelqu'un te fait tort, mais tu dois avoir une humble patience, et tu dois seulement t'affliger de son péché, avoir pitié de lui et prier Dieu pour lui[1].

Autant l'homme est fort pour supporter et souffrir patiemment les injustices et les tribulations pour l'amour de Dieu, autant, mais pas plus, il est grand auprès de Dieu ; et autant l'homme est faible pour supporter les douleurs et les adversités pour l'amour de Dieu, autant il est petit auprès de Dieu.

Si quelque homme te loue en disant du bien de toi, rends ces louanges à Dieu seul ; et si quelqu'un dit de toi du mal ou des paroles outrageantes, aide-le, en disant de toi-même autant de mal et encore pis.

Si tu veux faire ta part bonne, efforce-toi toujours de la faire mauvaise, et fais bonne celle de ton compagnon, en t'accusant toujours toi-même et en louant toujours ou bien en excusant le prochain.

Lorsque quelqu'un veut élever une contestation ou un litige avec toi, si tu veux vaincre, perds et tu vaincras ; car si tu voulais discuter pour vaincre, quand tu croirais avoir vaincu, tu te trouverais alors avoir grandement perdu. Et par suite, mon frère, tiens pour certain que la voie directe du salut est la voie de la perte. Mais quand nous ne supportons pas bien les tribulations, alors nous ne pouvons pas bien rechercher les consolations spirituelles.

C'est une perfection plus grande et une œuvre plus méritoire de supporter avec patience les injustices et les reproches, sans murmurer, pour l'amour de Dieu, que de nourrir cent pauvres et de jeûner continuellement tous les jours.

Mais de quelle utilité est-il à l'homme et à quoi lui sert-il de se mépriser lui-même et d'infliger beaucoup de tribulations à son corps, avec de grands jeûnes, veilles et disciplines, s'il

1. Paragraphe omis des *Dicta* : « Supporte avec patience les torts que l'on te fait, pour Dieu, pour le prochain, pour toi-même. »

ne peut supporter une petite injustice de son prochain ? De cela l'homme recevra une récompense et un mérite beaucoup plus grands, que de toutes les afflictions qu'il peut se donner de sa propre volonté ; car à supporter les reproches et les injustices de son prochain avec une humble patience, sans murmurer, il se purifie bien plus vite de ses péchés qu'il ne le ferait par une fontaine de larmes.

Bienheureux cet homme qui tient toujours devant les yeux de son esprit le souvenir de ses péchés et les bienfaits de Dieu ; car il supportera avec patience toutes les tribulations et toutes les adversités, dont il attend de grandes consolations.

L'homme qui est vraiment humble ne désire ni n'attend de Dieu ni mérite ni récompense, mais il s'efforce seulement toujours de pouvoir le satisfaire en toutes choses, en reconnaissant qu'il est son débiteur ; et tous les biens qu'il a, il reconnaît qu'il les a seulement par la bonté de Dieu et non par quelqu'un de ses mérites ; et toutes les adversités qu'il a, il reconnaît vraiment qu'il les a pour ses péchés[2].

Un frère interrogea frère Egide en lui disant : « Père, si en notre temps, il survenait de grandes adversités ou tribulations, que devrions-nous faire en cette occurrence ? » Frère Egide lui répondit en disant : « Mon frère, je veux que tu saches que si le Seigneur faisait pleuvoir du ciel des pierres et des orages, ils ne pourraient nous nuire ni nous causer aucun dommage, si nous étions des hommes tels que nous devrions être ; car si l'homme était vraiment ce qu'il doit être, tous les maux et toutes les tribulations se changeraient pour lui en biens, « car nous savons, dit l'Apôtre, que pour ceux qui aiment Dieu, toute chose se change en bien[3] » ; et ainsi, semblablement, pour l'homme qui a la volonté mauvaise, tous les biens se changent pour lui en mal et en condamnation. »

Si tu veux te sauver et aller à la gloire du ciel, il ne faut jamais désirer vengeance ni justice d'aucune créature ; car

2. Ici se place un paragraphe des *Dicta* omis par le traducteur : l'homme est toujours l'ennemi de son propre bonheur, même s'il a accompli tout le bien réalisable.
3. Rm 8 28.

le partage des saints est de faire toujours le bien et de recevoir toujours le mal.

Si tu connaissais vraiment comment et combien gravement tu as offensé ton Créateur, tu reconnaîtrais que c'est une chose convenable et juste que toutes les créatures doivent te persécuter et t'infliger peines et tribulations, pour que ces créatures tirent vengeance des nombreuses offenses que tu as faites à leur Créateur.

C'est une très grande vertu pour l'homme de se vaincre lui-même ; car celui qui se vainc lui-même vaincra tous ses ennemis et parviendra à tous les biens. Ce serait encore une beaucoup plus grande vertu que l'homme se laissât vaincre par tous les hommes ; car il serait alors le maître de tous ses ennemis, c'est-à-dire des vices, des démons, du monde et de sa propre chair.

Si tu veux te sauver, renonce à toutes les consolations que pourraient te donner toutes les choses du monde et toutes les créatures mortelles, et méprise ces consolations ; car plus grandes et plus fréquentes sont les chutes qui proviennent des prospérités et des consolations que ne le sont celles qui proviennent des adversités et des tribulations[4].

Un religieux murmurait une fois contre son supérieur devant frère Egide, à cause d'un ordre pénible et dur qu'il lui avait donné au nom de l'obéissance. Frère Egide lui dit : « Mon très cher, plus tu murmureras, plus tu augmenteras ton fardeau et plus il te sera lourd à porter ; et d'autant plus humblement et plus dévotement tu mettras ta tête sous le joug de la sainte obéissance, d'autant plus léger et plus suave il te sera de porter cette obligation d'obéir. Mais il me semble que tu ne veux pas être méprisé en ce monde pour l'amour du Christ et que tu veux être honoré en l'autre avec le Christ ; tu ne veux pas en ce monde être persécuté et maudit pour le

4. Ici se placent dans les *Dicta* deux paragraphes, dont le premier, la comparaison avec le cheval, va se retrouver dans la réponse qui suit, faite à un religieux, et dont le second a été omis : l'homme devrait, en souvenir de la Passion du Christ, encourager les autres à le frapper et à le maltraiter, et même les récompenser pour ce service.

Christ, et tu veux en l'autre monde être béni et reçu par le Christ ; tu ne voudrais pas te fatiguer en ce monde, et tu voudrais être dans la quiétude et te reposer en l'autre. Je te dis : frère, frère, tu t'es cruellement trompé; car c'est par la voie de l'avilissement, des hontes et des reproches que l'homme parvient au véritable honneur du ciel ; et c'est en supportant les dérisions et les malédictions patiemment pour l'amour du Christ que l'homme parvient à la gloire du Christ. Aussi, dit-il, bien vrai un proverbe du monde qui dit : « Qui ne donne pas de ce qui lui coûte, ne reçoit pas ce qu'il désire[5]. » C'est une noble nature que celle du cheval, car, encore que le cheval coure rapidement, il se laisse cependant diriger, guider, tourner, en haut et en bas, en avant et en arrière, selon la volonté du cavalier ; et ainsi doit faire de même le serviteur du Christ, c'est-à-dire qu'il doit se laisser diriger, guider, tordre et plier selon la volonté de son supérieur et même de toute autre personne, pour l'amour du Christ. Si tu veux être parfait, efforce-toi avec soin d'être obligeant et vertueux, et combats vaillamment contre les vices, en soutenant patiemment toutes les adversités, tribulations et hontes, mépris, reproches et afflictions, avec humilité, par amour pour ton Seigneur tourmenté, affligé, injurié, frappé, crucifié et mort par amour pour toi, non pour sa faute, ni pour sa gloire, ni pour son utilité, mais seulement pour ton salut. Et pour faire ce que je t'ai dit, il faut enfin que tu te vainques toi-même ; car il vaut peu pour l'homme de conduire et d'attirer les âmes à Dieu, s'il ne commence par se vaincre et par s'y conduire et attirer lui-même[6]. »

---

5. La forme proverbiale est, à cause de la rime, beaucoup plus nette en italien : *Chi non dà di quello che gli duole, non riceve quello che vuole.*

6. Cette réponse de frère Egide au religieux qui murmurait a été très remaniée par le traducteur italien. Il a notamment omis un paragraphe fort pittoresque où frère Egide s'en prend à sainte Marthe, par allusion à Luc, 10 40 : « Ne t'étonne pas si tu es maintes fois en butte aux offenses d'autrui, car Marthe même, qui cependant était une sainte, voulait exciter Notre-Seigneur contre sa sœur selon la chair. Néanmoins c'était à tort que Marthe murmurait contre Marie... »

CHAPITRE 6

DE L'OISIVETÉ[1].

L'homme qui reste oisif perd ce monde et l'autre ; car il ne produit aucun fruit en lui-même et il n'est d'aucune utilité pour les autres.

C'est une chose impossible que l'homme puisse acquérir les vertus sans application et sans grand travail.

Quand tu peux rester en lieu sûr, ne reste jamais en lieu de péril : celui-là reste en lieu sûr qui s'applique, se tourmente, agit et travaille selon Dieu et pour Dieu, non par crainte d'un châtiment, ni pour une récompense, mais pour Dieu[2].

L'homme qui refuse de se tourmenter et de se fatiguer pour le Christ, refuse vraiment la gloire du Christ.

De même que l'application nous est utile et nous sert, de même la négligence nous est toujours nuisible. Et de même que l'oisiveté vicieuse est le chemin pour aller en enfer, de même la sainte application est le chemin pour aller au ciel[3].

L'homme devrait s'appliquer beaucoup à acquérir et à conserver les vertus et la grâce de Dieu, en travaillant toujours fidèlement avec cette grâce et ces vertus ; car il arrive souvent à l'homme qui ne travaille pas fidèlement, de perdre le fruit pour les feuilles, ou bien le grain pour la paille.

A l'un Dieu accorde le fruit avec peu de feuilles ; à l'autre il donne en même temps le fruit et les feuilles ; et il y en a d'autres qui n'ont ni fruits ni feuilles.

Il me semble que c'est une plus grande chose de savoir bien garder et conserver avec discrétion les biens et les grâces

1. *Dicta :* De la sainte sollicitude et de la vigilance du cœur.
2. Signalons, en passant, cet autre exemple typique de délayage. Le texte des *Dicta* tient en quelques mots : *Ille est in securo qui laborat pro Deo et pro æterno regno.*
3. La traduction italienne n'est guère fidèle. On lit notamment dans les *Dicta :* « De même que l'oisiveté vicieuse est le chemin pour aller en enfer, de même il y a une sainte oisiveté, une quiétude spirituelle, qui est le chemin pour aller au ciel. »

donnés par le Seigneur que de savoir les acquérir ; car, encore que l'homme sache bien gagner, s'il ne sait pas épargner et conserver, il ne sera jamais riche ; mais quelques-uns gagnent les biens peu à peu et s'enrichissent, parce qu'ils conservent bien leurs gains et leur trésor. Oh ! Quelle quantité d'eau aurait recueillie le Tibre, s'il ne s'en échappait d'aucun côté !

L'homme demande à Dieu un don infini, qui est sans mesure et sans fin, et il ne veut aimer Dieu qu'avec mesure et avec fin. Qui veut être aimé de Dieu et recevoir de lui un mérite infini, excessif et démesuré, doit aimer Dieu avec excès et démesurément, et le servir toujours et sans fin[4].

Bienheureux celui qui aime Dieu de tout son cœur et de toute son âme, et qui afflige toujours son corps et son âme[5] pour l'amour de Dieu, n'attendant de Dieu, ni d'aucune créature, ni récompense, ni mérite, mais seulement parce qu'il reconnaît que c'est là une dette pour lui !

Si un homme était très pauvre et besogneux et qu'un autre homme lui dise : « Je veux te prêter une chose très précieuse pour un espace de trois jours, et sache que si tu emploies bien cette chose pendant ce délai de trois jours, tu gagneras un trésor infini, à pouvoir être riche pour toujours », il est certain que ce pauvre homme s'appliquerait beaucoup à bien travailler et s'efforcerait diligemment de bien faire fructifier[6] cette chose si précieuse. Et je te dis que de même la chose qui nous est prêtée de la main de Dieu est notre corps, que ce Dieu bon nous a prêtée pour trois jours, car toute notre durée et toutes nos années peuvent être comparées à trois jours. Donc, si tu veux être riche et jouir éternellement de la douceur divine, efforce-toi de bien mettre en œuvre et de

4. Deux paragraphes des *Dicta* sont ici omis. Frère Egide y dit que c'est par sa négligence que l'homme laisse échapper la perfection ; et, à un frère qui voulait aller à Rome, il donne le conseil de ne pas se laisser séduire par tout ce qu'il verra et d'apprendre à « distinguer la bonne monnaie de la fausse », c'est-à-dire des pièges de « l'ennemi ».

5. *Dicta : ... exfructat corpus suum*, ce qui n'a pas précisément le même sens ! Voir la note 6. Le traducteur italien ne semble pas avoir remarqué que ce paragraphe se reliait au suivant.

6. Cette fois, le latin *exfructare* est bien traduit.

bien faire fructifier cette chose prêtée de la main de Dieu, c'est-à-dire ton corps, en cet espace de trois jours, c'est-à-dire pendant le bref temps de ta vie ; car si tu ne t'appliques pas à gagner dans cette vie présente, tant que tu en as le temps, tu ne pourras pas jouir ensuite des richesses éternelles, et tu ne pourras pas te reposer saintement et éternellement en cette quiétude céleste.

Mais si tous les biens du monde appartenaient à une seule personne qui ne les travaillerait pas et ne les ferait pas travailler par les autres, quel fruit ou quelle utilité tirerait-elle de ces choses ? Il est certain qu'elle n'en aurait ni aucun fruit, ni aucune utilité. Mais il pourrait se faire qu'un homme eût peu de biens et qu'en les bien travaillant, il en tirât une grande utilité pour lui et pour les autres, et qu'il eût beaucoup de fruit et du bien en abondance[7].

Un proverbe du monde[8] dit : « Ne mets jamais ta marmite vide au feu en comptant sur ton voisin[9] » ; et ainsi de même Dieu ne veut pas qu'une grâce demeure inutilisée, car ce Dieu bon ne donne jamais aucune grâce à l'homme pour qu'il la garde, mais il la lui donne pour qu'il s'en serve pour accomplir des bonnes œuvres ; car la bonne volonté ne le satisfait pas si l'homme ne s'efforce de s'en servir et d'accomplir des œuvres saintes.

Un vagabond dit une fois à frère Egide : « Père, je te supplie de me donner quelque consolation. » Frère Egide lui répondit :

---

7. Paragraphe des *Dicta* omis ici, mais que l'on retrouvera plus loin sous une forme assez différente : « Pour faire le mal, on n'a pas besoin de conseils, mais quand on veut faire quelque bien, il est indispensable de demander conseil à beaucoup. »

8. Latin : *commune*, et dans quelques manuscrits : *ironicum*.

9. *Sotto speranza del tuo vicino*. Mais il n'est pas certain que ce soit le vrai texte du proverbe. On trouve en effet dans le latin deux versions : *ad spem tui vicini* et *ad sepem tui vicini* ; il est évident que le traducteur italien lisait la première, et le P. B. Bughetti, éd. cit., p. 311, n. 1, pense qu'elle est à préférer parce qu'elle s'accorde mieux avec le contexte. Je ne suis pas très convaincu. La version *ad sepem* : ne mets pas ta marmite au feu près de la haie de ton voisin, est plus concrète, donc plus populaire, et le véritable sens, qui seul importe, est le même dans les deux cas : en comptant sur ton voisin pour s'en occuper.

« Mon frère, efforce-toi de rester bien avec Dieu et tu auras immédiatement la consolation dont tu as besoin ; car si l'homme ne prépare pas dans son âme une habitation propre, dans laquelle Dieu puisse habiter et reposer, il ne trouvera jamais dans les créatures ni logis, ni repos, ni consolation vraie. »

Quand un homme veut faire le mal, il ne demande jamais beaucoup de conseils pour le faire ; mais pour faire le bien, il cherche de nombreux conseils, en faisant de longs retards.

Frère Egide disait une fois à ses compagnons : « Mes frères, il me semble qu'aujourd'hui il n'y a plus personne qui veuille faire ces choses dont il voit qu'elles sont les plus utiles non seulement à l'âme, mais même au corps. Croyez-moi, mes frères, je pourrais jurer en vérité que plus l'homme fuit et évite le joug du Christ, plus il se le rend lourd à lui-même, et plus il le sent peser davantage ; et plus l'homme le prend avec ardeur en ajoutant toujours à son poids volontairement, plus il le sent léger et suave à porter. Plût à Dieu que l'homme fasse et se procure en ce monde les biens de son corps, car il ferait encore ceux de son âme, puisque le corps et l'âme doivent, sans aucun doute, se réunir ensemble pour souffrir toujours ou toujours jouir, c'est-à-dire soit pour souffrir éternellement dans l'enfer des peines et des tourments inimaginables, soit pour jouir perpétuellement, par les mérites des bonnes œuvres, avec les anges et les saints au paradis, de joies et de consolations inexplicables et ineffables. »

Un frère parla ainsi à frère Egide : « Père, il me semble que nous ne savons pas encore connaître nos biens. » Frère Égide lui répondit : « Mon frère, il est certain que chacun exerce l'art qu'il a appris, car personne ne peut bien travailler s'il ne commence par apprendre ; aussi je veux que tu saches, mon frère, que l'art le plus noble qui soit au monde est de travailler à faire le bien ; et qui pourrait connaître cet art, s'il ne commence par l'apprendre[10] ? ».

---

10. Ce paragraphe et le précédent ont été assez mal remaniés par le traducteur italien. Par exemple, la phrase banale : «... chacun exerce l'art qu'il a appris... » remplace ce qui suit : « Les peaussiers se connaissent en peaux, les cordonniers en chaussures, les forgerons en fer,

Bienheureux cet homme qu'aucune chose créée ne peut mal édifier, mais plus heureux encore celui qui reçoit pour lui-même une bonne édification de tout ce qu'il voit et de tout ce qu'il entend !

CHAPITRE 7

DU MÉPRIS DES CHOSES TEMPORELLES[1].

Il aura bien des douleurs et bien des dommages cet homme misérable, qui met son cœur, ses désirs et son espérance dans les choses de la terre, pour lesquelles il délaisse et perd les richesses du ciel, et perdra même encore finalement celles de la terre.

L'aigle vole très haut, mais s'il avait un poids attaché à ses ailes[2] il ne pourrait voler en haut ; et de même l'homme, par le poids des choses de la terre, ne peut voler en haut, c'est-à-dire qu'il ne peut arriver à la perfection. Mais l'homme sage qui attacherait le poids de la pensée de la mort et du jugement éternel aux ailes de son cœur, ne pourrait dans sa grande crainte ni courir ni voler à travers les vanités et les richesses de ce monde, en considérant qu'elles sont une cause de damnation.

Nous voyons tous les jours des hommes travailler et se fatiguer beaucoup et s'exposer à de grands périls corporels pour acquérir ces richesses trompeuses ; et après qu'ils auront beaucoup travaillé et acquis, en un instant ils mourront et

---

et ainsi des autres arts... Crois-tu que les grands seigneurs accordent leurs faveurs aux sots et aux insensés ? Ils ne les leur donnent pas. » Pour une fois que le traducteur italien a abrégé au lieu de délayer, il n'a vraiment pas eu de chance ! — Avant le dernier paragraphe du chapitre, on lit dans les *Dicta :* « De même que les bonnes œuvres sont un chemin qui conduit à toute espèce de biens, de même les œuvres mauvaises sont un chemin qui conduit à toute espèce de maux. »

1. *Dicta :* Du mépris du monde.
2. *Dicta :* « ...si on lui attachait aux ailes une des poutres de l'église Saint-Pierre [de Rome]. » La correction du traducteur italien n'est pas heureuse !

quitteront ce qu'ils ont acquis pendant leur vie ; il n'y a donc pas à se fier à ce monde fallacieux, qui trompe tous les hommes qui y croient, parce qu'il est menteur. Mais que celui qui désire et veut être grand et très riche, recherche et aime les richesses et les biens éternels, qui rassasient toujours et jamais ne dégoûtent et jamais ne s'évanouissent[3].

Si nous ne voulons pas nous tromper, prenons exemple sur les bêtes et sur les oiseaux qui, quand ils sont rassasiés, se trouvent satisfaits et qui ne cherchent leur vie que d'heure en heure, lorsqu'il le faut ; et de même l'homme devrait être satisfait d'avoir seulement ce qui lui est nécessaire, avec mesure et sans superflu[4].

Frère Egide disait que les fourmis ne plaisaient pas à saint François comme les autres animaux, à cause du grand soin qu'elles apportent à rassembler et à mettre de côté des réserves de grain au temps de l'été, pour l'hiver ; mais il disait que les oiseaux lui plaisaient beaucoup plus parce qu'ils ne mettent rien de côté d'un jour pour l'autre[5]. Mais la fourmi nous donne cet exemple que nous ne devons pas rester oisifs au temps de l'été de cette vie présente, pour que nous ne nous trouvions pas dépourvus et sans fruit dans l'hiver du dernier jugement.

CHAPITRE 8

DE LA SAINTE CHASTETÉ.

Notre misérable et fragile chair humaine est semblable au porc, car le porc se délecte toujours de s'étendre et de se vautrer dans la fange, tenant la fange pour sa grande délectation.

3. Ici un paragraphe des *Dicta* est omis. Frère Egide compare l'avare à une taupe, qui ne connaît d'autre trésor et d'autre bien que de creuser la terre pour s'y cacher.
4. Ici encore une omission, dont voici l'essentiel. *Dicta :* Le corps a été fait pour l'âme et ce monde pour un autre monde. Ce monde est tel que celui qui en posséderait la plus grande partie aurait encore un mauvais lot.
5. *Dicta :* « *...quia non congregant in horrea sua,* parce qu'ils n'amassent rien dans leurs greniers », ce qui est une citation textuelle de Mt **6** 26.

Notre chair est le chevalier du démon, parce qu'elle combat toutes ces choses qui sont selon Dieu et notre salut et qu'elle leur résiste[1].

Un frère interrogea frère Egide en lui disant : « Père, enseigne-moi de quelle manière nous pourrons nous garder du vice de la chair. » Frère Egide lui répondit : « Mon frère, qui veut remuer une grande pierre ou un grand poids et les déplacer doit s'ingénier à les mouvoir par adresse plus que par force. Et ainsi de même, si nous voulons vaincre les vices de la chair et acquérir la vertu de chasteté, nous pourrons l'acquérir plutôt par l'humilité et par une bonne et discrète règle spirituelle que par notre présomptueuse austérité et par la force de nos pénitences. »

Tous les vices troublent et obscurcissent la sainte et resplendissante chasteté ; car la chasteté est semblable à un clair miroir qui s'obscurcit et se trouble non seulement au contact des choses malpropres, mais même par l'haleine de l'homme.

C'est une chose impossible que l'homme puisse parvenir à aucune grâce spirituelle tant qu'il a une inclination pour les concupiscences de la chair. Aussi tourne-toi et retourne-toi comme il te plaira, tu ne réussiras pas à trouver un moyen de parvenir à la grâce spirituelle si tu ne domptes tous les vices de la chair. Combats donc vaillamment contre ta chair sensuelle et fragile, qui est proprement ton ennemie, qui veut te trahir toujours, et de jour et de nuit. Qui la vaincra, notre chair, notre mortelle ennemie, sera certain d'avoir vaincu et mis en déroute tous ses ennemis, et parviendra bientôt à la grâce spirituelle et à tous les bons états de vertu et de perfection.

---

1. On voit nettement dans ces deux paragraphes la méthode, si l'on peut dire, du traducteur italien, qui surcharge le texte latin de commentaires souvent oiseux. Ainsi, dans le premier, les mots : « tenant la fange pour sa grande délectation », qui sont parfaitement inutiles, manquent aux *Dicta ;* quant au second, il remplace les cinq mots : « *Caro nostra est pugil diaboli*, notre chair est le pugiliste du diable. » Le mot : pugiliste évoque une tout autre image que le mot banal : chevalier. — Quatre paragraphes des *Dicta* sont omis, dont voici le plus original : « Celui qui prend une bête de somme en louage, en tire tout le parti qu'il peut ; ainsi devons-nous faire de notre chair. »

Frère Egide disait : Parmi toutes les autres vertus, je choisirais plutôt la vertu de chasteté, parce que la très suave chasteté a, en soi et par elle seule, la perfection ; mais il n'est aucune vertu qui puisse être parfaite sans la chasteté.

Un frère interrogea frère Egide en lui disant : « Père, la vertu de la charité n'est-elle pas plus grande et plus excellente que celle de la chasteté ? » Et frère Egide dit : « Dis-moi, mon frère, qu'y a-t-il dans tout le monde de plus chaste que la sainte charité ? »

Frère Egide chantait souvent cette poésie :

O sainte chasteté,
combien grande est ta bonté !
Tu es vraiment si précieuse, et telle
et tant suave est ton odeur,
que qui ne te savoure ne sait combien tu vaux ;
aussi les insensés ne connaissent pas ta valeur[2].

Un frère demanda à frère Egide : « Père, toi qui recommandes tant la vertu de chasteté, explique-moi, je t'en supplie, ce qu'est la chasteté. » Frère Egide lui répondit : « Mon frère, je te dis que ce qui est proprement appelé chasteté, c'est de se tenir soigneusement en garde contre ses sens corporels et spirituels et de veiller continuellement sur eux, en les conservant purs et sans tache pour Dieu seul[3]. »

---

2. Ces vers, que le traducteur italien appelle : *questo sonetto* (en italien, *tale* du vers 3 rime avec *vale* du vers 5) sont vraisemblablement de sa composition. *Dicta* : « *Frequenter canendo dicebat* : « *O sancta castitas, qualis es, qualis es! Tu es talis et quanta, qualem et quantam te fatui non cognoscunt.* »

3. *Dicta* : « *Castitatem voco, omnes sensus custodire gratiæ Dei* », ce qui est autrement lapidaire ! — Le traducteur italien supprime les quatre paragraphes latins qui terminent ce chapitre. Le propos suivant est particulièrement curieux, car il met en lumière la tournure d'esprit, assez caustique, de frère Egide : « Un homme marié intervint, un jour qu'il recommandait beaucoup la chasteté, et lui dit : « Je n'use d'aucune femme sauf de la mienne : cela suffit-il ? » Il répondit ; « Ne te semble-t-il pas qu'un homme peut s'enivrer du vin de son propre tonneau ? » L'autre répliqua : « Oui, bien sûr. » Et frère Egide dit : « Il en va de même ici. »

CHAPITRE 9

DES TENTATIONS[1].

Les grandes grâces que l'âme reçoit de Dieu, l'homme ne peut les posséder dans une paix complète, parce que, contre ces grâces, il surgit beaucoup de choses contraires, et beaucoup de troubles, et beaucoup d'adversité ; car, plus l'homme est agréable à Dieu, plus il est fortement combattu et tourmenté par les démons. Aussi l'homme ne doit-il jamais cesser de lutter virilement pour pouvoir suivre la grâce qu'il a reçue de Dieu ; car plus la bataille sera forte, plus la couronne sera précieuse, s'il triomphe dans le combat. Mais nous ne rencontrons ni beaucoup d'obstacles, ni beaucoup de batailles, ni beaucoup de tentations, parce que nous ne sommes pas tels que nous devrions l'être dans la vie spirituelle.

Mais il est bien vrai que si l'homme marchait bien et avec discrétion dans la voie de Dieu, il n'aurait en son voyage ni fatigue ni dégoût ; mais l'homme qui marche par la voie du siècle ne pourra jamais éviter jusqu'à la mort le grand nombre des fatigues, des dégoûts, des angoisses, des tribulations et des douleurs.

Un frère dit à frère Egide : « Père, il me semble que tu tiens deux propos contraires l'un à l'autre ; car tu as dit d'abord : Plus l'homme est vertueux et agréable à Dieu, plus il rencontre d'obstacles et de batailles dans la vie spirituelle. Puis tu as dit le contraire, c'est-à-dire : L'homme qui marcherait bien et discrètement dans la voie de Dieu n'éprouverait en son voyage ni fatigue ni dégoût. » Frère Egide, pour expliquer la contradiction de ces deux propos, répondit ainsi : « Mon frère, c'est une chose certaine que les démons se précipitent plus, avec les batailles des fortes tentations, contre ceux qui ont la volonté bonne, qu'ils ne le font contre les autres qui n'ont pas la volonté bonne, c'est-à-dire selon Dieu. Mais à l'homme qui marche avec discrétion et ferveur dans la voie de Dieu, quelle fatigue, quel dégoût, quel dommage pourraient bien lui occasionner les démons et toutes les adversités du monde,

1. *Dicta :* De la lutte contre les tentations.

alors qu'il sait et qu'il voit que le monde vend sa marchandise mille fois plus qu'elle ne vaut[2] ? Mais je te dis avec certitude que plus celui qui serait embrasé du feu de l'amour divin, serait attaqué par les vices, plus il les aurait en haine et en abomination. Les détestables démons ont pour habitude de poursuivre et de tenter l'homme quand il se trouve en quelque maladie, ou en quelque grande faiblesse physique, ou quand il est en quelque peine, ou très fatigué ou angoissé, ou quand il a faim ou soif, ou quand il a subi quelque injustice, ou quelque honte, ou quelque dommage temporel ou spirituel, car, dans leur malignité, ils savent qu'à ces moments et dans ces circonstances l'homme est plus disposé à accueillir les tentations. Mais je te dis que pour toute tentation et pour tout vice dont tu triompheras, tu acquerras une vertu ; et en triomphant de ce vice qui t'attaque le plus fortement, tu en recevras de plus grandes grâces et une plus grande couronne[3]. »

Un frère demanda conseil à frère Egide en lui disant : « Père, je suis souvent tenté d'une détestable tentation, et j'ai souvent prié Dieu de m'en délivrer ; le Seigneur cependant ne m'en débarrasse pas ; conseille-moi, père, sur ce que je dois faire. » Frère Egide lui répondit : « Mon frère, plus un roi fournit magnifiquement ses chevaliers de remarquables et fortes armes, plus fortement il veut qu'ils combattent contre ses ennemis par amour pour lui. »

Un frère interrogea frère Egide en lui disant : « Père, quel remède dois-je prendre pour pouvoir m'adonner à la prière plus volontiers, avec plus de désir et avec plus de ferveur ? Car quand je veux m'adonner à la prière, je suis endurci, paresseux, aride et sans dévotion. » Frère Egide lui répondit

2. On se demande si le traducteur italien a bien compris ! La réponse de frère Egide est beaucoup plus claire dans les *Dicta* : « Est-ce que les démons ne s'en prennent pas plus aux hommes de bonne volonté qu'aux autres ? Voilà pour les obstacles ! Et si quelqu'un vend sa marchandise mille fois plus qu'elle ne vaut, est-ce qu'il ressent la fatigue ? Voilà la solution de la contradiction ! » En d'autres termes : la peine est plus grande, mais la récompense la fait disparaître.

3. Ici se place dans les *Dicta* un paragraphe omis : « C'est pour la raison pour laquelle un homme se refuse à marcher dans les voies du Seigneur, qu'il perd sa récompense. » Il semble bien qu'il y ait une allitération voulue dans le texte latin : *...omittit ire ...amittit præmium...*

en ces termes : « Un roi a deux serviteurs ; l'un a des armes pour pouvoir combattre et l'autre n'a aucune armure ; tous les deux veulent entrer dans la bataille pour combattre contre les ennemis du roi. Celui qui est armé entre dans la bataille et combat vaillamment ; mais l'autre qui est désarmé dit à son seigneur : « Mon seigneur, tu vois que je suis nu et sans armes ; mais par amour pour toi je veux entrer volontiers dans la bataille et combattre, désarmé comme je le suis. » Alors, le bon roi, voyant l'amour de son fidèle serviteur, dit à ses ministres : « Allez avec ce mien serviteur, et revêtez-le de toutes ces armes qui lui sont nécessaires pour pouvoir combattre, afin qu'il puisse entrer en sécurité dans la bataille, et marquez toutes ses armes de mon sceau royal, afin qu'on le reconnaisse pour mon fidèle chevalier. » Et c'est ainsi qu'il arrive souvent à l'homme quand il va prier, c'est-à-dire qu'il se trouve sans dévotion, paresseux et l'âme endurcie ; mais pourtant il fait effort et pour l'amour du Seigneur il entre dans la bataille de la prière ; et alors notre Roi et Seigneur, plein de bénignité, voyant l'effort de son chevalier, lui donne, par les mains de ses ministres les anges, la dévotion, la ferveur et la bonne volonté. »

Il arrive parfois que l'homme commence quelque travail important et très fatigant, comme de déboiser et de cultiver la terre ou la vigne, pour pouvoir en tirer des fruits au temps voulu. Et bien souvent à cause de la grande fatigue et des nombreuses peines il se dégoûte et se repent presque de l'œuvre commencée ; mais si cependant il fait effort et persévère jusqu'aux fruits, il oublie ensuite toutes ses fatigues et tous ses ennuis, et il reste consolé et joyeux, en voyant le fruit dont il peut jouir. Et ainsi l'homme, en étant fort dans les tentations, parviendra à beaucoup de consolations ; car, comme le dit saint Paul, après les tribulations sont données les consolations et les couronnes de la vie éternelle[4] ; et à ceux qui résistent aux tentations la récompense leur sera donnée non seulement dans le ciel, mais même en cette vie, comme le dit le Psalmiste : Seigneur, selon la multitude de mes tentations

4. Il s'agit plutôt d'une adaptation libre d'un passage de l'*Epître* de saint Jacques 1 12.

et de mes douleurs, tes consolations réjouissent mon âme[5]. De sorte que la couronne sera d'autant plus glorieuse que seront plus grandes la tentation et la lutte.

Un frère demanda conseil à frère Egide sur quelques siennes tentations en lui disant : « Père, je suis tenté de deux tentations détestables : l'une est que, lorsque je fais quelque bien, je suis aussitôt tenté de vaine gloire ; l'autre est que, lorsque je fais quelque mal, je tombe en une telle tristesse et en une telle accide[6] que j'en viens presque au désespoir. » Frère Egide lui répondit : « Mon frère, tu fais sagement de te désoler de ton péché ; mais je te conseille de te désoler avec discrétion, sagesse et tempérance, et de te rappeler toujours que la miséricorde de Dieu est plus grande que ton péché. Mais si la miséricorde infinie de Dieu reçoit à pénitence, lorsqu'il se repent, l'homme qui est un grand pécheur et qui pèche volontairement, crois-tu que ce Dieu bon abandonne le bon pécheur involontaire, qui est déjà contrit et repenti ? Je te conseille encore de ne jamais renoncer à faire le bien par peur de la vaine gloire ; car si l'homme disait, quand il veut semer le grain : Je ne veux pas semer, car si je semais les oiseaux viendraient peut-être et mangeraient la semence[7], et si, par suite, en parlant ainsi, il ne semait pas sa semence, c'est chose certaine que, cette année-là, il ne recueillerait aucun fruit. Mais s'il sème néanmoins sa semence, bien que les oiseaux en mangent, le laboureur en recueille pourtant la plus grande partie. Et ainsi, l'homme attaqué par la vaine gloire, à condition qu'il ne fasse pas le bien dans un but de vaine gloire, mais en combattant toujours contre elle, ne perd pas, je te le dis, pour être tenté, le mérite du bien qu'il fait. »

---

5. Ps 93 19.
6. Le mot qui a disparu de la langue, était d'usage courant au Moyen âge. L'*accidia* figurait sur la liste des péchés capitaux, où elle a été remplacée par la paresse : c'était une sorte de tristesse qui empêchait l'homme de faire le bien. Ce péché a été étudié par saint Thomas d'Aquin, *Summa theologica, IIa IIae*, XXXV. Les sept péchés qui sont expiés sur les sept corniches du Purgatoire de la *Divine Comédie* sont : l'orgueil, l'envie, la colère, l'accide, — chants XVII - XIX, — l'avarice, la gourmandise et la luxure : voir aussi, sur les *accidiosi*, *Enfer*, VII, 115-126.
7. Allusion à Matthieu, 13 4.

Un frère dit à frère Egide : « Père, il se trouve que saint Bernard dit une fois les sept psaumes de la pénitence dans une telle tranquillité d'esprit et avec une telle dévotion qu'il ne pensa ni s'arrêta à aucune autre chose si ce n'est au sens propre desdits psaumes. » Frère Egide lui répondit ainsi : « Mon fils, je pense que ce serait plus grande prouesse, pour un seigneur qui tient un château, d'être assiégé et attaqué par ses ennemis, et de se défendre cependant si vaillamment qu'il n'y laisse pénétrer aucun de ses ennemis, que d'y demeurer en paix et de ne subir aucun assaut. »

CHAPITRE 10

DE LA SAINTE PÉNITENCE.

L'homme devrait beaucoup tourmenter toujours et macérer son corps, et supporter volontiers toutes injures, tribulations angoisses, douleurs, hontes, mépris, reproches, adversités et persécutions pour l'amour de notre bon Maître et Seigneur, Messire Jésus-Christ, qui nous donna l'exemple en lui-même ; car, du premier jour de sa glorieuse Nativité jusqu'à sa très sainte Passion, il supporta toujours angoisses, tribulations, douleurs, mépris, tourments et persécutions, seulement pour notre salut. Aussi, si nous voulons parvenir à l'état de grâce, il faut, en définitive, que nous marchions sur ses traces autant qu'il nous est possible[1].

Un homme du siècle[2] interrogea un jour frère Egide en disant : « Mon Père, de quelle manière pourrons-nous, nous séculiers, parvenir à l'état de grâce ? » Frère Egide lui répondit : « Mon frère, l'homme doit d'abord avoir beaucoup de douleur de ses péchés avec une grande contrition du cœur, puis il doit les confesser au prêtre avec amertume et douleur du cœur, s'accusant sincèrement sans déguiser et sans s'excuser ; puis il doit accomplir parfaitement la pénitence qui lui a été

1. Le traducteur a modifié l'ordre des paragraphes des *Dicta* et omis le second : « Que béni soit ce mal, qui pour l'homme se change en bien, que maudit soit ce bien, qui pour l'homme se change en mal. »
2. *Dicta :* Un juge du siècle.

donnée et imposée par le confesseur ; et il doit encore se garder de tout vice, de tout péché et de toute occasion de pécher ; et il doit encore s'exercer aux bonnes œuvres vertueuses envers Dieu et envers son prochain. Et en agissant ainsi l'homme parviendra à l'état de grâce et de vertu. »

Bienheureux cet homme qui aura continuellement douleur de ses péchés, en les pleurant toujours, jour et nuit, dans l'amertume de son cœur !

Bienheureux cet homme qui aura toujours devant les yeux de son esprit les afflictions, les peines et les douleurs de Jésus-Christ, et qui, par amour pour lui, ne désirera ni ne recevra aucune consolation temporelle en ce monde d'amertumes et de tempêtes, jusqu'à ce qu'il parvienne à cette consolation céleste de la vie éternelle où tous ses désirs seront pleinement accomplis dans une joyeuse allégresse !

CHAPITRE 11

DE LA SAINTE PRIÈRE[1].

La prière est le principe, le moyen et la fin de tout bien.

La prière illumine l'âme, et par elle l'âme discerne le bien du mal.

Tous les hommes pécheurs devraient faire cette prière continuellement tous les jours, en ferveur de cœur, c'est-à-dire prier Dieu humblement de leur donner une parfaite connaissance de leur propre misère, de leurs péchés et des bienfaits qu'ils ont reçus et qu'ils reçoivent de lui, le Dieu bon.

Mais l'homme qui ne sait pas prier, comment pourrait-il connaître Dieu ? Tous ceux qui doivent être sauvés, s'ils sont gens qui jouissent de l'intelligence, il est nécessaire qu'ils se convertissent finalement à la sainte prière.

---

1. *Dicta :* De la prière et de ses effets.
2. C'est une mère dans les *Dicta*, où la scène évoquée est pleine de vie, tandis que nous n'avons ici qu'un tissu de banalités.

Frère Egide disait : Mais s'il y avait un homme[2] qui eût un sien fils qui eût commis tant de mal qu'il fût condamné à mort ou qu'il fût banni de la cité, il est certain que cet homme serait très préoccupé d'employer toutes ses forces, de jour, de nuit, à toute heure, à obtenir la grâce de la vie, de ce fils ou à le tirer du bannissement, en faisant de grandes prières et supplications, et en donnant des présents ou des tributs, de tout son pouvoir, et par lui-même et par ses amis et parents. Si l'homme donc fait cela pour son fils qui est mortel, combien plus l'homme devrait-il être préoccupé de prier Dieu et même de le faire prier par les hommes bons en ce monde, et aussi par les saints dans l'autre, pour sa propre âme qui est immortelle lorsqu'elle est bannie de la cité du ciel, ou bien lorsqu'elle est condamnée à la mort éternelle pour ses nombreux péchés.

Un frère dit à frère Egide : « Père, il me semble que l'homme devrait éprouver une grande douleur et un grand regret, quand il ne peut avoir la grâce de la dévotion dans sa prière. » Frère Egide lui répondit : « Mon frère, je te conseille de faire ton affaire tout doucement, car si tu avais un peu de bon vin dans un tonneau, où sous ce bon vin, il y aurait encore de la lie, il est bien certain que tu ne voudrais ni heurter ni agiter ce tonneau, pour ne pas mélanger le bon vin et la lie. Et je te dis de même que, tant que la prière ne sera pas séparée de toute concupiscence vicieuse et charnelle, elle ne recevra pas de consolation divine ; car elle n'est pas pure devant Dieu, cette prière qui est mélangée avec la lie de la sensualité. Et par suite l'homme doit s'efforcer, autant qu'il le peut, de se débarrasser de toute la lie de la concupiscence, pour que sa prière soit pure devant Dieu, et pour qu'il reçoive d'elle la consolation divine[3]. »

Un frère interrogea frère Egide en disant : « Père, pourquoi arrive-t-il que l'homme est beaucoup plus tenté, combattu, flagellé et travaillé dans son esprit, quand il adore Dieu qu'à tout autre moment ? » Frère Egide lui répondit ainsi : « Quand un homme a à faire régler quelque litige devant le juge, il va exposer sa cause au juge, comme pour lui demander aide

---

3. Les *Dicta* ajoutent que nul n'est digne de recevoir les consolations de Dieu dans la prière.

et conseil ; lorsque son adversaire apprend cela, il comparaît aussitôt pour apporter la contradiction et résister à la demande de cet homme, et en réfutant presque tous ses dires il lui soulève de grandes difficultés. Et ainsi en arrive-t-il de même quand l'homme va à la prière : car il demande aide à Dieu dans sa cause, ce pourquoi son adversaire le démon comparaît aussitôt avec ses tentations pour opposer grande résistance et contradiction, et tous ses efforts, toute son industrie, tous les arguments qu'il peut, de manière à empêcher la prière, afin que cette prière ne soit pas accueillie devant Dieu et que l'homme ne reçoive de cette prière ni mérite ni consolation. Et cela nous pouvons le voir bien clairement, car, lorsque nous parlons des choses du siècle, nous ne souffrons à ce moment ni de tentation ni de distraction ; mais si nous allons à la prière pour réjouir et consoler notre âme avec Dieu, aussitôt nous sentons notre esprit frappé de flèches nombreuses, c'est-à-dire de diverses sortes de tentations, qu'y introduisent les démons pour nous mettre l'esprit en déroute, afin que l'âme n'ait ni joie ni consolation de ce qu'elle parle avec Dieu.

Frère Egide disait que l'homme qui prie doit faire comme le bon chevalier dans la bataille, qui, encore qu'il soit percé ou frappé par son ennemi, n'abandonne pas aussitôt la bataille, mais résiste virilement pour obtenir la victoire sur son ennemi, afin qu'il se réjouisse et se console dans la gloire après avoir remporté la victoire ; mais s'il abandonnait la bataille dès qu'il aurait été frappé ou blessé, il est certain qu'il serait couvert de confusion, de déshonneur et de honte. Et c'est ainsi que nous devons faire nous-mêmes, c'est-à-dire n'abandonner la prière pour aucune tentation ; mais nous devons résister courageusement, car, comme le dit l'Apôtre, cet homme est bienheureux qui supporte les tentations[4], parce qu'il recevra, en triomphant, la couronne de la vie éternelle ; mais si l'homme abandonne la prière à cause des tentations, il est certain qu'il restera couvert de confusion, vaincu et mis en déroute par son ennemi le démon.

Un frère dit à frère Egide : « Père, j'ai vu des hommes qui

4. Jc 1 12.

ont reçu dans leur prière la grâce de la dévotion et des larmes, et moi je ne puis sentir aucune de ces grâces quand j'adore Dieu. » Frère Egide lui répondit : « Mon frère, je te conseille de travailler humblement et fidèlement dans ta prière ; car on ne peut avoir les fruits de la terre sans fatigue et sans y mettre d'abord son travail ; et encore après le travail les fruits désirés ne se produisent pas immédiatement, tant que ne sont pas venus le temps et la saison ; et de même Dieu ne donne pas immédiatement à l'homme ces grâces dans la prière, tant que n'est pas venu le temps convenable, et tant que l'esprit n'est pas purifié de toute vicieuse affection charnelle. Donc, mon frère, travaille doucement et humblement dans ta prière ; car Dieu qui est tout bonté et affabilité, et qui connaît et discerne ce qu'il y a de meilleur en chaque chose, te donnera dans sa bienveillance beaucoup de fruits de consolation, quand seront venus le temps et la saison[5]. »

Un autre frère dit à frère Egide : « Que fais-tu, frère Egide ? » Il répondit : « Je fais mal. » Ce frère dit : « Quel mal fais-tu ? » Frère Egide se tourna alors vers un autre frère et lui parla ainsi : « Dis-moi, mon frère, qui crois-tu qui soit prêt le plus tôt : ou notre Seigneur Dieu à nous concéder sa grâce, ou nous à la recevoir ? » Ce frère répondit : « C'est une chose certaine que Dieu est prêt à nous donner sa grâce plus tôt que nous ne le sommes à la recevoir. » Frère Egide dit alors : « Donc faisons-nous bien ? » Ce frère répondit : « Non, nous faisons mal. » Alors frère Egide se retourna vers le premier frère et lui dit : « Voilà, frère, qui te montre clairement que nous faisons mal ; et c'est donc vrai ce que je t'ai répondu, c'est-à-dire que je faisais mal. »

Frère Egide disait : Beaucoup d'œuvres sont louées et recommandées dans la Sainte Ecriture, c'est-à-dire les œuvres de miséricorde et d'autres saintes opérations[6] ; mais quand le Seigneur parle de la prière, il s'exprime ainsi : « Le Père céleste

---

5. Ici se place dans les *Dicta* un paragraphe omis par le traducteur, et où frère Egide dit que, même s'il ne devait y avoir qu'un seul homme de sauvé, on devrait s'efforcer d'être celui-là, car « perdre la patrie éternelle, ce n'est tout de même pas perdre la courroie de sa chaussure ».
6. Cf. Is **58** 7 ; Mt **25** 34-36, etc.

cherche et veut des hommes qui l'adorent sur la terre en esprit et en vérité[7]. »

Frère Egide disait encore que les vrais religieux sont semblables aux loups, car ils sortent rarement au dehors, en public, si ce n'est pour grande nécessité, mais alors ils s'efforcent de retourner sur-le-champ dans leur retraite, sans beaucoup rester parmi les hommes ni sans les hanter.

Les bonnes œuvres ornent l'âme, mais par-dessus toutes les autres la prière orne et illumine l'âme.

Un frère, compagnon de frère Egide et qui lui était très familier, lui dit une fois : « Père, pourquoi ne vas-tu pas quelquefois parler des choses de Dieu, enseigner, et provoquer le salut des âmes du prochain ? » Frère Egide lui répondit : « Mon frère, je veux satisfaire à mes devoirs envers mon prochain avec utilité et sans dommage pour mon âme, c'est-à-dire par la prière. » Ce frère lui dit : « Mais au moins que ne vas-tu parfois visiter tes parents ? » Frère Egide répondit : « Ne sais-tu pas ce que le Seigneur dit dans l'Evangile : « Celui qui abandonnera son père et sa mère, ses frères, ses sœurs et ses biens en mon nom, recevra le centuple[8]. »

Puis il dit : « Un gentilhomme de Rome, dont les richesses valaient peut-être soixante mille livres, entra dans l'Ordre des frères Mineurs ; ils peuvent donc attendre de grands dons ceux qui pour Dieu laissent de grandes choses, puisque Dieu leur donne le centuple. Mais nous qui sommes aveugles, quand nous voyons un homme vertueux et agréable à Dieu, nous ne pouvons comprendre sa perfection, à cause de notre imperfection et de notre cécité. Mais si un homme était vraiment spirituel, à peine voudrait-il jamais voir ou entendre qui que ce soit, si ce n'est par grande nécessité ; car le vrai spirituel désire toujours d'être séparé des hommes et d'être uni à Dieu par la contemplation[9]. »

---

7. Jn **4** 23-24.
8. Mt **19** 29 ; Mc **10** 29-30 ; Lc **18** 29-30.
9. Dans les *Dicta*, ce chapitre se termine par deux paragraphes omis ici et où frère Egide dit notamment qu'il aimerait mieux être aveugle que riche, savant, noble et beau, car ce sont là des obstacles au salut.

Un frère dit alors à frère Egide : « Père, j'aurais grand désir de savoir ce qu'est la contemplation. » Et frère Egide dit à ce frère : « Dis-moi, mon frère, vos hommes de science, que disent-ils qu'est la contemplation ? » Ce frère répondit : « Mon père, je ne le sais pas. » Frère Egide dit alors : « Il me paraît que le degré de la contemplation est un feu divin et une suave dévotion de l'Esprit-Saint, un ravissement et une mise en suspens de l'esprit enivré dans la contemplation de cette saveur ineffable de la douceur divine, une douce quiétude et une suave délectation de l'âme qui reste en suspens et ravie dans une grande admiration des célestes choses d'en-haut, un brûlant sentiment intérieur de cette inénarrable gloire céleste. »

CHAPITRE 12

DE LA SAINTE PRUDENCE SPIRITUELLE[1].

O toi, serviteur du Roi du ciel, qui veux apprendre les préceptes de prudence, pleins d'utilité et de vertu, de la sainte doctrine spirituelle, ouvre bien les oreilles de l'intelligence de ton âme, reçois avec tout le désir de ton cœur, conserve avec soin dans la maison de ta mémoire, le précieux trésor

— Ce qui va suivre est extrait du chapitre des *Dicta* intitulé : De la contemplation, dont le reste n'a pas été traduit. Il en est de même du chapitre : De la vie active. — Je détache ces passages qui sont particulièrement caractéristiques de la manière de frère Egide : « Celui-là serait un bon contemplatif qui, s'il avait les pieds et les mains coupés, les yeux arrachés, le nez, les oreilles et la langue coupés, ne se soucierait ni de voir ses membres remplacés, ni d'obtenir rien d'autre de ce qui est sous le ciel, et ne désirerait avoir quoi que ce soit, à l'exception de ce qu'il possède et de ce qu'il éprouve, et cela à cause de la sublimité de l'odeur, de la joie et de la douceur, très suaves, ineffables et inestimables, qui sont en lui. » Parmi les bonnes œuvres de la vie active, frère Egide énumère la construction des églises et des hôpitaux, ce qui ne nous surprend pas, et aussi celle des ponts, que nous attendions moins et qu'il est très intéressant de trouver ici. Notons encore : « Un roi préfère parfois le pied d'un homme qui travaille moins pour lui à la personne entière d'un autre qui travaille plus pour lui, parce que le Seigneur regarde le cœur. » (1 R **16** 7).

1. *Dicta :* Qu'il ne faut jamais se départir de la prudence spirituelle.

de ces doctrines, admonitions et conseils spirituels de prudence que je te donne ; tu seras éclairé et dirigé par eux dans ton voyage, c'est-à-dire dans la vie spirituelle, et tu seras défendu contre les assauts subtils et pleins de malice de tes ennemis matériels et immatériels, tu navigueras avec une humble audace en toute sécurité sur la mer tempétueuse de cette vie présente, jusqu'à ce que tu parviennes au port désiré du salut[2].

Donc, mon fils, comprends bien et note ce que je te dis. Si tu veux bien voir, arrache-toi les yeux et deviens aveugle. Si tu veux bien entendre, deviens sourd. Si tu veux bien parler, deviens muet. Si tu veux bien cheminer, reste immobile et chemine en esprit. Si tu veux bien travailler, coupe-toi les mains et travaille avec le cœur. Si tu veux bien aimer, prends-toi en haine toi-même. Si tu veux bien vivre, mortifie-toi toi-même. Si tu veux bien gagner et être riche, perds et deviens pauvre. Si tu veux bien jouir et être dans les délices, afflige-toi toi-même et reste toujours dans la douleur. Si tu veux être bien en sécurité, reste toujours dans la crainte et méfie-toi de toi-même. Si tu veux être exalté et avoir de grands honneurs, humilie-toi et décrie-toi toi-même. Si tu veux être tenu en grand respect, méprise-toi toi-même, et rends respects et honneurs à ceux qui te méprisent et te décrient. Si tu veux avoir toujours le bien, supporte toujours le mal. Si tu veux être béni, désire que tous les hommes te maudissent et disent du mal de toi. Et si tu veux avoir la véritable quiétude éternelle, fatigue-toi, afflige-toi et désire toutes les afflictions temporelles.

Oh ! qu'elle est grande la sagesse de savoir faire tout cela et le mettre en pratique ! Mais parce que ce sont là des choses grandes et sublimes, elles ne sont accordées par Dieu qu'à peu de personnes. Mais en vérité à qui étudierait bien ces choses et les mettrait en pratique, je te dis qu'il ne lui serait pas nécessaire d'aller ni à Bologne ni à Paris apprendre la théologie ; car si l'homme vivait mille ans, s'il n'avait à faire aucune chose extérieure, si de sa bouche il n'avait rien à dire, je dis qu'il aurait assez à faire à s'exercer dans son cœur et

2. Cet appel au lecteur manque dans les *Dicta*.

à travailler intérieurement à la purification, la direction et à la justification de son esprit et de son âme.

L'homme ne devrait ni entendre ni voir ni dire aucune chose, si ce n'est dans la mesure où elle serait utile à son âme.

L'homme qui ne se connaît pas ne sera pas connu. Aussi malheur à nous quand nous recevons les dons et les grâces du Seigneur et que nous ne savons pas les connaître ; mais plus encore malheur à ceux qui ne les reçoivent pas et ne le connaissent pas, et qui même ne se souviennent ni de les acquérir ni de les posséder.

L'homme est l'image de Dieu, et il change comme il veut, mais ce Dieu bon ne change jamais[3].

CHAPITRE 13

DE LA SCIENCE UTILE ET DE L'INUTILE, ET DES PRÉDICATEURS[1].

L'homme qui veut savoir beaucoup, doit beaucoup faire le bien et beaucoup s'humilier, s'abaissant lui-même et inclinant la tête au point que son ventre touche la terre ; et alors le Seigneur lui donnera beaucoup de science et de sagesse.

La suprême sagesse est de faire toujours le bien, en travaillant vertueusement, et de se bien garder de toute faute et de toute occasion de faute, et de considérer toujours les jugements de Dieu.

Frère Egide dit une fois à quelqu'un qui voulait aller à l'école pour apprendre la science : « Mon frère, pourquoi veux-tu aller à l'école ? Car je te fais savoir que la somme de toute science et de toute sagesse est de craindre et d'aimer Dieu. Ces deux choses te suffisent puisque l'homme a de la sagesse

3. Ceci est de la fabrication du traducteur, car le texte des *Dicta* est sensiblement différent : « L'homme se figure Dieu comme bon lui semble ; mais Dieu demeure éternellement ce qu'Il est » ; cf. Ml **3** 6 ; He **1** 12.

1. *Dicta :* De la science utile et de l'inutile, et de ceux qui prêchent la parole de Dieu.

dans la mesure où il fait le bien, et pas davantage. Ne te préoccupe pas beaucoup d'étudier pour l'utilité des hommes, mais étudie, prends à cœur et mets en œuvre ces choses qui te sont utiles à toi-même ; car il arrive souvent que nous voulions avoir beaucoup de science pour aider les autres, et peu pour nous aider nous-même. Et je te dis que la parole de Dieu ne donne pas ses fruits à celui qui la répète, ni même à celui qui l'entend, mais à celui qui la met vraiment en œuvre. Il y a des hommes qui, ne sachant pas nager, se jetèrent à l'eau pour aider ceux qui se noyaient, et il arriva qu'ils se noyèrent avec eux. Si tu ne prends pas bien soin du salut de ta propre âme, comment prendras-tu soin de celui de ton prochain ? Et si tu ne fais pas bien tes propres affaires, comment feras-tu bien les affaires des autres ? Car il n'est pas à croire que tu aimes les autres plus que ton âme. »

Le prédicateur de la parole de Dieu doit être le drapeau, la bannière et le miroir du peuple. Bienheureux cet homme qui guide les autres dans la voie du salut, de telle manière qu'il ne cesse pas de marcher lui-même dans cette voie. Bienheureux cet homme qui incite les autres à courir de telle manière qu'il ne laisse pas de courir lui-même. Plus heureux encore celui qui aide les autres à gagner et à devenir riches, de telle manière qu'il ne cesse pas de s'enrichir lui-même.

Je crois que le bon prédicateur donne des avis et prêche à lui-même plus qu'il ne le fait aux autres. Il me semble que l'homme qui veut convertir les âmes des pécheurs et les attirer dans la voie de Dieu, doit toujours craindre d'être malement perverti par eux et attiré dans la voie des vices, du démon et de l'enfer[2].

---

2. Le chapitre des *Dicta* se termine par deux paragraphes que le traducteur a omis, et où frère Egide présente la même idée, de la supériorité des œuvres sur les paroles, notamment sous cette forme imagée : « Qui a le plus de mérite, de celui qui va en pèlerinage à la maison de saint Jacques [de Compostelle] ou de celui qui se borne à montrer la route aux autres ?... »

CHAPITRE 14

DES BONNES ET DES MAUVAISES PAROLES.

L'homme qui dit des paroles bonnes et utiles aux âmes est vraiment comme la bouche de l'Esprit-Saint ; et de même l'homme qui dit des paroles mauvaises et inutiles est certainement la bouche du démon.

Quand parfois des hommes bons et pleins de spiritualité sont réunis pour s'entretenir ensemble, ils devraient toujours parler de la beauté des vertus, pour que les vertus leur plaisent davantage et pour qu'ils se délectent davantage en elles, car, en se délectant et en se plaisant dans les vertus, ils s'y exerceraient davantage, et en s'y exerçant ils parviendraient à les aimer davantage ; par l'amour, par l'exercice continuel et par le goût des vertus, ils monteraient toujours à un amour plus élevé, et, pour cette raison, il leur serait accordé par le Seigneur plus de grâces et de dons divins.

Plus l'homme est vicieux, plus il lui est nécessaire de parler des saintes vertus ; car de même que souvent, pour parler bassement des vices, l'homme tombe facilement dans les œuvres vicieuses, de même, pour s'entretenir saintement des vertus, l'homme est conduit et disposé aux saintes œuvres des vertus.

Mais que dirions-nous du bien qui provient des vertus ? Car il est tellement et tellement grand que nous ne pouvons parler dignement de sa grande excellence, admirable et infinie. Et encore que dirons-nous du mal et des peines éternelles qui proviennent des vices ? Car c'est un tel mal et un si profond abîme qu'il nous demeure incompréhensible et qu'il nous est impossible ni de l'imaginer ni d'être capables d'en parler.

Je n'estime pas que ce soit une moindre vertu de savoir bien se taire que de savoir bien parler ; car il faudrait, me semble-t-il, que l'homme ait le cou aussi long que la grue pour que,

1. Ce qui va suivre n'est qu'un commentaire, assez piètre, du traducteur italien, qui ne réussit guère qu'à affaiblir l'image.

quand il voudrait parler, sa parole passât par beaucoup de nœuds avant d'arriver à sa bouche[1] ; c'est-à-dire qu'il faudrait, quand l'homme voudrait parler, qu'il pensât et repensât, qu'il examinât et discernât très bien, et le comment, et le pourquoi, et le moment, et la manière, et la condition des auditeurs, et ses propres désirs, et les intentions et motifs de ses paroles.

CHAPITRE 15

DE LA BONNE PERSÉVÉRANCE[1].

Que sert-il à l'homme de beaucoup jeûner, prier, faire l'aumône, s'affliger lui-même, et d'avoir une grande familiarité avec les choses du ciel, s'il ne parvient pas, avec une bonne et ferme persévérance, au port bienheureux et désiré du salut, c'est-à-dire d'une bonne fin.

Il arrive parfois qu'il apparaît sur la mer un navire très beau et grand, et puissant et neuf, et plein de nombreuses richesses, et il arrive que, par quelque tempête ou quelque faute de celui qui le dirige, ce navire périt et est submergé, s'engloutit misérablement et ne parvient pas au port désiré ; que lui servent donc toute sa beauté, toute sa solidité, toute sa richesse, puisqu'il a sombré si misérablement dans la mer ? Et il apparaît aussi parfois sur la mer quelque barque, petite et vieille, et avec peu de marchandise, ayant un bon pilote, bien prudent, et elle traverse la mauvaise fortune, elle échappe à la mer profonde, elle parvient au port désiré. Et ainsi en advient-il aux hommes sur la mer tempétueuse de ce monde. Aussi l'homme doit-il toujours craindre[2] ; et encore qu'il soit dans une grande prospérité, ou dans une situation élevée, ou dans une grande dignité, ou dans une grande perfection d'esprit, s'il n'a pas un bon pilote, c'est-à-dire une règle de conduite prudente, il peut sombrer misérablement dans l'océan des vices. C'est pourquoi, pour bien faire, il faut par-dessus

1. *Dicta :* De la persévérance dans le bien.
2. La fin du paragraphe est un commentaire du traducteur italien.

tout la persévérance, comme le dit l'Apôtre : Ce n'est pas celui qui commence, mais celui qui persévère jusqu'à la fin qui aura la couronne[3].

Quand un arbre naît, il ne devient pas grand immédiatement ; et, après qu'il est devenu grand et haut, il ne donne pourtant pas des fruits immédiatement ; et quand il donne des fruits, ils ne parviennent pas tous à la bouche du maître de cet arbre ; car beaucoup de ces fruits tombent à terre, pourrissent et se gâtent, et ceux-là ce sont les animaux qui les mangent ; mais cependant, à la condition de persévérer jusqu'à la fin de la saison, le maître de cet arbre recueille la plus grande partie de ces fruits.

Frère Egide disait encore : Que me servirait-il de goûter pendant cent ans le royaume du ciel, si, ne persévérant pas, je n'avais pas ensuite une bonne fin ?

Il disait aussi : J'estime que ce sont deux très grands dons et grâces de Dieu, pour qui peut les acquérir en cette vie, de persévérer avec amour dans le service de Dieu et de se garder toujours de tomber dans le péché.

CHAPITRE 16

DE LA VRAIE VIE EN RELIGION[1].

Frère Egide disait en parlant de lui-même : Je préférerais avoir peu de grâce de Dieu, en étant religieux dans l'Ordre, plutôt que d'avoir beaucoup de grâces de Dieu, en étant séculier et en vivant dans le siècle ; car dans le siècle il y a beaucoup plus de périls et d'obstacles, moins de remèdes et moins de secours qu'il n'y en a dans l'Ordre.

---

3. Cf. 1 Co **9** 24, et Mt **24** 13.

1. *Dicta :* De la vie en religion et de la sécurité qu'on y trouve ; en latin : *De religione et securitate ipsius ;* en italien : *Della vera religione ;* le mot *religio, religione* signifie ici vie en religion, vie dans un Ordre religieux, et aussi l'Ordre lui-même, *religio fratrum Minorum,* l'Ordre des frères Mineurs.

Frère Egide disait aussi : Il me semble que le pécheur craint plus son bien qu'il ne craint son dommage et son mal ; car il craint d'entrer dans l'Ordre pour faire pénitence, et il ne craint pas de pécher et d'offenser Dieu et son âme en restant dans le siècle, ferme et obstiné dans la fange de ses péchés, en attendant sa suprême damnation éternelle.

Un séculier interrogea frère Egide en lui disant : « Père, que me conseilles-tu de faire, ou d'entrer en religion, ou de demeurer dans le siècle en faisant de bonnes œuvres ? » Frère Egide lui répondit : « Mon frère, il est certain que si un homme dans le besoin savait qu'il y a un grand trésor caché dans le champ commun, il ne demanderait conseil à personne pour savoir s'il serait bon de le déterrer et de l'emporter chez lui. Combien plus l'homme devrait-il s'efforcer et se presser, avec tous moyens efficaces et toute diligence, de déterrer ce trésor céleste qui se trouve dans les Ordres saints et dans les congrégations spirituelles, sans demander tant de conseils. » Et ce séculier, en entendant cette réponse, distribua aussitôt tout ce qu'il possédait aux pauvres, et, ainsi dépouillé de tout, entra immédiatement dans l'Ordre.

Frère Egide disait : Beaucoup d'hommes entrent en religion et ne modifient cependant ni leurs actes ni leurs œuvres, dans ce qui relève du parfait état de la sainte vie religieuse ; mais ces gens ressemblent à ce laboureur qui revêtit les armes de Roland[2] et qui ne savait ni combattre ni jouter avec elles. Tous les hommes ne savent pas monter un cheval rétif et malicieux, et, s'ils le montaient, peut-être ne sauraient-ils s'empêcher de tomber quand le cheval courrait et se cabrerait.

Frère Egide disait encore : Je ne considère pas comme un haut fait qu'un homme sache entrer à la cour d'un roi, ni comme un haut fait qu'il sache recevoir des grâces ou des bienfaits du roi ; mais le haut fait, c'est que cet homme sache bien demeurer et habiter et se tenir à la cour du roi, avec une persévérance prudente, comme il convient dans cette cour.

---

2. Sur Charlemagne, Roland, Olivier, cités par saint François, voir notamment *Legenda antiqua* de Pérouse, 72 ; sur les chevaliers de la Table Ronde, *ibid.*, 71.

La cour du grand Roi du ciel est la sainte vie religieuse, où ce n'est pas un haut fait de savoir entrer et recevoir des dons et des grâces de Dieu ; mais le haut fait c'est que l'homme sache bien vivre et se comporter et persévérer avec prudence dans cette vie religieuse, jusqu'à la mort.

Frère Egide disait encore : Je préférerais être dans l'état séculier, et espérer et désirer continuellement avec dévotion entrer en religion, plutôt que d'être dans l'Ordre saint, revêtu de son habit, et de vivre sans faire des œuvres vertueuses et en persévérant dans la paresse et la négligence[3]. Aussi le religieux devrait-il s'efforcer toujours de vivre bien et vertueusement, en sachant qu'il ne peut vivre dans un autre état que dans sa profession.

Frère Egide dit une fois : Il me semble que l'Ordre des frères Mineurs a vraiment été envoyé par Dieu pour l'utilité et la grande édification des hommes ; mais malheur à nous frères, si nous ne sommes pas des hommes tels que nous devrions l'être. Car l'Ordre des frères Mineurs devrait être le plus pauvre du monde et il me semble qu'il est le plus riche[4]. Il me semble encore que les vices et les égarements sont en telle abondance parmi nous que nous sommes bien déchus et que nous avons beaucoup prévariqué, car nous voulons vivre autrement qu'il ne convient et nous sortons beaucoup de la voie de la sainte humilité, de la pureté, de la prudence et de la pauvreté. Mais si nous gardions et observions notre profession, dans la pureté, avec discrétion et avec humilité, il est certain qu'il n'y aurait pas en cette vie d'hommes plus heureux que nous ; car celui-là est saint qui suit le saint ; et celui-là est vraiment bon qui va par la voie de celui qui est bon ; et celui-là est riche qui va sur les traces du riche ; en

3. Un paragraphe fort intéressant des *Dicta* est omis ici : « La glorieuse Vierge Marie, Mère de Dieu, est née de pécheurs et de pécheresses et n'entra jamais dans aucun Ordre, et cependant il est d'elle ce qu'il en est. »

4. Le texte des *Dicta* est très différent : « L'Ordre des frères Mineurs me semble être le plus pauvre et le plus riche de ce monde ; mais il me semble que notre principal défaut est de vouloir marcher à de trop grandes hauteurs. »

effet, l'Ordre des frères Mineurs, plus qu'aucun autre Ordre, suit les exemples et les traces du meilleur, du plus riche, du plus saint qui fut et qui sera jamais, c'est-à-dire de Notre-Seigneur Jésus-Christ.

A qui soient louange, honneur et gloire.

CHAPITRE 17

DE LA SAINTE OBÉISSANCE[1].

Plus le religieux reste astreint au joug de l'obéissance pour l'amour de Dieu, plus grands seront les fruits de soi-même qu'il donnera à Dieu. Et plus il sera soumis à son supérieur pour l'honneur de Dieu, plus il sera libre et pur de péchés.

Le religieux vraiment obéissant est semblable au chevalier bien armé et bien en selle, qui passe à travers la troupe de ses ennemis et la met en déroute, en toute sécurité et sans crainte, parce qu'aucun d'eux ne peut lui nuire. Mais celui qui obéit en murmurant et violemment est semblable au chevalier désarmé et mal en selle, qui, en entrant dans la bataille, sera jeté à terre par ses ennemis, blessé, pris par eux, et parfois emprisonné et mis à mort.

Le religieux qui veut vivre selon la fantaisie de sa volonté propre, montre qu'il veut édifier sa demeure éternelle dans l'abîme de l'enfer.

Quand le bœuf met la tête sous le joug, alors il travaille bien la terre, en sorte qu'elle rend de bons fruits en son temps ; mais quand le bœuf tournoie en vagabondant, la terre reste inculte et sauvage et ne rend pas de fruits à la saison. De même le religieux qui soumet sa tête au joug de l'obéissance, rend en son temps beaucoup de fruits au Seigneur Dieu ; mais celui qui n'obéit pas de bon cœur à son supérieur, reste stérile et sauvage et sans les fruits de sa profession.

1. *Dicta :* De l'obéissance et de son utilité.

Les hommes sages et magnanimes mettent promptement, sans crainte et sans hésitation, la tête sous le joug de la sainte obéissance ; mais les hommes insensés et pusillanimes s'efforcent de retirer la tête de dessous le joug de la sainte obéissance ; et ils ne veulent obéir ensuite à aucune créature[2].

Je tiens que c'est une plus grande perfection, pour le serviteur de Dieu, d'obéir simplement à son supérieur par respect et amour de Dieu, que ce ne serait d'obéir à Dieu lui-même si Dieu lui donnait des ordres ; car il est certain que celui qui obéit au vicaire d'un seigneur obéirait encore bien plus vite au seigneur lui-même, s'il lui donnait des ordres.

Il me semble encore que si un homme avait promis d'obéir à un autre, qu'il eût la grâce de parler avec les anges, et qu'il arrivât qu'au moment où il serait et parlerait avec les anges, celui à qui il aurait promis obéissance l'appelât, je dis qu'il devrait abandonner immédiatement son entretien avec les anges et qu'il devrait courir à l'obéissance, pour l'honneur de Dieu[3].

Celui qui a mis la tête sous le joug de la sainte obéissance et qui veut ensuite retirer la tête de dessous cette obéissance pour suivre une vie plus parfaite, je dis qu'il n'a pas d'abord été parfait dans l'état d'obéissance et qu'il donne une preuve du grand orgueil qui gît caché dans son âme.

L'obéissance est la voie pour parvenir à tout bien et à toute vertu, et la désobéissance est la voie de tout mal et de tout vice.

---

2. Paragraphe omis des *Dicta* : « Il arrive parfois qu'un fils, après qu'il est devenu grand, refuse par orgueil d'obéir à sa mère qui l'a nourri et élevé, et qu'il la tourne même en dérision et la méprise. » — Un manuscrit des *Dicta* explique que la mère c'est l'Ordre, et le fils un religieux qui y est entré.

3. Les *Dicta* ajoutent ici, par allusion à 1 R 3, que « le Seigneur ne manifesta sa volonté à Samuel qu'après qu'il eut reçu d'Héli l'autorisation nécessaire. »

CHAPITRE 18

DE LA PENSÉE DE LA MORT.

Si l'homme avait toujours sous les yeux de l'esprit la pensée de sa mort, du dernier jugement éternel, des peines et des tourments des âmes damnées, il est certain que jamais il ne lui viendrait le désir de pécher et d'offenser Dieu[1].

Mais s'il était possible qu'un homme eût vécu depuis le commencement du monde jusqu'au temps d'aujourd'hui, et que tout ce temps il eût eu à supporter toutes les adversités et tribulations, peines, afflictions et douleurs, puis qu'il mourût et que son âme allât recevoir cet éternel bien du ciel, en quoi lui nuiraient tous ces maux qu'il aurait supportés au temps passé ? En rien, peut-on dire. Et de même, si l'homme avait eu, pendant tout le temps susdit, tous les biens, délectations, plaisirs et toutes les consolations du monde, puis qu'à sa mort son âme reçût ces peines éternelles de l'enfer, à quoi lui serviraient tous ces biens qu'il aurait reçus au temps passé ? A rien, peut-on dire[2].

Un vagabond[3] dit à frère Egide : « Je te dis que je voudrais vivre longtemps en ce monde, avoir de grandes richesses et abondance de toutes choses, et que je voudrais être très honoré. » Frère Egide lui dit : « Mon frère, si tu étais seigneur du monde entier et si tu devais y vivre mille ans dans toutes les délectations, délices, plaisirs et consolations temporelles, eh ! dis-moi, quelle récompense ou quel mérite attendrais-tu d'obtenir de ta misérable chair, à laquelle tu voudrais tant plaire et te soumettre ? Mais je te dis que l'homme qui vit bien selon Dieu et qui se garde bien d'offenser Dieu, recevra certainement de lui le bien suprême, la récompense infinie et éternelle, grande abondance, grande richesse et la longue vie éternelle dans cette gloire perpétuelle du ciel. »

---

1. Ce paragraphe d'introduction manque dans les *Dicta*.
2. Ces mots, et les mots analogues que l'on a lus plus haut, paraissent bien être une glose qui a passé dans la traduction italienne.
3. *Dicta :* Un homme du siècle.

A laquelle nous conduise ce Dieu plein de bonté, notre Seigneur et Roi Jésus-Christ. Amen[4].

4. Certains manuscrits des *Dicta* se terminent ici ; d'autres ajoutent cinq chapitres qui n'ont point passé dans la traduction italienne. De la fuite du monde ; — De la persévérance dans la prière ; — Des vertus et des grâces qui s'obtiennent par la prière ; — De la négligence apportée par les supérieurs à faire canoniser certains frères (il s'agit des cinq frères martyrisés au Maroc le 16 janvier 1220) ; — De la solution apportée par le bienheureux Egide à certains problèmes notables. — On trouve enfin d'autres propos d'Egide dans divers manuscrits ; voir l'édition citée des *Dicta*, des Pères de Quaracchi, p. 69-120.

CHAPITRES ADDITIONNELS

CHAPITRE PREMIER

UN TRÈS BEL EXTRAIT DE LA VIE DE SAINT FRANÇOIS[1].

Saint François, par sa persévérance dans la mortification de la croix, mérita de s'élever au rang le plus élevé des esprits ; car il fut toujours en croix, sans s'épargner ni aucune peine, ni aucune douleur, dans le seul but d'accomplir en lui-même et de lui-même la volonté de Dieu.

Ce pourquoi quelques frères qui vivaient avec lui connurent comme il avait chaque jour et continuellement Jésus sur les lèvres, avec quelle suavité et quelle douceur, avec quelle tendresse, il s'exprimait sur Jésus, et comment sa bouche en parlait, pleine d'amour, de l'abondance du cœur ; car, lorsqu'il prononçait le nom de Jésus, la source de son amour embrasé emplissait le plus intime de son être et bouillonnait au dehors. Toujours il portait Jésus dans son cœur, Jésus dans sa bouche, Jésus dans ses oreilles, Jésus dans ses yeux, Jésus dans ses mains, Jésus dans ses autres membres.

O combien de fois, alors qu'il était à table, oublia-t-il la nourriture corporelle, en entendant dire Jésus, ou en pensant à lui, ou en le nommant ; et, comme on peut le lire à son sujet, en voyant il ne voyait pas, en entendant il n'entendait pas. Et plus souvent qu'on ne saurait le dire, quand il allait par les routes, méditant et chantant Jésus il en perdait son chemin et il invitait tous les éléments à louer Jésus. Et parce

---

1. Aux lecteurs que l'histoire de ce chapitre intéresserait, il suffira de signaler la très remarquable étude que le P. Benvenuto Bughetti, O.F.M., lui a consacrée dans l'*Archivum franciscanum historicum*, t. XIII, 1920, p. 323 et s. Il a été publié, pour la première fois, à la suite des *Fioretti* dans les éditions de Vicence, 1474, et de Venise, 1480, 1481, etc. Il s'agit d'un extrait de la *Première Légende* de Thomas de Celano, fait dans un but de piété, vers la fin du XIVe siècle ou le début du XVe. La traduction est presque toujours littérale et les passages originaux sont rares. A plusieurs reprises, le P. Bughetti a dû reconstituer le texte italien sur le latin de Thomas de Celano. Cf. 1 C 26, 81-82, 41

qu'il portait et conservait toujours dans son cœur, avec un merveilleux amour, le Christ Jésus crucifié, il fut, au-dessus de tous, glorieusement marqué de son sceau, et même, dans le ravissement de l'esprit, il le contemplait siégeant à la droite du Père en sa gloire indicible et inintelligible ; son esprit fut, dans cette contemplation, enrichi, en une béatitude suprême, d'une joie pleine de suc et de saveur.

Aussi un jour, s'émerveillant de la miséricorde du Seigneur dans les bienfaits qu'il lui avait donnés, il courut à son lieu ordinaire de prière, ainsi qu'il le faisait souvent ; comme il persévérait longuement dans sa prière, et qu'il se tenait avec crainte et tremblement en présence du Seigneur de la terre entière, pensant, dans l'amertume de son âme, à ses années mal employées et répétant souvent ces paroles : « Mon Dieu, pardonnez-moi à moi pécheur ! » une allégresse indicible et une suavité surabondamment grande commencèrent à abonder dans les secrets replis de son cœur, et il commença même à défaillir en lui-même, alors que ses inquiétudes s'évanouissaient et que disparaissaient les ténèbres accumulées dans son cœur par la crainte du péché ; il lui fut communiqué l'espérance certaine de la rémission de tous ses péchés ; la certitude et la confiance de vivre en état de grâce lui furent données. Puis il fut ravi dans une pleine lumière et transporté au-dessus de lui-même, et, son esprit ayant franchi ses limites, il vit clairement les choses qui devaient se réaliser. Ce pourquoi, quand cette suavité disparut avec la lumière, il lui semblait, l'esprit rénové, qu'il était changé en un autre homme ; ainsi rénové, il dit aux frères avec allégresse : « Réconfortez-vous, mes bien-aimés, et réjouissez-vous dans le Seigneur. » Et alors l'esprit de prophétie reposa en lui[2].

En se recueillant en lui-même et en marchant dans la générosité de son cœur, le glorieux saint préparait en lui une demeure digne de Dieu. Aussi les rumeurs du dehors ne remplissaient pas ses oreilles, et aucune voix ne pouvait ni affecter ni empêcher les grandes œuvres qu'il avait entre les mains.

2. Voir le chap. 19 des *Fioretti*. Le traducteur italien passe ici les deux paragraphes 27 et 28 de Celano, qui donnent un sens beaucoup plus clair à la phrase sur l'esprit de prophétie.

Il s'exerçait toujours dans la sainte simplicité, et il ne laissait aucune petitesse faire obstacle à la générosité de son cœur.

Il ne voulait rien posséder en propre, afin qu'il puisse plus pleinement tout posséder dans le Seigneur ; et à ses auditeurs il ne prêchait pas moins par ses exemples que par ses paroles. De tout son corps il avait fait un langage ; et il y avait en lui un tel accord entre la chair et l'esprit, et une telle obéissance, que, pour cela, alors qu'il s'efforçait d'acquérir toute la sainteté, non seulement celle-ci ne se dérobait pas, mais elle s'efforçait de courir au-devant de son esprit, selon ce qui est écrit : Mon âme a soif de toi et ma chair languit d'autant plus après toi[3] !

Souvent, quand il voulait nommer Jésus-Christ, embrasé d'amour il l'appelait « l'Enfant de Bethléem », et en disant « Bethléem », à la manière d'une brebis qui bêle, il emplissait toute sa bouche de sa voix, mais plus encore de sa tendresse. Ses lèvres même, quand il nommait « l'Enfant de Bethléem » ou « Jésus », il les léchait, pour ainsi dire, de sa langue, goûtant avec béatitude sur son palais et dévorant la douceur de ces noms. Et maintenant, ô bon Jésus, il te loue merveilleusement dans le ciel avec les anges, lui qui, sur la terre, te louait tant, en prêchant aimablement à toutes les créatures.

Parce que, plus qu'on ne saurait le comprendre, il prononçait passionnément ton nom, ô Seigneur saint, tout en jubilation et plein d'une très sainte et très chaste allégresse, il semblait certes un homme rénové et de l'autre monde. Et en tout lieu où il trouvait quelque écrit, divin ou humain, soit sur une route, soit dans une maison, soit sur le pavé, il le recueillait avec le plus grand respect et le plaçait dans un lieu sacré ou décent, de peur que le nom du Seigneur ou quelque autre le concernant n'y fussent écrits ou ne s'y fussent trouvés.

Toutes les créatures enfin, il les appelait du nom de frère ; et, dans la finesse de son cœur, il connaissait leurs secrets, par un remarquable privilège qui lui était tout personnel.

---

3. Ps 62 2.

De la pureté de son esprit découlait la sécurité de ses paroles. Et il devenait immédiatement si éloquent qu'il remplissait d'admiration les âmes de ses auditeurs.

Qui pourrait exprimer de quelle passion il était transporté dans toutes les choses qui touchent à Dieu ? Qui serait capable de raconter quelle douceur il éprouvait en lui-même quand il contemplait dans les créatures la sagesse du Créateur, sa puissance et sa bonté ? Souvent cette considération le remplissait vraiment d'une joie merveilleuse et ineffable, au point que parfois il passait le jour entier à les louer ; et plein de l'esprit de Dieu, comme les trois jeunes gens et le prophète[4], il ne cessait jamais de louer Dieu, dans tous les éléments et dans toutes les créatures, glorifiant et bénissant le Créateur et Gouverneur de toutes choses.

Songez dans quelle allégresse le jetait la magnificence des fleurs. Quand il voyait les aspects de leur beauté et quand il sentait les parfums de leur suavité, il détournait aussitôt vers la fleur éternelle les yeux de sa considération et il invitait toutes les choses à aimer Dieu.

Par-dessus tout il avait le désir d'être dégagé de son corps et d'être avec le Christ[5]. Il s'appliquait principalement à être libéré de toutes les choses qui sont dans le monde, pour que la sérénité de son esprit ne fût pas troublée, même un instant, par la vile laideur des vanités. Il se rendait insensible à toutes les choses tumultueuses qui se passent au dehors, et il se donnait à Dieu seul, en employant ses forces les plus intimes à se rendre maître de ses sens extérieurs et à dompter les mouvements de son âme. Il faisait son nid dans la fente du rocher et son habitation était dans la chambre de la plaie du côté

---

4. Il s'agit des trois jeunes Hébreux que Nabuchodonosor fit jeter dans la fournaise et qui louaient Dieu au milieu des flammes, Dn 3 19-90. Quant au prophète dont il est question, le P. B. Bughetti, éd. citée des *Fioretti*, p. 348, n. 1, pense qu'il s'agirait peut-être de David par allusion à l'un de ses psaumes. Comme les mots « le prophète » n'existent pas dans l'original latin, il me paraît plus probable qu'il s'agit simplement d'une glose désignant Daniel lui-même.
5. Ph 1 23.

du Christ[6]. Il visitait avec une dévotion pleine de bonheur les habitations saintes, et il restait longtemps mortifié, dans le sang du Christ.

Il choisissait souvent les lieux solitaires, pour pouvoir tourner entièrement son âme vers Dieu ; néanmoins, il ne se dérobait point quand il voyait qu'il était nécessaire de s'adonner aux œuvres et de se consacrer au salut du prochain. Son port le plus sûr était la prière, non point brève, ou vide, ou présomptueuse, mais de longue durée, et pleine de dévotion et de douce humilité. S'il la commençait le soir, c'est à peine s'il la finissait le matin ; en marchant, en s'arrêtant, en mangeant, en buvant, il était toujours absorbé par la prière. Il allait seul prier pendant la nuit dans des églises abandonnées et qui étaient dans des lieux déserts.

Sa plus haute intention, son désir particulier et sa suprême résolution était d'observer le saint Évangile, en tout et sur tout, et de suivre et d'imiter parfaitement la doctrine et la voie de Notre-Seigneur Jésus-Christ, en toute vigilance, de tout son zèle, avec tout le désir de l'esprit et avec toute la ferveur du cœur. Dans une continuelle méditation il se rappelait ses paroles, et il se souvenait de ses œuvres en les considérant avec pénétration. En particulier, l'humilité de son Incarnation et la charité de sa Passion occupaient tellement son esprit que c'est à peine s'il voulait penser à autre chose.

Dans sa simplicité, il désirait plus d'être méprisé que d'être exalté par les honneurs que ce monde rend à la sainteté. Car souvent lorsque les hommes l'honoraient, il était blessé d'une grande douleur, et parfois il appelait un frère et lui disait : « Au nom de l'obéissance, je t'ordonne de m'injurier durement et d'opposer la vérité aux mensonges de ces gens. » Et lorsque ce frère, bien que mal volontiers, lui disait : « Vilain, mercenaire, être inutile ! » il lui répondait, en souriant et en applaudissant plusieurs fois : « Que Dieu te bénisse, parce

6. La première partie de la phrase est une citation du *Cantique des Cantiques* 2 14, et la finale un commentaire du traducteur italien. Le texte latin dit : *In foraminibus petræ nidificabat, et in caverna maceriæ habitatio eius.*

que tu dis des paroles très justes. Oui certes, il faut que le fils de Pierre Bernardone entende de telles choses[7]. »

Tous ses[8] actes étaient sagement réglés, tout son maintien était mesuré et modeste ; ses sens étaient mortifiés en lui, au point que c'est à peine s'il pouvait supporter d'entendre ou de voir autre chose que ce qui répondait à ses intentions. En ayant les yeux fixés à terre, il tenait son esprit au ciel ; il observait la sainte pauvreté avec tous ses soins et toute sa sollicitude, car il disait qu'il était impossible d'avoir ce qui est nécessaire sans tomber dans la sensualité.

Il ne recevait que très rarement, ou même jamais, des aliments cuits, et si par hasard il en recevait, il les mélangeait avec de la cendre, ou il faisait disparaître au moyen d'eau froide la saveur de l'assaisonnement. Que dirai-je du vin ? Car, même lorsqu'une grande soif lui donnait un ardent désir de boire, il n'acceptait pas de boire suffisamment d'eau. Souvent il dormait assis sans s'étendre autrement, et en se servant pour oreiller d'un morceau de bois ou d'une pierre. Quand il était poussé du désir de manger une certaine chose, comme on l'est d'habitude par l'appétit, c'est à peine s'il consentait à en manger.

Il commença à prêcher à tous la pénitence, avec une grande ferveur d'esprit et une grande allégresse d'âme, dans un langage simple, mais d'un cœur magnifique ; édifiant ses auditeurs et pénétrant de sa parole enflammée à l'intérieur des cœurs, il remplissait d'admiration l'esprit de tous. Il paraissait tout entier changé en un autre homme que celui qu'il avait été, et en regardant le ciel il dédaignait de regarder la terre. En prière toute la nuit, dormant très rarement, il louait Dieu et sa glorieuse Mère[9].

---

7. Cf. Dante, *Paradis*, XI, 88-90 ; voir le chap. 3 des *Fioretti*, n. 3.
8. Ici une curieuse variante. Le texte de la *Première Légende*, 41, porte : *Actus eorum* et non pas : *Actus eius*. Le traducteur italien applique à saint François lui-même ce que Thomas de Celano dit des premiers frères.
9. Il s'agit dans la *Première Légende*, 24, de ce qu'avait vu frère Bernard de Quintavalle.

La forme de la tunique lui paraissait une révélation de la croix, et dans les paroles de l'Évangile il voyait la révélation de la croix, c'est-à-dire la Passion de Notre-Seigneur Jésus-Christ ; quand on prêchait la parole de la croix, Jésus de Nazareth, il priait au-dessus des frères comme s'il était en croix, en les bénissant ; parler de la mort du Christ, lire l'Evangile du Crucifié, c'était pour lui les plaies, vision du Crucifié, amour du Crucifié, méditation continuelle du Crucifié, douce et fréquente nomination du Crucifié[10].

Lequel soit loué, béni et exalté par nous aussi dans les siècles des siècles. Amen.

CHAPITRE 2

COMMENT LE BIENHEUREUX FRANÇOIS REÇUT L'ÉGLISE SAINTE-MARIE DES ANGES HORS D'ASSISE[1].

Le glorieux père François, voyant que le Seigneur Dieu voulait accroître et multiplier le nombre de ses frères, commença à leur parler et dit : « Mes très chers frères et fils en Jésus-Christ, notre Seigneur béni veut multiplier notre pauvre compagnie : aussi me semble-t-il qu'il serait bon que nous demandions une église à Monseigneur l'évêque ou aux chanoines de Saint-Rufin, ou à l'abbé de Saint-Benoît, avec une petite maison de boue et d'argile, ou de branches d'arbres, ou de mortier, pour que les frères puissent s'y reposer, y vaquer à leurs occupations, rendre grâce à notre Seigneur Dieu, dire l'Office, pleurer dévotement nos péchés et prier Dieu pour les

---

10. Ce paragraphe, que j'ai traduit vaille que vaille, — le P. Bughetti, éd. citée, p. 351, n. 2, reconnaît qu'il est à peu près incompréhensible, — semble renfermer des allusions à divers passages de la *Première Légende*, 22, 48, 92, 93, et notamment à l'apparition de saint François au Chapitre d'Arles ; mais, exception faite pour quelques lambeaux de phrases, il n'est pas extrait de Thomas de Celano.

1. Ce chapitre et les deux suivants sont réunis aux *Fioretti* dans l'édition de Milan de 1477. — L'origine du récit se trouve dans la *Legenda antiqua* de Pérouse, 8, d'où elle a passé dans le *Speculum perfectionis*, 155 et dans le *Tractatus de Indulgentia Sanctæ Mariæ de Portiuncula* de François Bartholi, III, éd. Sabatier, Paris, 1900, p. 7 et s.

pécheurs, et encore pour que nous puissions prier et discipliner notre chair, faire quelque bien pour le salut des âmes, et qu'il plaise ainsi au Seigneur d'accroître notre collège. Nous ne sommes pas bien en ce lieu, et il ne me paraît pas convenable, car le lieu qui s'appelle Rivo Torto[2] est peu de chose : les frères ne peuvent s'y retourner ; et nous n'avons aucune église où nous puissions dire l'Office et louer Dieu et sa très sainte Mère, que nous prions toujours d'être notre avocate. Aussi j'ordonne à tous mes frères quels qu'ils soient, à ceux d'aujourd'hui et à ceux de l'avenir, de l'honorer et de la glorifier toujours, par toute voie et de toute manière qui soient possibles, et de l'avoir en très grande dévotion et vénération. Je veux encore que nous soyons toujours ses fidèles serviteurs. Et si nous passons de cette vie, où pourrions-nous ensevelir nos morts ? Où conserver les sacrements de la sainte Eglise ? Pour cela, mes frères bien-aimés, que vous semble-t-il qu'il y ait à faire dans cette circonstance qui vous est soumise ? » Les frères après avoir entendu le glorieux François, dirent aussitôt : « Qu'il soit fait comme il te plaît », en remerciant Dieu de tout ce qu'il leur donnait.

Alors le bienheureux François se leva avec quelques-uns de ses compagnons, alla trouver l'évêque de la cité d'Assise et lui répéta ces paroles que les frères lui avaient dites ; l'évêque leur répondit aussitôt qu'il n'avait aucune église à donner ainsi. Ce pourquoi saint François, dès qu'il eut entendu la volonté de l'évêque, lui demanda sa bénédiction, s'en alla vers les seigneurs chanoines de Saint-Rufin, et leur dit les susdites paroles. Ceux-ci lui répondirent, pleins de superbe[3], en lui disant : « Allez en paix, car nous ne voulons que tu aies ni église, ni couvent quelconque ; allez donc servir dans les hôpitaux, où il y a des malades en grand nombre. »

2. Sur Rivo Torto, voir plus haut, p. 330, n. 5.
3. *Superbamente ;* mais le mot correspondant ne figure ni dans la *Legenda antiqua*, ni dans le *Speculum*, ni chez Bartholi, pas plus d'ailleurs que la réponse qui suit : « *...sicut episcopus responderunt* », voilà tout ce que nous disent les textes latins. Les chanoines de Saint-Rufin n'étaient vraisemblablement pas en odeur de sainteté près de l'auteur ou du traducteur italien ! Le texte que l'on lit contient plusieurs développements qui ne se rencontrent pas dans le latin, et nous ignorons en quelle langue ils ont d'abord été écrits.

Saint François, en quittant les seigneurs chanoines, alla aussitôt trouver l'abbé de Saint-Benoît du mont Subasio[4], qui, voyant saint François si mortifié, conçut pour lui une très grande dévotion, et, sachant qu'il avait abandonné tant de richesses pour servir Dieu, commença à pleurer de dévotion et de compassion. L'abbé lui demanda ensuite ce qu'il cherchait ; le bienheureux François lui répondit en lui disant comment il était allé chez l'évêque et les seigneurs chanoines pour avoir une église et qu'il n'avait pu l'obtenir : « Et pour cela nous vous prions de vouloir bien nous en fournir une, pour que nous puissions servir Dieu humblement. » En entendant cela, l'abbé dit : « Mes frères, attendez ici ; car je veux réunir le Chapitre à ce sujet, après quoi je vous répondrai. » Le bienheureux François, en entendant ces paroles, pria Dieu avec ses frères de combler leurs désirs.

Le Chapitre rassemblé, l'abbé exposa aux moines la demande du serviteur de Dieu, et les pria de lui concéder cette église en ruine qui s'appelait Sainte-Marie des Anges, hors d'Assise, à deux milles. Les moines, entendant cela et connaissant la sainteté du bienheureux François, dirent tous à l'abbé, avec beaucoup de larmes : « Père, faites tout ce qui vous plaît, car nous en sommes contents : à cette condition que si Dieu multiplie cet Ordre, saint François nous promette que cette église sera toujours appelée le chef[5] de son Ordre et sera au-dessus de toutes les autres. » Le Chapitre terminé, l'abbé appela

---

4. Sur cette abbaye bénédictine, voir P. N. Cavanna, *L'Umbria...*, p. 136 et s. ; trad. franç., p. 97 et s. ; P. Edouard d'Alençon, O.M. Cap., *L'Abbaye de Saint-Benoît au Mont Soubase*, dans *Etudes franciscaines*, XXII, 1909, p. 376 et s. ; P. Sabatier, *Speculum perfectionis*, p. 96, n. 1. Je me permets aussi de renvoyer le lecteur, que des renseignements sur l'état actuel de cette abbaye intéresseraient, à la 2e édition de mon livre sur *Assise*, Paris, *Editions franciscaines*, 1950, p. 154 et s. ; il y trouvera une description sommaire des ruines, où, sous l'intelligente direction de Dom Anselme, O.S.B., curé de Saint-Pierre d'Assise, des fouilles et des travaux de restauration ont été très récemment entrepris. Il y a plus d'un quart de siècle, lorsque j'allai pour la première fois à Saint-Benoît, son état de délabrement était impressionnant !

5. Latin : *caput ;* italien : *capo ;* l'église-mère ; « *mater et caput pauperum Minorum fratrum* », *Legenda antiqua*, 8 ; l'expression revient constamment dans toutes les sources de l'histoire franciscaine.

le bienheureux François, et après lui avoir longuement parlé il lui concéda l'église de Sainte-Marie des Anges de la Portioncule, la plus pauvre qui fût dans la campagne d'Assise ; et il lui fit connaître le désir des moines, c'est-à-dire qu'ils voulaient que cette église fût le chef de toutes les autres. Saint François en fut très joyeux et le leur promit.

Et parce que cette église s'appelait, comme il l'a été dit ci-dessus, Sainte-Marie de la Portioncule, et que ce vocable était très ancien, saint François disait : « Ainsi Dieu n'a pas voulu qu'une autre église fût concédée plus tôt aux frères Mineurs, ni qu'ils fassent une constrution nouvelle, pour que l'antique prophétie se réalisât par leur arrivée, puisqu'ils devaient être pauvres et sous le patronage de la Reine du ciel. »

CHAPITRE 3

COMMENT SAINT FRANÇOIS EUT UNE VISION A SAINTE-MARIE DES ANGES[1].

Après avoir pris congé de l'abbé, le bienheureux François dit à frère Massée de Marignan : « Allons tous deux voir ce lieu que l'abbé vient de nous donner. » Arrivés là, ils virent autour de cette église beaucoup d'orties et d'épines, et au devant un figuier, sous lequel saint François se reposa un peu et bientôt s'endormit.

Puis, alors qu'il lui semblait être en prière, le Christ lui apparut avec sa Mère et lui dit : « Mon François, la terre d'outremer, c'est-à-dire Nazareth, Bethléem, Jérusalem et toute cette contrée de Terre Sainte, où je suis né, et qui sont l'héritage de ma Mère, voici longtemps que les Sarrasins les occupent et les possèdent, à cause des péchés des chrétiens pleins d'iniquité. Et parce qu'il est juste que ma Mère recouvre son héritage, je veux que tu restaures cet édifice et que tu en aies

1. L'original latin du récit de la vision par laquelle le chapitre commence n'est pas connu ; pour le reste : *Legenda antiqua*, 8 ; *Speculum perfectionis*, 55 ; Bartholi, III.

grand soin, pour qu'elle soit honorée par tous les chrétiens fidèles, grâce à vos bonnes œuvres. » Ayant entendu ces paroles, saint François en eut une très grande consolation.

Revenu à lui-même, il appela aussitôt frère Massée, qui était en prière dans la forêt toute proche, et avec une grande joie il lui raconta cette vision ; frère Massée en fut bien émerveillé. Après quoi, le bienheureux François lui dit : « Va vite trouver nos frères, et dis-leur que nous devons demeurer en ce lieu, sur l'ordre du Dieu éternel et de sa Mère la Vierge Marie. » A ces mots, frère Massée partit et raconta aux frères tout ce qui s'était passé. Ils en furent très joyeux, quittèrent l'endroit où ils étaient, et vinrent avec toutes leurs petites choses où était le glorieux François, comme il le leur avait été ordonné par leur père.

Frère Massée fit connaître cette apparition à frère Marin, son neveu[2]. Et elle a été écrite comme frère Marin l'a racontée.

Suivant ce qui a été dit, les frères commencèrent aussitôt à croître et à se multiplier à Sainte-Marie des Anges, et leur renommée se répandait par toute la ville et par tous les lieux de la vallée de Spolète. Les hommes du pays, voyant la sainteté de ces frères, commencèrent à leur faire du bien et à retourner à l'église, en sorte que les frères y étaient très bien. Bien que l'abbé eût donné généreusement ce lieu, sans aucun paiement, au bienheureux François, il voulut néanmoins que la susdite église relevât de l'abbé, à qui il donnait chaque année en paiement une petite corbeille ou un petit vase de poissons, qu'on appelle des gardons, pour que les frères ne puissent avoir en propre aucune chose qui n'appartînt à d'autres[3]. Quand les frères portaient aux moines les susdites choses, ceux-ci leur donnaient du pain, du vin et aussi de l'huile, pour que, si dans l'avenir ils avaient besoin de quelque chose, ils sachent où aller demander l'aumône.

---

2. Frère Marin, appelé parfois Martin, est un des frères dont le témoignage est le plus souvent cité en faveur de l'authenticité de l'Indulgence de la Portioncule ; cf. Bartholi, *Tractatus*... XIV, XV, XLV. Il mourut en 1307, semble-t-il.

3. Cf. Celano, *Seconde Légende*, 18 : « Le Saint laissa à d'autres la propriété [de la Portioncule], n'en réservant seulement que l'usage pour lui et les siens. »

Et pour cette raison, il convient de rendre hommage et louanges à cet Ordre très saint de saint Benoît, qui fut à l'origine le soutien des frères Mineurs, en leur donnant des aumônes et autres choses nécessaires.

CHAPITRE 4

COMMENT DIEU RÉVÉLA A SAINT FRANÇOIS D'ALLER TROUVER LE PAPE HONORIUS III AU SUJET DE L'INDULGENCE[1].

Comme le bienheureux François était à Sainte-Marie des Anges, il lui fut révélé une nuit par Messire le Seigneur Dieu d'aller trouver le souverain Pontife Messire Honorius III,

1. On sait à quels débats, véritablement passionnés, à donné lieu entre franciscanisants la question de l'authenticité de l'Indulgence de la Portioncule. Il est bien entendu qu'il ne s'agit pas de savoir, quand on parle d'authencité, si l'Indulgence plénière du 2 août a été accordée et confirmée par les papes et notamment par Martin IV, après la mort de saint François, — là-dessus tout le monde est d'accord, — la question précise qui se pose est la suivante : l'Indulgence a-t-elle bien été concédée à Sainte-Marie des Anges du vivant de saint François, ainsi que le veut la tradition qui va être rapportée ? La seule bibliographie des travaux consacrés à l'étude de ce problème, d'ordre exclusivement historique, tiendrait environ deux pages. On trouvera tous les anciens textes dans la préface, d'une érudition magistrale, que Paul Sabatier a mise en tête de l'édition, déjà citée, du *Tractatus...*, de François Bartholi ; cette édition datant de 1900, on se reportera, pour les débats postérieurs, à l'*Histoire de la Fondation et de l'Evolution des Frères Mineurs*, du P. Gratien , O.M. Cap., Paris, 1928, p. 12, n. 18, et à l'excellent volume d'Omer Englebert, *Vie de saint François d'Assise*, Paris, 1947, p. 225 et s. Personnellement, et sans demander que l'on attache à mon opinion plus d'importance que je ne lui en donne moi-même, je reste dans le camp des sceptiques : les arguments *contre* du Bollandiste Van Ortroy, S.J., — *Analecta Bollandiana*, t. XXI, 1902, p. 372 et s., cf. *A.B.*, t. XXVI, 1907, p. 140 et s., — ne me paraissent jamais avoir été réellement réfutés. Le plus important, le silence absolu de Thomas de Celano et de saint Bonaventure, me semble avoir été puissamment renforcé par la découverte de la *Legenda antiqua* de Pérouse ; que Thomas de Celano et saint Bonaventure, historiens officiels, aient pu avoir des raisons de se taire, c'est ce qu'à la rigueur on ne saurait absolument rejeter ; mais que l'auteur de la *Legenda antiqua*, qui n'obéissait pas aux mêmes préoccupations, n'ait pas fait la plus lointaine allusion à l'Indulgence dans les pages, si vibrantes d'amour, — 8-10, — qu'il consacra à Sainte-Marie des Anges,

qui à ce moment était à Pérouse[2], afin d'obtenir l'Indulgence pour ladite église, alors restaurée par lui. En se levant le matin, il appela frère Massée de Marignan d'Assise, et lui raconta toute la susdite vision ; puis ils allèrent tous deux près du souverain Pontife.

Il lui dit ces paroles : « Très saint Père, comme j'ai nouvellement fait faire[3] une église en l'honneur de la glorieuse Vierge Marie, ici dans la plaine d'Assise, je prie Votre Sainteté de daigner, pour l'amour de Dieu, lui accorder l'Indulgence plénière qu'on pourra gagner sans aucune offrande. » Entendant cela, le pape répondit : « Ce ne peut se faire convenablement, car il convient que qui demande l'Indulgence la mérite, en tendant la main pour la mériter, c'est-à-dire en faisant l'aumône. Dis-moi néanmoins, pour combien d'années veux-tu cette Indulgence ? » Le serviteur de Dieu François répondit : « Bienheureux Père, qu'il plaise à Votre Sainteté de me donner non pas des années, mais des âmes. » Le pape lui ayant dit : « Je ne comprends pas ton désir », saint François lui répondit : « Je veux, si cela vous plaît, que quiconque viendra dans cette église, confessé et contrit, soit absous de tous ses péchés, de coulpe et de peine[4], au ciel et sur la terre, depuis le jour de son baptême jusqu'au jour et à l'heure où il entrera dans ladite église. » Le Saint Père dit alors : « C'est une grande chose que celle que tu m'as demandée, François, et il n'est pas dans les

---

c'est ce que je n'arrive pas à admettre. — L'ingénieuse *hypothèse* du P. Gratien, l. c., qu'une indulgence aurait été accordée à saint François « pour le jour même de la consécration de Sainte-Marie des Anges », 2 août 1216, indulgence qui aurait ensuite donné naissance à l'idée de cette indulgence plénière, qui fut confirmée d'abord par Martin IV, ne doit pas être écartée, encore que ce ne soit qu'une hypothèse. Ce qui est en tout cas certain, c'est que le problème ne sera jamais définitivement élucidé, d'une façon irréfutable, ni dans un sens, ni dans l'autre, sauf découverte d'un document nouveau. — Le texte que l'on va lire n'est que la traduction partielle, en italien, du diplôme que fit établir, vers 1310, — il n'est pas daté, — le frère Mineur Théobald de Ponte, évêque d'Assise ; original publié notamment par Sabatier, *Tractatus...*, p. LXXVII et s.

2. Honorius III avait été élu pape, le 18 juillet 1216, à Pérouse ; il séjourna plusieurs mois dans cette ville.
3. Latin : *reparavi*.
4. Indulgence de coulpe et de peine : indulgence plénière.

usages de la Cour Romaine d'accorder une telle Indulgence. » Le bienheureux François répondit : « Ce que je demande, ce n'est pas de ma part que je le demande, mais de la part de Celui qui m'a envoyé, c'est-à-dire de Notre-Seigneur Jésus-Christ. » Alors le pape, inspiré par Dieu, prit aussitôt la parole et dit : « Il nous plaît que tu l'obtiennes. »

Entendant cela, les cardinaux qui étaient là présents dirent : « Voyez, saint Père, si vous lui accordez une telle Indulgence, vous dépréciez celle d'outre-mer[5]. » Il répondit : « Nous l'avons donnée et accordée, donc nous ne voulons ni ne pouvons défaire ce qui est fait ; mais restreignons-la, et que suffise seulement un jour naturel par an. » Il appela alors le bienheureux François et lui dit : « A partir de maintenant nous concédons que quiconque viendra et entrera dans cette église, bien confessé et contrit, soit absous de coulpe et de peine. Et nous voulons que cela soit valable une fois chaque année à perpétuité, pendant un jour naturel seulement, c'est-à-dire depuis les Vêpres du premier jour d'août, la nuit comprise, jusqu'aux Vêpres du jour suivant. »

Ayant obtenu cette Indulgence, saint François s'inclina devant le pape, pour le remercier et prendre congé. Et le saint Père, le voyant partir, l'appela en lui disant : « Homme simple[6], où vas-tu ? Quelle preuve emportes-tu avec toi de cette Indulgence ? » Le bienheureux François lui dit : « Votre parole me suffit. Si cette Indulgence est œuvre de Dieu, il révélera son œuvre. Et je n'en veux d'autre privilège que ceci : que la Vierge Marie soit la charte, que le Christ soit le notaire et que les Anges soient les témoins. » Et cela dit il quitta Pérouse et s'en retourna vers Assise.

A moitié route, en un lieu qui était alors et qui est encore

---

5. De Terre-Sainte. Le latin ajoute : *et indulgentia apostolorum Petri et Pauli ad nihilum redigetur et pro nihilo computabitur*. Pourquoi le traducteur italien a-t-il laissé tomber cette phrase ? Une distraction est peu probable, étant donnée l'importance du texte ; l'omission doit être volontaire. Quel en est le motif ?

6. Italien : *semplice ;* latin : *simplicione*, qui est ...de l'italien, mais péjoratif. Ici nous comprenons très bien le scrupule du traducteur.

une demeure de lépreux[7], son compagnon et lui se reposèrent un peu, et il s'endormit ; à son réveil, après avoir prié, il appela son compagnon et lui dit : « Frère Massée, je te dis de la part de Dieu que le pardon que le Souverain Pontife m'a donné sur la terre est confirmé dans le ciel. »

Frère Marin, neveu dudit frère Massée, a raconté cela, lui qui l'a entendu rapporter plusieurs fois de la bouche de son oncle. Et le susdit frère Marin, plein d'années et de sainteté, passa de cette vie présente en 1308[8]. Amen.

CHAPITRE 5

EXEMPLE DE FRÈRE LÉON : COMMENT SAINT FRANÇOIS LUI ORDONNA DE LAVER LA PIERRE[1].

Sur le mont Alverne, comme il parlait avec frère Léon, saint François lui dit : « Frère brebis, lave cette pierre avec de l'eau. » Frère Léon fut prompt et lava la pierre avec de l'eau. Saint François dit avec grande joie et allégresse : «Lave-la avec du vin. » Et ce fut fait. « Lave-la avec de l'huile, » dit saint François. Et alors ce fut fait. Saint François dit : « Frère brebis, lave cette pierre avec du baume. » Frère Léon répondit : « O doux père, comment pourrais-je avoir du baume dans ce lieu si désert ? » Saint François répondit : « Sache, frère brebis du Christ, que cette pierre est celle où le Christ était assis quand il m'apparut une fois, précisément ici. Aussi t'ai-je dit quatre fois : Lave-la ! Garde le silence ; car Jésus-Christ m'a promis quatre grâces singulières pour mon Ordre. La

---

7. Latin : *in loco qui dicitur Colle*, Collestrada. Sur Collestrada et le Spedalaccio, cf. P. N. Cavanna, *L'Umbria...*, p. 45 et s. ; trad. franç., p. 37. et s.
8. Texte de Sabatier : 1307.

1. Original latin : *Vita fratris Leonis*, dans *Analecta franciscana*, t. III, p. 67 et s. L'épisode se trouve, dans plusieurs manuscrits des *Fioretti*, à la suite de la *Vie du Bienheureux Egide*. Pour le commentaire, voir plus haut, p. 233, n. 12.

première est que tous ceux qui aimeront de tout cœur mon Ordre, et les frères qui y persévéreront, feront, par la grâce divine, une bonne fin. La seconde, que les persécuteurs de cette sainte Religion seront gravement punis. La troisième, qu'aucun homme mauvais ne pourra demeurer longtemps dans cet Ordre, s'il persiste dans sa perversité. La quatrième, que cette sainte Religion durera jusqu'au Jugement dernier. »

CHAPITRE 6

COMMENT SAINT FRANÇOIS APPARUT A FRÈRE LÉON[1].

Une fois, alors que saint François avait déjà passé de cette vie, il vint à frère Léon le désir de voir ce doux père que, pendant sa vie, il avait si tendrement aimé ; et pour obtenir cette faveur, il affligeait son corps plus encore que d'habitude, en suppliant Dieu avec une grande ferveur, par la prière et les jeûnes, de combler son désir.

Et comme il était dans l'ardeur de cette prière, saint François lui apparut tout glorieux, avec des ailes toutes resplendissantes et il avait, comme l'aigle, les ongles de ses mains et de ses pieds dorés. Frère Léon fut tout réjoui et consolé par une aussi merveilleuse apparition, et il dit avec admiration : « Pourquoi, mon très révérend père, m'es-tu apparu sous un aspect si surprenant ? » Saint François répondit : « Parmi les autres grâces que la pitié divine m'a données et concédées, il y a ces ailes, pour que, dès que l'on m'invoque, je secoure tout de suite les dévots de ce saint Ordre dans leurs tribulations et leurs besoins, et que j'emporte, comme en volant, leurs âmes et celles de mes bons frères, dans la gloire d'en-haut ; des ongles, si grands, forts et dorés, m'ont été donnés contre le démon, contre les persécuteurs de mon Ordre, contre les

---

1. Original latin : *Vita fratris Leonis*, l. c., p. 71. Chapitre joint aux *Fioretti* dans l'éd. du P. Antonio Cesari, Vérone, 1822, et qui se rencontre dans plusieurs manuscrits indiqués par le P. B. Bughetti, éd. citée, p. 361, n. 2.

frères réprouvés de ce saint Ordre, pour que je les punisse à coup de griffes, durs et âpres, et par des punitions amères[2]. »

A la louange du Christ. Amen.

CHAPITRE 7

COMMENT FRÈRE LÉON VIT EN SONGE UNE TERRIBLE VISION[1].

Frère Léon endormi vit une fois, dans une vision, préparer le Jugement dernier. Il vit les anges sonner de trompettes et de divers instruments et convoquer ainsi sur un pré des gens innombrables. Et d'un côté du pré fut placée une échelle toute vermeille qui montait de la terre jusqu'au ciel ; et de l'autre côté du pré fut placée une autre échelle toute blanche qui descendait du ciel jusqu'à la terre. Au sommet de l'échelle vermeille apparut le Christ, comme un Maître offensé et plein de colère. Et saint François se tenait quelques degrés plus bas, près du Christ ; il descendit un peu plus l'échelle, et il appelait d'une voix forte et avec une grande ferveur en disant : « Venez, mes frères, venez avec confiance ; ne craignez pas, venez et approchez-vous du Seigneur, car il vous appelle. » A la voix de saint François et à son appel, les frères venaient et montaient avec une grande confiance par l'échelle vermeille. Et lorsqu'ils furent tous montés, l'un tombait du troisième échelon, l'autre du quatrième, un autre du cinquième ou du sixième : en sorte que tous tombèrent et qu'il n'en resta aucun sur l'échelle. Saint François, ému de compassion par une telle chute de ses frères, priait, en père compatissant, le Juge pour ses fils, afin qu'il les reçût avec miséricorde. Et le Christ montrait ses plaies toutes sanglantes et disait à saint François : « Voilà ce que m'ont fait tes frères. »

---

2. D'après la version latine, cette vision aurait eu lieu : *in loco Heremitæ*, que l'on identifie, sans grande certitude, avec l'ermitage de Cesi entre Acquasparta et San Gemini, sur la route de Terni à Todi ; sur Cesi, cf. P. N. Cavanna, *L'Umbria...*, p. 275 et s. ; trad. franç., p.194 et s. Mais certains manuscrits latins donnent simplement : *in eremitorio* ou *in quodam eremitorio*.

1. Même original, p. 71 et s., et même édition qu'au chap. précédent.

Après avoir un peu prié ainsi, il descendait quelques degrés, appelait ses frères tombés de l'échelle vermeille et leur disait : « Venez et levez-vous, mes fils et frères ; ayez confiance et ne désespérez pas ; courez à l'échelle blanche et montez-y, car vous serez reçus par elle dans le royaume du ciel. » Les frères, sur le conseil paternel, accouraient à l'échelle blanche. Et au sommet de cette échelle apparut la glorieuse Vierge Marie, Mère de Jésus-Christ, toute clémente et pitoyable, et elle recevait ces frères : et sans aucune peine ils entrèrent dans le royaume éternel[2].

A la louange du Christ. Amen.

CHAPITRE 8

EXEMPLE DE GRANDE ÉDIFICATION[1].

L'an du Seigneur 1280, comme le pape Nicolas III était dans sa Chambre[2] avec le Ministre général et quelques Ministres provinciaux et qu'ils s'entretenaient ensemble de la Déclaration de la Règle[3], quelqu'un, vêtu de l'habit des frères Mineurs, entra dans la Chambre pour y prendre un objet quelconque et sortit aussitôt.

Lorsqu'il fut sorti, le pape Nicolas dit : « Avez-vous vu

---

2. Sur la Vierge à l'échelle, voir le très beau livre de Maurice Vloberg *La Vierge notre Médiatrice*, Grenoble, Arthaud, 1938, p. 189 et s.

1. Les chapitres 8, 9, 11 à 16, 18 furent réunis pour la première fois aux *Fioretti* dans un incunable non daté qui se trouve à la bibliothèque de Palerme. — L'original latin de plusieurs d'entre eux, et notamment de celui-ci, se trouve dans un célèbre manuscrit du couvent Saint-Antoine de Rome qui a été très étudié, et dont les parties intéressantes ont été publiées par le P. Livarius Oliger, O.F.M., dans l'*Archivum franciscanum historicum*, t. XII, 1919, p. 321 et s. ; pour ce chap. 8, p. 398. — Le P. B. Bughetti, éd. citée p. 363, n. 1, indique les manuscrits où il a collationné le texte des onze chapitres 8 - 18.
2. Salle de réception, au sens où l'on dit : les Chambres de Raphaël.
3. Il s'agit de la célèbre bulle *Exiit qui seminat*, promulguée le 14 août 1279 ; peu de documents franciscains ont été plus étudiés ; voir notamment le clair et substantiel chapitre du P. Gratien, O. M. Cap., dans l'ouvrage souvent cité : *Histoire de la Fondation et de l'Evolution*..., p. 321 et s.

ce frère-là qui vient d'entrer dans la Chambre ? » Les frères répondirent que oui. Le pape leur dit : « Je veux vous raconter ce qui lui est arrivé. Quand je fus créé pape, je fis dire à un abbé de l'Ordre de Cîteaux de m'envoyer un frère convers, bon, fidèle et prudent, pour qu'il prenne soin de ma personne et qu'il me serve avec diligence. Et il m'envoya celui que vous venez de voir entrer ici avec votre habit. Comme il voyait un jour les frères Mineurs venir mendier du pain à notre porte, il commença à s'attrister et à tomber en grande mélancolie. Remarquant pareille tristesse, je lui en demandai la raison, en déclarant nettement que je voulais la connaître. Ce convers me répondit : « Très saint Père, voici la raison de mon amertume : alors que j'avais déjà fait profession dans mon Ordre, un jour que j'étais en prière, et je ne sais si j'étais dans mon corps ou hors de mon corps, il me sembla voir toute la cité en grande rumeur ; ce pourquoi je demandai à ceux qui couraient : « Qu'y a-t-il ? » Ils me répondirent : « Nous allons voir Notre-Seigneur Jésus-Christ. » Je commençai alors à courir avec eux, et, en arrivant sur la place, je la trouvai pleine d'hommes qui se trouvaient rangés en cercle, et au milieu d'eux je vis Notre-Seigneur Jésus-Christ avec les Stigmates sacrés, revêtu de l'habit des frères Mineurs, qui prêchait les bras ouverts et disait : « Qui veut sauver son âme me suive et se revête de cet habit dont je suis revêtu moi-même. » Quand je vis donc les frères venir mendier du pain revêtus de cet habit dont j'avais vu le Christ revêtu, je m'attristai aussitôt, et mon âme tomba en grande amertume ; et jamais je ne serai ni joyeux ni consolé, si je ne me vois revêtu de cet habit. Aussi je vous supplie, pour l'amour de la Passion du Christ, de me revêtir de cet habit, si vous voulez me consoler. » Je lui fis alors un grand éloge de son Ordre, en lui disant que c'était un Ordre ancien, approuvé, bon et saint ; mais comme je n'avais pas réussi, malgré tous ces efforts, à le consoler, je l'ai revêtu de votre habit, ainsi que vous l'avez vu. Et il me semble que sa vision fut et est vraie : car, comme vous le savez, il faut que ceux qui veulent être sauvés suivent le Christ, et portent l'habit des frères Mineurs, sinon corporellement, au moins spirituellement, en méprisant le monde avec ses vanités. »

CHAPITRE 9

MIRACLE DE SAINT FRANÇOIS[1].

En Espagne, au royaume de Castille, dans la cité de Rodrigo[2], il fut un évêque qui s'appelait Pierre[3] ; et bien qu'il s'adonnât au péché, il était néanmoins très dévot à saint François. Cet évêque étant tombé malade, mais d'une maladie sans gravité, un de ses serviteurs eut cette vision : il voyait sortir de terre des chiens noirs qui se précipitaient sur cet évêque, alors qu'il siégeait sur son trône, et lui déchiraient tous les vêtements qu'il portait. Mais de derrière le trône surgit un frère Mineur, qui mit ces chiens en fuite ; puis il disait au serviteur : « Va et dis à l'évêque de se confesser et de faire pénitence, car ces animaux sont des démons qui ont pouvoir sur lui à cause de ses péchés. » Quand il s'éveilla, il alla trouver l'évêque et secrètement il lui raconta en détail la susdite vision. Celui-ci en fut très fâché et irrité, et il dit qu'il n'était pas si malade qu'il eût besoin de se confesser.

Trois jours plus tard, ce serviteur eut une autre vision : il voyait deux chiens très grands, noirs et horribles, qui s'apprêtaient à dévorer cet évêque ; mais un frère Mineur les chassa et dit à ce serviteur : « Va dire à l'évêque de se confesser et de faire pénitence, car il doit mourir bientôt de cette maladie.» Il alla trouver l'évêque et lui raconta le tout en détail ; celui-ci s'en fâcha et se mit en colère contre lui parce qu'il avait dit qu'il mourrait ; et il ne s'inquiéta ni de pénitence ni de confession.

Trois jours plus tard, ce serviteur eut une autre vision : il vit l'évêque dans un très grand feu, sur lequel il y avait une chaudière pleine de poix bouillante ; les démons prenaient cet évêque et voulaient l'y plonger ; mais ce frère Mineur les

1. Original latin publié dans *Archivum...*, l. c., p. 394 et s.
2. Ciudad Rodrigo, à quatre-vingt-dix kilomètres environ au sud-ouest de Salamanque.
3. Pietro Diaz, mort en 1343. D'après le P. B. Bughetti. éd. citée, p. 365, n. 1, le miracle aurait été confirmé par une inscription qui était sur son tombeau.

en empêcha et dit ensuite à ce serviteur : « Retourne vers l'évêque et dis-lui de se confesser, car il doit mourir de cette maladie. » Le serviteur répondit : « Je le lui ai dit et il ne veut pas me croire ; donne-moi donc un signe quelconque qui le fasse me croire. » Ce frère dit : « Mets le doigt dans cette poix, et dis à l'évêque que c'est saint François, à qui il est dévot, qui t'a dit cela ; et comme preuve montre-lui le doigt que tu as plongé dans la poix » : il était tout calciné, Ce serviteur s'en alla donc trouver l'évêque et il lui dit en détail ce qu'il avait vu ; celui-ci, stupéfait par le signe du doigt ainsi calciné, et touché de componction par sa dévotion à saint François, se confessa immédiatement. Sa maladie s'aggrava, et peu de jours plus tard il passa de cette vie.

Ses frères et neveux cachèrent sa mort pendant trois jours pour pouvoir emporter ses affaires et celles de l'évêché. Le quatrième jour du mois de mai 1343, son corps fut porté au couvent des frères Mineurs ; et pendant que les frères célébraient l'office de ses funérailles, cet évêque se leva de sa bière en présence de tout le peuple. Ses parents, qui savaient qu'il y avait quatre jours qu'il était mort, en voyant cela commencèrent tous à s'enfuir ; l'évêque criait en disant : « Ne fuyez pas ! Il est vrai que je mourus, mais maintenant je ne suis plus mort. Au moment de ma mort, je fus porté au jugement devant le Christ Juge, et une sentence de damnation éternelle fut rendue contre moi pour deux raisons : la première, c'est que tout en confessant mon concubinage, je n'en avais pas une véritable contrition ; la seconde, c'est que je ne pris pas la résolution de la quitter, elle avec qui j'avais toujours vécu, et cela bien que je l'eusse provisoirement congédiée. Mais saint François se présenta aussitôt et fit valoir devant le Christ Juge trois choses en ma faveur : d'abord, la grande dévotion que j'ai toujours eue pour lui ; ensuite, les grandes aumônes que j'ai toujours faites à ses frères par amour pour lui, car ma maison et ce que j'ai possédé étaient plus aux frères Mineurs qu'à ma propre famille ; en troisième lieu, la ferme conviction que j'ai toujours eue que les mérites de saint François m'empêcheraient de faire une mauvaise fin. Et il pria pour moi le Christ avec tant d'ardeur qu'il obtint par ses prières la grâce que mon âme retournât dans mon corps et eût un délai de vingt jours pour faire pénitence de ses péchés ; quand il sera expiré, il me faudra mourir une seconde fois. »

Et ainsi, pendant ce délai, il récupéra tout ce qui avait été enlevé par ses parents ; et de cela et de tout le reste il disposa bien et vertueusement ; et il fit une pénitence proportionnée à ses péchés. Comme la fête de la Translation de saint François eut lieu pendant ce délai[4], il célébra la messe en cette fête et il prêcha devant tout le peuple ce qui a été raconté plus haut. Et dans ce sermon il prêcha avec tant de ferveur sur saint François que les frères Mineurs, peu connus en ce pays, y furent tenus en grande dévotion et révérence.

Frère François de Giumpareta raconta dans un sermon le susdit miracle, pour la fête de saint François en 1344, à Santa Croce de Florence ; et frère Barthélemy de Milan, lecteur à Lucques, écrivit à frère Ludovic, lecteur à Florence, qu'il l'avait entendu de la bouche d'un de nos frères Mineurs, qui était présent quand le susdit évêque ressuscita de la mort.

A la louange du Christ. Amen.

CHAPITRE 10

COMMENT IL JAILLIT DU SANG D'UNE IMAGE DE SAINT FRANÇOIS[1].

Dans un couvent de frères Prêcheurs il y avait au réfectoire une peinture de saint François avec les Stigmates sacrés. Un frère dudit Ordre, aveuglé d'orgueil en son cœur, ne pouvait comprendre comment saint François avait reçu de Dieu les Stigmates sur son corps ; aussi un jour, après le repas, tous les frères ayant quitté le réfectoire, il alla à cette image, et rapidement il abîma tous les Stigmates et les enleva. Il revint ensuite vers cette image, la retrouva mieux ornée et de nou-

4. C'est le 25 mai 1230 que le corps de saint François fut transporté de l'église Saint-Georges à la basilique d'Assise.

1. Original latin publié dans *Archivum*..., l. c., p. 363 et s. ; titre : *Qualiter de stimatibus ymaginis beati Francisci sanguis vivus emanavit* ; version légèrement différente, au chap. 40 des *Actus*.

veau l'abîma encore ; le même jour il y revint et retrouva cette image beaucoup mieux ornée ; il en fut irrité, et de nouveau il l'abîma encore, à tel point que le mur où elle était peinte demeura tout nu. Mais aussitôt du sang jaillit du mur, avec impétuosité et en très grande abondance, comme d'un tonneau plein quand on vient de les percer, et inonda la figure, la poitrine et tous les habits de ce frère. Frappé de stupeur, il tomba à terre et commença à crier et à appeler les frères à haute voix. A ces cris tout le couvent s'émut et accourut au bruit ; et tous demeuraient frappés de stupeur par ce grand miracle ; et avec beaucoup de dévotion ils recueillirent ledit sang à terre sur des éponges, et firent refaire très solennellement ladite image. Pour l'honneur de l'Ordre, les supérieurs ordonnèrent de ne rien révéler à personne. Ce frère dit alors : « Je préfère être chassé de l'Ordre plutôt que de cacher un miracle si éclatant à l'honneur de saint François. »

Mais quelle vengeance tira de lui l'humble François ? Aucune, si ce n'est de le changer aussitôt en un autre homme ; en ferveur d'esprit, il renonça à tous ses livres et devint homme de grande oraison ; puis, embrasé d'une ferveur prise au cœur de saint François, il alla visiter son église à Assise et, en présence de beaucoup de frères Mineurs, il confessa très humblement le susdit miracle, en montrant, non sans d'abondantes larmes, le sang qu'il avait recueilli à terre sur une éponge. De ce sang, il leur en laissa une partie en témoignage du miracle et il en conserva une autre par vénération pour saint François[2].

A la louange du Christ. Amen.

---

2. Le P. B. Bughetti, éd. citée, p. 368, n. 2, fait cette remarque très juste, mais dépourvue d'indulgence : « il y avait ici, pour augmenter l'incrédulité de ce Dominicain, une foi passionnée dans la prédominance ou supériorité de son Ordre et la ferme volonté d'y travailler : ce sentiment était alors très répandu dans les Ordres religieux. » Voir plus haut, p. 443. — Qui voudrait se documenter sur cette rivalité, en ce qui concerne la question des Stigmates de saint François et de sainte Catherine de Sienne, pourrait lire de nombreux documents publiés par le P. S. Mencherini, *Codice diplomatico...*, notamment p. 94, 109, 117, 125, 134, etc., et, à propos d'une fraude, p. 145.

CHAPITRE 11

UN GRAND MIRACLE DES STIGMATES DE SAINT FRANÇOIS[1].

Dans le royaume de Castille, il y eut un homme très dévot à saint François, qui, en allant à l'église des frères Mineurs pour entendre les Complies, fut assailli par ses ennemis et si cruellement blessé qu'il tomba comme mort à leurs pieds. Et en le quittant, le plus cruel d'entre eux lui donna dans la gorge un coup de couteau d'une telle violence qu'il ne put retirer le couteau : ils le laissèrent pour mort.

On le releva de terre et on le porta chez lui, et ses parents s'inquiétaient déjà de ses funérailles, lorsque, comme l'heure de minuit était déjà survenue, Matines commencèrent à sonner au couvent des frères. Sa femme, entendant sonner Matines, se rappela qu'il avait l'habitude d'aller les entendre chez les frères Mineurs, et pour ce motif elle commença à pousser de longs gémissements en parlant ainsi : « Hélas, mon seigneur, où est maintenant ta ferveur, où est maintenant ta dévotion ? Lève-toi et va à Matines, car la cloche t'appelle ! » A ces gémissements pleins de larmes, l'autre commença à faire signe, par certains gestes de ses mains, qu'on lui retirât le couteau de la gorge, car il l'empêchait de parler. Aussitôt ce couteau fut saisi, sans que l'on vît par qui, et lui fut arraché de la gorge ; et il fut soudainement guéri en présence de beaucoup de ses parents.

Il se leva et il commença à parler ainsi : « Ecoutez, mes très chers parents et amis, et voyez le merveilleux pouvoir de saint François, à qui j'ai toujours été dévot et qui me quitte à l'instant ; il est venu à moi avec ses très saints Stigmates, et, comme il posait ses mains sur mes plaies et mes blessures, le parfum et la suavité de ces Stigmates m'ont réconforté et parfaitement guéri ! Je vous faisais donc signe de me retirer le couteau de la gorge, parce que je ne pouvais parler[2] ; et

---

1. Original latin dans *Archivum...*, l. c., p. 372, et, sous une forme un peu plus développée, dans le *Tractatus de miraculis* de Thomas de Celano, 11-13, ce qui indique que le fait n'est pas postérieur à 1257. C'est manifestement Celano qui amplifie.
2. D'après les textes latins, c'est à saint François et non pas aux assistants que le blessé faisait ce signe.

saint François l'a pris et l'a arraché sans que je souffre ; et, comme vous le voyez, en passant la main sur la blessure de mon cou, il m'a parfaitement guéri et libéré[3]. »

A la louange de Jésus-Christ crucifié. Amen.

CHAPITRE 12

ÉCLATANT MIRACLE EN PRÉSENCE D'UN GRAND CONCOURS DE PEUPLE[1].

Comme saint François était une fois dans la cité d'Alexandrie de Lombardie, il logea chez un homme pieux qui pria saint François d'accepter de manger le soir, selon la parole de l'Evangile[2], ce qui lui serait présenté. Saint François y consentit, et celui-ci, pour lui faire honneur, tua et fit cuire un chapon de sept ans, des plus magnifiques.

Au moment où l'on était à table, survint un infidèle[3] qui demanda l'aumône pour l'amour de Dieu. Saint François, dès qu'il entendit prononcer le nom béni de Dieu, prit un couteau, détacha un membre de ce chapon, et l'envoya à ce pauvre pour l'amour de Dieu[4]. Cet infidèle reçut l'aumône mais ne la mangea pas : il la mit de côté pour confondre saint François. Aussi le lendemain, au moment où saint François prêchait au peuple, cet infidèle montra cette cuisse[5] du chapon en parlant ainsi : « Regardez, Messires, la viande que mange

3. Thomas de Celano précise que la plaie n'était même plus visible : *...ita perfecte sanavit, ut eadem appareat caro et quæ fuit incisa et quæ semper mansit intacta.*

1. Original latin dans *Archivum...*, l. c., p. 371. Le P. Gratien, *Histoire de la Fondation et de l'Evolution...*, p. XVI, n. 10, considère que ce texte est un écrit authentique de frère Léon. Celano a fait passer le récit, en le paraphrasant, dans la *Seconde Légende*, 78-79.
2. Lc **10** 7.
3. Celano l'appelle : « un fils de Bélial » !
4. Celano ajoute que saint François plaça le membre du chapon sur une tranche de pain ; c'est vraisemblable, mais il est bien probable que Celano n'en savait rien !
5. Ce détail est de la fabrication du traducteur italien ; les deux textes latins disent constamment : *membrum.*

cet homme, que vous adorez comme saint : il me l'a donnée hier soir. » A ces mots tout le monde se retourna et, après avoir regardé ce que cet homme avait en main, ils commencèrent tous à le traiter d'insensé, car, par la vertu divine, ce que tout le peuple vit aux mains de cet homme, ce fut non de la viande de chapon, mais un très beau poisson. Cet infidèle, confus et plein de componction à la vue d'un si grand miracle, reconnut sa faute en présence de tout le peuple et se convertit. Et la viande revint à sa nature, quand le prévaricateur revint à résipiscence.

A la louange de Jésus Crucifié. Amen.

CHAPITRE 13

COMMENT SAINT FRANÇOIS ENVOYA D'ABORD DES FRÈRES EN ANGLETERRE, ET DU GRAND MIRACLE QUE LE CHRIST FIT ÉCLATER SUR LEUR ROUTE[1].

Frère Agnello de Pise fut nommé et promu par saint François Ministre d'Angleterre, et frère Albert de Pise y alla avec lui et trois autres frères. Ils arrivèrent dans la cité de Canterbury, où ils furent reçus le 3 mai[2], avec beaucoup de charité, par les frères Prêcheurs[3]. Ils poursuivirent leur route et parvinrent dans une forêt très obscure, où il y avait un couvent de

1. Original latin dans *Archivum...*, l. c., p. 373, et, avec de légères variantes, dans la *Chronique des XXIV Généraux, Analecta Franciscana*, t. III, p. 25 et s.
2. 1224. Cette date du 3 mai ne concorde pas avec celle qui est donnée par Thomas de Eccleston, *Tractatus de adventu fratrum Minorum in Angliam*, éd. A. G. Little, Paris, 109, p. 3 ; Eccleston indique le mardi 10 septembre en ces termes : *feria tertia post festum Nativitatis Beatæ Virginis, quod illo anno fuit dominica*. Ce chroniqueur ne cite pas frère Albert de Pise parmi les compagnons de frère Agnello dont il donne les noms ; il ne fait non plus aucune allusion à l'abbaye inhospitalière dont il va être question. Comme d'ailleurs frère Albert de Pise devint Ministre provincial d'Angleterre en 1236 et Ministre général en 1239, un oubli d'Eccleston, au sujet d'un personnage aussi important, est bien peu probable. Tout cela laisse sceptique sur le caractère historique du récit qu'on va lire ; voir sur cette question *Anal. franc.*, t. IV, p. 331, n. 1.
3. Les Dominicains étaient établis en Angleterre depuis 1221.

moines Noirs[4], l'heure des Vêpres approchait déjà, le temps était très mauvais et il pleuvait, ils étaient très mouillés et fatigués ; ils y demandèrent l'hospitalité pour l'amour de Dieu, afin de ne pas mourir, ou de faim, ou de froid, ou sous la dent des bêtes sauvages, dans cette forêt. Le portier, en considérant ces hommes, qui par leurs grandes pénitences avaient la figure toute décharnée, qui dans leurs vêtements usés étaient lamentables à voir, et dont il ne comprenait pas la langue, s'imagina que c'était des bouffons et des jongleurs ; et il les annonça comme tels au Prieur qui, ces jours-là, était venu se reposer dans ce couvent avec quatre moines.

Ces frères furent donc introduits en la présence du Prieur et des moines, et ils dirent qu'ils n'étaient ni des bouffons ni des jongleurs, mais bien des serviteurs de Dieu et des hérauts du royaume du ciel et de l'Ordre des Apôtres : néanmoins le Prieur et ses moines ordonnèrent qu'ils fussent jetés à la porte du couvent comme des mendiants et des coquins, et qu'il n'y eût pour eux ni pain, ni vin, ni hospitalité, ni pitié aucune. Le plus jeune de ces moines, ému de compassion à la vue d'une telle cruauté, sortit derrière eux et pria le portier de les faire rentrer en cachette, par amour pour lui, et de les loger dans la grange au foin ; et il s'occuperait lui-même de leur donner à manger. Le portier, aux prières du jeune moine, les mit dans cette grange et dans ce foin ; puis ce moine leur porta en cachette du pain et de la cervoise[5], et, en les visitant, il se recommanda avec beaucoup de dévotion à leurs prières.

La nuit suivante, le susdit moine eut cette vision. Il voyait dans l'église un trône merveilleux et resplendissant, sur lequel siégeait le Christ béni ; et tout autour beaucoup de gens étaient appelés au jugement. Le Christ, le visage terrible, prit la parole et dit : « Que l'on amène devant moi les maîtres de ce couvent. » Aussitôt furent amenés le susdit Prieur et ces quatre moines. De l'autre côté arriva un petit pauvre, humble et d'aspect méprisable, qui portait l'habit de ces pauvres fraticelles dont il vient d'être question, et il commença à parler

4. C'est-à-dire de Bénédictins. Le texte latin donne le nom de l'abbaye : Abingdon, entre Londres et Oxford.
5. De la bière.

ainsi : « Juge très juste, les cris et la clameur du sang de ces frères Mineurs, répandu cette nuit, te demandent vengeance : la nourriture corporelle et l'hospitalité leur ont été refusées dans ce couvent, encore que par amour pour toi ils aient abandonné le monde et toutes les consolations de leur corps, et qu'ils soient venus ici pour chercher à te ramener, ô mon Seigneur, les âmes dévoyées, que tu as rachetées dans ton précieux sang sur le bois de la croix ; et celui-ci qui est ici présent les a fait jeter dehors comme des bouffons et des jongleurs. » Alors le Christ se retourna vers le Prieur avec un visage terrible et lui dit : « De quel Ordre es-tu Prieur ? » Il répondit : « De l'Ordre de saint Benoît. » Et le Christ dit à saint Benoît : « Est-ce vrai ce qu'il dit ? » Saint Benoît répondit en disant : « Mon très doux Seigneur, celui-ci et ses compagnons sont des perturbateurs et des destructeurs de mon Ordre, comme le montre la réception faite à ces frères Mineurs, tes parfaits serviteurs. Car j'ai ordonné dans ma Règle[6] que la table de l'Abbé ne restât jamais sans pèlerins, sans pauvres, sans étrangers ; comment celui-ci a appliqué ce précepte, tu le vois, mon Seigneur. » Alors le Christ rendit cette sentence qu'ils fussent pendus à un orme qui était là dans le cloître.

Le Prieur et trois de ses compagnons déjà pendus, le Christ se tourna vers le quatrième, celui qui avait été miséricordieux : « Et toi, de quel Ordre est-tu ? » Ce jeune moine tout tremblant, et qui avait déjà entendu comment saint Benoît les avait reniés, répondit avec beaucoup de crainte et de peur : « Mon Seigneur, je suis de l'Ordre de ce petit pauvre. » Le Christ appela alors celui-ci par son nom et lui dit : « François, est-il bien de ton Ordre ? » Saint François répondit : « Mon Seigneur, il est des miens, et à partir de maintenant je le reçois pour mon frère. » Il le prit et l'embrassa très tendrement ; et dans cet embrassement ce moine se réveilla.

Frappé de stupeur par cette vision et surtout de ce que dans son sommeil il avait, pour la première fois, entendu prononcer par le Christ le nom de François, il se lève, plein d'émerveillement, pour aller annoncer au Prieur ce qu'il avait

---

6. Chapitre 58 : *De hospitibus suscipiendis.*

entendu dans sa vision. Il va à sa chambre, il y entre et il trouve ce mauvais Prieur étranglé : son corps était tout déchiqueté, défiguré, en piteux état. Il court vers ses compagnons, et il les trouve de même étranglés, leurs corps tout déchiquetés. Il court alors vers les frères pour leur raconter ce miracle, et il apprend que le portier, par crainte du Prieur, les avait chassés avant le jour. Il court alors annoncer tout cela à l'Abbé d'Abingdon[7] ; l'Abbé, en entendant ce récit du jeune moine, eut une très grande crainte ; et il tomba avec tous ses moines dans un grand émerveillement.

Cette nouvelle s'étant répandue dans presque tout le pays, ces frères bénis arrivèrent à la cité d'Oxford ; et s'étant présentés au roi Henri[8] ils furent reçus par lui avec beaucoup de courtoisie, et il leur concéda généreusement un couvent. Cependant le bruit de la venue de ces frères et de cet éclatant miracle se répandit de plus en plus dans toute l'Angleterre ; car non seulement ce moine, arraché par saint François à un si terrible jugement, se fit frère, et il fut le premier, mais beaucoup d'autres aussi l'imitèrent, et parmi eux un grand évêque et un abbé ; ces deux-ci, l'évêque et l'abbé, par grande humilité et dévotion, portèrent sur leur propre dos, quand on construisit le couvent, des pierres et un baril d'eau.

Ce frère Agnello[9], quand il arriva en Angleterre, était jeune, aimable et pieux ; il avait trente ans ; il était diacre, et il ne voulut pas être ordonné prêtre et promu à la dignité sacerdotale sans l'autorisation du Chapitre général. Quand à cette époque l'archevêque de Cantorbéry faisait appeler, par son archidiacre, ceux qu'il devait ordonner, il disait :

---

7. Dans un monastère bénédictin, le Prieur est subordonné à l'Abbé, cf. *Sancti Benedicti Regula monachorum*, chapitre 65.
8. Henri III, roi d'Angleterre de 1216 à 1272. Sur ses relations avec les frères Mineurs, voir l'édition citée du *De adventu*... de Thomas de Eccleston, en consultant la table alphabétique à *Henricus III, rex Angliæ*.
9. Le frère Agnello de Pise est une des plus aimables figures de la première génération franciscaine. Il entra dans l'Ordre en 1211 et fut Custode à Paris de 1219 à 1224 ; il mourut à Oxford en 1232. Il a été béatifié en 1892. Voir l'éd. citée du *De adventu*... à la table : *Agnellus Pisanus*, et le traité des *Conformités*, *Analecta franciscana*, t. IV, p. 329 et suiv., et les notes.

« Que viennent les frères de l'Ordre des Apôtres. » Et ce nom persista longtemps en Angleterre.

Ce frère Agnello, en parcourant cette province dans une grande ferveur, fonda et fit édifier beaucoup de couvents de frères et reçut de nombreux frères dans l'Ordre ; ayant accompli beaucoup de miracles dans sa vie et après sa mort, il rendit son âme à Dieu le lendemain de la fête de saint Grégoire pape[10] ; il fut enterré à Oxford.

CHAPITRE 14

COMMENT UN TRÈS MÉCHANT HOMME DE SPOLÈTE SE CONVERTIT[1].

Dans la cité de Spolète il y avait un homme méchant et cruel, qui, ni pour aucune raison ni sous aucun prétexte du monde, ne pouvait ni voulait supporter de voir les frères Mineurs ; et surtout quand ils allaient demander l'aumône, il blasphémait contre eux, il les maudissait, il leur disait par plaisir des vilenies, et il les poursuivait de propos vilains et déshonnêtes. Et les frères s'en plaignaient à saint François, qui demeurait alors dans ledit couvent de Spolète.

Aussi saint François appela-t-il frère André de Sienne, qui allait presque continuellement y demander l'aumône, et il lui parla ainsi : « Va et essaie, en étant aussi importun que possible, d'obtenir quelque aumône de cet homme cruel. » Ce frère André y va par sainte obéissance, et il met l'autre à une telle épreuve que celui-ci, non par dévotion, mais pour s'en débarrasser, lui donna une aumône de pain, en la lui jetant de loin comme on fait à un chien, et en l'accablant vilainement de mots grossiers. Frère André reçut cette aumône, et avec très grande joie et allégresse il retourna vers saint François et lui présenta ladite aumône.

Saint François prend cette aumône, en donne à tous les frères, un peu à chacun, et leur dit : « Allez, que chacun de

---

10. Donc le 13 mars.

1. Original latin dans *Archivum...*, l. c., p. 382, où le récit commence par ces mots : *Frater Tebaldus dixit se vidisse et interfuisse quando...*

vous dise trois fois le Pater Noster, et priez Dieu de conduire ce pécheur dans la voie de la vérité. » Chose admirable ! Les frères n'étaient pas encore levés de table, que voici venir cet homme à leur couvent, plein de contrition et de dévotion ; il se jeta aux pieds de saint François, et, en présence de tous les frères, avec beaucoup de larmes, il confessa la faute de son aveuglement ; puis, changé en un autre homme, il devint bon et il fut un excellent ami et bienfaiteur des frères Mineurs.

A la louange du Christ crucifié. Amen.

CHAPITRE 15

MIRACLE VRAIMENT MERVEILLEUX : COMMENT LE CHRIST DANS LES BRAS DE SA MÈRE BÉNIT LE PEUPLE A SAINTE-MARIE DES ANGES, A L'ÉPOQUE DE L'INDULGENCE[1].

A l'époque de l'Indulgence, l'an du Seigneur 1303, le peuple étant comme d'habitude rassemblé à Sainte-Marie des Anges dans cette nuit de l'Indulgence, il se produisit tout à coup un grand mouvement parmi le peuple, comme lorsque quelque grand prodige vient d'apparaître ; aussi les frères, qui se reposaient à la porte, sous le porche, avec le peuple qui dormait, se réveillèrent-ils et coururent-ils çà et là pour essayer de savoir ce que cela voulait dire, mais ils ne virent rien, sinon une colombe très blanche qui, d'un vol rapide, fit cinq fois le tour intérieur de l'église.

Pendant ces mouvements et ces bruits, un frère, François Cozzo[2], voulant connaître la vérité là-dessus, quitta la loggia et s'en alla voir frère Conrad[3] « de sainte mémoire », qui est enseveli au couvent de l'Isola[4], où il a fait beaucoup de mira-

1. Original latin dans le *Tractatus de Indulgentia*... de Fr. Bartholi, chap. XX.
2. Latin : *Franciscus Coctii.*
3. Conrad d'Offida ; voir les chap. 42-44 des *Fioretti*.
4. *Insula Romana*, aujourd'hui Bastia, près d'Assise ; cf. P. N. Cavana, *L'Umbria*..., p. 40 et s. ; trad franç., p. 33 et s. Le Bienheureux Conrad d'Offida mourut au couvent de Bastia le 12 décembre 1306 ; son corps fut transporté à Pérouse en 1322. Le récit a donc été écrit entre ces deux dates ; cf. Bartholi, *Tractatus de Indulgentia*..., éd. citée, p. 42, n. 1.

cles ; il le trouva en prière devant l'autel et il lui parla ainsi : « Très cher père, comme vous l'entendez, il y a un grand bruit et un grand mouvement parmi tout ce peuple, comme s'il était apparu quelque miracle. » Frère Conrad répondit : « Mon fils, je veux que ce que vais te dire, tu ne le révèles à personne tant que je vivrai. J'ai vu descendre du plus haut des cieux la glorieuse Vierge Marie dans une lumière et une splendeur admirables, et elle tenait dans ses bras son très doux Fils béni. Et il bénit tout le peuple, qui est venu pour cette Indulgence très sainte ; et c'est quand le très doux Jésus donnait de ses propres mains sa bénédiction et sa grâce, que tout le peuple fut en remous et en tumulte. »

A la louange du Christ. Amen.

CHAPITRE 16

UN AUTRE MIRACLE DE LADITE INDULGENCE[1].

Un gentilhomme de Pouille, qui s'appelait François, se préparait en l'an du Seigneur 1308[2] à aller pour l'Indulgence à Sainte-Marie des Anges, avec sa suite ; et il dit à un journalier qui avait coutume de l'aider, moyennant paiement, durant presque toute la plus grande partie de l'année : « Pourquoi ne travailles-tu pas pour le salut de ton âme comme tu le fais pour ton corps ? » L'autre lui dit : « Comment puis-je travailler pour mon âme ? » Le gentilhomme répondit : « En venant avec nous à Saint-François, où tu obtiendras la rémission de tes péchés. » Ce laboureur dit : « J'irai bien volontiers avec vous, si vous voulez me payer mon salaire pendant ce temps pendant lequel je vous ai aidé. » Alors Messire François le paya entièrement, et avec lui et d'autres compagnons il se mit en route et alla à Saint-François en grande dévotion ; confessés et contrits, ils reçurent l'Indulgence à Sainte-Marie des Anges avec une grande joie spirituelle.

Ils quittèrent Assise et, comme ils retournaient dans le

1. Original latin dans Fr. Bartholi, *Tractatus de Indulgentia...*, chap. XXIX.
2. Bartholi dit seulement : *Circa annum Domini...*

pays de Pouille, le susdit journalier tomba malade et de telle sorte que ses pieds enflèrent et qu'il ne pouvait plus marcher. Aussi, comme au regret du voyage qu'il avait fait, il commença à parler ainsi à Messire François : « Plût à Dieu que je ne fusse jamais venu à cette Indulgence, car j'ai dépensé tout mon argent, et jamais je n'en avais eu tant, et voici que je suis tombé malade ; vous tous, vous retournez chez vous, et moi, malheureux que je suis ! je reste ici seul, pauvre et malade. » Messire François répondit : « Je te supplie de ne pas te repentir du grand bien que tu as acquis. » Comme le paysan persévérait dans ses regrets d'être venu, Messire François lui dit : « Donne-moi l'Indulgence, telle que tu l'as reçue quand tu es entré dans l'église de Sainte-Marie des Anges, pour mon frère qui est mort, et je te promets de te rendre, en présence de tous ceux-ci, ce que tu as dépensé en chemin ; et en outre je te porterai en croupe sur mon cheval jusqu'à notre maison, et à mes frais. » A l'autre, il parut que c'était une bonne affaire : il conclut le pacte, il reçoit l'argent, il monte à cheval avec une grande joie et il se met en chemin.

Comme Messire François chevauchait à cheval avec ce paysan et le reste de sa suite, le frère de ce chevalier, qui était mort plusieurs mois auparavant, apparut au milieu d'eux et parla ainsi : « O mon très doux frère, je te remercie d'un si grand bienfait que j'ai aujourd'hui reçu de toi, car la sainte Indulgence, que tu as achetée pour moi avec dévotion, a délivré mon âme de toutes les peines du purgatoire ; et pour que tu croies que c'est vrai, je vais te dire ce qui s'est passé dans ta maison depuis que tu es parti. Sache que la maison que tu as hors des murs a subi un vol, qu'on a coupé le pied à un de tes bœufs, et que ta famille ne sait que faire : on t'attend ; ta famille et d'autres parents viendront à ta rencontre à quelques milles, et, pour ne pas t'attrister, ils ne voudront pas te le dire. Mais fais en sorte de l'apprendre d'eux aussitôt ; et si tu vois que ce que j'ai dit est vrai, tiens pour certain que la sainte Indulgence de la Portioncule m'a délivré de toute peine et que je suis au paradis. » Et cela dit, on ne le vit plus.

Ce chevalier, après avoir vu et entendu tout cela, se prit à y réfléchir très attentivement ; et il retournait dans son pays avec une grande joie. Comme il était déjà près de sa terre, à un mille de ses possessions, voici venir ses parents et ses amis en grandc fête et grand plaisir. Il leur demande comme s'il était inquiet : « Comment va notre maison ? S'y est-il produit quelque chose de nouveau depuis que je suis parti pour Assise ? » Ils répondirent : « Quand tu seras arrivé chez toi, nous te le dirons et tu le verras. » Messire François dit : « Je ne ferai certainement pas un pas de plus, avant de tout savoir ; et cela j'ai mes raisons pour le dire. » Alors ses parents lui racontèrent tout en détail, comme son frère le lui avait dit quand il lui était apparu sur la route. Alors Messire François commença à dire avec une très grande joie : « Maintenant je sais et je crois fermement que l'Indulgence de Sainte-Marie de la Portioncule est très vraie et qu'elle a été approuvée devant Dieu ; c'est par elle que mon frère bien-aimé a été conduit aux joies du ciel. »

A la louange du Christ crucifié. Amen.

CHAPITRE 17

COMMENT SAINT DOMINIQUE CONFIRMA L'INDULGENCE DE LA PORTIONCULE[1].

Une dame d'Allemagne, qui était venue à l'Indulgence de Sainte-Marie de la Portioncule, dit et jura devant l'autel de saint François qu'elle avait vu ce miracle de saint François, et cela en présence de plusieurs frères, de nombreux séculiers

1. Original latin dans Fr. Bartholi, *Tractatus de Indulgentia...*, chap. XVII : *Unum miraculum in quo beatus Dominicus et sanctus Petrus martyr affirmant esse veram indulgentiam Sanctæ Mariæ de Angelis et esse majorem apud Deum quam dicatur...* Ce chapitre commence la seconde partie du traité de Bartholi, où il est rapporté un certain nombre de miracle destinés à démontrer l'authenticité de l'Indulgence, notamment *quum... per æmulos nostros aliquando sit confirmata et prædicata.* On sait que le mot *æmulus* peut être employé en bonne ou en mauvaise part, et faire allusion soit à une noble émulation, soit à une rivalité moins glorieuse. Je serais fortement tenté de penser qu'il est pris ici au sens péjoratif, et que l'épisode signifie : quelle mesquine jalousie, inconnue des grands saints de l'Ordre des Prêcheurs ! Les chapitres XVIII et XIX du *Traité* de Bartholi confirment nettement cette interprétation. Voir plus haut, p. 352 et 353, n. 2.

et de Merlin qui traduisait ses paroles ; ce Merlin était d'Assise ; elle commença ainsi :

« Il y a déjà de nombreuses années que j'ai décidé de venir gagner l'Indulgence sacrée, mais, en raison de beaucoup d'empêchements qui se sont présentés, j'ai retardé ma venue jusqu'au présent jour. Ayant alors tout arrêté et préparé pour faire le voyage, j'allai à l'église des frères Prêcheurs, voisine de chez moi, et demandai mon confesseur, en lui demandant le sacrement de la confession, après lui avoir exposé que je voulais aller à Saint-François, pour l'Indulgence qui s'obtient à Sainte-Marie des Anges. Il en fut indigné et irrité, et il ne voulut ni me confesser, ni me donner la permission de venir ici, en disant que cette Indulgence dont on parlait n'y était pas accordée. Aussi, toute troublée, je retournai chez moi dans une grande amertume ; et je rencontrai alors deux frères Prêcheurs qui me dirent : « Pourquoi es-tu si troublée ? » Je leur dis la raison et ils me dirent : « Reprends courage et ne t'attriste plus, mais viens avec nous et retourne au couvent, et pour ta consolation nous te trouverons un bon confesseur. » J'y allai, et ils firent ce qu'ils avaient promis. Après que je fus confessée, ces deux frères firent appeler plusieurs autres frères du couvent, et, quand ils furent rassemblés, l'un de ces deux leur dit en ma présence : « Mes très chers frères, tenez pour certain, sans aucun doute, que l'Indulgence de la Sainte-Marie des Anges est vraie et certaine devant Dieu, et beaucoup plus grande qu'on ne le dit ; et pour que vous le croyiez sachez que je suis saint Dominique[2], votre père et le premier fondateur de l'Ordre, et que celui-ci est saint Pierre martyr[3]. Cela dit, ils disparurent aussitôt de nos yeux. Aussi, ayant vu un si grand miracle, je me suis mise en route et je suis venue, comme vous me voyez, pour gagner cette Indulgence très sacrée. »

A la louange de Jésus-Christ crucifié. Amen.

---

2. Cf. *Fioretti*, chap. 18.
3. Saint Pierre de Vérone, plus connu sous le nom de saint Pierre martyr, frère Prêcheur, assassiné par des hérétiques en 1252. Fête le 29 avril.

CHAPITRE 18

COMMENT L'EMPEREUR DE CONSTANTINOPLE SE FIT FRÈRE MINEUR PAR UNE RÉVÉLATION DE DIEU[1].

L'empereur de Constantinople, nommé Jean[2], se fit frère Mineur en cette manière.

Presque sur la fin de sa vie, comme il avait eu beaucoup de bonheur et de prospérités du monde, et qu'il se voyait vieillir, il commença à penser à la mort ; et, comme on le croit, Dieu lui mit au cœur le désir de savoir quelle fin il devait faire. Et, comme il était en ce désir, il eut une nuit cette vision en songe. Il voyait un homme très vénérable, vêtu de blanc, qui avait en main l'habit des frères Mineurs, la corde et les sandales ; il l'appela par son nom et lui dit : « Empereur Jean, puisque tu es très inquiet de savoir quelle sera ta fin, sache que tu dois finir sous cet habit des frères Mineurs : telle est la volonté divine. » L'empereur, à son réveil, se mit à réfléchir à une pareille humiliation : devoir, de l'empire, en venir à être frère Mineur. Sous aucun prétexte au monde, son âme ne pouvait y consentir ; aussi, comme en se plaignant, il commença à pousser de grands soupirs et presque à pleurer ; à ces gémissements plaintifs, les camériers accoururent, et

---

1. Original latin dans *Archivum*..., l. c., p. 399 ; le même récit se trouve, mais avec des variantes, dans le *De Laudibus beati Francisci* de Bernard de Besse, secrétaire de saint Bonaventure, *Analecta franciscana*, t. III, p. 680 et s.
2. Il s'agit de Jean de Brienne, sacré roi de Jérusalem le 3 octobre 1210, et qui se laissa d'ailleurs berner par Frédéric II ; il devint empereur de Constantinople en 1231 et mourut en 1237. C'est une des plus belles figures de roi-chevalier de l'époque des Croisades. Il commandait l'armée chrétienne devant Damiette quand saint François se rendit en Orient. Son corps fut enseveli dans la basilique d'Assise ; et il est au moins très probable que son tombeau est celui de l'église inférieure, — à droite en entrant, — qui passe, depuis le début du XVIe siècle, pour être le monument funéraire d'une reine de Chypre. Jean de Brienne reçut l'habit de saint François des mains de Benoît d'Arezzo, Ministre provincial d'Orient ; mais la date est inconnue. Cf. P. G. Golubovich, *Biblioteca biobibliografica della Terra Santa e dell'Oriente francescano*, t. I., Quaracchi, 1906, p. 137 et s. et les textes qu'il cite, p. 147 et s., Jean de Brienne était le frère de Gautier de Brienne, que saint François, avant sa conversion, voulut suivre dans les Pouilles, probablement en 1205 ; cf. Thomas de Celano, *Seconde Légende*, 5-6.

comme ils lui demandaient la cause desdits gémissements plaintifs, il ne voulut pas la leur dire.

La nuit suivante, deux hommes semblablement vêtus de blanc lui apparurent pendant son sommeil, avec l'habit, la corde et les sandales, et lui dirent : « Telle est la volonté divine, que tu meures sous cet habit. » A son réveil, il fut de nouveau saisi de douleur ; et, comme il se lamentait avec des gémissements douloureux, les camériers accoururent, et il ne voulut pas encore leur dire la cause de ses pleurs.

La troisième nuit, trois hommes vêtus de blanc et très vénérables, apparurent à l'empereur pendant son sommeil, avec l'habit, la corde et les sandales, en lui disant et lui redisant qu'il devait mourir sous ledit habit et que telle était la volonté divine, et ils ajoutèrent : « Ne crois pas que ce soit une illusion ou un vain songe ; mais il faut qu'il en soit immanquablement comme nous te l'avons dit. »

L'empereur, à son réveil, ordonna que l'on appelât frère Agnello[3] son confesseur ; celui-ci vint et trouva l'empereur dans une salle où il pleurait très amèrement. Ce frère Agnello lui dit : « Je sais la cause de tes pleurs, parce que la vision que tu as eue de Dieu m'a été révélée ; tenez pour certain que Dieu a décidé que vous finissiez vos jours en mourant sous l'habit des frères Mineurs. » Il le consola et lui rappela de nombreux exemples de grande humilité, et comme l'humilité était très agréable à Dieu, parce que qui s'humilie en ce monde, Dieu l'exalte au paradis ; puis, après quelques jours, l'empereur commença à avoir une fièvre tierce ; aussi, voulant accomplir la volonté divine ainsi qu'il le lui avait été révélé trois fois en vision, de propos délibéré, en toute humilité, et non sans que les assistants répandissent des larmes, cet empereur entra dans l'Ordre de saint François, et il y termina ses jours d'une manière très digne de louanges.

Et alors qu'il était dans l'Ordre et que les frères le tenaient parfois à l'écart des humbles offices, comme d'aller demander l'aumône, de laver les écuelles, de balayer la maison, il dit et

3. Italien : *Agnolo ;* latin : *Angelus.*

fit cette prière avec beaucoup d'amour : « O mon très doux Seigneur Jésus-Christ, accorde-moi cette grâce, à moi qui ai vécu dans le siècle avec tant de pompe, sous des vêtements précieux et vains, qu'il te plaise que, le sac au cou et demandant l'aumône, je puisse te suivre, toi qui t'es fait pour moi humble et pauvre en ce monde. » Cette prière fut exaucée par Dieu, car il fut un exemple sans mesure de grande humilité pour tous les frères, et il passa à la vie bienheureuse, plein de vertu et de la grâce de Dieu.

A la louange du Christ crucifié et du bienheureux Messire saint François. Amen.

CHAPITRE 19

QUELQUES VISIONS, RÉVÉLATIONS ET TENTATIONS QU'EUT FRÈRE ÉGIDE AVANT SA MORT[1].

Saint François, considérant sous l'inspiration de l'Esprit-Saint que frère Egide était homme de Dieu et de bon exemple, en éprouvait une grande joie et lui disait qu'il pouvait aller où il voudrait ; et celui-ci lui répondit qu'il ne voulait ni aller ni demeurer en telle liberté.

Sept ans après sa conversion, saint François l'envoya à un ermitage, dans la plaine de Pérouse, qui s'appelle Fabrione.

En considération de ses bonnes œuvres, la main de Dieu se manifesta sur lui. Ainsi, parmi les autres bienfaits que Dieu lui accorda, une nuit qu'il était en prière, il fut inondé d'une telle douceur divine qu'il semblait que Dieu voulût lui arra-

1. Ce chapitre a fait l'objet d'un très savant travail de reconstitution, publié par le P. B. Bughetti dans l'*Archivum franciscanum historicum*, t. XIII, 1920, p. 355 et s. Il s'agit d'une traduction, plus ou moins fidèle et plus ou moins complète, de la *Vita* de frère Egide, écrite en latin par frère Léon. Elle serait beaucoup mieux à sa place à la suite de la page 280. Le P. B. Bughetti, éd. citée des *Fioretti*, p. 385, n. 1, donne de ce chapitre cette remarquable définition, à laquelle il n'y a rien à ajouter : « C'est ici le bienheureux Egide extatique, tout intime et céleste. »

cher l'âme du corps, et le Seigneur lui montrait alors beaucoup de ses secrets et l'encourageait ainsi à le servir. Il commença à sentir comment le corps mourait, d'abord par les pieds, et ainsi de suite, jusqu'à ce que l'âme en sortît. Et comme elle était hors du Corps, ainsi qu'il plut à Celui qui unit cette âme au corps, elle se réjouissait de se contempler elle-même, à cause de la grande beauté dont l'Esprit-Saint l'avait ornée. Car elle était très subtile et très brillante, au-delà de toute idée, comme il le révéla à l'approche de sa mort. Et il eut tant de consolation et de contemplation que son âme fut ravie en Dieu ; et cette joie secrète, il ne voulait pas la révéler. Aussi disait-il : « Bienheureux l'homme qui sait conserver et protéger les choses secrètes de Dieu, car il n'est rien de si caché qui ne soit manifesté et révélé quand Dieu le voudra ! Mais je me défie de moi-même ; et je veux qu'elles soient révélées plutôt par d'autres que par moi. »

L'ennemi du genre humain s'efforce toujours de tourmenter les saints de Dieu, avec la permission de Dieu. Peu de temps après cette consolation, dans le même ermitage, comme il venait de finir ses prières et qu'il entrait dans sa cellule, il sentit l'ange de Satan, dont il ne put supporter l'horreur ; il se jeta alors en prière, priant Dieu du cœur, car de sa langue il ne pouvait parler ; et il fut aussitôt délivré.

Quelques jours plus tard, il interrogea saint François en lui disant : « Père, est-il quelque chose de si terrible qu'on ne pourrait supporter de le voir, le temps qu'il faut pour dire un *Pater noster* ? » Saint François répondit : « Personne ne pourrait certes supporter de voir le diable, pendant qu'on dirait seulement la moitié d'un *Pater noster*, sans mourir immédiatement, à moins d'être secouru par l'aide de Dieu. » En entendant cela, saint Egide crut que c'était vrai, parce qu'il en avait eu la preuve.

A une autre époque, auparavant, comme il était à Spolète, dans une église de Saint-Apollinaire, où les frères demeuraient alors, et qu'il s'était levé pendant la nuit et était entré de bonne heure à l'église, et qu'il s'y trouvait prosterné en prière, il sentit sur lui le démon qui le tourmentait et le molestait beaucoup. Bien qu'il se mît à prier plus ardemment, il ne put se redresser ; mais il se dégagea comme il le put, jusqu'à ce qu'il parvînt à l'eau bénite : il s'en aspergea avec foi, et il fut aussitôt délivré de ce tourment.

Dix-huit ans après sa conversion, l'année où saint François notre père passa de cette vie au ciel, frère Egide, en allant avec un compagnon à l'ermitage de Cetona[2], qui est dans l'évêché de Chiusi, parvint au couvent des frères de Cibottola[3] ; dans ce couvent, il vit la nuit suivante, pendant son sommeil, un empereur qui lui témoignait une grande familiarité ; il pensa que c'était l'annonce d'un événement qui devait lui survenir, Ils se levèrent alors et se rendirent à cet ermitage où ils firent le carême de saint Martin[4]. Là frère Egide vit saint François dans une vision et lui dit : « Je voudrais te parler seul à seul. » Saint François lui répondit : « Si tu veux me parler, veille bien sur toi-même. »

Parce qu'il s'efforçait de beaucoup prier, alors qu'il priait dévotement trois jours avant la Nativité du Seigneur, le Seigneur lui apparut sous une forme sensible pendant la nuit ; et frère Egide, enivré de parfum, poussait de grands cris et éprouvait une telle douceur que son corps lui semblait défaillir, parce qu'il ne pouvait supporter cette joie ; ces cris épouvantaient les frères de ce couvent ; tout à coup il fut rempli d'un parfum indicible et d'une immense douceur de cœur, et il semblait qu'il allait passer de ce monde. Un frère qui s'en aperçut commença à être saisi d'une grande peur ; il alla trouver alors le compagnon de frère Egide et lui dit : « Viens voir frère Egide qui se meurt. » Il alla immédiatement à lui et lui demanda ce qu'il avait. Il lui répondit : « Viens, mon fils, car je désirais te voir. » Il l'aimait beaucoup et avait confiance en lui, parce qu'il l'avait nourri depuis son enfance dans de bonnes pratiques. Et il lui raconta en détail ce qui lui était arrivé. Son compagnon, entendant cela, reconnut qu'il y

2. Province de Sienne ; cf. P. N. Cavanna, *L'Umbria...*, p. 217, n. 1 ; trad. franç., p. 155, n. 1.
3. Province de Pérouse ; le couvent a été supprimé en 1863.
4. Carême qui commence à la Toussaint pour finir à Noël ; on sait que la fête de saint Martin est célébrée le 11 novembre ; sur ce carême, voir la Règle de 1221 (1 Reg. **3**), et la Règle de 1223 (2 Reg. **3**).

avait eu là une intervention divine ; et il retourna à sa propre cellule.

Mais le lendemain il alla à la cellule de frère Egide et le trouva pleurant et se lamentant ; il lui conseilla de ne pas tant s'affliger, car il pourrait y perdre la vie. Frère Egide lui répondit : « Comment puis-je ne pas pleurer, puisque je reconnais que je suis un ennemi de Dieu, qui m'a fait une telle miséricorde et qui m'a donné de tels dons que je tremble de ne pas obéir à sa volonté ? » C'est la grâce spéciale qui lui avait été donnée par Dieu, grâce par laquelle il avait été merveilleusement transformé, qui le faisait parler ainsi. Il dit à son compagnon : « Jusqu'ici j'allais où je voulais, et ce que je voulais faire je le faisais avec l'aide de mes mains ; mais désormais il n'en est plus ainsi, car il me faut agir d'après ce que j'éprouve en moi ; et je crains beaucoup à ce sujet de ne pouvoir donner ce que l'on me demande. » Son compagnon lui dit : « Le Seigneur donne la grâce à son serviteur et l'aide à y persévérer ; néanmoins il est bon d'avoir de la crainte. » Cette réponse plut beaucoup à frère Egide.

Il fut dans une telle et si grande douceur qu'on ne saurait le dire, et dans une joie et un parfum suave, depuis le troisième jour avant la Nativité du Seigneur jusqu'à l'Epiphanie ; ce n'était pas continuel, mais intermittent, avec des intervalles chaque jour et chaque nuit : car la fragilité humaine n'aurait pu supporter longtemps la splendeur immense qui lui apparaissait. Il priait Dieu avec ferveur de ne pas lui imposer un pareil fardeau, et il faisait valoir fortement qu'il n'y était pas préparé, parce qu'il était ignorant et illettré, rustre et simple. Et plus il s'en jugeait indigne, plus Dieu lui accordait sa grâce en abondance. Il finit par dire que Dieu avait fait en lui ce qu'il avait fait dans les Apôtres en leur insufflant l'Esprit-Saint.

Comme saint Egide était une nuit devant sa cellule avec son compagnon, et qu'il parlait de Dieu avec dévotion et suavité, il vint une splendeur éclatante qui passa doucement entre eux deux. A son compagnon qui demandait ce que c'était, il répondit : « Laisse aller. » Il y avait là alors un homme religieux et saint, à qui Dieu avait révélé de ses secrets ; aussi, un peu avant que cela arrive à saint Egide, ce saint religieux vit en songe que là où était la cellule de frère Egide, là se levait le soleil et là il se couchait. Il vit ensuite frère Egide transformé et merveilleusement exalté par un nouvel effet de la grâce, et il lui dit : « Porte avec suavité le Fils de la Vierge. »

Puis après cela saint Egide conserva avec le plus grand soin la grâce qui lui avait été donnée, et il disait : « Au-dessus de toutes les grâces et de toutes les vertus, il y a celle de suivre les vertus et de conserver les grâces qui vous ont été données. » Aussi disait-il : « Les Apôtres, après qu'ils eurent reçu l'Esprit-Saint, éprouvèrent une peine mille fois plus grande à supporter les tribulations et à conserver la grâce qui leur avait été donnée. » A partir de ce moment, il était toujours solitaire, veillant dans sa cellule et se gardant avec soin de toute œuvre coupable ; et si on lui rapportait les fautes des autres, il disait ceci : « Je ne veux pas connaître le péché d'autrui. » Et il disait à celui qui le lui avait rapporté : « Frère, garde-toi de voir ce qui est pernicieux, sinon dans la mesure où cela t'est utile et où cela te concerne. »

Trouvant donc que ce serviteur était bon et fidèle, Dieu lui fit de plus grands dons ; et Dieu augmenta avec une telle abondance la grâce qu'il lui avait donnée qu'il ne pouvait la cacher. Aussi si quelqu'un s'entretenait avec lui de la gloire du Seigneur et de sa douceur, ou du paradis, il était aussitôt ravi en esprit, et pendant la durée d'un jour et d'une nuit, il restait ainsi immobile, il ne parlait pas, il ne changeait pas de place. Pour cette raison, non seulement il s'écartait de la compagnie des séculiers, mais aussi de celle des frères et des autres religieux. Aussi disait-il : « Il est plus aisé pour l'homme de sauver son âme avec un peu de gens qu'avec beaucoup, c'est-à-dire dans la solitude, en pensant à Dieu et à son âme ; car Dieu seul est son ami, lui qui créa l'âme et le corps, et non pas d'autres. » Il parlait par expérience et il disait : « O quelle grande et singulière perfection de connaître son âme ! Dieu seul la connaît, et celui à qui il veut la révéler. » Aussi disait-il : « Si saint Pierre et saint Paul descendaient sur la terre et s'ils me disaient de donner satisfaction aux personnes qui veulent me parler, je ne les croirais pas. » Il disait aussi : « Qui fait mieux les affaires de son âme, fait mieux aussi les affaires de ses amis. » Et encore : « L'homme peut perdre par sa faute beaucoup de consolations et de visites de Dieu qu'il ne retrouvera jamais. » Aussi donnait-il en exemple ceux qui jouent aux dés : pour un point, qui est si peu de chose, on y perd ; et de même, pour un léger péché, si l'on ne sait s'en garder, on perd un grand gain pour son âme.

Saint François parlait de même, car il est écrit : « Prends garde de ne pas perdre en riant ce que tu as gagné en pleurant. » Et parce que frère Egide depuis le début de sa conversion n'avait donné aucun repos à son corps, se consacrant toujours à Dieu et à son âme, il avait trouvé grâce auprès de Dieu, et il avait reçu d'être honoré par lui, comme il apparaît des secrets du ciel qu'il connut et qui, depuis le temps de saint François, ne furent donnés qu'à bien peu. Et c'est ainsi qu'il disait et répétait à certains frères : « Il faut garder les secrets de Dieu et son trésor avec grande crainte et grand soin. »

Frère Egide exaltait le couvent de Cetona, à cause de la miséricorde de Dieu et des grâces singulières qui lui avaient été accordées dans le susdit couvent, et il le mettait au-dessus de tous les lieux du monde, d'en deçà de la mer et d'au-delà de la mer, excepté six lieux d'outre-mer[5], auxquels il égalait ce couvent ; et il disait que les hommes devraient aller à ce couvent avec grand respect et grande dévotion plutôt qu'à Saint-Ange, à Saint-Pierre ou à Saint-Nicolas[6], ou à aucun lieu de pèlerinage d'en deçà de la mer, puisque le maître est plus grand que le serviteur, et le Christ que les autres saints ; il disait qu'il pouvait y avoir quelque lieu égal à celui-là, mais que néanmoins il n'y en avait pas de plus grand ou de plus chargé de dévotion aux yeux de Dieu. Comme il disait cela, son compagnon lui répondit : « Père, c'est une grande chose que celle qui advint sur le mont Alverne au bienheureux François, du fait du Séraphin ; nobles aussi furent la vierge sainte Christine[7] et sainte Catherine et beaucoup d'autres

5. Il s'agit de la Terre-Sainte ; trois des lieux indiqués sont certainement Jérusalem, Bethléem et Nazareth.
6. Saint-Michel du mont Gargano, Saint-Pierre de Rome, Saint-Nicolas de Bari.
7. Indication précieuse pour le culte de sainte Christine au Moyen âge. Sainte Christine, que le récit de la *Légende dorée*, 24 juillet, a rendue

saints et d'autres vierges, qui sont honorés dans les diverses parties du monde. » Frère Egide lui répondit : « Mon fils, la créature n'est rien en comparaison du Créateur. »

O saint Egide, vraiment très saint, à qui Dieu a donné tant de grâce ! Il parlait de lui-même sous le couvert d'autrui et il disait : « Saint Paul disait qu'il fut ravi deux fois ; ou avec son corps ou sans son corps, il ne le savait pas ; et il disait : Dieu le sait, je ne le sais pas. Mais qu'en serait-il, si le Seigneur avait donné à quelqu'un une certitude à ce sujet ? »

Comme frère Egide demeurait au couvent des frères d'Agello dans la campagne de Pérouse[8] et qu'il était retourné parmi les frères à l'heure accoutumée des Vêpres, il commença après le repas à appeler les frères à haute voix et à prononcer des paroles très ardentes ; et il fut ravi devant eux jusqu'au premier chant du coq. Il y avait un très beau clair de lune. Comme il quittait les frères et se rendait à sa cellule, il apparut tout à coup une telle lumière qu'il semblait que toute la lumière de la lune s'y fût absorbée ; les frères en défaillirent presque d'émerveillement. En revenant vers eux, car il s'était un peu écarté, il dit aux frères : « Qu'auriez-vous fait si vous aviez vu quelque chose de plus grand, puisque pour cela vous avez ainsi défailli ? » Et il ajouta ces paroles : « Les petites choses paraissent grandes à qui ne voit pas ici les grandes choses. » Et cela dit, il alla à sa cellule pour s'y cacher.

Et parce que les démons ne peuvent venir à bout des hommes saints par la peur, ils recourent à des prodiges et ils emploient d'autres artifices que pour tenter le reste des hommes, c'est-à-dire l'orgueil et la vaine gloire. Une autre fois, comme il était dans une cellule, il entendit les démons qui se tenaient à côté de lui et qui se disaient : « Pourquoi se donne-t-il tant de peine, cet homme, puisqu'il est déjà saint ? » Puis il dit à un de ses compagnons, en qui il avait grande confiance, qu'il

---

célèbre, a donné beaucoup de mal aux hagiographes : sainte Christine de Tyr ? sainte Christine de Bolsena ?... — Un manuscrit de la *Chronique des XXIV Généraux* ajoute sainte Marguerite, après sainte Christine ; cf. *Analecta franciscana*, t. III, p. 99, n. 1.

8. Près du lac Trasimène.

avait entendu ces paroles et qu'il ne s'en était pas soucié, parce qu'il avait connu que c'était une tentation du diable.

Une autre fois encore, au même couvent, sous un olivier, un frère lui dit : « Père, qu'est-ce que les savants disent de cette contemplation ? » Et comme il ne voulait pas qu'il tombât en extase, ainsi qu'il en avait l'habitude quand il entendait de tels propos, ce frère ajouta, comme s'il voulait abandonner ce sujet : « Les savants en disent beaucoup de choses. » Mais frère Egide répliqua aussitôt : « Veux-tu que je te dise ce qu'il m'en semble ? La contemplation est feu, onction, extase, saveur, repos, gloire ! » Et ce frère fut très émerveillé par des paroles si profondes, prononcées avec tant de ferveur[9].

Comme une autre fois il reprenait, avec humilité et charité, un frère qui le méritait, celui-ci se mit en colère ; puis, la nuit venant, il eut une vision qui lui disait : « Ne t'irrite pas, frère, parce que le Saint t'a repris, car qui croira en lui sera bienheureux. » Ce frère alla ensuite le trouver et lui dit de le reprendre désormais sans hésiter.

Lorsque le temps de sa mort approcha, il fut encore plus tenté par l'adversaire, afin qu'il eût plus de repos et plus de victoires. Aussi une nuit, comme il voulait se reposer après une longue prière, le démon commença à l'étreindre au point qu'il ne pouvait faire un mouvement. Il se plaignait et haletait, et frère Gratien, qui le servait, commença à entendre ces plaintes ; il s'approcha et entendit plus clairement, et il commença à se dire en lui-même : « Approche encore et sache ce qu'il a ; s'il est en prière, laisse-le tranquille ; s'il a autre chose, je lui viendrai en aide. » Et il alla ainsi jusqu'à la porte de la cellule et il commença à écouter ; voyant qu'il était en grande peine, il lui demanda ce qu'il avait : « Viens, frère, répondit-il, et vois mon état. » Il voulut ouvrir la porte et il ne le pouvait ; il s'en étonna et dit : « Qu'y a-t-il, que je ne puis ouvrir ? » Saint Egide dit : « Viens, frère, pousse fortement la porte, pour l'ouvrir de force, car je suis appuyé contre elle, et je

9. Ce paragraphe a subi dans un manuscrit italien les plus bizarres transformations. Au surplus, l'auteur avoue qu'il n'y comprend pas grand-chose ; cf. *Archivum...*, p. 378 et 379, n. 1 et 2.

ne puis me lever. » Ce pourquoi, en poussant fortement il ouvrit et il alla à lui, mais en y mettant toute sa force il ne pouvait ni le faire tenir debout, ni même le lever. Frère Egide lui dit : « Laisse-moi, nous sommes tous dans les mains de Dieu. » L'autre obéit, et, à son ordre, resta tranquille et le laissa ; mais, après qu'il l'eut laissé un moment, il le saisit vigoureusement et le retira de ce lieu.

Après s'être un peu reposé, frère Egide dit à son compagnon : « Pourquoi le démon s'efforce-t-il ainsi de faire obstacle aux bienfaits de Dieu ? » Il dit aussi à son compagnon : « Tu as bien fait, frère, de venir à mon secours : que Dieu t'en récompense. » Il lui répondit : « Pourquoi, père, ne m'appelais-tu pas et ne me disais-tu pas ton angoisse ? Si tu étais venu à mourir, nous aurions, toi et nous, mérité d'être hautement blâmés. » Saint Egide lui répondit : « Que t'importe, frère, que l'on tire vengeance de nos ennemis ? Car, plus nos ennemis font obstacle aux bienfaits de Dieu, plus bas ils sont précipités en enfer. Dieu ne fut-il pas avec moi dès le début pour me défendre ? Et c'est par sa miséricorde qu'il laissa persécuter un pécheur, qui sait qu'il est né et conçu du péché ; il n'est pas étonnant que le démon s'efforce de contrecarrer celui qu'il voit aller d'où il est tombé lui-même. Aussi m'a-t-il souvent harcelé et tourmenté, et ne me laisse-t-il d'aucune façon en repos. »

Une nuit encore, vers la fête de saint Benoît [10], comme le saint frère Egide priait Dieu, et que le démon le tentait, en le tourmentant et le molestant, il appelait, dans une grande crainte, avec des cris terribles, en disant : « Au secours, frères, au secours, frères ! » A ces cris, frère Gratien, qui était tout près, se leva rapidement, se dirigea vers lui et commença à l'appeler et à lui dire : « N'aie pas peur, père, n'aie pas peur, je viens à ton secours. » Il alla à sa cellule et dit : « Qu'avais-tu, père ? » Il répondit : « Ne t'en inquiète pas, frère. » Et ce frère dit : « Laisse-moi, père, rester à côté de toi, puisque tant de tourment et de peine t'est donné par le démon. » Il répondit : « Dieu t'en récompense, frère ! Tu as bien fait de venir à moi.

10. 21 mars.

Mais retourne maintenant dans ton couvent. » Puis le soir, après le repas, il dit : « Cette nuit, je vais au martyre, que j'attends. » C'est comme s'il avait dit : Je n'y échapperai pas[11].

Aussi[12] disait-il en parlant à son compagnon : « Il n'y aura aucun Ordre meilleur et plus prompt à servir Dieu que celui des frères Mineurs. »

Comme il approchait de l'époque de sa mort, et qu'il venait vers ses frères, il dit avec une grande joie à l'un de ses compagnons : « Que t'en semble, mon fils ? J'ai trouvé un trésor si grand, une splendeur si grande et si éclatante, que la langue de chair ne pourrait les décrire. » Et il dit : « Mon fils, je pille[13]. Que t'en semble, mon fils ? Que Dieu te bénisse ! » Et il répétait ces paroles ; et il était rempli d'une telle joie et d'une telle allégresse, quand il disait ces paroles, qu'il paraissait ivre de l'Esprit-Saint. Comme ce frère l'invitait à manger, il lui dit : « J'ai une excellente nourriture. » Le frère répondit, comme s'il le tentait : « Ainsi vous convient-il, père, de manger une bonne nourriture. » Le saint ne supporta pas ces paroles et dit : « Tu n'as pas bien dit, frère, tu n'as pas bien parlé. Je préférerais que tu m'eusses donné un soufflet. » Il est à croire que cette sainte âme sentait déjà que son Bien-aimé voulait l'arracher à son corps, pour qu'elle s'en allât jouir de ce fruit du ciel et de ce trésor qu'il avait tant désiré de trouver, depuis le jour de sa conversion jusqu'à ce jour, et dont le désir lui avait fait s'imposer tant de fatigues. Car Dieu dans sa souveraine bonté, avait comblé ses vœux en lui donnant cette mort qu'il avait prédite et désirée.

Un jour qu'un frère lui parlait en lui disant qu'un serviteur de Dieu devrait toujours avoir désir et soif de mourir martyrisé, il répondit : « Je ne saurais mourir de meilleure mort que de celle de la contemplation. » Aussi alla-t-il un temps chez les Sarrasins, dans le désir d'y mourir ; puis, de retour,

11. Il est probable, comme le pense le P. B. Bughetti, éd. citée, p. 394, n. 2, qu'il s'agit ici d'une glose marginale qui a passé dans le texte. en tout cas, l'original latin n'a pas cette phrase.

12. Italien : *Onde*. Bizarre ! on ne voit pas bien quel est le rapport exprimé par ce mot. Latin : *Item ...dixit*.

13. Traduction douteuse : texte obscur dans les deux langues.

il mérita de monter aux cimes de la contemplation, et il dit : « Je ne voudrais pas être mort alors de la mort du martyre. »

Aux approches de la mort[14], peu de jours auparavant, il commença à avoir de la fièvre, et il ne pouvait ni manger, ni dormir, ni reposer, par la grande souffrance de la toux, des maux de tête et de poitrine, mais les frères le transportaient sur son lit pour lui donner du repos. A la vigile de saint Georges martyr, à l'heure de Matines, alors que les frères le portaient ainsi sur le lit et qu'il paraissait reposer, sans aucun spasme de mort, il ferma les yeux et la bouche, et cette très sainte âme fut portée au paradis.

O saint Egide, vraiment très saint, toi qu'en ce même jour Dieu inspira et conduisit à saint François pour que tu le suives et qu'il te revête de l'habit religieux, c'est en ce même jour où tu es venu faire pénitence qu'il t'a, après cinquante-deux-ans, arraché à la pénitence et conduit à l'éternel repos !

Une sainte personne vit en vision le Seigneur, avec une multitude d'anges et d'âmes saintes, venir dans les airs à sa rencontre, avant qu'il ne montât au ciel, et ils emportèrent cette âme avec honneur et gloire, dans le chant des anges.

Ce que nous avons écrit et ce que nous avons noté, frère Léon, le compagnon de saint François, l'a écrit ainsi. Désormais nous écrirons certaines choses qu'ont notées ses compagnons ; nous dirons d'ailleurs peu de chose des vertus, car il en a été question ci-dessus[15].

---

14. Voir plus haut, p. 280.
15. Ce paragraphe n'est lumineux ni en latin, où il ne figure pas à la même place, ni en italien. La traduction n'est pas garantie. Un sens, au moins probable, est le suivant : les mots *poche sopra le virtù* correspondent aux *Dits*, aux propos sur les vertus, que le traducteur italien a plus ou moins amalgamés avec son texte. L'abbé Omer Englebert, dans son excellente traduction des *Fioretti*, Paris, 1944, p. 393, n. 1. explique : « Il y est peu question de *ses* vertus », c'est-à-dire des vertus de frère Egide, tandis que je pense qu'il s'agit de ce que frère Egide a enseigné sur *les* vertus. D'ailleurs il est fort possible que les deux interprétations soient mauvaises.

CHAPITRE 20

L'ADIEU DE SAINT FRANÇOIS A L'ALVERNE[1].

Frère Massée, pécheur, indigne serviteur de Jésus-Christ, compagnon de frère François d'Assise, cet homme si cher à Dieu, paix et salut à tous les frères et fils du grand patriarche François, héraut du Christ.

Le grand patriarche ayant résolu de prendre, pour la dernière fois, congé de cette montagne sacrée, le 30 septembre 1224, jour de la fête de saint Jérôme[2], le comte Roland, comte de Chiusi, lui envoya un âne pour qu'il chevauchât sur cette monture, car il ne pouvait plus poser ses pieds à terre, parce qu'ils étaient blessés et traversés de clous ; il entendit la messe de bonne heure à Sainte-Marie des Anges, suivant son habitude, puis il nous réunit tous dans cet oratoire, et il nous commanda, au nom de l'obéissance, de demeurer tous dans la charité, de nous consacrer à la prière, d'avoir de ce lieu un soin diligent et d'y réciter nuit et jour les offices. Il nous recommanda de plus la montagne sacrée tout entière, exhortant tous ses frères, tant présents que futurs, à ne jamais permettre que ce lieu fût profané, mais à l'entourer toujours de respect et de vénération, et donnant sa bénédiction à tous ceux qui

---

1. Ce récit émouvant est malheureusement apocryphe ; il semble bien qu'il ne puisse nous rester aucun doute à ce sujet ; le P. Saturnino Mencherini a publié une très remarquable étude sur la question. *Codice diplomatico...*, p. 5. et s. On ne saurait que souscrire à ses conclusions. L'original latin, si jamais il a existé, ce qui n'est pas très probable, n'a pas été retrouvé. Le texte est celui d'un manuscrit du XVIIe siècle, conservé sur l'Alverne, dont l'auteur a voulu, maladroitement, imiter l'écriture du XIIIe. Et cependant il n'y a là rien que de très vraisemblable, et dans l'expression des sentiments, et même dans le style. Il s'agit peut-être d'une tradition orale, pieusement conservée, et à laquelle un frère Mineur, trop ingénieux, aurait voulu donner une forme définitive, en faisant intervenir directement frère Massée. A mon modeste avis, la pièce n'est pas indigne des *Fioretti* proprement dits.
2. Voir plus haut, p. 214, n. 1. — Le P. S. Menchrini, l. c., p. 4, n. 1., fait remarquer que les frères Mineurs de l'Alverne ajoutent, après les Vêpres, en souvenir du départ de saint François, l'oraison à saint Jérôme aux oraisons à la Vierge, à saint François, à saint Michel et à saint Jean Evangéliste.

l'habiteront et à ceux qui lui porteront vénération et respect. « Au contraire, ajouta-t-il, que soient confondus tous ceux qui ne respecteront pas ce lieu, et qu'ils attendent de Dieu le châtiment qu'ils méritent. » Puis il me dit : « Frère Massée, sache que mon intention est que vivent dans ce lieu des religieux qui craignent Dieu et qui soient des meilleurs de mon Ordre ; les supérieurs devront donc s'efforcer d'y envoyer des frères qui soient des meilleurs. Ah ! ah ! ah ! frère Massée, je ne t'en dis pas plus. »

Puis il nous ordonna et nous prescrivit, à nous, frère Ange, frère Sylvestre, frère Illuminé et frère Massée[3], d'avoir un soin tout spécial de ce lieu où eut lieu le grand miracle de l'impression des Stigmates sacrés. Il dit ensuite : « Adieu[4], adieu, adieu, frère Massée ! » Et se tournant vers frère Ange, il dit : « Adieu, adieu, adieu, frère Ange ! » Et il dit de même à frère Sylvestre et à frère Illuminé : « Demeurez en paix, mes fils bien-aimés ; mes fils bien-aimés, que Dieu vous bénisse ; adieu, mon corps s'éloigne de vous, mais je vous laisse mon cœur. Je m'en vais avec frère Petite Brebis de Dieu[5], je m'en vais à Sainte-Marie des Anges, et jamais plus ici je ne reviendrai. Je m'en vais, adieu, adieu, adieu, tous. Adieu, montagne ; adieu, adieu, mont Alverne ; adieu, mont des Anges ; adieu, toi qui m'es si cher ! Adieu, mon très cher frère faucon : je te remercie de la sollicitude que tu m'as témoignée. Adieu, adieu, Sasso Spico, jamais plus je ne reviendrai te voir. Adieu, rocher ; adieu, adieu, adieu, rocher qui m'as reçu dans ton sein, alors que le démon restait là dépité : jamais plus nous ne nous reverrons. Adieu, Sainte-Marie des Anges[6] : je te recommande mes fils que voici, Mère du Verbe éternel. »

Pendant que notre père bien-aimé prononçait ces paroles, nos yeux versaient des torrents de larmes, et voici qu'il partit

3. Sur ces frères, voir plus haut, p. 37, n. 10, p. 65, n. 1, p. 101, n. 2, p. 212, n. 13, etc.
4. J'ai suivi, par scrupule, la graphie du P. B. Bughetti : *addio ;* mais je préfère celle du P. S. Mencherini : *a Dio.*
5. Frère Léon.
6. Il s'agit naturellement ici de la petite église de l'Alverne, la plus ancienne, qui avait reçu le même nom que l'église de la Portioncule.

en gémissant, lui aussi, et en emportant nos cœurs avec lui ; quant à nous, nous restâmes orphelins par le départ d'un tel père.

C'est moi, frère Massée, qui ai écrit tout ceci. Que Dieu nous bénisse[7] !

Saint François partit effectivement par Monte Acuto, en prenant la route de Monte Arcoppe et du Foresto[8] ; et arrivé au faîte dudit mont, il descendit de sa monture, s'agenouilla vers l'Alverne, fit une prière fervente, puis il le bénit en lui disant un dernier adieu avec ces paroles : « Adieu, mont de Dieu, montagne sainte, *mons coagulatus, mons pinguis, mons in quo beneplacitum est Deo habitare*[9]. Adieu, mont Alverne ! Que Dieu le père, Dieu le Fils, Dieu le Saint-Esprit te bénissent : demeure en paix, car nous ne nous reverrons plus. »

---

7. Le texte du parchemin de l'Alverne s'arrête ici. Le dernier paragraphe, qui va suivre, ne se trouve que dans une copie du XIXe siècle, conservée aussi à l'Alverne ; cf. *La Verna, contributi...*, p. 379, n. 1.
8. Voir plus haut, p. 214, n. 2.
9. Montagne grasse, montagne fertile, montagne où il a plu à Dieu d'habiter (Ps 67 16-17.)

CANTIQUE DU FRÈRE SOLEIL

CONCLUSION

Il ne saurait y avoir de plus émouvante conclusion aux *Fioretti* que celle que l'on va lire : elle nous fait remonter à la véritable source de tous ces récits, qui ont ravi tant de générations.

CANTIQUE DE FRÈRE SOLEIL[1].

Très haut, tout puissant, bon Seigneur,
à toi sont les louanges, la gloire et l'honneur,
et toute bénédiction.

A toi seul, Très-Haut, ils conviennent ;
et nul homme n'est digne
de prononcer ton nom.

Loué sois-tu, mon Seigneur, avec toutes tes créatures :
spécialement Messire frère soleil
qui donne le jour, et par qui tu nous éclaires ;
il est beau et rayonnant avec une grande splendeur :
de toi, Très-Haut, il est le symbole.

Loué sois-tu, mon Seigneur, pour sœur lune et pour les étoiles :
dans le ciel tu les as créées,
claires, précieuses et belles.

Loué sois-tu, mon Seigneur, pour frère vent,
pour l'air et les nuages,
et le ciel pur, et tous les temps,
par lesquels à tes créatures
tu donnes soutien.

---

1. C'est sans aucun commentaire, — il y faudrait un volume ! — que je donne ici la traduction du célèbre *Cantique*, une des œuvres les plus sublimes de la littérature religieuse, une des plus belles œuvres de la littérature italienne ; je rappelle seulement qu'il jaillit du cœur de François, malade et presque aveugle, dans le jardin de Claire, à Saint-

Loué sois-tu, mon Seigneur, pour sœur eau,
    qui est très utile et humble,
    précieuse et chaste.

Loué sois-tu, mon Seigneur, pour frère feu,
    par qui tu éclaires la nuit ;
    il est beau et joyeux, robuste et fort.

Loué sois-tu, mon Seigneur, pour sœur notre mère la terre,
    qui nous soutient et nous nourrit,
    et produit divers fruits
    avec les fleurs aux mille couleurs et l'herbe.

Loué sois-tu, mon Seigneur, pour ceux qui pardonnent
    pour l'amour de toi,
    et supportent douleur et tribulation ;
    bienheureux ceux qui persévéreront dans la paix,
    car par toi, Très-Haut, ils seront couronnés.

Loué sois-tu, mon Seigneur, pour notre sœur
    la mort corporelle.
    à qui nul homme vivant ne peut échapper.
    Malheur à ceux qui meurent en état de péché mortel !

Bienheureux ceux qu'elle trouvera conformes
    à tes très saintes volontés,
    car la seconde mort ne leur fera point de mal.

Louez et bénissez mon Seigneur et rendez-lui grâces,
    et servez-le avec grande humilité.

Damien, pendant l'été de 1225 ; l'avant-dernière strophe y fut jointe peu de temps avant sa mort ; celle qui la précède fut composée quelques mois plus tôt, pour apaiser un différend qui avait surgi entre l'évêque et le podestat d'Assise ; cf. *Legenda antiqua* de Pérouse, 43, 44, 100 ; Thomas de Celano, *Seconde Légende*, 213 ; *Speculum perfectionis*, 101, 119, 120, 123 ; *Actus* 21. — L'une des meilleures études sur le *Cantique* est celle du P. Leone Bracaloni, O.F.M., *Il Cantico di frate sole*, 2ᵉ éd., Milan, s. d. [1927], avec une abondante bibliographie.

TABLE DES SIGLES ET ABRÉVIATIONS

Ac	*Actes des Apôtres*
Ap	*Apocalypse*
1 Co	*Première épître aux Corinthiens*
2 Co	*Deuxième épître aux Corinthiens*
Ct	*Cantique des Cantiques*
Dt	*Deutéronome*
Ex	*Exode*
Ez	*Ezéchiel*
Ga	*Epître aux Galates*
Gn	*Genèse*
He	*Epître aux Hébreux*
Is	*Isaïe*
Jc	*Epître de saint Jacques*
Jn	*Evangile selon saint Jean*
1 Jn	*Première épître de saint Jean*
Jon	*Jonas*
Jr	*Jérémie*
Lc	*Evangile selon saint Luc*
Mc	*Evangile selon saint Marc*
Ml	*Malachie*
Mt	*Evangile selon saint Matthieu*
Nb	*Nombres*
Ph	*Epître aux Philippiens*
Pr	*Proverbes*
Ps	*Psaumes*
1 R	*Premier livre des Rois*
Rm	*Epître aux Romains*
Sg	*Sagesse*
1 Tm	*Première épître à Thimothée*

---

1 Reg	*Première Règle des frères Mineurs.*
2 Reg	*Deuxième Règle des frères Mineurs.*

---

1 C	Thomas de Celano. - *Vita prima.*
2 C	Thomas de Celano. - *Vita secunda.*
3 C	Thomas de Celano. - *Traité des miracles.*
LM	Saint Bonaventure. - *Legenda major.*
3 S	(Legenda trium sociorum). - *Légende des trois compagnons.*
LP	*Legenda antiqua du manuscrit de Pérouse.*
Sp	(Speculum perfectionis). - *Le miroir de perfection.*

INDEX ALPHABÉTIQUE
DES ÉVÉNEMENTS, DES INSTITUTIONS, DES PERSONNES ET DES LIEUX

TABLE DES MATIÈRES

II. — LES CONSIDÉRATIONS SUR LES STIGMATES

III. — LA VIE DE FRÈRE JUNIPÈRE

IV. — LA VIE DU BIENHEUREUX ÉGIDE

V. — LES DITS DU BIENHEUREUX EGIDE

VI. — CHAPITRES ADDITIONNELS

CONCLUSION

IMPRESSION : NORMANDIE ROTO IMPRESSION S.A.S À LONRAI
DÉPÔT LÉGAL : FÉVRIER 2015. N° 122649-6 (2106428)
IMPRIMÉ EN FRANCE

Collection Points Sagesses

Sa1. Paroles des anciens, *par Jean-Claude Guy*
Sa2. Pratique de la voie tibétaine, *par Chögyam Trungpa*
Sa4. La Foi d'un incroyant, *par Francis Jeanson*
Sa5. Le Bouddhisme tantrique du Tibet, *par John Blofeld*
Sa6. Le Mémorial des saints, *par Farid-ud-D'in' Attar*
Sa7. Comprendre l'Islam, *par Frithjof Schuon*
Sa8. Esprit zen, esprit neuf, *par Shunryu Suzuki*
Sa10. Qu'est-ce que le soufisme ?, *par Martin Lings*
Sa11. La Philosophie éternelle, *par Aldous Huxley*
Sa12. Le Nuage d'inconnaissance
traduit de l'anglais par Armel Guerne
Sa13. L'Enseignement du Bouddha, *par Walpola Rahula*
Sa14. Récits d'un pèlerin russe, *traduit par Jean Laloy*
Sa15. Le Nouveau Testament
traduit par Émile Osty et Joseph Trinquet
Sa16. La Voie et sa vertu. Tao-tê-king, *par Lao-tzeu*
Sa17. L'Imitation de Jésus-Christ, *traduit par Lamennais*
Sa18. Le Mythe de la liberté, *par Chögyam Trungpa*
Sa19. Le Pèlerin russe, trois récits inédits
Sa20. Petite Philocalie de la prière du cœur
traduit et présenté par Jean Gouillard
Sa21. Le Zohar, *extraits choisis et présentés*
par Gershom Scholem, anonyme
Sa22. Les Pères apostoliques
traduction et introduction par France Quéré
Sa23. Vie et Enseignement de Tierno Bokar
par Amadou Hampaté Bâ
Sa24. Entretiens de Confucius, *traduction par Anne Cheng*
Sa25. Sept Upanishads, *par Jean Varenne*
Sa28. Règles des moines, *introduction et présentation*
par Jean-Pie Lapierre

Sa29. Exercices spirituels par saint Ignace de Loyola
traduction et commentaires par Jean-Claude Guy
Sa30. La Quête du Graal, *présenté et établi par Albert Béguin et Yves Bonnefoy*
Sa31. Confessions de saint Augustin
traduction par Louis de Mondadon
Sa32. Les Prédestinés, *par Georges Bernanos*
Sa33. Les Hommes ivres de Dieu, *par Jacques Lacarrière*
Sa34. Évangiles apocryphes, *par France Quéré*
Sa35. La Nuit obscure, *par saint Jean de la Croix*
traduction du P. Grégoire de Saint-Joseph
Sa36. Découverte de l'Islam, *par Roger Du Pasquier*
Sa37. Shambhala, *par Chögyam Trungpa*
Sa38. Un saint soufi du XXe siècle, *par Martin Lings*
Sa39. Le Livre des visions et instructions
par Angèle de Foligno
Sa40. Paroles du Bouddha, *traduit du chinois par Jean Eracle*
Sa41. Né au Tibet, *par Chögyam Trungpa*
Sa42. Célébration biblique, *par Elie Wiesel*
Sa43. Les Mythes platoniciens, *par Geneviève Droz*
Sa44. Dîwân, *par Husayn Mansûr Hallâj*
Sa45. Questions zen, *par Philip Kapleau*
Sa46. La Voie du samouraï, *par Thomas Cleary*
Sa47. Le Prophète *et* Le Jardin du Prophète
par Khalil Gibran
Sa48. Voyage sans fin, *par Chögyam Trungpa*
Sa50. Essai sur l'expérience de la mort
par Paul-Louis Landsberg
Sa51. La Voie du karaté, *par Kenji Tokitsu*
Sa52. Le Livre brûlé, *par Marc-Alain Ouaknin*
Sa53. Shiva, *traduction et commentaires d'Alain Porte*
Sa55. La Voie du Bouddha, *par Kyabdjé Kalou Rinpoché*
Sa56. Vivre en héros pour l'éveil, *par Shantideva*
Sa57. Hymne de l'univers, *par Pierre Teilhard de Chardin*
Sa58. Le Milieu divin, *par Pierre Teilhard de Chardin*
Sa59. Les Héros mythiques et l'Homme de toujours
par Fernand Comte
Sa60. Les Entretiens de Houang-po
présentation et traduction de Patrick Carré
Sa61. Folle Sagesse, *par Chögyam Trungpa*
Sa62. Mythes égyptiens, *par George Hart*
Sa63. Mythes nordiques, *par R.I. Page*
Sa64. Nul n'est une île, *par Thomas Merton*
Sa65. Écrits mystiques des Béguines, *par Hadewijch d'Anvers*
Sa66. La Liberté naturelle de l'esprit, *par Longchenpa*

Sa68. La Mystique rhénane, *par Alain de Libera*
Sa69. Mythes de la Mésopotamie, *par Henrietta McCall*
Sa70. Proverbes de la sagesse juive, *par Victor Malka*
Sa71. Mythes grecs, *par Lucilla Burn*
Sa72. Écrits spirituels d'Abd el-Kader
présentés et traduits de l'arabe par Michel Chodkiewicz
Sa73. Les Fioretti de saint François
introduction et notes d'Alexandre Masseron
Sa74. Mandala, *par Chögyam Trungpa*
Sa75. La Cité de Dieu
1. Livres I à X, *par saint Augustin*
Sa76. La Cité de Dieu
2. Livres XI à XVII, *par saint Augustin*
Sa77. La Cité de Dieu
3. Livres XVIII à XXII, *par saint Augustin*
Sa78. Entretiens avec un ermite de la sainte Montagne
sur la prière du cœur, *par Hiérothée Vlachos*
Sa79. Mythes perses, *par Vesta Sarkhosh Curtis*
Sa80. Sur le vrai bouddhisme de la Terre Pure, *par Shinran*
Sa81. Le Tabernacle des Lumières, *par Ghazâlî*
Sa82. Le Miroir du cœur
traduit du tibétain et commenté par Philippe Cornu
Sa83. Les Voies du yoga, *par Michaël Tara*
Sa84. La Pensée hindoue, *par Émile Gathier*
Sa85. Bardo, *par Chögyam Trungpa*
Sa86. Mythes aztèques et mayas, *par Karl Taube*
Sa88. Traité du Milieu, *par Nagarjuna*
Sa90. Mythes romains, *par Jane F. Gardner*
Sa91. Le Cantique spirituel, *par saint Jean de la Croix*
Sa92. La Vive Flamme d'amour, *par saint Jean de la Croix*
Sa94. Le Nouvel Homme, *par Thomas Merton*
Sa96. Être plus, *par Pierre Teilhard de Chardin*
Sa97. Hymnes de la religion d'Aton
traduits de l'égyptien et présentés par Pierre Grandet
Sa98. Mythes celtiques, *par Miranda Jane Green*
Sa99. Manifeste de l'Éveil, *par Fa-hai*
Sa100. Vie écrite par elle-même, *par Thérèse d'Avila*
Sa101. Seul à seul avec Dieu, *par Janusz Korczak*
Sa102. L'Abeille turquoise, *par Tsangyang Gyatso*
chants d'amour présentés et traduits par Zéno Bianu
Sa103. La Perfection de sagesse
traduit du tibétain par Georges Driessens
sous la direction de Yonten Gyatso
Sa104. Le Sentier de rectitude, *par Moïse Hayyim Luzzatto*
Sa105. Tantra, *par Chögyam Trungpa*

Sa106. Les Symboles chrétiens primitifs, *par Jean Daniélou*
Sa107. Le Trésor du cœur des êtres éveillés, *par Dilgo Khyentsé*
Sa108. La Flamme de l'attention, *par Krishnamurti*
Sa109. Proverbes chinois, *par Roger Darrobers*
Sa110. Les Récits hassidiques, tome 1, *par Martin Buber*
Sa111. Les Traités, *par Maître Eckhart*
Sa112. Krishnamurti, *par Zéno Bianu*
Sa113. Les Récits hassidiques, tome 2, *par Martin Buber*
Sa114. Ibn Arabî et le Voyage sans retour, *par Claude Addas*
Sa115. Abraham ou l'Invention de la foi, *par Guy Lafon*
Sa116. Padmasambhava, *par Philippe Cornu*
Sa117. Socrate et la conscience de l'homme *par Micheline Sauvage*
Sa118. Jeu d'illusion, *par Chögyam Trungpa*
Sa119. La Pratique de l'éveil de Tipola à Trungpa *par Fabrice Midal*
Sa120. Cent Éléphants sur un brin d'herbe, *par le Dalaï-Lama*
Sa121. Tantra de l'union secrète, *par Yonten Gyatso*
Sa122. Le Chant du Messie, *par Michel Bouttier*
Sa124. Qu'est-ce que le hassidisme ?, *par Haïm Nisenbaum*
Sa125. Dernier Journal, *par Krishnamurti*
Sa126. L'Art de vivre. Méditation Vipassana enseignée par S.N. Goenka, *par William Hart*
Sa127. Le Château de l'âme, *par Thérèse d'Avila*
Sa128. Sur le Bonheur / Sur l'Amour *par Pierre Teilhard de Chardin*
Sa129. L'Entraînement de l'esprit et l'Apprentissage de la bienveillance *par Chögyam Trungpa*
Sa130. Petite Histoire du Tchan, *par Nguên Huu Khoa*
Sa131. Le Livre de la piété filiale, *par Confucius*
Sa133. L'Ennuagement du cœur, *par Rûzbehân*
Sa134. Les Plus Belles Légendes juives, *par Victor Malka*
Sa135. La Fin'amor, *par Jean-Claude Marol*
Sa136. L'Expérience de l'éveil, *par Nan Huai-Chin*
Sa137. La Légende dorée, *par Jacques de Voragine*
Sa138. Paroles d'un soufi, *par Kharaqânî*
Sa139. Jérémie, *par André Neher*
Sa140. Comment je crois, *par Pierre Teilhard de Chardin*
Sa141. Han-Fei-tse ou le Tao du prince, *par Han Fei*
Sa142. Connaître, soigner, aimer, *par Hippocrate*
Sa143. La parole est un monde, *par Anne Stamm*
Sa144. El Dorado, *par Zéno Bianu et Luis Mizón*
Sa145. Les Alchimistes *par Michel Caron et Serge Hutin*

Sa146. Le Livre de la Cour Jaune, *par Patrick Carré*
Sa147. Du bonheur de vivre et de mourir en paix *par Sa Sainteté le Dalaï-Lama*
Sa148. Science et Christ, *par Pierre Teilhard de Chardin*
Sa149. L'Enseignement de Sri Aurobindo *par Madhav P. Pandit*
Sa150. Le Traité de Bodhidharma *anonyme, traduit et commenté par Bernard Faure*
Sa151. Les Prodiges de l'esprit naturel *par Tenzin Wangyal*
Sa152. Mythes et Dieux tibétains, *par Fabrice Midal*
Sa153. Maître Eckhart et la mystique rhénane *par Jeanne Ancelet-Hustache*
Sa154. Le Yoga de la sagesse *par Sa Sainteté le Dalaï-Lama*
Sa155. Conseils au roi, *par Nagarjuna*
Sa156. Gandhi et la non-violence, *par Suzanne Lassier*
Sa157. Chants mystiques du tantrisme cachemirien, *par Lalla*
Sa158. Saint François d'Assise et l'esprit franciscain *par Ivan Gobry*
Sa159. La Vie, *par Milarepa*
Sa160. L'Avenir de l'Homme *par Pierre Teilhard de Chardin*
Sa161. La Méditation en Orient et en Occident *par Hans Waldenfels*
Sa162. Les Entretiens du Bouddha, *par Môhan Wijayaratna*
Sa163. Saint Benoît et la vie monastique, *par Claude Jean-Nesmy*
Sa164. L'Esprit du Tibet, *par Dilgo Khyentsé Matthieu Ricard*
Sa165. Dieu et Moi, *par Aldous Huxley*
Sa166. Les Dernières Paroles de Krishna, *anonyme*
Sa167. Yi-King, par Thomas Cleary, *Lieou Yi-Ming*
Sa168. Saint Grégoire Palamas et la Mystique orthodoxe *par Jean Meyendorff*
Sa169. Paraboles celtiques, *par Robert Van de Weyer*
Sa170. Le Livre des dialogues, *par Catherine de Sienne*
Sa172. Conseils spirituels aux bouddhistes et aux chrétiens *par Sa Sainteté le Dalaï-Lama*
Sa173. Charles de Foucauld et la Fraternité *par Denise et Robert Barrat*
Sa174. Préceptes de vie issus de la sagesse amérindienne *par Jean-Paul Bourre*
Sa175. Préceptes de vie issus du guerrier de lumière *par Jean-Paul Bourre*
Sa176. L'Énergie humaine, *par Pierre Teilhard de Chardin*

Sa214. Au cœur de l'éveil, *par Sa Sainteté le Dalaï-Lama et le Vénérable Maître chan Sheng-Yen*
Sa215. Le Bouddhisme, *par Peter Harvey*
Sa216. Saint Paul, *par Claude Tresmontant*
Sa217. Épictète et la Spiritualité stoïcienne *par Gabriel Germain*
Sa218. Les Grands Sages du judaïsme, *par Victor Malka*
Sa219. Le chemin est le but, *par Chögyam Trungpa*
Sa220. La Fin de la souffrance, *par Pankaj Mishra*
Sa221. Promenade avec les dieux de l'Inde *par Catherine Clément*
Sa222. Le Phénomène humain, *par Pierre Teilhard de Chardin*
Sa223. Frère François, *par Julien Green*
Sa224. Saint Ignace de Loyola, *par Alain Guillermou*
Sa225. Le Sens du bonheur, *par Krishnamurti*
Sa226. Sainte Thérèse d'Avila et l'Expérience mystique *par Emmanuel Renault*
Sa227. Les Étapes de la méditation, *par Kamalashila*
Sa228. Soyez heureux, *par Jean-Marie Lustiger*
Sa229. La Raison d'être, *par Jacques Ellul*
Sa230. Miyamoto Musashi. Maître de sabre japonais du XVIIe siècle, *par Kenji Tokitsu*
Sa231. Thérèse de Lisieux. La Confiance et l'Abandon *textes choisis et présentés par Patrick Autreaux*
Sa232. François d'Assise. La Joie parfaite *par Stéphane Barsacq*
Sa233. Saint Augustin. Le Temps de Dieu *textes choisis et présentés par Éric Bidot*
Sa234. Thérèse d'Avila. L'Aventure de Dieu *textes choisis et présentés par Véronique Donard*
Sa235. Saint Jean de la Croix *textes choisis et présentés par Elyane Casalonga*
Sa236. Charles de Foucauld. L'Explorateur fraternel *textes choisis et présentés par Antoine de Meaux*
Sa237. Maître Eckhart. Être Dieu en Dieu *textes choisis et présentés par Benoit Beyer de Ryke*
Sa238. Catherine de Sienne. Le Feu de la sainteté *textes choisis et présentés par Christiane Rancé*
Sa239. Bibliothérapie, *par Marc-Alain Ouaknin*
Sa240. Dieu comprend les histoires drôles, *par Victor Malka*
Sa241. Gesar de Ling, *par Douglas J. Penick*
Sa242. Les Dix Commandements, *par Marc-Alain Ouaknin*
Sa243. Trois soutras et un traité de la Terre pure, *par Jean Eracle*
Sa244. Rainer Maria Rilke. L'Amour inexaucé *par Fabrice Midal*

Sa245. Simone Weil. Le Ravissement de la raison
par Stéphane Barsacq
Sa246. Padre Pio. Le Témoin, *par Joachim Bouflet*
Sa247. Le Soufisme, voie intérieure de l'islam, *par Éric Geoffroy*
Sa248. Se voir tel qu'on est, *par Dalaï-Lama*
Sa249. Sermons 2, *par Johannes Eckhart (Maître)*
Sa250. Trois Leçons sur la méditation vipassanā
par Satya Narayan Goenka, William Hart
Sa251. Préceptes de vie de Confucius, *par Alexis Lavis*
Sa252. Petit Livre de la sagesse des moines, *par Henri Brunel*
Sa253. Shankara. Le Libéré vivant
textes choisis et présentés par Michel Angot
Sa254. Bouddha. Le Diamant et le Feu
textes choisis et présentés par Carisse Busquet
Sa255. Confucius. L'Appel à la rectitude
textes choisis et présentés par Jacques Sancery
Sa256. Maîtres hassidiques. S'unir au divin
textes choisis et présentés par Jean-Rémi Alisse
Sa257. Ramana Maharshi. Le Libéré vivant
textes choisis et présentés par Ysé Tardan-Masquelier
Sa258. Le Coran, *traduction par A. F. I. de Biberstein Kasimirski*
Sa259. Le Rire de Dieu, *par Ami Bouganim*
Sa260. La Conférence des oiseaux, *par Farid-ud-Din' Attar*
Sa261. Kâmasûtra, *par Vâtsyâyana Mallanâga*
Sa262. Hommes et femmes du Nouveau Testament
par Claude Flipo
Sa263. La Bhagavad-Gita, *par Michel Hulin*
Sa264. Semences de contemplation, *par Thomas Merton*
Sa265. Comme dit ma mère, *par Victor Malka*
Sa266. Marcel Proust. La Solitude et la Création
textes choisis et présentés par Jean-Pierre Jossua
Sa267. Lou Andreas Salomé. L'École de la vie
textes choisis et présentés par Elisabeth Barillé
Sa268. Rûmi. La Religion de l'amour
textes choisis et présentés par Leili Anvar-Chenderoff
Sa269. Tchouang Tseu. L'Éveil au Tao
textes choisis et présentés par Jacques Sancéry
Sa270. Cheminer vers l'éveil, *par le Dalaï-Lama*
Sa271. 24 heures de la vie d'un moine
par Dom Jean-Pierre Longeat
Sa272. Jours de fête, *par Robert Féry*
Sa273. Krishnamurti. Figure de la liberté
textes choisis et présentés par Isabelle Clerc
Sa274. Sri Aurobindo. La Force du yoga
textes choisis et présentés par Pierre Bonnasse

Sa275. Jeanne d'Arc. La Sainteté casquée
textes choisis et présentés par Pauline de Préval
Sa276. La Parole habitée, *par Sylvie Barnay*
Sa277. Hadewijch d'Anvers. Une femme ardente
textes choisis et présentés par Charles Juliet
Sa278. Saint Paul. Le Génie du christianisme
par Patrick Kéchichian
Sa279. Initiation à la vie spirituelle, *par Dom André Louf*
Sa280. Amour, sexe et chasteté, *par Krishnamurti*
Sa281. La Vision de Dieu, *par saint Augustin*
Sa282. Angèle de Foligno. Jouir de Dieu en Dieu
textes choisis et présentés par Joachim Bouflet
Sa283. Etty Hillesum. La Paix dans l'enfer
textes choisis et présentés par Camille de Villeneuve
Sa284. Jean de la Croix. Sage, poète et mystique
par Alain Delaye
Sa285. La Bible, *par Philippe Sellier*
Sa286. Libre de soi, libre de tout, *par Shunryu Suzuki*
Sa287. Penser aux autres, *par le Dalaï Lama*
Sa288. Cinquante portraits bibliques, *par Paul Beauchamp*
Sa289. René Guénon, la passion de l'éternité, *par Érik Sablé*
Sa290. L'Esprit de Tibhirine, *par Frère Jean-Pierre*
Sa291. Luther. Laisser Dieu être Dieu
par Caroline Baubérot-Bretones et Albert Grenier
Sa292. Pierre Teilhard de Chardin. Rien n'est profane
par Marie-Jeanne Coutagne
Sa293. Autobiographie spirituelle, *par Pierre Teilhard de Chardin*
Sa294. Rimbaud. Celui-là qui créera Dieu, *par Stéphane Barsacq*
Sa295. Nietzsche. Ou la sagesse dyonisiaque, *par Rémi Soulier*
Sa296. Lao-tseu et le taoïsme, *par Max Kaltenmark*
Sa297. La Passe-sans-porte, *par Huikai Wumen*
Sa298. Les Maîtres des Upanishads, *par Ysé Tardan-Masquelier*
Sa299. Contes des vies antérieures du Bouddha
Sa300. Bloy. Ou la fureur du juste, *par François Angelier*
Sa301. Hildegarde de Bingen. Corps et âme en Dieu
par Audrey Fella
Sa302. Histoire de la Bible, *par Pierre Monat*
Sa303. Ramakrishna et la vitalité de l'hindouisme
par Solange Lemaître

Collection Points Essais

DERNIERS TITRES PARUS

460. Événements III, *par Daniel Sibony*
461. Langage et Pouvoir symbolique, *par Pierre Bourdieu*
462. Le Théâtre romantique, *par Florence Naugrette*
463. Introduction à l'anthropologie structurale
par Robert Deliège
464. L'Intermédiaire, *par Philippe Sollers*
465. L'Espace vide, *par Peter Brook*
466. Étude sur Descartes, *par Jean-Marie Beyssade*
467. Poétique de l'ironie, *par Pierre Schoentjes*
468. Histoire et Vérité, *par Paul Ricœur*
469. La Charte des droits fondamentaux de l'Union européenne
Introduite et commentée par Guy Braibant
470. La Métaphore baroque, d'Aristote à Tesauro, *par Yves Hersant*
471. Kant, *par Ralph Walker*
472. Sade mon prochain, *par Pierre Klossowski*
473. Seuils, *par Gérard Genette*
474. Freud, *par Octave Mannoni*
475. Système sceptique et autres systèmes, *par David Hume*
476. L'Existence du mal, *par Alain Cugno*
477. Le Bal des célibataires, *par Pierre Bourdieu*
478. L'Héritage refusé, *par Patrick Champagne*
479. L'Enfant porté, *par Aldo Naouri*
480. L'Ange et le Cachalot, *par Simon Leys*
481. L'Aventure des manuscrits de la mer Morte
par Hershel Shanks (dir.)
482. Cultures et Mondialisation
par Philippe d'Iribarne (dir.)
483. La Domination masculine, *par Pierre Bourdieu*
484. Les Catégories, *par Aristote*
485. Pierre Bourdieu et la théorie du monde social
par Louis Pinto
486. Poésie et Renaissance, *par François Rigolot*
487. L'Existence de Dieu, *par Emanuela Scribano*
488. Histoire de la pensée chinoise, *par Anne Cheng*
489. Contre les professeurs, *par Sextus Empiricus*
490. La Construction sociale du corps, *par Christine Detrez*
491. Aristote, le philosophe et les savoirs
par Michel Crubellier et Pierre Pellegrin
492. Écrits sur le théâtre, *par Roland Barthes*
493. La Propension des choses, *par François Jullien*

494. La Mémoire, l'Histoire, l'Oubli, *par Paul Ricœur*
495. Un anthropologue sur Mars, *par Oliver Sacks*
496. Avec Shakespeare, *par Daniel Sibony*
497. Pouvoirs politiques en France, *par Olivier Duhamel*
498. Les Purifications, *par Empédocle*
499. Panorama des thérapies familiales
collectif sous la direction de Mony Elkaïm
500. Juger, *par Hannah Arendt*
501. La Vie commune, *par Tzvetan Todorov*
502. La Peur du vide, *par Olivier Mongin*
503. La Mobilisation infinie, *par Peter Sloterdijk*
504. La Faiblesse de croire, *par Michel de Certeau*
505. Le Rêve, la Transe et la Folie, *par Roger Bastide*
506. Penser la Bible, *par Paul Ricoeur et André LaCocque*
507. Méditations pascaliennes, *par Pierre Bourdieu*
508. La Méthode
5. L'humanité de l'humanité, *par Edgar Morin*
509. Élégie érotique romaine, *par Paul Veyne*
510. Sur l'interaction, *par Paul Watzlawick*
511. Fiction et Diction, *par Gérard Genette*
512. La Fabrique de la langue, *par Lise Gauvin*
513. Il était une fois l'ethnographie, *par Germaine Tillion*
514. Éloge de l'individu, *par Tzvetan Todorov*
515. Violences politiques, *par Philippe Braud*
516. Le Culte du néant, *par Roger-Pol Droit*
517. Pour un catastrophisme éclairé, *par Jean-Pierre Dupuy*
518. Pour entrer dans le XXIe siècle, *par Edgar Morin*
519. Points de suspension, *par Peter Brook*
520. Les Écrivains voyageurs au XXe siècle, *par Gérard Cogez*
521. L'Islam mondialisé, *par Olivier Roy*
522. La Mort opportune, *par Jacques Pohier*
523. Une tragédie française, *par Tzvetan Todorov*
524. La Part du père, *par Geneviève Delaisi de Parseval*
525. L'Ennemi américain, *par Philippe Roger*
526. Les Pousse-au-jouir du Maréchal Pétain, *par Gérard Miller*
527. L'Oubli de l'Inde, *par Roger-Pol Droit*
528. La Maladie de l'islam, *par Abdelwahab Meddeb*
529. Le Nu impossible, *par François Jullien*
530. Schumann. La Tombée du jour, *par Michel Schneider*
531. Le Corps et sa danse, *par Daniel Sibony*
532. Mange ta soupe et… tais-toi !, *par Michel Ghazal*
533. Jésus après Jésus, *par Gérard Mordillat et Jérôme Prieur*
534. Introduction à la pensée complexe, *par Edgar Morin*
535. Peter Brook. Vers un théâtre premier, *par Georges Banu*
536. L'Empire des signes, *par Roland Barthes*

537. L'Étranger ou L'Union dans la différence
par Michel de Certeau
538. L'Idéologie et l'Utopie, *par Paul Ricœur*
539. En guise de contribution à la grammaire
et à l'étymologie du mot « être », *par Martin Heidegger*
540. Devoirs et Délices, *par Tzvetan Todorov*
541. Lectures 3, *par Paul Ricœur*
542. La Damnation d'Edgar P. Jacobs
par Benoît Mouchart et François Rivière
543. Nom de Dieu, *par Daniel Sibony*
544. Les Poètes de la modernité
par Jean-Pierre Bertrand et Pascal Durand
545. Souffle-Esprit, *par François Cheng*
546. La Terreur et l'Empire, *par Pierre Hassner*
547. Amours plurielles, *par Ruedi Imbach et Inigo Atucha*
548. Fous comme des sages
par Roger-Pol Droit et Jean-Philippe de Tonnac
549. Souffrance en France, *par Christophe Dejours*
550. Petit Traité des grandes vertus
par André Comte-Sponville
551. Du mal/Du négatif, *par François Jullien*
552. La Force de conviction, *par Jean-Claude Guillebaud*
553. La Pensée de Karl Marx, *par Jean-Yves Calvez*
554. Géopolitique d'Israël, *par Frédérique Encel, François Thual*
555. La Méthode
6. Éthique, *par Edgar Morin*
556. Hypnose mode d'emploi, *par Gérard Miller*
557. L'Humanité perdue, *par Alain Finkielkraut*
558. Une saison chez Lacan, *par Pierre Rey*
559. Les Seigneurs du crime, *par Jean Ziegler*
560. Les Nouveaux Maîtres du monde, *par Jean Ziegler*
561. L'Univers, les Dieux, les Hommes
par Jean-Pierre Vernant
562. Métaphysique des sexes, *par Sylviane Agacinski*
563. L'Utérus artificiel, *par Henri Atlan*
564. Un enfant chez le psychanalyste, *par Patrick Avrane*
565. La Montée de l'insignifiance, Les Carrefours du labyrinthe IV
par Cornelius Castoriadis
566. L'Atlantide, *par Pierre Vidal-Naquet*
567. Une vie en plus, *par Joël de Rosnay,*
Jean-Louis Servan-Schreiber, François de Closets,
Dominique Simonnet
568. Le Goût de l'avenir, *par Jean-Claude Guillebaud*
569. La Misère du monde, *par Pierre Bourdieu*
570. Éthique à l'usage de mon fils, *par Fernando Savater*

571. Lorsque l'enfant paraît t. 1, *par Françoise Dolto*
572. Lorsque l'enfant paraît t. 2, *par Françoise Dolto*
573. Lorsque l'enfant paraît t. 3, *par Françoise Dolto*
574. Le Pays de la littérature, *par Pierre Lepape*
575. Nous ne sommes pas seuls au monde, *par Tobie Nathan*
576. Ricœur, *textes choisis et présentés par Michael Fœssel et Fabien Lamouche*
577. Cantatrix Sopranica L. et autres écrits scientifiques *par Georges Perec*
578. Philosopher à Bagdad au xe siècle, *par Al-Fârâbî*
579. Mémoires. 1. La brisure et l'attente (1930-1955) *par Pierre Vidal-Naquet*
580. Mémoires. 2. Le trouble et la lumière (1955-1998) *par Pierre Vidal-Naquet*
581. Discours du récit, *par Gérard Genette*
582. Le Peuple « psy », *par Daniel Sibony*
583. Ricœur 1, *par L'Herne*
584. Ricœur 2, *par L'Herne*
585. La Condition urbaine, *par Olivier Mongin*
586. Le Savoir-déporté, *par Anne-Lise Stern*
587. Quand les parents se séparent, *par Françoise Dolto*
588. La Tyrannie du plaisir, *par Jean-Claude Guillebaud*
589. La Refondation du monde, *par Jean-Claude Guillebaud*
590. La Bible, *textes choisis et présentés par Philippe Sellier*
591. Quand la ville se défait, *par Jacques Donzelot*
592. La Dissociété, *par Jacques Généreux*
593. Philosophie du jugement politique, *par Vincent Descombes*
594. Vers une écologie de l'esprit 2, *par Gregory Bateson*
595. L'Anti-livre noir de la psychanalyse, *par Jacques-Alain Miller*
596. Chemins de sable, *par Chantal Thomas*
597. Anciens, Modernes, Sauvages, *par François Hartog*
598. La Contre-Démocratie, *par Pierre Rosanvallon*
599. Stupidity, *par Avital Ronell*
600. Fait et à faire. Les carrefours du labyrinthe V *par Cornelius Castoriadis*
601. Au dos de nos images, *par Luc Dardenne*
602. Une place pour le père, *par Aldo Naouri*
603. Pour une naissance sans violence, *par Frédérick Leboyer*
604. L'Adieu au siècle, *par Michel del Castillo*
605. La Nouvelle Question scolaire, *par Éric Maurin*
606. L'Étrangeté française, *par Philippe d'Iribarne*
607. La République mondiale des lettres, *par Pascale Casanova*
608. Le Rose et le Noir, *par Frédéric Martel*
609. Amour et justice, *par Paul Ricœur*
610. Jésus contre Jésus, *par Gérard Mordillat et Jérôme Prieur*

611. Comment les riches détruisent la planète, *par Hervé Kempf*
612. Pascal, *textes choisis et présentés par Philippe Sellier*
613. Le Christ philosophe, *par Frédéric Lenoir*
614. Penser sa vie, *par Fernando Savater*
615. Politique des sexes, *par Sylviane Agacinski*
616. La Naissance d'une famille, *par T. Berry Brazelton*
617. Aborder la linguistique, *par Dominique Maingueneau*
618. Les Termes clés de l'analyse du discours *par Dominique Maingueneau*
619. La grande image n'a pas de forme, *par François Jullien*
620. « Race » sans histoire, *par Maurice Olender*
621. Figures du pensable, Les Carrefours du labyrinthe VI *par Cornelius Castoriadis*
622. Philosophie de la volonté 1, *par Paul Ricœur*
623. Philosophie de la volonté 2, *par Paul Ricœur*
624. La Gourmandise, *par Patrick Avrane*
625. Comment je suis redevenu chrétien, *par Jean-Claude Guillebaud*
626. Homo juridicus, *par Alain Supiot*
627. Comparer l'incomparable, *par Marcel Detienne*
628. Rumeurs, *par Jean-Noël Kapferer*
629. Totem et Tabou, *par Sigmund Freud*
630. Malaise dans la civilisation, *par Sigmund Freud*
631. Roland Barthes, *par Roland Barthes*
632. Mes démons, *par Edgar Morin*
633. Réussir sa mort, *par Fabrice Hadjadj*
634. Sociologie du changement *par Philippe Bernoux*
635. Mon père. Inventaire, *par Jean-Claude Grumberg*
636. Le Traité du sablier, *par Ernst Jüng*
637. Contre la barbarie, *par Klaus Mann*
638. Kant, *textes choisis et présentés par Michaël Fœssel et Fabien Lamouche*
639. Spinoza, *textes choisis et présentés par Frédéric Manzini*
640. Le Détour et l'Accès, *par François Jullien*
641. La Légitimité démocratique, *par Pierre Rosanvallon*
642. Tibet, *par Frédéric Lenoir*
643. Terre-Patrie, *par Edgar Morin*
644. Contre-prêches, *par Abdelwahab Meddeb*
645. L'Éros et la Loi, *par Stéphane Mosès*
646. Le Commencement d'un monde, *par Jean-Claude Guillebaud*
647. Les Stratégies absurdes, *par Maya Beauvallet*
648. Jésus sans Jésus, *par Gérard Mordillat et Jérôme Prieur*
649. Barthes, *textes choisis et présentés par Claude Coste*
650. Une société à la dérive, *par Cornelius Castoriadis*
651. Philosophes dans la tourmente, *par Élisabeth Roudinesco*

652. Où est passé l'avenir ?, *par Marc Augé*
653. L'Autre Société, *par Jacques Généreux*
654. Petit Traité d'histoire des religions
par Frédéric Lenoir
655. La Profondeur des sexes, *par Fabrice Hadjadj*
656. Les Sources de la honte, *par Vincent de Gaulejac*
657. L'Avenir d'une illusion, *par Sigmund Freud*
658. Un souvenir d'enfance de Léonard de Vinci
par Sigmund Freud
659. Comprendre la géopolitique, *par Frédéric Encel*
660. Philosophie arabe
textes choisis et présentés par Pauline Koetschet
661. Nouvelles Mythologies, *sous la direction de Jérôme Garcin*
662. L'Écran global, *par Gilles Lipovetsky et Jean Serroy*
663. De l'universel, *par François Jullien*
664. L'Âme insurgée, *par Armel Guerne*
665. La Raison dans l'histoire, *par Friedrich Hegel*
666. Hegel, *textes choisis et présentés par Olivier Tinland*
667. La Grande Conversion numérique, *par Milad Doueihi*
668. La Grande Régression, *par Jacques Généreux*
669. Faut-il pendre les architectes ?, *par Philippe Trétiack*
670. Pour sauver la planète, sortez du capitalisme
par Hervé Kempf
671. Mon chemin, *par Edgar Morin*
672. Bardadrac, *par Gérard Genette*
673. Sur le rêve, *par Sigmund Freud*
674. Claude Lévi-Strauss et l'anthropologie structurale
par Marcel Hénaff
675. L'Expérience totalitaire. La signature humaine 1
par Tzvetan Todorov
676. Manuel de survie des dîners en ville
par Sven Ortoli et Michel Eltchaninoff
677. Casanova, l'homme qui aimait vraiment les femmes
par Lydia Flem
678. Journal de deuil, *par Roland Barthes*
679. La Sainte Ignorance, *par Olivier Roy*
680. La Construction de soi
par Alexandre Jollien
681. Tableaux de famille, *par Bernard Lahire*
682. Tibet, une autre modernité
par Jean-Pierre Barou et Sylvie Crossman
683. D'après Foucault
par Philippe Artières et Mathieu Potte-Bonneville
684. Vivre seuls ensemble. La signature humaine 2
par Tzvetan Todorov

685. L'Homme Moïse et la Religion monothéiste
par Sigmund Freud
686. Trois Essais sur la théorie de la sexualité
par Sigmund Freud
687. Pourquoi le christianisme fait scandale, *par Jean-Pierre Denis*
688. Dictionnaire des mots français d'origine arabe
par Salah Guemriche
689. Oublier le temps, *par Peter Brook*
690. Art et figures de la réussite, *par Baltasar Gracián*
691. Des genres et des œuvres, *par Gérard Genette*
692. Figures de l'immanence, *par François Jullien*
693. Risquer la liberté, *par Fabrice Midal*
694. Le Pouvoir des commencements
par Myrian Revault d'Allonnes
695. Le Monde moderne et la Condition juive, *par Edgar Morin*
696. Purifier et détruire, *par Jacques Semelin*
697. De l'éducation, *par Jean Jaurès*
698. Musicophilia, *par Oliver Sacks*
699. Cinq Conférences sur la psychanalyse, *par Sigmund Freud*
700. L'oligarchie ça suffit, vive la démocratie, *par Hervé Kempf*
701. Le Silence des bêtes, *par Elisabeth de Fontenay*
702. Injustices, *par François Dubet*
703. Le Déni des cultures, *par Hugues Lagrange*
704. Le Rabbin et le Cardinal
par Gilles Bernheim et Philippe Barbarin
705. Le Métier d'homme, *par Alexandre Jollien*
706. Le Conflit des interprétations, *par Paul Ricœur*
707. La Société des égaux, *par Pierre Rosanvallon*
708. Après la crise, *par Alain Touraine*
709. Zeugma, *par Marc-Alain Ouaknin*
710. L'Orientalisme, *par Edward W. Said*
711. Un sage est sans idée, *par François Jullien*
712. Fragments de vie, *par Germaine Tillion*
713. Le Délire et les Rêves dans la Gradiva de W. Jensen
par Sigmund Freud
714. La Montée des incertitudes, *par Robert Castel*
715. L'Art d'être heureux, *par Arthur Schopenhauer*
716. Une histoire de l'anthropologie, *par Robert Deliège*
717. L'Interprétation du rêve, *par Sigmund Freud*
718. D'un retournement l'autre, *par Frédéric Lordon*
719. Lost in management, *par François Dupuy*
720. 33 Newport Street, *par Richard Hoggart*
721. La Traversée des catastrophes, *par Pierre Zaoui*
722. Petit dictionnaire de droit constitutionnel
par Guy Carcassonne

723. La Tranquillité de l'âme, *par Sénèque*
724. Comprendre le débat européen, *par Michel Dévoluy*
725. Un monde de fous, *par Patrick Coupechoux*
726. Comment réussir à échouer, *par Paul Watzlawick*
727. L'Œil de l'esprit, *par Oliver Sacks*
728. Des yeux pour guérir, *par Francine Shapiro et Margot Silk Forrest*
729. Simone Weil, le courage de l'impossible *par Christiane Rancé*
730. Le Philosophe nu, *par Alexandre Jollien*
731. Le Paradis à la porte, *par Fabrice Hadjadj*
732. Emmanuel Mounier, *par Jean-Marie Domenach*
733. L'Expérience concentrationnaire, *par Michael Pollak*
734. Agir dans un monde incertain, *par Michel Callon, Pierre Lascoumes, Yannick Barthe*
735. Le Travail créateur, *par Pierre-Michel Menger*
736. Comment survivre à sa propre famille, *par Mony Elkaïm*
737. Repenser la pauvreté, *par Abhijit V. Banerjee et Esther Duflo*
738. Faites vous-même votre malheur, *par Paul Watzlawick*
739. Au-delà du principe de plaisir, *par Sigmund Freud*
740. Psychologie de masse et analyse du Moi *par Sigmund Freud*
741. Lacan, envers et contre tout, *par Élisabeth Roudinesco*
742. Les Structures sociales de l'économie *par Pierre Bourdieu*
743. La Double Absence, *par Abdelmalek Sayad*
744. Pourquoi l'amour fait mal, *par Eva Illouz*
745. Fin de l'Occident, naissance du monde *par Hervé Kempf*
746. Vers un nouvel ordre du monde *par Gérard Chaliand, Michel Jan*
747. Les Mots de l'histoire, *par Jacques Rancière*
748. À la recherche de l'école de Palo Alto *par Jean-Jacques Wittezaele, Teresa García-Rivera*
749. L'Art de l'insulte, *par Arthur Schopenhauer*
750. Mythe et religion en Grèce ancienne *par Jean-Pierre Vernant*
751. L'Art ou la Vie !, *par Tzvetan Todorov*
752. Sur l'État, *par Pierre Bourdieu*
753. La Force de l'ordre, *par Didier Fassin*
754. Tolstoï, *par Christiane Rancé*
755. Petit traité de l'abandon, *par Alexandre Jollien*
756. Nourrir sa vie à l'écart du bonheur *par François Jullien*